新闻与传播学译丛　　Ｓ Sage

理解新媒介
变化与挑战

UNDERSTANDING NEW MEDIA

2nd Edition　　第2版

Eugenia Siapera

［爱尔兰］尤金妮娅·希尔佩拉 / 著
李鹏 / 译

中国人民大学出版社
·北京·

本书系2023年国家社会科学基金年度项目
"主流媒体'中国故事'原创视频国际传播效果研究"
（项目编号：23BXW091）阶段性成果

"新闻与传播学译丛"
出版说明

中华民族历来有海纳百川的宽阔胸怀，她在创造灿烂文明的同时，不断吸纳整个人类文明的精华，滋养、壮大和发展自己。当前，全球化使得人类文明之间的相互交流和影响进一步加强，互动效应更为明显。以世界眼光和开放的视野，引介世界各国的优秀哲学社会科学成果，服务于我国的社会主义现代化建设，是新中国出版工作的优良传统，也是中国当代出版工作者的重要使命。

在我们生活于其中的这个"地球村"，信息传播技术飞速发展，日新月异，传媒在人们的社会生活中已经并将继续占据极其重要的地位。中国新闻与传播业在技术层面上用极短的时间走完了西方几近成熟的新闻传播界上百年走过的路程。然而，中国的新闻与传播学教育和研究仍存在诸多盲点。要建设世界一流的大学、一流的学科，不仅要在硬件上与国际接轨，还要在软件、教育上与国际接轨，这已成为摆在我们面前的迫切的时代任务。

"新闻与传播学译丛"的创设，立意在接续前辈学人传译外国新闻学与传播学经典的事业，以一定的规模为我们的学术界与思想界以及业界人士、为我们的师生理解和借鉴新闻与传播学的精华，提供基本的养料，以便于站在前人的肩膀上作进一步的探究，而不必长期在黑暗中自行摸索。

译丛涵盖学术著作及经典教材读本。学术著作兼顾大师经典与学术前沿。所谓经典，采取观点上兼容并包、国别上多多涵盖、重在填补空白的标准，重在推介20世纪前期和中期新闻学的开创性著作和传播学的奠基性著作，也适当地关注产生广泛学术影响的新经典。所谓前沿，意在寻求当下研究中国问题所需要关注的研究对象、范式、理论、方法，有的放矢地寻找对中国的研究具有启发意义的典范作品。与我国新闻与传播学专业所开设的必修课、选修课相配套，教材读本适合新闻与传播学专业教学使用，可作为重要的教学参考书以开阔师生的视野。

总之，我们希望本译丛能起到承前启后的作用。承前，就是在前辈新闻传播译介的基础上，拓宽加深。启后，是希望这些成果能够为中国的新闻传播研究提供新的思路与方法，促进中国的本土新闻传播研究。

中国人民大学出版社

译者序

Preface

理解新媒介

从知识生产的方法论范式看，如何从一种结合"实证主义"与"阐释主义"的综合视角出发，考察日益网络化、媒介化的世界中的社会、政治、经济和文化走向，已经成为新媒介研究的基本问题之一。作为一种影响人类知识生产的全新社会结构性要素，新媒介在重塑知识生产的观察方式、类型边界和认知途径的同时，自身也成为知识生产考察的全新对象，这种混合化的"双重主体性"带来了对于新媒介理解的全新要求，即必须将媒介技术形态置放于社会观念体系、物质基础结构以及主体实践行动之间不断变化的互动关系框架之中，以分析探讨这种媒介"主体性重建"所牵引出的知识概念边界、价值指向以及内容结构的持续重塑过程。

从社会科学学科视角看，新媒介对人类社会的不断深度介入加剧了现代社会"不确定性"的持续扩散，影响了社会主体的理性判断与社会行动选择，使社会共识构建路径变得异常复杂和困难，而富有批判性意义的新媒介知识生产为推动社会主体实施认知判断、行动选择以及价值反思提供了可能，这种知识赋能的理念在作者看来正是重构社会共识和重建社会凝聚力的底层观念逻辑。"在这种媒介变化和整合态势下，我们所面临的挑战不仅在于提供最新文献资料和对发展趋势的合理判断，更需要发展出具体理论、分析视角或维度，以便观察和审视这些发展和趋势。"[①] 因此从现实意义看，当前新媒介研究试图在不断强化媒介技术的"社会化"进程方面持续提供理论支撑，并认为这种进程能够在社会主体理解

---

① 参见英文原著前言部分 vii（即本书边码 vii）。以下所说原著页码均见本书边码。

信息供应适当性、数字工具感知有效性以及媒介使用可能性等方面产生影响,进而实现推进大规模社会整合协作的目标。因此在作者看来,厘清网络信息传播时代科技、媒介和社会领域之间的复杂关系,阐明新媒介参与下知识生产的内涵特征、逻辑机制与实现路径,有助于进一步从"知识生产与管理"维度讨论如何促进形成更广泛的社会价值共识机制,同时这种研究价值选择也使得知识生产开始转向以获取跨界通识、中层化的知识类型为目的。

从作者的写作意图看,本书所采纳的社会科学范式体现出鲜明的新结构功能主义取向。首先,研究仍然基于提升社会整合效力、凝聚社会共识的经典结构功能主义立场来定义知识生产价值场域。"本书的主要目的在于提供一种解释科技、媒介和社会领域之间复杂关系的方法,同时采取社会科学的学科视角,重点关注那些对上述复杂关系已经做出相关诊断的研究,它们使用各种定量和定性方法,并借鉴了社会学、心理学、政治学和媒介研究的相关理论。"[1] 其次,作者提出研究应当拓展对于"结构与行动,以及行动实践性与手段性、表意性和目的"的关注,即要从描述性意义上而非说明意义上提供新媒介与社会各部分相互关系的图景,从更具张力关系的维度解释媒介参与社会整合及社会控制的变异及过程。因此在作者看来,实证主义方法论的要义旨在揭示新媒介研究中所蕴含的多元认识论立场,从而为媒介参与社会整合提供更多的可能参照性。"由于社会科学家们对这些假设及其有效性以及研究结果的解释并不完全赞同,因此描绘这些分歧也是本书的具体目标之一,而正是在这些分歧之中,也只有通过这些分歧,所涉问题的复杂性才能清晰呈现。"[2]

需要指出的是,在阐明了基本方法论立场之后,尤金妮娅·希尔佩拉并没有拒绝"阐释主义"之于新媒介研究的重要性。她认为从知识生产的历史维度看,作为一种关注和分析人类社会"近期技术形态"的知识领域,"新媒介研究"被自然化地给予了"聚焦于当下"的学术价值属性,因此实证主义方法论所呈现出的知识生产特征,往往体现为一种持续性冲动,即集中关注于探索新媒介引发现实社会"变革性影响"背后的媒介社会动力学机制,正如本书推荐者之一、伦敦

---

[1] 参见英文原著前言部分 vii。
[2] 同[1].

政治经济学院的索尼娅·利文斯通（Sonia Livingstone）教授所评论的："尤金妮娅·希尔佩拉的《理解新媒介》提供了对于当代媒介形式令人钦佩的、思路清晰的和引人入胜的分析，研究内容跨越社会、政治和文化不同场域，阐明了新媒介的动力学机制，同时巧妙地规避了这一研究领域中现存的许多问题——过分夸大、观点模糊、立场偏颇以及缺乏经验基础。"[①] 而值得注意的是，作者在肯定实证主义方法论价值的同时，提出要警惕"抽象经验主义"所造成的知识断裂现象，因此她要求媒介研究在实现社会整合的意识形态功能之外，不应当将"历史感"（Historical Sensibility）排除掉，而是需要从历史主义观念出发，通过对媒介技术如何贯通于社会历史结构和现实结构这一问题进行分析，以讨论"技术"与私人和公共生活空间相互形塑的价值样态。"虽然侧重于社会科学研究维度，但本书同样关注历史的作用和对新媒介发展的社会史学理解。社会科学研究领域缺乏历史观念、思辨性以及忽视既有研究基础的现象并不鲜见，仿佛一切研究都是全新创造的。因此新媒介研究过程中往往侧重于创新性和新颖性，有时会忽视研究的连续性和路径依赖作用：新的研究发展往往是沿着既有研究开辟的路径和方向进行的，这在某种程度上塑造了它们的现在、预示了它们的未来。"[②]

尤金妮娅·希尔佩拉的上述观点传达出一个重要倾向，即对于"新媒介"这种人类社会新近出现的媒介技术形态，我们该如何从一种动态意识维度——海登·怀特（Hayden White）所提出的"实践的过去"概念——去理解其概念指向和内涵范畴。可以看出，在表明研究的实证主义立场的同时，希尔佩拉明确指出本书并非一种"横截面式"的经验研究，而是希望能够重新定义时间和时间性概念，以获得一种新媒介研究"历史书写"的复兴，即通过对"新媒介史"的考察，调和"技术"与人类社会的时空互动关系，从而探索新媒介作为"事件进程"和"历史书写"之间的必要关联。这就意味着在现代共享的知识语境中，"新媒介"的概念指向不应简单以线性时间所限定的"当下性"为唯一目的，媒介研究的任务也不是仅去发现媒介与社会现象之间的因果逻辑，而是要持续考量新媒介与人类主体在共同构建"社会文化实践语境"过程中的观念认知与价值行动的时空边

---

① 参见英文原著扉页。
② 参见英文原著前言部分 vii - viii。

界，即媒介研究必须回答一个问题——知识生产如何以及以何种特定方式使理论发现对公共生活有帮助。

综上所述，同许多研究学者一样，尤金妮娅·希尔佩拉在媒介研究领域试图构架一种能够弥合"实证主义"与"阐释主义"的方法论立场，这种观念折射出她对于人类学两个常量概念的关注，即媒介研究需要综合"经验空间"和"期待视野"双重范畴，两者之间的内在关系构成了理解新媒介所需要的"时间经验"，而这种"混杂化"时间经验要求我们以海登·怀特倡导的"实践的过去"观点来看待"技术介质"，并将其作为实施经验分析的逻辑前提之一。可以说，希尔佩拉的"双重方法论"范式触及了当前传播学学科面临的一个重要认识论问题，即如何通过对"线性时间观念"的反叛来重建理解新媒介的时空场域，毋庸置疑，这涉及我们该如何看待新媒介研究的知识本质属性问题。"断裂单数的历史概念背后的时间塑形，并不是时间之流中的经验空间和期待视野之间的关系，而是在断裂时间的背景下，一个断裂的知识空间和一个存在视野之间的关系。"[1]

李　鹏

2024 年 3 月

---

[1] 西蒙，顾晓伟. 我们就是历史：准实质的历史哲学纲要［J］. 天津社会科学，2023（5）：160.

前 言
Foreword
理解新媒介

《理解新媒介》第1版在2008年左右进行构思的时候,新媒介景象与现在迥然不同,以至于当前的网络用户几乎难以对它进行识别。"社交媒介"这个概念当时还没有被使用,但它日益增长的重要性已经显而易见了。2011年这本书真正出版的时候,新媒介发展出现了二次巨变:当时,突尼斯、埃及革命以及所谓"阿拉伯之春"(Arab Spring)等一系列事件所引发的政治运动加速了这一变化。而在2015年末本书修订时,脸书(Facebook)和谷歌(Google)公司发生了更大变化,并出现了媒介整合趋势:这些大公司的实力和主导地位毋庸置疑。抗议、赋权和参与性等问题仍处于风口浪尖之上,但受到监控、商业主导以及用户行为(如网络羞辱、网络喷子和网络霸凌)的影响。在这种媒介变化和整合态势下,我们所面临的挑战不仅在于提供最新文献资料和对发展趋势的合理判断,更需要发展出具体理论、分析视角或维度,以便观察和审视这些发展和趋势。许多新媒介与科技专家和未来学者都关注这个领域,但本书诉求与之不同:我们并非仅仅为了预测,而是基于实证研究和社会科学理论对现实媒介发展趋势进行观察、分析和理解,同时为学生们提供分析模式,帮助他们理解新媒介和社交媒介现在以及未来的发展。

因此,本书的主要目的在于提供一种解释科技、媒介和社会领域之间复杂关系的方法,同时采取社会科学的学科视角,重点关注那些对上述复杂关系已经做出相关诊断的研究,它们使用各种定量和定性方法,并借鉴了社会学、心理学、政治学和媒介研究的相关理论。本书也基于如下视角:理解既有研究所呈现给我们的关于新媒介和生活的各个场域。但是,既有研究并不能充分说明问题本身。它已经涉及关于上述复杂关系的某些假设，而这些假设可能来自既有研究，也可能是以它为基础发展出来的。此外，既有研究也积极地利用与这些假设相符合的方式解释研究发现和数据。由于社会科学家们对这些假设及其有效性以及研究结果的解释并不完全赞同，因此描绘这些分歧也是本书的具体目标之一，而正是在这些分歧之中，也只有通过这些分歧，所涉问题的复杂性才能清晰呈现。

虽然侧重于社会科学研究维度，但本书同样关注历史的作用和对新媒介发展的社会史学理解。社会科学研究领域缺乏历史观念、思辨性以及忽视既有研究基础的现象并不鲜见，仿佛一切研究都是全新创造的。因此新媒介研究过程中往往侧重于创新性和新颖性，有时会忽视研究的连续性和路径依赖作用：新的研究发展往往是沿着既有研究开辟的路径和方向进行的，这在某种程度上塑造了它们的现在、预示了它们的未来。

然而，既然计算机网络已经存在了 46 年（1969 年出现 ARPANET），互联网已经存在了 22 年（蒂姆·伯纳斯-李 1993 年发明万维网），而社交媒介也至少已经存在了 11 年（Facebook 于 2004 年上线），那我们还需要再提新媒介吗？本书使用特定概念术语对新媒介进行描述：互联网已经有 46 年的历史，网络也有 22 年的历史，但在这种背景下讨论新媒介还是会引发相关问题。为什么"新"？新颖之处到底在哪里？为什么不是数字媒介或社交媒介呢？下文我们将解释本书如何进行各种概念术语的设计和应用，并对构建新媒介研究领域的关键性争论进行综述总结，因为这些争论也将作为不同观点出现在本书之中。

为什么是新媒介？

"名字难道很重要吗？"莎士比亚笔下的朱丽叶问道，"玫瑰不论叫什么名字，闻起来都一样芬芳。"（《罗密欧与朱丽叶》）事实上，尽管我们使用了多种概念，但问题仍然存在：如果我们称它们为新媒介、网络媒介或数字媒介，会有什么变化吗？它们不是指同一种媒介吗？事实上，朱丽叶可能是错的：不同概念带来不同属性，通过区分后者的重要程度，人们的关注点会有所取舍。因此，根据莎士比亚的比喻,"玫瑰"最终"闻起来都不一样"。换句话说,媒介的形式、属性和用途会随着概念定义而改变。按照这种观点,概念不仅描述媒介,而且能将其构建为特定媒介。因此,决定使用哪个概念非常重要。本部分将讨论数字媒介、网络媒介和社交媒介这三个主要的"可替换"概念术语,以解释为什么本书要采用"新媒介"一词。

数字媒介

对于新媒介研究来说,它的一个关键特征在于"数字化"属性(Lister, Dovey, Giddings, Grant & Kelly, 2009)。这意味着媒介的所有信息或数据都利用数字进行编码,最常用的数字系统是0和1的二进制代码,因此,所有信息都被转换为一系列的0和1。诸如名称之类的信息可以用任意数字组合表示。从这个角度看,对数字代码的解释与它的表示形式无关。另外,模拟介质将信息编码并存储在相应的物理设备之中。因此,声音、文字和图像在乙烯基、纸或胶片上都可以被合理存储和记录。可以看出,编码信息和物理对象之间存在着或多或少的直接对应关系,并可以使用同样的直接方式进行信息解释。例如,单词是通过在纸上压印金属字母来编码的,一旦印刷出来,它们就不能改变,类似于通过刻制黑胶唱片纹理进行编码实现音乐录制。

李斯特等人(Lister et al., 2009:18)提出媒介数字化转向的四个重要影响。首先,媒介文本与特定媒介失去原有相互关系。我们现在可以通过网络或Kindle读书,在网络或手机上观看电视电影,在博客平台上传图片或利用数码相册展示照片。这些全新变化特征导致"媒介融合"概念经常被分析讨论(例如Jenkins, 2006b)。其次,信息可以被压缩至极小空间,甚至可以远程访问:便携式设备、U盘和外部硬盘可以存储海量信息,而"云平台"(即互联网远程连接的服务器)可以存储大量信息并提供几乎无限的存储空间,用户可以通过终端随时随地进行数据访问。再次,数据获取速度变得非常快,而且超越了单向性和线性化局限。想象一下,你能够把所有的书都存储在U盘、电脑硬盘或云端,并可以在几秒钟内访问存储单元中任何一本书的内容信息,而不必逐个翻阅所有页面。最后，媒介数字化转向存在一个高度矛盾化的影响，即数据会受到各种形式的操纵，而这些是在模拟媒介时代无法想象的。例如，只需点击几个按钮，所有人都可以对图片进行修正润色，这导致了发生各种结果的可能性，例如，一个只是为了消除"图片红眼"现象的软件工具，可能会被用于大量不可告人的目的。

毫无疑问，媒介数字化过程产生了深远影响。2012年欧盟地区数字化转型正式终结了模拟媒介的存在，数字化进程把所有媒介都变成了"数字媒介"。但是，当涉及媒介理解时，这一概念的表达力是否充分呢？"数字媒介"概念强调对数据和信息进行编码和转换的模式，因此它似乎主要关注媒介的技术性维度。所以，讨论数字媒介似乎需要重点考虑使它获得这一身份的技术要素。毫无疑问，技术要素极为重要，但我们不得不反思，这是否就是数字媒介的核心特征。很明显，这种立场隐含了媒介"技术决定论"，而这正是其他反对意见对其诟病之处。如果假定技术要素是媒介的核心特征，那么在媒介理解中往往就会忽略受众的构建作用，或者媒介所处的广泛社会文化和经济环境，即它们最初是由社会文化和经济环境催生的。因此，倘若我们避免使用"数字"概念，即不再单纯强调技术特征的重要性，那么就需要考虑其他要素和维度。

网络媒介

我们还可以将"新媒介"理解为"网络媒介"，这是基于它的互联网属性，而互联网在很多方面都属于典型的新媒介。"网络媒介"的概念优先考虑"连接性"，即与其他媒介（主要是计算机，但最近也包括移动电话）的连接方式。"连接性"无疑是媒介的重要属性——能够同时连接到远处（有时是近处）的其他人（一个或多个），这已经产生了普遍影响。首先，它为"现代性"（社会）引入了一种转变，这种转变通常与"孤立化"和"个性化"有关（参见Giddens, 1991）。此外，它呈现出民族国家的相对独立性，同时也体现出特定社会文化、政治、经济组织的转变，而连接性有可能促进和加速这种转变：这种转变与全球化进程有关（参见Robertson, 1992）。因此，"网络媒介"概念意味着将新媒介视为一种具有"连接性"特征的媒介形式。然而，这种特征是媒介的核心定义属性吗？当然，"连接性"是一个至关重要的因素，但如果过分强调就会忽略主体与媒介的其他联系形式。此外，通过电报和后来的电话，与远方联系人建立联系已经成为可能。网络连接似乎并不像数字连接取代模拟连接那样意味着一种替代或断裂，从这个角度看，它所带来的变化更多体现在连接质量和广度上。简言之，"网络媒介"概念关注了另一个重要维度，但它需要与其他维度一起综合考虑。

社交媒介

在本书第 1 版中，"社交媒介"概念还没有像今天这样流行。但是这个概念到底有何内涵呢？卡普兰和亨莱因（Kaplan & Haenlein, 2010: 61）将"社交媒介"定义为"一组基于互联网的应用程序，它们建立在 Web 2.0 的意识形态和技术基础之上，允许用户生成内容的创建和交换"。这个概念显然优先关注媒介社交性、大众化维度、积极参与者与受众中心地位。这种变化在《纽约时报》2006 年度人物报道《你》中得到了典型体现，普通受众的反应显示出这些媒介受欢迎的程度、所获得的广泛传播和对用户体验的重视。但与此同时，这个概念似乎忽略了一些关键细节，尤其是社交媒介公司的崛起，它们往往通过监测跟踪手段、持续数据收集和算法排序技术对用户行为和体验进行潜在控制。此外，这个概念似乎是相当排外的，即不考虑其他类型的新媒介形式，例如游戏、手机和定位媒介[①]（Locative Media），这些媒介也可能有社交成分，但不局限于此。然而，随着越来越多的应用程序被开发和下载，这个概念正在失去特殊性；我们要把所有应用程序都理解成社交媒介吗？毫无疑问，"社交媒介"概念有效强调了受众与媒介之间所建立的普遍参与性，这是一种重要转变，但它的局限性也很强，无法体现出普遍的社会、政治、文化和经济变化与这种媒介转向的关系，而且它们之间的关系往往又不局限于此。

---

① 定位媒介一般指内置 GPS 等能够实时进行定位的媒介。——译者注

新媒介

因此，我们以"新媒介"这个概念来结束争论。但也有很多问题：它在旧媒介和新媒介之间引入了一种武断划分，忽视了互联网等新媒介已经有40多年的历史，同时这个概念也无法体现除了时间差异以外，新、旧媒介之间存在的其他差别。尽管存在这些问题，尤其是未能明确指出到底何为新媒介，但实际上，它的好处在于能够使我们将数字、网络和其他属性综合进行考虑，而不限定于或优先考虑任何单一维度。此外，尽管对一些评论家来说，提及"新"似乎忽视了近年来更为成熟的媒介发展形式（Bell，2009），但它表示了一种对于媒介活力和不断变化的偏好。因此，这个概念可以囊括各种媒介形式，只要它们确实处于不断发展之中。

"新媒介"概念进一步表明媒介逻辑特性的变化，同时意味着一定程度的创新性。在讨论"新媒介"时，列夫·马诺维奇（Lev Manovich，2001）认为，将它看作"数字媒介"只是故事的一方面，对于他来说，这些元素可能也存在于旧的媒介形式之中。他指出，新媒介具有一个重大变化的新元素，即它们是计算机"计算逻辑特性"和媒介"传播逻辑特性"二者融合的结果。虽然对马诺维奇来说，新媒介是一种计算逻辑的决定结果，即由数据库支配，它超越了媒介的传播逻辑特性，但在这里，我们想对"决定逻辑"问题进行重新讨论。一方面，我们试图保留马诺维奇所定义的新媒介特点，即计算逻辑与传播逻辑的融合，因为这体现出此类媒介的特殊性。另一方面，我们可以添加"连接性"和"社会性"的逻辑维度，这似乎也是这些媒介的基础要素。如前所述，这里并非只讨论目前比较流行的"媒介逻辑维度"，而正如我们指出的，"新"一词恰恰意味着不同思想、用户、逻辑等变量之间的开放和斗争，而这些变量似乎都是"新媒介"的重要组成部分，至少在它们存在的相对早期阶段是这样的。

从这个角度看，"新媒介"概念试图表达出媒介的变革性、新奇性和活力性。此外，它不愿将任何单个属性或逻辑作为核心属性或决定逻辑，这意味着任何单一属性都可以作为理解新媒介的必要条件，但不是充分条件。同时，它也体现出对于媒介类别特殊性和唯一性的重视。因此，本书选择用"新媒介"概念来表达它所呈现出的媒介活力性，以及对日常生活可能产生的普遍影响，我们认为，这对于媒介的表述和理解是更为恰当的。因此可以说，本书是关于新媒介对社会生活不同领域某些影响后果的概述。

第一章详细讨论了一个特定命题，着眼于涉及这一复杂关系的理论、假设和争论。主要目的是理解不同理论家是如何看待技术要素的，以及这些理解如何有助于洞察科技、媒介、社会和个人之间的关系。第二章聚焦于一个关键领域，即经济领域，考察新技术、媒介与经济、劳动力、就业模式转变之间的联系方式。此外，本章还考察了新媒介自身的政治经济学，以及公众在经济领域对新媒介的生产、内容、使用或接受所带来的变化。第三章评估了新媒介的政治表达维度，包括正式的和非正式的；同时分析了网络原生政治形态和政治干预演变，比如黑客攻击、分布式拒绝服务攻击以及网络点击行动主义，这些分析有助于形成如下观点：新媒介与政治领域相互结合能够创造出全新的政治运作模式。第四章讨论了新媒介领域的一个历史问题：持续存在的分歧和不平等。虽然"新媒介"大大缩小了个体在"媒介接近性"方面的差距，但在媒介使用和参与层面则出现了新的问题，尤其体现在利用新媒介进行获益领域：有些人似乎总是比其他人得到更多，这往往反映在持续存在的社会经济差距之上。第五章是新增内容，更加密切地关注了媒介选择和使用问题。根据新媒介传播理论，本书认为，新媒介选择更多地属于一种社会化行为，而不是个人或个体化选择。公众在选择新的媒介技术形式后，往往会根据自身生活情景、实际需要和具体要求对它进行调整，同时也使自己适应这种媒介，形成新的使用习惯和行为方式。其中一些可能存在问题，例如网络成瘾、网络霸凌和网络喷子等负面现象。第六章进一步考察了新媒介的消极领域，聚焦于过度监视、战争和冲突、诈骗和网络犯罪以及网络色情。虽然我们确实有理由担心新媒介会带来上述不良反应，但最严重的问题则在于如何处理安全与自由之间存在矛盾这一尴尬问题，这似乎是由新媒介直接引发的。第七章关注新闻业及其在新媒介基础之上的大规模重塑，并对该领域的相关变化进行了分析。新媒介对新闻业的主要商业模式影响明显，引发了内容生产、传播和消费方式的巨变，新闻业亟须重塑自我。第八章聚焦于新媒介自身领域变化：新媒介明显存在移动领域转向，这与许多其他变化相互关联，例如媒介消费。总的来说，移动性增强了新媒介的个性化特征，同时也促进了网络监控和网络普及。第九章和第十章则将注意力转向自我与个人、社会领域与社会性以及主体相互联系方式。网络使个体的自由度提升了吗？尽管新媒介为自我创造和自主性提供了特定可能，但同时它们也要接受竞争和形象管理的逻辑法则，并能够利用受众喜欢和追捧的方式来积累自身的社会资本和声誉。自我表达语境中出现了"真实性"的新价值形态，表明公众越来越意识到这种语境中所涉及的创新性维度。就社会成员相互之间的联系方式而言，本章讨论了网络个人主义逻辑，这一点指出了现实社会最根本的变化之一，即"社会团体"或"社区组织"开始向具有个人化色彩，并以成员共同经历和兴趣为基础的"网络组织"转变。第十一章分析了隶属于新媒介的游戏和电子游戏，以及作为"信息资本主义"象征的关联产业。工作和娱乐的界限变得模糊，这是现实社会向"新自由主义"信息资本主义转变的典型特征，也是工作悄悄侵占私人时间的外在表征。游戏产业与军事娱乐产业的关联非常重要，充分表明各种媒介（商业机构）与国家机器之间错综复杂的联系。与此同时，游戏玩家和游戏社区也充分证明了人类的创造力既能适应也能抵制那些自上而下强加给他们的试图控制和限制他们的模式。第十二章对全部分析思路进行整合梳理，并提供了一个如何思考未来新媒介的设想，提出了三个需要面对的困境：个人主义与协同合作，安全、自由与开放，以及以营利为目的与作为公共资源的网络。因此，网络和新媒介的未来将取决于公众自我社会定位以及解决这些困境的方式。

  本书在教学研究应用方面具有三个突出特色，旨在鼓励读者对所涉及的主题进行深入探讨。首先，即所谓的"案例研究"。每一章都着眼于一个具体案例，以例证或说明本章讨论的相关问题。在某些情况下，"案例研究"会涉及类似主题，但它的重点不在于讨论问题的组成结构，而在于为读者提供分析问题的不同维度，并使用特定实例来拓展更为广泛的问题范畴或话题领域。其次，除最后一章外，每章都提供了一个针对特定问题的具体研究实践活动，要求读者以一种实际的、经验主义的方式参与其中。读者会发现问题中的有趣变化，这能够反映出他们自身的境况、背景和兴趣，而非仅仅照搬书中的内容。最后，每章都提供了带注释的拓展阅读部分，其中收录的期刊文章包含着理论见解、实证发现和方法论贡献，这些内容都有助于解决该章讨论的相关问题。

  写这本书对笔者来说是一种非常有益的经验，通过挑战自我，笔者对相关主题有了更多体会,并深入理解了那些才华横溢的研究者的睿智工作。同时,我们也遇到了大量理论和概念难题,它们试图对"新媒介"这样充满活力的研究领域进行界定。毋庸置疑,笔者并非全能全知,因此本书内容难免挂一漏万,但希望它能够激发读者的充分兴趣,使他们在寻找这些遗漏之处的同时也能够欣赏这本书(以及它的错误和疏忽),就像笔者喜欢写这本书一样。

2017 年 4 月

目 录

第一章　理解新媒介 /1
　　技术与社会 /2
　　新媒介理论 /5
　　结　　论 /17
　　拓展阅读 /19

第二章　新媒介政治经济学 /21
　　导　　论 /21
　　信息资本主义生产和消费 /23
　　新媒介公司与政治经济学 /30
　　新媒介公司：名人录 /33
　　新媒介使用 /39
　　结　　论 /43
　　拓展阅读 /48

第三章　政治和公民 /50
　　导　　论 /50
　　政客与新媒介：毫无变化的政治？ /52
　　政治激进主义和新媒介 /57
　　社交媒介和政治 /63
　　结　　论 /71
　　拓展阅读 /72

第四章 数字鸿沟、参与可能与不平等性 / 74

导　论 /74
全球网络 /75
用户与不平等：概念分析 /77
人口统计学与不平等性：实质性维度 /80
结　论 /96
拓展阅读 /98

第五章 新媒介的使用与滥用 / 99

导　论 /99
新媒介的扩散和选择 /100
新媒介的使用、满足与驯化 /104
新媒介滥用 /109
结　论 /119
拓展阅读 /122

第六章 网络安全、监控和保护 / 123

导　论 /123
社会：监视与控制 /124
政治：网络冲突、恐怖主义和网络安全 /131
新媒介作为战争和冲突中的传播工具 /135
经济：网络欺诈和欺骗 /138
文化：网络色情 /141
结　论 /146
拓展阅读 /148

第七章 新媒介与新闻业 / 150

导　论 /150
新闻业的危机 /152

网络与新闻业 /157

新闻业的变化 /158

结　　论 /173

拓展阅读 /176

第八章　移动媒介和日常生活 /177

导　　论 /177

移动手机历史简介 /178

智能手机：从黑莓到苹果 iPhone /181

全球覆盖及成本 /183

移动媒介：政治与社会 /186

结　　论 /198

拓展阅读 /200

第九章　新媒介与身份认同 /202

导　　论 /202

身份认同、自我与新媒介 /203

性别认同和新媒介 /214

新媒介世界中的民族/种族、宗教认同 /219

结　　论 /224

拓展阅读 /226

第十章　社会交往与社交媒介 /228

导　　论 /228

新媒介时代的社会和社区 /229

网络和社会交往 /235

社交媒介和社会交往 /240

结　　论 /249

拓展阅读 /252

第十一章 游戏与电子游戏 /254

  导　论 /254
  游戏的政治经济学 /255
  游戏：内容、叙事和符号权力 /261
  游戏玩家：实践（操作/玩游戏）和社区 /267
  结　论 /275
  拓展阅读 /279

第十二章 新媒介的未来 /280

  导　论 /280
  现实景象：新兴的趋势 /281
  未来困境与创新 /291
  网络治理 /296
  结　论 /302
  拓展阅读 /304

参考书目 / 305

索　引 / 339

译后记 / 370

第一章
理解新媒介

> **学习目标**
>
> 1. 学习新媒介的不同研究方法
> 2. 批判性理解技术、新媒介和社会之间的关系
> 3. 学习重要媒介技术学派理论家的主要观点

今天,在经历了一个多世纪的电子科技发展之后,我们已经在全球范围延伸了自我中枢神经系统,空间和时间获得消解……当创造性认识过程在群体内部和整体层面得到延伸,并进入人类社会的一切领域时,很快,我们就迈入了最后阶段……

马歇尔·麦克卢汉
《理解媒介:论人的延伸》

媒介决定了我们的处境。

弗里德里希·基特勒
《留声机 电影 打字机》

第一段引用来自《理解媒介:论人的延伸》的导论部分,揭示了麦克卢汉对电子媒介世界的看法:通过媒介,人类实现全面互联互通,将共同建立和分享一个全球化世界,机械时代或工业革命时代出现的碎片化和异化,现在被一种参与和参与性冲动取代。基特勒的看法更加简洁明了,他声称,我们的一切都是由媒介决定的。两位学者的关键论点在于:媒介在人类历史转型和变化中起着核心的解释作用。因此,理解媒介就意味着理解人性。我们稍后将更详细地研究麦克卢汉和基特勒的著作,但就目前而言,关键问题在于理解媒介不仅能让人洞察技术或设备本身,还能让人洞察社会变化。理解新媒介将有助于理解社会过程、规

则、思想和实践中的变化与转向。媒介与社会有着千丝万缕的联系：对某种媒介的研究需要与其他社会结构性要素研究进行关联。

媒介和社会之间关系的本质属性是一个存在大量争议的话题。但是，即使没有得出任何明确结论，我们也都清楚地看到，媒介，特别是"新"媒介的中心地位日益增强。至少在发达国家，广播和电视早已经在家庭中得到普及。但新媒介的崛起与自身普适性有关：它无处不在——客厅、办公室、学校、街道以及游戏室和卧室。更重要的是，它不仅存在于所谓的发达国家，也存在于发展中国家。最近，一项研究报告称，移动电话在非洲某些地区和在美国一样普及（Pew Research Center，2015）。这种传播现象提出了一系列相关的社会重要问题，同时也涉及经济、政治和文化机构以及我们的经验。我们可能会看到这些不断增长的媒介化现象，这几乎是不可避免的（Livingstone，2009）。换句话说，新媒介全面介入社会、经济、政治、文化、自我和经验领域，可以说是"一网打尽"。从这个意义上说，"理解"新媒介就意味着洞察它如何与一系列社会、经济、政治、文化和心理过程进行互动，从而创造出一个全新的世界。

这一章试图提供一个观察视角，通过这个视角，我们可以对新媒介进行充分考察。"理论"一词在它最初的希腊语词源学语境中具有特定含义，它的字面意思是指"观点"或"见解"。因此，理论构成了观察和检验事物的一种特殊方式。社会现象本身并不能完整地呈现给我们，但我们可以从特定角度来看待它们，并从特定角度来分析它们，这与我们的专业认知能力、知识素养水平和所处的历史语境是一致的。因此，有必要澄清这里所采用的观点和立场，以及它们提出的主要假设和论点。在我们当前对新媒介的质疑中，需要两种截然不同但又相互关联的理论视角：一种是关于技术与社会的关系，另一种则是将新媒介视为一种媒介形式。我们将在第一部分讨论前者，在第二部分则讨论后者。

技术与社会

我们可以通过提出这个问题开始讨论，即对社会、媒介与技术之间的关系进行考察，这是它们相互关联的基础。首先是技术与社会的关系问题。如果新媒介正是因为凭借"新技术"而成为新的媒介形式，那么在审视它们的实际媒介化过程之前，或许值得考虑一下技术与社会之间的关系。是技术决定社会，还是社会决定技术？技术对社会有什么影响？技术到底是好还是坏？这个问题有三种可能的答案，并引出对于"技术是什么"不同版本的回答。这基于达林·巴尼（Darin Barney，2004）的三重技术理论观点，即工具主义、唯物主义和社会建构主义。

工具主义认为技术是中立的，是人们使用的一种工具，它反映了每个社会的目标和价值，但也反映出社会存在的问题和局限性。这种观点认为技术本身不能用道德或政治概念来评价，因为它被视为一种中立的手段。虽然我们可以检查和判断技术的使用方式，但只能根据它的使用效率来判断技术本身。按照这个逻辑，只要技术是有效的，它在某种意义上就是"好的"。这种逻辑观念是上述那种技术乐观主义的基础，这种乐观主义认为技术创新意味着进步，因此它必须被认为是有益的（Barney，2004）。同时，如果技术被用来服务于不良目的或目标，那么应该受到谴责的不是技术，而是那些以这些方式使用技术的人。所以，对于技术乐观主义来说，技术呈现出的积极或消极效果主要取决于对它的使用合理与否。

与之相反，唯物主义认为技术是由某种逻辑支配的，这种逻辑不仅涉及我们的社会，也涉及我们的主观性和自我存在本身。社会学家马克斯·韦伯（Max Weber，1958）和哲学家马丁·海德格尔（Martin Heidegger，1977）的著作充分代表了这一学派的观点，即认为科技成果揭示了技术的逻辑和本质。另外，这种观念也被认为是对于工具理性的认同，体现出包括标准化、同质化内在逻辑以及对自然和社会的控制（另见 Barney，2004：38-39）。对于唯物主义来说，使用技术也意味着创建人类本身，或者更确切地说，技术可以生产出特定人群和特定社会。由于所有的科技成果都包含上述逻辑，因此无法区分其优劣：它们或多或少是等同的，一起表现出工具理性和效率的主导技术逻辑。

最后，社会建构主义质疑唯物主义对技术本身的关注，认为它忽视了人的能动作用和偶然性、随机性因素的作用。在实际的经验案例中，我们可以观察到，科技成果并不总是最具技术革新性的或最有效的，同时也可以看到某些科学技术并不能获得社会认可，尽管它们都是有效的。例如，转基因食品或原子能两个案例就充分证明了这一点。社会建构主义的主要观点在于认为科技成果必须被看作社会、政治、文化、经济和技术因素复杂相互作用的产物。每一种技术都与它的生存环境相互作用，科技产品一直不断被生产出来，并再次被用于技术创新之中，从而引出新的生产方向，使更新的产品获得创建。这是社会建构主义学派提出的观点，并在社会学家维贝·比克（Wiebe Bijker）及其同事的著作中得到充分体现（例如：Bijker, 1995; Bijker, Hughes & Pinch, 1987）。鉴于我们社会的多元性和多样性，可以推断，技术的使用和结果将是多元的、异质的：有些可能被认为是"进步的"，因为它们有助于更公平、公正地分配财富、地位和权力，而另一些则可能被认为会导致政治问题、社会败坏或病态心理的产生。因此，这不仅是对技术使用本身的一种反映，也是某些政治、社会等特征与技术本身不同结构要素相互作用、相互关联的结果。

哲学家贝尔纳·斯蒂格勒（Bernhard Stiegler）站在这些不同的立场上，认为技术与人类社会是同生共源的，即技术是人类社会的必要补充。斯蒂格勒在他的四卷本著作《技术与时间》中提出的中心问题涉及技术的社会角色。在他看来，"技术"一词指的是技术学的对象，更具体地说，指的是技能领域，而不是知识领域。对于斯蒂格勒来说，所有的人类行为都与"技能"有关（Stiegler, 1998：94）。但是人与技术、技能和工具之间的关系是怎样的呢？斯蒂格勒引用了德里达（Derrida）的洞见（《论文字学》，1997 [1974]；《论精神》，参见 Derrida, 1991）来研究人体假肢和类似补充物。德里达指出，将思想（人类的"本质"）从技术或技术手段（人类的"补充"）中分离出来的哲学行动实际上是不可能的。没有技术就无法理解思想、生命甚至自然——这就是德里达所说的"在起源处的修复"或"原始的技术"（Derrida, 1997 [1974]）。

因为技术和人类之间的关系是一种动态的相互构成的关系（Stiegler, 2006），所以它关系到人类的未来。斯蒂格勒认为，技术作为一种"客观存在"，是记忆与思维的外化，而这种处于外部的"外化"反过来又限定了"内在"，即技术能够反作用于人类的记忆和思维。但就像他所说的，这种对外部记忆手段的依赖会导致人类对知识的遗忘，而随后这些知识就会被转移并存储在这些技术客体之中。用斯蒂格勒（Stiegler, 2006）的例子来说，我们丢失自己的手机就意味着丢失了所有的电话号码，因为这些号码根本未进入我们的记忆之中。同样的道理，试想一下假如我们的"记忆棒"（存储设备）丢失了，那也就意味着我们大量的知识丢失了，因为我们并没有将其记忆在大脑之中。斯蒂格勒认为，必须思考这对人类未来意味着什么。在新技术语境下，如果所有的"人类特定技能"都通过"外化"而存储在由他人（公司、政府、军队等）控制的设备中，我们就会面临两个影响。首先，这会导致一种"人的退化"，越来越多的人在失去了这些"知识"之后，丧失自身的人类特定技能，变得只能够进行消费。其次，我们发现在现实的社会控制领域，知识和文化产业具有越来越大的权力（Stiegler, 2006：18-19）。对于斯蒂格勒来说，这导致了记忆的政治——一场对这些技术记忆手段的控制之争。

毫无疑问，大多数人倾向于将技术视为一种在日常生活中使用的工具。从这个角度来说，人们可能会忽视技术构建生活的具体方式。例如，人们可能会想到一个没有移动电话的社会和一个可以广泛使用移动电话的社会之间的区别：这显然是两个差异性极大的社会，人们有完全不同的体验和经验。技术构建我们生活的具体方式往往取决于技术如何组合。不管是否理解或认同，我们必须承认，技术所具有的特定本质能够催生以下有趣的问题：工具主义和社会建构主义的观点优先考虑人、社会因素以及技术的控制，而唯物主义则是唯一考虑技术物质性的观点，即技术不仅作用于人，而且作用于世界。因此，正如前面所提到的，科技可能以技术和非技术的方式构建我们的生活。实际上，技术能够产生什么作用是一个非常重要的变量，绝对不能忽视。例如，支持互联网上的语音和图像，这正是Skype网络电话软件的基本能力。此外，支持这项技术所需要的基础设施（电线、光纤、照相机和音响设备等）不但是物理世界的伟大发明，对人类社会世界也产生了明显影响，而这两个世界是相辅相成的，并互为目标。在这一点上，社会建构主义关于非技术因素的作用的观点对于帮助我们理解和构建技术对我们生活的影响非常重要。例如，一些移动运营商提供免费数据项目，让用户更容易访问互联网，因此，两个移动电话用户可能拥有相同的通信技术平台，但可能无法以相同的方式使用移动电话，因为使用成本不同。

新媒介理论

对于媒介学者来说，媒介在社会中的作用和参与至关重要。例如，技术唯物主义理论认为技术是被"框定"的，或者在某种意义上是一种社会预设。这是一种在媒介与传播学科中很有影响的观点，即认为媒介构建了社会。而在传播学领域，麦克卢汉和媒介理论的衰落则是由于重视政治经济因素或受众行为等替代性研究范式的兴起。在20世纪90年代和21世纪初叶，即第一波数字媒介浪潮时期，媒介作为物质和技术要素再次成为关注焦点。这导致了一个独特理论领域的形成，它虽然相当多样化，但仍可以归入新唯物主义流派之中：该领域代表性观点见于弗里德里希·基特勒（Friedrich Kittler）以及近来马修·富勒（Matthew Fuller）和尤西·帕里卡（Jussi Parikka）等学者的著作。这一理论领域的出现再度引发了对于技术和媒介物质层面考察的重视，使我们能够研究媒介如何设计和构建人类世界、相关运作过程以及其背后的控制力量。而有一种理论倾向则是弱化媒介和技术的绝对性社会构建功能，认为人类能够在本质上对媒介及其物质技术设备实施控制。这就是"网络理论"——曼纽尔·卡斯特（Manuel Castells）教授理论著作中的主要观点，他清楚地分析了包括社会、政治和经济等在内的其他社会变量的作用。下文将依次讨论这三种理论范式，它们并行不悖，偶尔也会相互借鉴、相互补充和相互讨论。

媒介理论：麦克卢汉

与本章一样，对媒介与社会之间关系的理论质疑通常始于马歇尔·麦克卢汉。因为他首先提出媒介的重要性不在于传播内容，而在于媒介自身的技术形式。事实上，他那句多少有点儿晦涩的名言——"媒介即信息"（McLuhan, 2001 [1964]：7）可以在两个层面进行解释。首先，它表示媒介形式应当优先获得考虑，这确实传达了一个重要信息；其次，旧媒介成了任何新媒介的内容。从后者开始，麦克卢汉的论证依赖于对各种媒介历史发展的一种略显特殊的观点。他认为，口头语言是第一种媒介，这显然是在更普遍意义上使用这一概念的。随后发展起来的媒介，如书面语言则以口头语言为内容，印刷媒介使用书面语言作为内容，而电影媒介使用印刷媒介信息作为内容，等等。因此，特定信息和媒介内容并不像媒介实际形式本身那样具有重要性或相关性。尽管如此，这种"互为所用"的行为直接将内容作为分析媒介的一种手段。根据麦克卢汉的观点，新媒介的内容包含了所有其他既有媒介（参见 Levinson，1999）。

但是，正是由于首先强调了对媒介技术形式重要地位的理解，所以任何媒介分析都具有激进的色彩。这种理解是基于麦克卢汉所假定的媒介、人与社会之间的相互关系。麦克卢汉有一个著名观点，即媒介是人类感觉能力的延伸。正如他所说，所有的媒介，从语音字母到计算机，都是人类的延伸，它们给人类带来了深刻而持久的变化，改变了人类环境（McLuhan，1969：54）。更具体地说，他把媒介看作一种延伸或肢体，但无论如何，媒介都与人类有着千丝万缕的联系。麦克卢汉认为，媒介可以扩展我们的感官，但也可以限制它们：媒介可以放大或加速现有的行为或感觉（McLuhan，2001［1964］：7），这是它真正的效果或影响。这里的例子包括机械化过程或用机器代替部分人力。与之类似，电话拓展了人的声音，但也切断了面对面交流，这是近来所谓社交媒体经常面临的批评。总体上看，麦克卢汉认为，媒介与人的关系体现为媒介技术形态或形式决定了人类的命运。人类，或者更准确地说，当前人类社会现状被认为是媒介和技术影响的结果，而这种观点直接导致麦克卢汉面临"媒介决定论"或"技术决定论"的指责（例如 Levinson，1999）。

事实上，麦克卢汉提出的这种关系似乎认为媒介和技术引起人类活动的变化，并决定其方向，无论是在社会、政治层面还是在经济层面。另外，就像鱼不知道它们游泳需要依赖于水一样，人类往往也感觉不到这些媒介的影响："结果，当一个由新媒介诱导的环境变得无处不在，并在改变我们感官平衡的时候，它自身也变得不可见了。"（McLuhan，1969：56）在这一切中往往存在一种感觉，即人类是由媒介进行引导的，但我们并没有意识到其中大量的不同影响及其后果。根据麦克卢汉的观点，媒介的演变历史是从口述媒介到读写媒介，从口语媒介到书写媒介，从印刷媒介到电子媒介（McLuhan，2002［1962］）。麦克卢汉在这方面似乎是在效仿哈罗德·英尼斯（Harold Innis，1950，1951）。每个媒介时代的特点是具有不同的生活方式、文化、潮流、经济和政治制度（Innis，1951；McLuhan，2002［1962］）。就像希腊和罗马的文字，这种文字书写方式将军事主义和权力的运用从遥远的地方（帝国）引入了。对于麦克卢汉来说，电子媒介的出现将不可避免地导致"谷登堡星系"时代、印刷文化及其主要特征和组织原则——民族主义、功能分化、合理化、同质化、异化等早期现代性的鲜明特征的终结。印刷媒介效果的高度一致性在某种意义上意味着这种媒介所造成的同质化；麦克卢汉进一步补充说，印刷时代已经把视觉能力置于口头和文字时代所调动的各种感官能力之上。但是当前时代呢？对麦克卢汉来说，这是一个从"谷登堡星系"时代到电子时代的过渡。电子媒介开创了一种新的文化，在这种文化中，电子电路所产生的直接关系和互动关系使得时间和空间显得不那么重要了。"谷登堡星系"机械时代的主要社会组织原则将不可避免地消亡：不再有单一民族国家，也不再有支离破碎的个体；相反，我们将作为地球村的一个社区走到一起，通过大量相互依存的关系彼此联系。

很明显，对麦克卢汉来说，人类历史前进的动力不是马克思所说的阶级斗争，而是媒介和技术的发展。媒介和技术取代了马克思的人文主义思想，但也产生了一些重要问题：什么导致了技术变革？如果人类及其社会是由媒介决定的，那么是什么导致了媒介的自身转变？此外，如果依据马克思主义的观点，我们是否都受到不同媒介时代的影响？麦克卢汉或许会回答说，不同媒介引发了不同社会劳动分工，但这明显缺乏合理的政治分析，同时也会让他在知识分子之中遭到抨击（例见 Enzensberger，1970）。我们也许可以在弗里德里希·基特勒的著作中找到一些答案，他继承并拓展了麦克卢汉的思想。

新唯物主义和媒介理论：基特勒及其他

"媒介决定了我们的处境"是弗里德里希·基特勒的著作《留声机 电影 打字机》（Kittler，1999）的开场白，这句话大胆地重申了麦克卢汉"媒介即信息"的观点。但基特勒的著作要比这句话更为精妙。他的论点以令人意想不到的方式将福柯考古学分析、拉康结构主义精神分析与媒介及技术相互融合。福柯有一个著名的观点，他认为看似自然的观念、制度、纪律甚至自我，实际上都是被建构起来的；它们解释了某些看似散漫的原则和规则是如何被经年累月地整合成最高秩序的，并揭示了权力运作机制。例如，福柯的《词与物》（*The Order of Things*，参见 Foucault，2002 [1966]）、《知识与权力》（*Power/Knowledge*，参见 Foucault，1980)、《知识考古学》（*The Archaeology of Knowledge*，参见 Foucault，1989［1969］)。话语或一系列符号，无论是书面的、口头的还是以其他方式传达的，都被置于这种结构的中心。考古学家或后来的社会谱系学家的工作是发现他们正在分析的问题、主题和学科的结构性要素。另外，拉康的理论则关注主体或自我如何通过语言规则运作进行主体身份构建（Lacan，1980［1966］）。现在，基特勒利用了这些洞见，认为将语言与话语相互结合进行研究是有益的，但是，我们不能忽视媒介或技术网络，它们使特定种类的语言和话语出现并占据首要地位。基特勒把这些语言和话语更广泛地看作信息，并认为要理解我们的现状，就必须考虑到这些信息是如何被处理和存储的。他将这种结构称为"话语网络"，并更具体地将其定义为"允许特定文化选择、存储和产生相关数据的技术和机构的网络"（Kittler，参见 Kittler，1992：369）。接着，基特勒进入了一个历史分期，一方面是对麦克卢汉的研究，另一方面是对福柯（Foucault，2002［1966］）的研究。

在《话语网络 1800/1900》（*Discourse Networks 1800/1900*，参见 Kittler，1992）中，基特勒描述了字母化时代的 1800 年的网络，这种网络依赖文字，并将文字作为处理和存储信息的唯一手段。所有其他种类的符号、声音、图像等都必须经过书面语言才能被存储。这一话语网络具有相当的浪漫主义倾向，因为书面语言首先是一种"符号编码技术"（Kittler，1992：xxv），它主要与文学相关。于是，文学和诗歌被解释为内心声音的形象化，试图以真实方式捕捉情感和思想。其他媒介的发明则打破了对文字的垄断，如爱迪生的留声机和电影放映机，它们可以记录和播放声音和图像。雷明顿打字机大约在同一时期（1900 年）被发明，即基特勒所说的第三种媒介，是 1900 年话语网络的一部分。这一网络以刻印技术为核心，不再代表内心声音，而是将现代性外化，以标准化方式控制、整理和记录数据。基特勒引用尼采（作为最早使用打字机的作家之一）来支持他的论点，这让他意识到其中的转变：从"内心声音"的表达——书写（手写）的个性和特质到标准化排版，从书写的媒介到刻印的纸张（Kittler，1992：210）。接下来的一步，基特勒还没有完成，即数字化的过渡，它颠覆了数据的连续记录，并形成新的研究主题形式。然而，话语网络只能从方法上进行回顾性研究，这使得基特勒无法对"话语网络 2000"进行正式描述（参见 Kittler & Johnston，1997：7）。

这些媒介技术与意识或主体性之间的联系显示了媒介的重要性，证明了基特勒关于"媒介决定了我们的处境"的说法是正确的。媒介之所以能这样运作，是因为它提供了书写、交流或以其他方式理解主体自身和周围世界的物质工具。基特勒有明显的反人文主义立场，因为在他的叙述中没有人类主体作为历史主角的位置，人类似乎被媒介定位后就固化于终极历史之中：书写方式将人们定位为浪漫、真实、接近自然的形象，而刻印技术则将人们定位为勤奋、理性的单元（个人）。可以看出，与麦克卢汉一样的问题也不可避免地出现在基特勒这里。人的能动性呢？什么可以解释媒介的出现、变化和演变？基于福柯（Foucault, 1980）对于权力是一种赋能的理解，基特勒认为技术造就了人。也就是说，媒介和它们的技术造就了我们这样的人，造就了我们这样的社会。但是人类能够利用媒介的帮助并反作用于媒介，从而导致转变和变化，产生不同的媒介技术、主题以及社会等。为了进一步阐明这个观点，杰弗里·温思洛普-扬和迈克尔·武茨（Geoffrey Winthrop-Young & Michael Wutz, 1999：xxxv）在对基特勒《留声机 电影 打字机》这本著作的介绍中，使用了"基础-上层建筑"辩证法的马克思主义概念类比。在基特勒的著作中，媒介技术的"基础"与广义概念的"上层建筑"是辩证相关的，这种辩证关系意味着新技术、新媒介和新话语网络之间存在着张力和冲突。因此，历史的"发动机"是技术，而不是人类。

但是人类究竟是否具有权力？这对技术政治有何影响？在两篇颇具影响力和挑衅性的文章中，基特勒宣称"并不存在软件"，随后开始讨论软件"保护模式"的含义（Kittler, 1997a, 1997b）。他首先指出了商业软件爆炸式增长的情况，认为这反过来又掩盖了硬件崩溃的现状。数字化意味着所有的基本操作都被简化为二进制代码，无法被观察到，我们的眼睛只能看到自己使用软件的界面。在文字处理程序中看到的所有单词都被降为0和1，它们之间的电压差也被降为0和1。软件和图形用户界面的使用最终模糊了硬件操作，而这是我们作为用户从未见过或理解过的。软件的使用反过来又使我们依赖于软件公司，这些公司不仅寻求自身程序产品的垄断地位，还寻求硬件基础上的技术创新知识。从这个角度看，软件作为一种密码学运行方式，具有战略功能，主要是为软件企业提供持续的经济优势。对于基特勒来说，因为软件并不是独立于硬件或机器而存在的，所以应当更明确地强调它是一种物质财富。这会产生两个相互关联的结果（参见

Harris & Taylor，2005：85）：首先，掩盖了软件是群体协作的产物而不是商品的事实。其次，掩盖了软件巨头创造主体或终端用户的操控行为，同时模糊了后者被征服的手段。因此，终端用户类似于 19 世纪的读者和 20 世纪的受众，他们受到硬件和软件联合操控的限制，即使这些限制似乎使他们的生活更加便利。因此，与软件相关的政治后果体现为实施一种行动，该行动想要掩盖所有使我们屈服的行为，目的在于对我们进行奴役。批判性分析的任务恰恰是展示人类和社会的构建方式，这不仅仅包括软件逻辑，更重要的是硬件操作方式和编码规则。这是基特勒对福柯谱系学分析的回答，在一定程度上也是福柯谱系学分析的延续，福柯称之为信息唯物主义（Kittler，1997a，1997b；另见 Gane，2005）。通过这种方法，基特勒试图找出控制信息转化为实体（和主体）的规则或算法，反之亦然。找到控制作为主体的我们的和周围物质信息世界的代码、规则和算法并不会让人类变得睿智，但至少会帮助我们理解我们不能把自己当成世界的主人（Winthrop-Young，2006）。

基特勒对新媒介文化物质层面的关注，激发了新一代媒介学者的灵感，他们对媒介领域的分析重点围绕物质层面展开。如马修·富勒的《媒介生态学》（Fuller，2005）和尤西·帕里卡的《何谓媒介考古学？》（*What is Media Archaeology?*，参见 Parikka，2013）揭示了媒介和媒介文化的多态性，突出了物质元素限制但并非完全决定媒介的方式。这种研究方法还具有另一个共同特征，即非还原主义和整体分析视角，也就是说能够充分考虑（新）媒介文化所有组成部分。在这方面，本书的灵感来自布鲁诺·拉图尔（Bruno Latour）和他的"行动者网络理论"（ANT，2005），该理论提供了一个关于行动者网络世界的理解。它们包括一组"行动者"，聚集在同一网络，是网络所有行动的来源；这些行为体可以是人类的，也可以是非人类的，例如细菌、病毒和技术。根据拉图尔的长期合作者，另一位行动者网络理论学者卡隆（Callon）的看法，"一个行动者网络同时也是一个行动者，他的活动是联网异构元素，并且这个网络能够重新定义和转换它的构成内容"（Callon，1987：93）。从这个观点来看，这样的网络是各个部分相互作用的集合，而构建出的整体不能被简化为其中任何一个局部个体。这种复杂性在富勒的《媒介生态学》中得到了明显体现。作为媒介生态的具体案例研究，富勒对地下电台进行了分析。在他看来，地下电台生态系统由"发射机、微波线路、天线、传输和演播室站点，唱片、唱片店、录音棚、配音碟，转盘、混响系统、放大器、耳机，麦克风、手机、短信、语音；接收技术、接收地点、DJ磁带，俱乐部，传单、贴纸、海报"（Fuller，2006/2005？：15）组成。这些都与"整个社会、法律、立法和经济领域的审讯领域"（Fuller，2006/2005？：20）相关。所有这些部分都绑定在一起，相互作用，支持和限制某些行动和结果。没有单一的决定性因素，它们以一种复杂的协同作用发挥功能。不难看出，这种观点在新媒介分析中获得大量应用，将新媒介理解为由大量异质部分组合而成，彼此之间相互作用。组合部分的范围广泛：从连接电脑的电线电缆到卫星和无线网络；从芯片制造工厂到技术商品；从新媒体内容和平台构建基础、排序和排序的算法，到为这些算法提供依据的用户实践；从社交媒介公司到应用程序开发商；从政府和监管机构到黑客和互联网盗版者。所有这些都相互作用，彼此建立联系，相互竞争和对抗，它们在一个不断移动和变化的集合中相互创建和利用（另见 DeLanda，2006）。

新的唯物主义观点为我们提供了一个有价值的视角，以便理解技术、硬件和算法在塑造生活、社会和文化方面所扮演的角色。然而，从唯物主义角度提出问题的前提条件是假设各种结构性要素具有平等性。对于大多数唯物主义者来说，权力是在网络或集合的组成部分之间分配的，但是这种分配如何发生，以及部分或节点是否凌驾于其他部分而对网络或集合有更多控制，都存在不确定性。新唯物主义观念在强调媒介组合物质元素的作用时，可能忽视了人的能动作用：我们可能不是主人和指挥者，但属于能动者，能够进行反思性的、有目的的行动。网络理论关注社会组成部分，并从经验维度追溯它们在新媒介和新技术中的作用，以及由此对社会产生的影响。

案例研究

媒介考古学

尤西·帕里卡的著作及其对媒介考古学的贡献，为新唯物主义理论提供了一个特别引人入胜的思想脉络。在麦克卢汉和基特勒的著作中，我们已经发现了这种对历史的关注，以及如下观点：可以通过考察那些曾经的"新媒介"来了解当前的"新媒介"。但媒介考古学不仅仅是一部新旧媒介形态的历史；媒介考古学不是假设从古老旧媒介到创新新媒介的单一线性发展，而是着眼于媒介被发明、使用和想象的方式，这种方式通常是非线性的，且具有复古未来主义色彩。媒介考古学提出了三种方法，可以分别使用，也可以混合使用：第一种方法来自米歇尔·福柯的《知识考古学》（Foucault, 1989［1969］），这本书考察了产生特定媒介的认识论条件；第二种方法是研究媒介目标的内在科学知识体系（即媒介的数学基础）；第三种方法是观察媒介的深层物质结构，包括用于构建它们的原材料。

第一种方法可能更容易被认为是考古学，因为它追溯过去，寻找新媒介产生过程中的间隙和断裂。例如，帕里卡的《何谓媒介考古学？》（Parikka, 2013）讨论了汤姆·甘宁（Tom Gunning, 1986）关于电影的著作，它关注所谓的"吸引力电影"——一种吸引观众感官和好奇心的早期先锋电影形式，而电影情节、叙事元素并非重点。媒介考古学并没有将其理解为古典好莱坞的祖先之一，而是将其视为较新的电影体验先驱，如 IMAX 和电子游戏，它们提供了身临其境的体验，并以直接和直抵内心的方式影响观众，而不是以智力或认知的方式。这种解读不仅展示了今天的媒介体验如何不遵循线性历史，还展示了它们如何利用和束缚人类的身体。与观看经典好莱坞电影的观众相比，观看电视游戏等新媒介内容的观众或用户与这些媒介的联系更加紧密。

第二种媒介考古学方法侧重于对新媒介数学基础的研究，它标志着考古学从关注对过去的理解向一种逆向方程式转变，以说明今天的媒介对象发生了什么。首先，这表明了代码的存在，以及我们今天在数字媒介中看到的情景：操控是如何通过数学方程实现的。这些数学运算使计算机编程和软件、交换和编码信息的协议以及构成平台的算法成为可能。从方法论上来说，我们可以将一个特定媒介对象看作包含所有这些内容的对象：一种档案，它包含了使之成为可能的主要技术和数学操作。例如，赫兹和帕里卡（Hertz & Parikka, 2012）提出了一种分析方法，把媒介对象进行拆解，这样做的目的是了解它们是如何组合在一起的，以及它们是如何工作的。这种媒介考古学需要对设备进行修修补补，看看会发生什么，在这种方式下，它是一种混合方法，既是黑客也是艺术，在某种程度上，这种修修补补产生了其他东西，或者重新混合并再次利用了媒介对象。

最后，媒介深层物质结构一方面涉及制作它们的原材料，另一方面则是它们被淘汰后的命运。这是一种媒介的自然生态，例如，它关注诸如钶钽矿物之类的材料，它们在储存电荷方面的特性对于手机电路的使用至关重要。这种矿物，简称钶钽铁矿，曾被用于资助中非战争，更具体地说是刚果战争（Hertz & Parikka, 2012; International Consortium of Investigative Journalist, 2012）。此外，考虑到大多数媒介对象的必然过时性，一个相关问题涉及所有这些遭淘汰的媒介会发生什么。因此，对媒介原材料的考古学分析可以重新发现制作媒介对象所使用的材料，并指出这些材料所涉及的成本，包括人的成本和自然的成本。

上述内容对媒介考古学进行了简要回顾，迂回曲折地揭示出新媒介文化在物质、社会、象征、政治和政治经济学等领域同时运作的复杂性。

网络理论

网络在过去已经存在，并且学者们已经以一种高度原创和引人入胜的方式写过关于网络的文章［例如，Wellman, 1999；曼纽尔·卡斯特关于网络社会的著作《信息时代三部曲：经济、社会与文化》（Castells, 1996, 1997, 1998）］。卡斯特试图通过经验分析来理解新媒介和新技术所带来的当代社会变化。卡斯特小心翼翼地避免被指责为技术决定论，但他也热衷于展示新技术对我们生活的影响。因此可以说，他在面对社会和技术的关系时，采取了一种不可知论立场，而他试图以经验方式理解与新技术及其媒介相关的近期社会变化。不过，由于仍然把技术研究放在首位，他的立场可以说是一种"温和决定论"（Lister et al., 2009）。卡斯特自己认为：

> 技术不能决定社会。社会也不会书写技术变革的过程，因为在科学发现、技术创新和社会应用过程中，有许多因素，包括个人创造性和企业家精神，所以最终结果取决于一个复杂的相互作用模式。事实上，技术决定论的困境很可能是一个错误问题，因为技术就是社会，没有技术工具就无法理解社会。（Castells, 2000 ［1996］: 5）

卡斯特的主要论点是，新技术与一种新的社会组织形式有关，它围绕网络概念展开。因此，我们的社会可以被理解为网络社会，不再像以前的社会那样基于个人或传统社区，而是以网络为基础。在"三部曲"的第一卷——《网络社会的崛起》中，卡斯特解释说，作为一种历史趋势，主导功能和过程越来越多地围绕网络来组织。网络构成了社会的新形态，网络逻辑的扩散极大地改变了生产、经验、权力和文化过程的运作方式和结果（Castells，2000［1996］：469）。网络被看作是由彼此不同但又相互联系的点组成的结构，这种结构已经取代了个人和民族国家作为社会组织的主要形式。由于这种新形态不受空间地理概念和特定时间标准限制，卡斯特认为，我们已经进入了一个新时代，新电子技术使之成为可能，在这个时代中，空间是流动的空间，而时间则是"非时间性"① 的。

卡斯特进一步阐述了他的观点，他认为，空间是社会建构的结果：理解我们周围的世界与其说是感知问题（例如，麦克卢汉会这么认为），不如说是事物依存社会秩序的结果。从这个角度看，电子媒介有效引入了一种新的秩序，这使得一种不同的空间概念成为可能。这种新的空间概念不是由地理维度的连续关系来定义的，而是由参与者所在不同地方之间的交流来界定的。卡斯特认为流动空间有三个层次：第一层是电子电路，它在物质上使流动空间成为可能；第二层是网络节点和集线器，这些未连接的地方建立了一个网络，以支持占据这些地方的行动者之间的交流和互动；第三层是主流精英阶层的空间组织，它对流动空间进行引导和表达。对卡斯特来说，流动空间并不是社会唯一的逻辑空间，而是全球精英所使用的主流空间。这些精英是国际化的，他们在不同地方流动，但通过占据特定空间而聚集在一起。特定空间包括隐蔽住宅区以及休闲场域，尽管它们实际物理位置不同，但它们看起来或多或少是相同的。

流动空间中的时间是"非时间性"的。线性、可测量并能够预测的时间在网络社会被粉碎，其特征是将时间压缩到消失的程度（Castells，2000［1996］：464）。要理解这个概念，我们可以参考"前现代社会"的时间序列：

---

① 这里的"非时间性"时间即卡斯特所说的 timeless time，亦有文章译为"无时间性时间"。——译者注

这是由季节及其对农业生产的影响决定的。现代性引入了一个不同的时间观念，通过对"工作时间"和"休闲时间"的划分来设计，而工作时间受到了"科学管理"（Taylor，1911），以便更有效率。与之相反，网络社会的时间组织否定了传统时间概念，因为它消除了时间的先后顺序。例如，全球金融市场实时运行，在短短几秒钟内就交换了大量资本。卡斯特认为，"非时间性"时间只有在技术引起了"现象顺序的系统扰动"的情况下才会运行（Castells，2000[1996]：494）。在这两种情况下，时间不再是按顺序排列的，从而造成了自身的无差别性。尽管卡斯特承认，生物层面和社会层面有序的时间仍然适用，但"非时间性"时间只属于流动空间。

这两个变量——流动空间和"非时间性"时间，使得网络成为先进技术社会的主要组织形式。因此，经济日益通过网络和它们之间的流动来组织：金融和公司网络；工作项目的网络在特定平台上灵活运作，在必要时候相互聚集，在不需要的时候就被解散或淘汰。网络政治日益成为一种中介政治，思想和意识形态让位于传播能力，成为寻求合法权力的主要手段。网络社会的特征并不是现代社会的那种有机聚合，所谓有机聚合即民族国家内部的人们依靠彼此的社会分工而构建（Durkheim，1972[1933]；参见 Giddens，1972）；相反，在网络社会中，人们之间的纽带是脆弱的、暂时的，往往是共同的观点和信仰将不同国家的人们团结在一起，但同样也会在特定的地方使他们分化。

显然，卡斯特并不关心技术与社会关系本质的抽象理论，他认为新媒介代表了一种特定历史表达。只要它们能够形成网络化的新型社会结构，媒介就会与社会、文化、政治和经济进程的变化联系在一起，从社会学观点看，详细说明这些变化是非常重要的。这种观点优先考虑经验视角而非理论视角，或者至少认为新媒介和社会的相关理论来源于对生活不同领域的经验研究。尽管存在着新唯物主义的观点，但本书仍将沿承卡斯特所重视的社会学视角。另外，经验研究已经涉及一些需要证明的理论假设。因此，本书将基于一种整体理论视角，即认可技术世界和社会世界之间的共构关系，同时密切关注新唯物主义观点和技术-社会共同体的 ANT 概念，尝试通过对经验研究发现和成果进行讨论来丰富这些见解。

承认社会技术的动态性和不可还原性意味着技术始终横跨于经济领域和心理领域之间，它的新表现形式往往导致现有生活领域的变化。这些不是由技术本身决定的，而是由人类社会主体、社会组织和工艺技术制品之间的相互制约关系决定的。同样，经济、文化等方面的变化也会带来技术层面的变化。最近，这种关系（或者称作"过程"更为合适）被称为"媒介化"（Silverstone，2006；Couldry，2008；Livingstone，2009）。媒介化可以理解为媒介（以及支持它们的技术和材料）与生活各个方面（包括自我和主体性、社会和文化、经济和政治）的辩证互动，或至少是动态互动。媒介化所指的是一个动态化过程，即认为任何一个单独组成部分都不具有优先权，但是不同部分都以不对称或不平等方式参与其中（参见 Couldry，2008）。此外，说到社会的技术媒介化，我们需要考察一系列领域，以便在历史关头找出这一进程的确切结果。因此本书中我们将探究在新媒介传播介入下生活各领域发生变化的方式。

结　　论

这一章是关于新媒介和技术的理论方法。这里对理论的关注是必要的，因为理论构成了观察和检验事物的视角，不同视角会产生不同认识、关注点和结论。为了证明本书所使用的特定理论视角是正确的，本章提出并讨论了关于技术和社会的三种立场，以及关于新媒介的另外三种立场。

技术与社会理论的三种立场——工具主义、唯物主义和社会建构主义，分别把技术看作一种中立工具，把技术逻辑强加于社会，或者将技术看作一种社会建构。接下来，本章通过分别代表媒介理论、新唯物主义和网络理论的麦克卢汉、基特勒和卡斯特这三位重要学者，总结了三种主要的新媒介观念立场。从麦克卢汉那里，我们得到了他对媒介重要性的坚持，以及媒介对我们如何看待世界的贡献。基特勒进一步扩展了这些想法，并将技术置于更重要的地位，他认为人类历史就是技术历史：媒介让我们成为主体。我们创造了技术，但技术也创造了我们。最后，卡斯特在探讨新媒介技术出现以来所观察到的经验主义转变时，加入了一种时下急需的经验主义。他认为，这些可以理解为网络的崛起，而网络本身只有通过新媒介才有可能实现。专栏 1.1、专栏 1.2、专栏 1.3 分别总结了这些学者的主要观点。

专栏 1.1　麦克卢汉思想概述

技术观点

- 媒介和技术优先
- 新媒介以旧媒介为内容
- 媒介即信息

人的问题观点

- 媒介作为人的延伸，引起持久的变化

社会和政治的观点

- 媒介和技术催生了不同形式的社会政治组织

专栏 1.2　基特勒思想概述

技术观点

- 技术进步是历史的发动机
- 不同技术形成不同的话语结构和权力分配
- 硬件至关重要，软件无足轻重
- 强调技术原材料的重要性

人的问题观点

- 不同媒介催生不同主题：
  - 话语网络 1800：读者
  - 话语网络 1900：受众
  - 话语网络 2000：终端用户
- 反人文主义

社会和政治的观点

- 应该关注话语的谱系来展示我们是如何被建构的，但不应当完全依赖于对技术的掌控
- 应当在硬件和算法的基础上建立友好的用户界面

> **专栏1.3　卡斯特思想概述**
>
> **技术观点**
> - 从经验角度来看，技术可以被看作一种具有赋权功能的系统
>
> **人的问题观点**
> - 技术与新的身份认同相关
>
> **社会和政治的观点**
> - 与理论性或政治性相比更具有实践性
> - 社会向网络社会转变，产生了对空间和时间的新认知

研究实践

本研究实践活动旨在帮助读者从历史角度理解新媒介。使自己脱离现实语境，可以使我们更深入地理解媒介的社会作用。"化熟为生"一直是社会科学和人文科学方法的重要组成部分。本练习试图让读者思考如何应用这种方法，同时也要明确关于技术、媒介及其使用的假设，这些假设揭示了我们目前对这些问题的看法。

任务：撰写一篇面向未来的媒介考古学文章。向未来的人解释平板电脑是什么，它是如何被使用的，它带来了哪些变化以及如何被淘汰。简要描述一下它的历史，包括它是如何产生的、它的发展轨迹（真实的和想象的）以及它最终如何消亡。它的社会地位和象征作用如何？它在其他媒介对象中的地位是什么？它取代了什么，又是什么取代了它？

拓展阅读

掌握新媒介的复杂社会理论具有挑战性。下列对基特勒和卡斯特的采访文章提供了对一些重要概念、想法和观点的基本介绍，正是这些构成了他们理论的基础。迈克尔·戈达德的文章（Michael Goddard，2015）则对媒介考古学和（新）

媒介研究转向新唯物主义进行了介绍和讨论。

Winthrop-Young, G. and Gane, N., 2006, Friedrich Kittler: an introduction. *Theory, Culture & Society*, 23 (7-8), 5-16.

Rantanen, T., 2005, The message is the medium: an interview with Manuel Castells. *Global Media and Communication*, 1 (2), 135-147.

Goddard, M., 2015, Opening up the black boxes: media archaeology, 'anarchaeology' and media materiality. *New Media & Society*, 17 (11), 1761-1776.

第二章
新媒介政治经济学

学习目标

1. 理解新型经济形态和信息资本主义的兴起
2. 理解商品的生产、流通和消费环节转变
3. 批判性理解职业和劳动的变化
4. 理解新媒介产业

导 论

如果接受卡斯特的观点,即网络社会构成了以"网络组织"为主体的一种新型社会形态,这就意味着新的社会形态必然也包括经济的转变,而这种转变恰恰是网络组织促成的。因此,我们应该预见到经济将因网络和相关技术而改变。但为什么这些变化如此重要呢?经济的作用是什么,它与新媒介和社会的关系如何?从普遍意义上看,问题涉及经济、社会和新媒介的关系。关于经济的作用,我们经常遇到两极分化的观点:一些学者认为经济不仅是媒介的决定因素,也是社会的决定因素,这在经典的马克思主义(新)媒介理论中屡见不鲜;相反地,强调(新)媒介象征维度、媒介功能和用户以及媒介使用和解释层面的差别,则预设了经济所起的作用非常有限。因此,关键在于要将这两种立场结合起来,并把经济作用看作同政治、文化和人的能动作用一样,都是社会的共同决定因素,而不是唯一的决定性因素。沿着这种思路,我们跟随罗宾·曼塞尔(Robin Mansell,2004)的观点,在广义理论范围内重新审视网络和新媒介的政治经济学。

曼塞尔（Mansell，2004）认为，如果我们要通过内容、通信和服务等途径来理解新媒介，那就需要理解它的生产过程，并深入分析其在资本主义中的定位，以及有关影响和构建新媒介使用和消费模式的机制。一般来说，传播政治经济学考察的是媒介生产、传播和消费的条件以及权力对这些条件的构建机制（Mosco，1996）。政治经济学研究方法包括以下内容：考察新媒介商业机构在全球经济中的整体地位，调查媒介所有权、产品和服务的分配模式，分析媒介使用和消费方式。政治经济学虽然将经济领域作为切入视角，并以此为基点来研究大量与传播相关的社会实践，但并不是纯粹的还原论者：它不认为所有社会关系都可以还原为简单的经济学维度。相反，最新的研究方法充分认识到其他因素（象征性、历史性、政治性以及反思性等要素）的作用，这些因素源自公民、普通人及其社会行动。新媒介产品、技术、服务与内容生产、分配和消费之间存在不对称的相互作用，形成一套流动性的、不稳定的、动态化的关系范畴。按照这种理论逻辑，本章将首先考察新媒介的生产关系：如果采纳众所周知的马克思主义理论分析范式，那么谁拥有新媒介的生产所有权？接下来，我们需要考察新媒介的分配和消费模式，以构建新媒介政治经济学的理论链条。

然而，这种对新媒介政治经济学的理解假定新媒介只是另一种产品或服务。但如果我们审慎分析卡斯特的观点，那就必须考虑新媒介改变经济运作机制的方式。实际上，文森特·莫斯可（Vincent Mosco）对政治经济学分析方法进行了创新，明确认为传播过程和晚期资本主义社会是相互构建的（Mosco，1996：71），加之卡斯特对新技术的推崇与网络的崛起，新媒介从根本上改变了资本主义的理论含义。从这一观点出发，在讨论媒介政治经济学之前，必须对新媒介环境下的经济组织方式进行更为充分的讨论。这种经济组织方式仍然同资本主义大规模工业生产方式一样吗？

然而，在开始讨论所有问题之前，有必要突出强调一下我们的预设观点。总体来说，政治经济学研究方法立足于寻找和阐明权力的差异和不平等性，并试图对其进行消解，从而有助于创造更公平公正的社会。这就是本章在考察新媒介经济组织方式时所采取的理论立场。一方面，我们试图呈现新媒介出现以来所发生的变化；另一方面，我们希望揭示新媒介所造成的持续的或新的不平等。同样，本章也是为了显示一个充满活力的经济模式对社会的贡献，包括它所激发出的创新与变革可能。但只要社会整体仍然处于由利益驱动的资本主义经济环境下，不平等就无法避免，商业利益往往会压倒公共利益而占上风。

本章首先讨论信息资本主义生产和消费过程及其与新媒介技术的关系，然后进行新媒介的政治经济学分析。

信息资本主义生产和消费

有学者认为，全球化兴起和传播与一种新型资本主义有关，卡斯特称之为信息资本主义。信息资本主义是指一种新型经济组织方式，它一方面依赖于新媒介和新技术，另一方面又将自身逻辑强加于生产和消费的各个领域。为了理解这种充满活力的经济运作方式，我们需要把新媒介看作这种变化发生的主要动力。这些变化包括所谓的生产信息化（例如，生产过程建立在信息形式之上）以及向信息和知识生产的转变。此外，我们必须研究这些变化对职业和劳动方式的影响，包括对于信息资本主义的各种抵制和批评。

信息资本主义的生产和职业

卡斯特认为，全球化、自由化的信息生产过程可以利用网络理论的重要概念进行理解。生产不再具有规模化、程序化属性，而是依赖于信息网络形成，信息网络产生的信息、知识和技术使生产更加合理或更有效率。信息网络作为工业生产的组成部分存在，而不是取代生产本身。从这个角度看，工业和农业生产过程都包含在新经济网络之中，新技术使之成为可能并起到调节作用（Castells, 2000 [1996]；Barney, 2004）。信息资本主义在为工农业生产提供信息的同时，也催生了一种新的生产模式。卡斯特认为，如果我们承认汽车制造商福特公司是工业资本主义的典范，那么总部位于美国、生产交换机和路由器的思科公司则可以被视为信息资本主义的代表。卡斯特报告称，思科公司实际上只拥有 30 家生产交换机和路由器的工厂中的两家，产品几乎完全在网上销售，员工主要是工程师、研究人员、经理和销售人员。通过网络运营、生产外包以及与该领域其他公司建立战略联盟，思科公司成功地大幅削减成本，实现利润最大化。它本质上是一家生产型企业，但本身并不从事制造，而是生产和销售自己所售产品的专有技术、设计和相关信息服务。从广义上说，信息生产以网络组织为特征，通过网络组织，生产过程的各个部分变得相对独立，并作为独立节点连接到更大网络进行运作。

对卡斯特来说，网络公司模式是信息资本主义新型生产过程的特征。网络公司属于去地域化、结构松散、跨生产和分配链的细分型企业；基于"即时组建式"公司运作模式，经常形成不同网络公司之间的战略联盟；它在这种网络组织中形成了与客户进行同步互动的潜力，这催生了大规模定制和个性化生产过程，是信息资本主义典型的新型消费模式（Castells, 2000 [1996], 2001; Barney, 2004）。

资本主义生产方式的转变带来了相关职业和劳动方式的变化。贝尔（Daniel Bell）和其他人已经注意到这些变化，他们认为，体力劳动的减少和服务行业的兴起将催生新的、更和谐的经济和社会运作机制。但事实证明，这些职业变化更具复杂性，并非令人完全乐观。首先，卡斯特（Castells, 2000 [1996]）对七国集团国家（美国、英国、日本、德国、意大利、法国和加拿大）就业趋势的分析证实了贝尔（Bell, 1973）和其他学者［如阿兰·图海纳（Alain Touraine, 1971）］所观察到的情景。在1970—1990年，七国集团国家的服务业就业机会平均增加4.72%，包括生产型服务和社会服务。但这并不是唯一变化，基于对七国集团国家数据的分析，卡斯特强调了信息资本主义职业发展的几个趋势：职业工作的信息化导致农业和制造业就业岗位稳步下降；个体化职业和社会服务职业获得兴起；作为就业来源的服务活动日益多样化；在职业岗位结构上，高层（例如管理人员）和底层（例如办事员和零售人员）岗位数量都获得扩展。这反过来反映了"随着时间的推移，职业岗位结构的相对升级"（Castells, 2000 [1996]: 244）。在某种程度上，这些宏观趋势可能被认为意味着劳动条件的普遍改善，因为毕竟从事服务的劳动者可能被认为比体力劳动者享有更高的工作满意度和地位——事实上，这一部分是丹尼尔·贝尔的观点。但是，要对信息资本主义环境的劳动生活条件进行恰当评价，不仅要考虑职业结构变化，而且要考虑人们的劳动条件和总体劳动环境变化。

在信息资本主义环境下，劳动条件最明显的变化体现为工作灵活性愈发重要（Castells，2000 [1996]；Barney，2004）。为了理解工作灵活性带来的变化，达林·巴尼（Barney，2004）研究了工业资本主义的典型劳动形式。在这种环境下，一个典型全职劳动者在"标准工作"中，他（典型男性劳工）不仅知道任务，而且知道应该如何执行任务。这项工作是永久性的，在雇主提供的固定工作场所进行。员工通常在他们整个职业生涯中都从事同样的工作，或者在同一家公司内寻求晋升。简言之，他们在职业生命周期中遵循一种固定工作模式（Castells，2000 [1996]）。工业资本主义中的劳动被制度化了（Barney，2004：95），因此它太过于固化，无法满足资本主义制度的需要，而资本主义制度需要不断创新和增长。在新的生产方式压力下，例如全球化、自由化以及权力下潜的网络组织，都要求工作必须具有灵活性。

在具体社会实践中，工作灵活性导致了非标准化工作形式的产生。非标准化体现在很多层面：时间层面——工作表现为兼职性或弹性工作制；空间层面——可以通过远程办公，在家里甚至在不同国家工作；雇佣关系层面——越来越多的工作以外包、临时工作或自由劳动方式进行。这些新的工作形式和普遍的工作"灵活性"导致了以下结果：女性在职业领域的参与度提升，越来越多的女性以非标准化方式参与工作；随着越来越多的人更换工作、部门和雇主，他们逐渐走向了一种模糊化的职业发展道路。工作灵活性所带来的不稳定性日益增加，导致了对持续培训和终身学习的强调，受到良好教育的劳动者、熟练工与低技能劳动者、非熟练工之间的差距日益扩大。职业领域的这些发展一般与信息资本主义条件下的生产需求有关，更具体地说与生产过程中信息和交流的重要性增加有关。但我们也必须指出，这些发展大部分是由新技术带来的。因此，实时、可靠的通信和数据传输技术使得远程工作成为可能。此外，技术革新促进了生产力提高，不但增加了对受过良好教育和具有专业技术知识的劳动力的需求，同时也增加了对灵活的、临时的或非全日制工作的需求。

我们如何评估这些新的工作方式？以远程办公作为一个研究案例，可以看到它对雇主和雇员都非常有益。在成本效益分析中，加雷（Gareis，2003）报告说，远程办公和自由职业对雇主有重要优势，因为新的工作形式使他们能够适应不断变化的市场条件。它能够在特定时空中合理安排员工工作。与此同时，他们可以将责任分散，并将决策权下放给员工，从而减少管理层级，以便削减成本。从员工角度来看，远程办公可以更好地将私人要求和偏好与工作需求相匹配。这尤其适用于有工作的母亲，远程办公可以让她们合理安排工作时间，更好地照顾和陪伴孩子。员工采取远程办公也可以选择在最方便或最愉快的地方工作，避免通勤成本。在工作组织方面，他们能够更好地把握自己的职责，并根据个人习惯和重要性来安排工作。但是远程办公并不总是或一定是好的。安德森和伊迪（Anderson & Yttri, 2007）对6个国家（保加利亚、德国、以色列、意大利、挪威和英国）的远程办公进行了研究，发现工作形式和生活满意度之间的关系没有统计学上的显著差异。他们得出的结论是：远程办公主要是基于务实的选择，而且往往是临时的解决方案。

机器人和生产

近年来的技术进步使得机器人或自动化系统取代了越来越多的体力劳动和某些事务性工作。布林约尔松和麦卡菲（Brynjolfsson & McAfee, 2011）发现，2009—2010年，美国经济恢复增长的同时就业数据却没有好转，而这并不是新观点。1995年，杰里米·里夫金（Jeremy Rifkin）就已经在谈论技术创新所带来的工作岗位消亡，即技术创新正迫使人们失业。这种由技术引起的结构调整在20世纪80年代和90年代初非常突出，因为技术确实取代了许多低层次工作和文秘工作。然而，里夫金的论点并不是特别有说服力，正如布林约尔松和麦卡菲（Brynjolfsson & McAfee, 2011）指出的那样，数据并不支持他：20世纪90年代末和21世纪初的就业明显获得增长。但最近的发展趋势显示出一种支持里夫金观点的新动态。布林约尔松和麦卡菲研究了从20世纪50年代到最近的经济指标，发现尽管生产率和就业率密切相关，高生产率意味着高就业率，反之亦然，但在2000年，这两条曲线开始出现分化。当生产率稳步上升时，就业率却没什么变化。他们认为，原因在于新技术和以计算机为基础的操作系统取代了人力工作。技术进步可能会淘汰某些工作，就像20世纪80年代的情况一样。例如，谷歌无人驾驶汽车可能最终会取代驾驶员，无人机可能会自动送货，从而淘汰掉邮政和快递服务。亚马逊公司在机器人领域投入巨资，在 2012 年以 7.75 亿美元的价格收购了 Kiva Systems 公司（仓储机器人系统）。从 2014 年 12 月开始，在仓库中使用了 1.5 万台机器人，其主要任务是获取订单并交给人类员工进行处理（*Time* magazine，2014）。

从那时起，机器人看起来比以往任何时候都更加真实，取代人类劳动的可能性也变得更加具体。这个问题的讨论更多的是一种对当前趋势的回应，而不是一种谴责和摧毁机器的"新勒德主义者"[①]倾向。此外，当机器人更多地取代人类去做那些重复性的、出力不讨好的工作时，人就有可能会变得更自由、更能关心不同种类的工作，就像在 19 世纪、20 世纪一样，技术淘汰了某些工作，但同时也创造了新的工作类型。事实上，正如我们将在下面关于非物质劳动的讨论中看到的那样，情况很可能就是如此。然而，本泽尔等人（Benzell et al.，2015）的一份报告显示，技术增长很可能导致贫困。他们的结论是，如果没有合理的财政政策来重新分配赢家和输家的利益，并帮助那些处于最不利地位的人，那么技术进步将会导致所有人的贫困。但到底谁是赢家，谁是输家呢？我们将在后文对此进行探讨。

批判的方法：虚拟阶级和非物质劳动

与这些发展相关的普遍问题涉及劳工阶级或马克思无产阶级的命运。无产阶级消亡了吗？在灵活的工作方式下，无产阶级的处境是更好还是更差？尽管大多数相关文献的看法都很乐观，但劳动者并未获得重要利益。虽然某些人在新的工作秩序中受益和致富，但另一些人却损失惨重，整个社区和生活方式遭到破坏。持续的去工业化进程，缺乏失业保障的制造业就业机会的丧失，使成千上万人陷入痛苦和永久性失业。典型例子就是美国著名的汽车城底特律市，它是工业资本主义顶峰时期的代表城市，福特、通用和克莱斯勒汽车公司都在那里。底特律敏

[①] 新勒德主义者（Neo-Luddite）是指那些信奉犬儒主义，质疑乃至抗拒新技术，对社会和自我现状习于满足、怠于改变的个体。——译者注

锐地感受到了汽车工业的危机：2009年7月，密歇根州能源、劳工和经济增长部门报告称，底特律都市地区的失业率达到17.8%。在过去三十年里，这个城市失去了超过30%的人口，而且最新的抵押品赎回权取消政策使得一些地区的房价比汽车价格还低。

几位批评家指出，总的来说，在新的工作形式以及不断扩大的信息和通信技术领域中，我们遇到的不是财富和地位的合理分散和更公平分配，而是一种新等级制度的产生。亚瑟·克罗克尔等人（Kroker & Weinstein, 1994）称这是一种"虚拟阶级"，它几乎根本不涉及伦理道德，也无关正义，甚至还有诸如"不适应就灭亡"这样讽刺性的观点。

> 在反对经济合理化的前提下，这个虚拟阶级采取掠夺性资本主义和狂热技术官僚理性主义的混合行径，以消解社会对就业的关注，并坚持要求"重组经济、劳动力调整的公共政策"和"削减赤字"，所有这些都以利润最大化为目标。（Kroker & Weinstein, 1994: 1）

克罗克尔等人认为，虚拟阶级是新的资产阶级/统治阶级，具有隐蔽性和分散性，缺乏任何阶级意识，充满了掠夺性资本主义和计算机幻想主义特征［参见克罗克尔与格特·洛夫克（Geert Lovink）的讨论（日期不详）］。虚拟阶级是专制的，毫无社会感，甚至鄙视那些缺乏适应能力的劳动阶层：他们是"别无选择"（TINA, There is no alternative）思维方式的重要拥护者，排除任何寻找其他生活/工作方式的可能性。

虽然虚拟阶级概念是抵抗新自由主义技术资本主义的早期尝试，但近年来，信息产业的劳工分化带来了对无产阶级的重新思考。莫雷齐奥·拉扎拉托（Maurizio Lazzarato, 1996）试图通过批判理论视角来追溯生产和劳动关系变化，以及信息化、智能化工作方式所带来的影响。对于拉扎拉托来说，这种新的工作可以被描述为非物质劳动。大多数非物质劳动需要信息处理和计算机技能，既指劳动过程中的变化，也指文化商品内容生产的活动，涉及如何定义和确定文化和艺术标准、时尚、品味、消费者规范，以及更具战略性的公众意见的各种活动（Lazzarato, 1996: 113）。在非物质劳动中，生产周期只有在资本家需要时才开始运行，一旦工作完成，这个循环就会消失。因此不稳定性、过度剥削、流动性和等级制度是非物质劳动的典型特征。非物质劳动模糊了工作和休闲之间的界限,工作就是生活,生活就是工作。非物质劳动者必须具备管理技能,以便与管理层、同级员工及商品最终消费者进行协调。

此外,对拉扎拉托来说,在今天所有的工作形式中,主观和情感因素往往也全程参与脑力劳动过程:劳动者不仅仅是在执行一项任务,他们也倾情投入到工作之中。他们最终也会(重新)"生产"出一个"全新自我"。非物质劳动"将需求、形象、消费者品味等内容进行具体形式化和物质化,而这些产品反过来又成为需求、形象和品味的强大生产者"(Lazzarato,1996:136)。非物质劳动有能力改造生产/消费商品的人,正是基于这个原因,拉扎拉托认为,它应当被认为生产出了一种新的社会关系——而非物质商品只有在创造出这种创新、生产和消费的关系时才得以实现。

如果说福特主义和工业生产方式将消费引入了生产周期,那么信息生产方式则将传播引入其中(Lazzarato,1996;另见 Castells,2000[1996])。因此,它改变了产业模式(专注于销售和消费者关系)与服务模式(专注于客户关系)。拉扎拉托从劳动者或非物质劳动者角度观察到,他们既创造出主体性(社会交往的主要内容),同时也生产出经济价值。因此,新工作模式将劳动者主体性运用到与他人合作以及商品文化内容生产之中。拉扎拉托的观点暗含如下意思:在信息资本主义中发展起来的新的劳动力和各种工作方式代表了劳动力资本发展的独特阶段,在这个阶段,劳动力比在工业资本主义环境中更具自主性和创造性。

信息产品与消费

拉扎拉托的非物质劳动理论的主要贡献在于:观察到信息/传播产品的生产和消费是如何不可避免地联系在一起的。由于劳动的重点是传播,加之劳动者的创造性和自主性增强,因此劳动的功能不再仅限于商品生产,而在于创造并管理与消费者之间的社会关系。对于拉扎拉托来说,非物质劳动形成和物化了我们的想象、需求和品味,即非物质劳动试图满足消费者的需求和需要,并创造新的需求和需要。这就是为什么非物质劳动本质在于主体性和这种主体性赖以生存的思想文化环境。可以看出，这种本质属性建立在信息资本主义新的生产和消费过程所形成的社会关系基础之上，而这种社会关系是一种在生产者和消费者之间持续进行信息交换的传播关系。因此，非物质劳动产品本质上基于传播过程，每一种商品都必须在自身文化和信息内容价值基础上获得"使用价值"。另外，信息商品的特殊性还在于它们不但没有在消费过程中消亡，反而在流通、消费的同时还创造、改变和扩大了消费者的文化环境。

非常明显，拉扎拉托（Lazzarato，1996）认为非物质商品（由非物质劳动生产的商品）改造了使用它们的人。从这个意义上看，生产过程涉及消费者社会关系的（再）生产，这被认为是"传播"。同所有关系一样，这种社会关系建立在互惠基础之上。消费者不能像在工业资本主义环境下那样被动消费批量化生产的商品，相反，他们以两种方式干预生产过程：他们把生产和消费结合起来，并赋予商品特定的消费意义。生产与消费的有效结合意味着消费者直接参与商品生产。因此，与技术创新和产品设计一样，偏好也成为生产中不可或缺的部分，所以满足消费者习惯的营销和销售技巧被发展出来。任何产品或商品在生产之前都要进行消费者接受度的深入研究，这导致了产品设计和营销方式的变化，从而促成生产过程与消费行为有效结合。与此同时，消费行为也赋予文化商品以意义，并将它们置于特定文化维度之中。例如，考虑一下著名说唱歌手对香槟和白兰地等高档商品的消费，或者不太富裕的人群对博柏利（Burberry）围巾的消费，这种消费行为对这些商品都产生了新的意义。从这个意义上说，消费同时也是赋予商品意义的生产。消费也可以被看作一种传播行为，因为它可以立即为消费者和他们所消费的产品传递某种信息。那么信息资本主义到底对新媒介意味着什么？下面我们将讨论这个问题。

新媒介公司与政治经济学

古典媒介政治经济学强调决定媒介生产和消费过程的方式（Golding & Murdock，1979；Mosco，1996），由于它基于马克思主义理论视角，因此优先考虑资本在构建这些过程时所扮演的角色。所以多数此类研究都集中于媒介所有权、媒介生产过程和媒介内容之上，这并不奇怪。在这些概念中，消费被视为次要的，被看作由生产和内容决定：毕竟，观众只能阅读或观看生产提供的内容。赫尔曼和乔姆斯基（Herman & Chomsky，1989）的《制造共识》等研究概述了当少数实力强大的公司集中拥有媒介所有权时发生的状况，以及广告作为媒介收入最重要来源之一时所出现的问题。他们认为，这些因素就像"过滤器"，只允许特定内容、新闻故事和框架获得通过并被媒介关注。但这种对生产主体和所有权的强调往往忽视了媒介文本的多义性和消费行为本身。莫斯可（Mosco，1996）认为，一个标准的政治经济学批判分析应该关注所有这些维度，以便全面描述媒介对民主政治的贡献及其局限性。依据莫斯可和罗宾·曼塞尔的上述观点，我们将对所有这些维度及其相互作用进行研究。

新媒介产品

如果我们承认新媒介不仅在信息资本主义环境中运作，也在这种环境中不断获得发展，那么媒介所有权问题就有了新的意义。在广义的新媒介产品概念中，所有权最重要的方面涉及融合问题。融合至少可以从五个不同维度进行理解，包括技术、经济、社会、文化和全球一体化（Jenkins，2001）。技术融合是指所有媒介内容的数字化，即内容一旦产生，就可以在各种媒介中自由流通，不需要进行任何形式的转换。技术融合也可以指电信和媒介公司之间的合作协议：经济学家乔纳斯·林德（Jonas Lind，2005）认为，电信、媒介、消费电子和信息通信技术之间的融合始见于20世纪70年代，但直到20世纪90年代，它在内容数字化基础上才得以迅速发展，虽然还没有实现完全融合，但通过数字化实现的部分融合已经为相关行业的联合与兼并带来新的机遇。媒介产业中已经出现了垂直和水平经济整合或融合趋势，为进一步整合媒介生产和销售领域提供了机会。

具体来说，水平整合是指一个媒介公司拥有或购买另一个与原媒介公司没有直接关系的媒介公司的权益。例如，新闻国际公司就是水平整合的典型案例，它拥有报纸（《泰晤士报》《华尔街日报》等）以及广播频道（如福克斯新闻、英国天空广播公司）；尽管"友你友我"（MySpace）最近被出售，但它的首次收购还是将新闻集团引入了用户原创在线内容领域。垂直整合则是指媒介公司拥有或购买媒介生产链下游公司的股份，从而增加对生产和销售过程的控制。例如，美国在线（AOL）和时代华纳（Time Warner）之间著名但命运多舛的合并，曾被认为是将媒介内容生产平台（时代华纳）与在线销售平台（美国在线）整合在一起的绝佳机会。虽然这次合并失败了，两家公司最终分道扬镳，但并没有阻碍其他合并，比如2009年12月美国康卡斯特公司（Comcast）和美国全国广播公司（NBC）的合并。通用电气公司之前拥有的美国全国广播公司的股份被康卡斯特公司收购，后者被正式归类为一家电信公司，成为美国最大的有线电视和宽带网络（DSL）供应商之一。这笔交易一直存在争议：国会议员亨利·韦克斯曼（Henry Waxman）批评此举，因为它"提出了关于广播、有线电视、在线和移动平台上视频内容的制作和销售的多样性、竞争和未来的问题"（Szendro Bok，2009）。康卡斯特公司2014年试图与时代华纳有线电视公司进一步合并，但被监管机构否决（Forbes，2015）。在新媒介公司领域，兼并和收购往往是激进的，十分常见。谷歌公司于2006年收购YouTube，进一步加强了网络信息掌控力。近年来，我们看到Facebook收购了WhatsApp和Instagram，微软公司收购了Skype，Twitter收购了Vine，雅虎公司收购了Tumblr。新媒介公司不断收购其他公司，而被收购公司的身份在某些方面很有趣，它可能是新的利润来源，也可能是竞争对手。在某些情况下，收购方是为了进入某个特定分支领域。例如，Facebook收购了虚拟现实公司Oculus，而微软公司则收购了《我的世界》（Minecraft）手机游戏的发明者Mojang，从而积极进军游戏领域。还有一些情况，收购是为了获得新产品许可证和专利。例如，尽管微软收购诺基亚公司后立即将其关闭，这被认为是灾难之举，但微软仍然拥有移动技术和操作系统的许可证，这些许可证可以在公司发现进入移动电话生产领域是正确决策后立即变现（Darrow，2015）。新媒介公司进入的另一个领域是所谓"云平台"，即数据存储设备。大多数新媒介公司拥有自己的云平台：亚马逊、谷歌、苹果和微软都在云技术上投入大量资金，因为越来越多的用户将数据转移到网络上，而不是存储在本地设备上。

与备受瞩目的收购并行不悖的是，几乎所有新媒介公司都在新技术和创新应用上投入巨资，包括利用内部研发部门，以及通过寻找新的、令人兴奋的创业公司来进行投资。例如，微软拥有 Azure 网络套件，这是一个基于云平台的产品，提供"云计算"的操作平台服务，用户可以通过捕获和分析未被利用的数据来调整自身业务（参见 Microsoft.com）。谷歌研发中心则通过半秘密的谷歌 X 实验室，研究人工智能和机器学习技术（参见 research.google.com）。仅 2015 年第一季度，Facebook 就在研发上投入了超过 10 亿美元（Novet，2015）。

这些兼并、收购和投资不仅增强了少数新媒介公司的权力，还允许它们进入和有效控制各种数据的创造、存储、生产、分配、消费、接收以及新技术的使用。另外，它们不断寻找新的发明以迅速获得专利和许可证，同时利用当前数据档案、数据和信息托管平台的所有权来控制历史，并通过对前沿技术和研究的大量投资来控制未来。显然，这引发了监管方面的重要问题。少数公司有效控制了对人类的过去、现在和未来至关重要的技术，这合理吗？关键技术由私人进行控制合适吗？这些都是我们的社会需要着手解决的问题。

新媒介公司：名人录

谁是新媒介领域的主要参与者？技术和经济融合意味着我们需要考虑到不止一种类型产业的参与。《财富》（*Fortune*）在全球 500 强（Global 500）年度报告中，列出了收入增长最快的企业。就新媒介公司而言，这类公司都在科技领域。2015 年的结果如表 2.1 所示。

这个表格显示了新媒介公司喜忧参半的命运。首先，很明显，这些都是非常成功的公司，利润都超过数百万美元，其中大多数公司都家喻户晓。其次，主营科技交易的新媒介公司利润更大，远超那些主营软件交易的公司（如微软）或作为平台进行交易的公司（如谷歌）。再次，尽管销售收入数额巨大，但利润则另当别论，像亚马逊这样著名的公司仍然没有盈利。有趣的是，鸿海精密是富士康的母公司，富士康则生产苹果公司的产品。事实上，据《财富》杂志报道，鸿海精密约 40% 的收入来自苹果公司的业务，这显示出苹果公司在该榜单上的主导地位。最后，表 2.1 中非常值得注意之处在于所有社交媒介公司全部缺席，如 Facebook 和 Twitter。这是为什么？

简言之，它们的企业规模和盈利能力远不及这十家公司。2015年，《财富》杂志将Facebook排在美国大公司的第242位，营收达124.66亿美元，利润为294万美元。它的收入增长率达到惊人的58%，利润增长率更是达到96%，这让《财富》杂志将它列为美国增长最快公司的第10名。毫无疑问，Facebook是一个成功案例，而MySpace公司的命运则说明了社交媒介兴衰的另一面，它在2005年被新闻集团以5.8亿美元的价格收购。从那以后，它一直在缓慢而稳定地不断滑坡。根据eMarketer的研究，MySpace公司2010年广告收入将减少21%，从2009年的4.9亿美元下降到2010年的3.85亿美元（eMarketer，2009）。最终，MySpace在2011年被贾斯汀·汀布莱克（Justin Timberlake）以3 500万美元的价格收购。而在经历了艰难的2015年之后，Twitter目前面临着喜忧参半的命运。2013年Twitter的营收为6.65亿美元，2014年为18亿美元，2015年为22亿美元。虽然收入在增长，但公司仍然没有盈利。2015年春天，Twitter第一季度财报披露，它的收入似乎低于预期，导致股价直线下跌。在下跌超过20%之后，公司暂停了一段时间的股票交易（Ha，2015）。2015年10月，Twitter在宣布创始人杰克·多尔西（Jack Dorsey）担任首席执行官后才恢复元气，而前任首席执行官迪克·科斯特罗（Dick Costolo）则于2015年早些时候辞职。其他著名社交媒介也同样在盈利边缘摇摆，但大都未见起色。例如，谷歌子公司YouTube在2014年有40亿美元的收入，但是根据温克勒（Winkler，2015）的报道，在支付了内容版权和高速视频传输设备的费用之后，公司仅仅实现收支平衡。

表 2.1　科技行业十大公司

排名	公司名称	收入（百万美元）	利润（百万美元）	利润增长率（%）
13	三星电子	195 845	21 922	−19
15	苹果	182 795	39 510	6
31	鸿海精密	139 039	4 307	19
53	惠普	111 454	5 013	−2
82	IBM	94 128	12 022	−27
88	亚马逊	88 988	−241	−188
95	微软	86 833	22 074	1
116	索尼	74 724	−1 145	—
124	谷歌（Alphabet）	71 487	14 444	11
131	松下	70 169	1 632	35

数据来源：Global Fortune，2015.

这些问题表明，尽管这些社交媒介很受欢迎，在全球网络用户中广泛传播，但它们还未找到万无一失的商业模式和途径来保证稳定收入。社交媒介主要商业模式是向广告商销售广告，或者说是用户（及其数据）（参见 Smythe, 1981; Fuchs, 2013）。对它们来说，不断扩大用户群非常重要。Twitter 在 2015 年初陷入困境的原因之一是用户增长乏力。此外，广告拦截应用程序——它们阻止用户接触广告的——蔓延正在破坏这种商业模式的核心。这些公司的另一个收入来源是收集用户数据和元数据，然后卖给市场研究公司。虽然这似乎是一种更可靠的赚钱方式，但这些数据可能仅价值几美分。根据金和苏厄德（King & Seward, 2013）的研究，2013 年 Twitter 公司 85% 的收入来自广告，剩下 15% 来自向第三方出售数据。他们估计 Twitter 来自每个用户的平均收入将略高于 55 美分。截至 2013 年 6 月份，Facebook 来自每个用户的平均总收入则为 1.60 美元。

到目前为止，我们得出的结论是，尽管新媒介业务涉及大量资金，但收入问题仍然缺乏明确的解决方案。此外，那些臭名昭著或极受追捧的用户也并非就是摇钱树。另外，凡是成功的公司似乎都利用了战略联盟的策略，即将传统媒介收入模式与充满活力的新媒介用户相互结合。将普通用户导流到 Facebook 和 Twitter 这样的网站有可能吸引广告商，使它们发现接触这些受众/用户的新途径。达拉斯·斯迈思（Dallas Smythe, 1981）在关于"受众即商品"的早期表述中认为，主要的媒介产品实际上是受众，它被卖给了广告商：这一点对于新媒介公司来说是非常明显的。鉴于大多数网络内容都是用户自己制作的，因而新媒介公司需要找到吸引受众的新方式，这主要可通过提供新的创新平台，让用户发布自己的内容来实现；创新平台可能包括博客和微博（如 Twitter）、流媒体视频网站（如 YouTube）、图片网站（如 Instagram）以及 Facebook 这样的社交网站等。在所有这些产品中，用户商品化的意义在于他们被通过多种方式卖给了广告商。首先是通过广告商使用（或者说是"殖民"）与用户相同的平台/空间的方式。其次是通过向广告商和其他感兴趣的机构出售分析报告（即用户相关信息，包括人口统计数据或用户偏好）的方式。从这个角度来看，新媒介产品几乎完全依赖于受众商品化，但似乎缺少内容营销策略；而受众商品化在短期内是不可能实现的，因为网络的主要内容提供者是用户自身。从这个角度看，虽然新媒介受到的市场压力和广告压力与传统媒介相同，但它们缺乏后者所享有的那种内容垄断性。显然，这在很大程度上限制了它们的盈利能力。但这对在线免费内容的多样性和可用性意味着什么呢？对此我们将在后文进行讨论。

新媒介内容

经典的媒介政治经济学有着自身的研究指向，主要讨论媒介生产的经济要素对媒介内容的影响和塑造，这些要素对媒介内容多样性有决定作用。垄断或寡头垄断的倾向导致了媒介内容多样性的受限，这在媒介的水平融合和垂直融合中显而易见，因为大多数公司不愿冒险使用未知的、可选择的甚至有争议的内容，同时又寻求最大限度利用现有产品内容。典型的例子就是那些不断出续集的作品，比如《哈利·波特》《指环王》《加勒比海盗》《暮光之城》等，它们的内容以书籍、电影、杂志和数字游戏的形式发行，并在时代华纳、迪士尼等公司所有的媒介平台上共同推广。一般而言，对于文化产品来说，大多数主流（线下）媒介会推出非常类似的内容，而那些可能不具有高额回报的内容最终会被放弃。

但现在，据说新媒介改变了这一切。首先，正如 2006 年《时代》杂志著名封面所证明的，用户是新媒介的主要参与者。他们通过创作、合作、创意交换、图片与视频分享及混搭等多重方式提供新媒介内容。考虑到在线用户的巨大多样性，我们可以期待与之相关的内容多样性。重要的是，正是因为采取了用户优先的方式，这些内容不受主流媒介的控制和限制，任何人都可以在网上随心所欲地发表内容。但这在政治经济学层面是如何运作的呢？用户原创内容与新媒介经济之间的关系是什么？这可以概括为一种张力，即用户"内容多样化趋势"与"内容付费或内容资本化趋势"之间的关系，后者对内容多样化和在线传播具有相当的限制性和控制力。经济学是通过管理和调节供需关系运作的：当内容供应充足的时候，要说服人们为内容付费就很难。这给传统媒介带来巨大压力，它们需要想出新的战略；另外，这也给新媒介公司带来巨大压力，它们需要创造新的方式来产生可持续收入，以确保利润增长。此外，我们还必须考虑到在线文件共享系统的兴起，这给媒介公司带来了全新的挑战。BitTorrent 等文件共享软件允许用户下载电影和其他内容，打破了媒介公司通过版权方式享有的内容垄断。音乐制作也受到同样的压力，并被迫重新思考与受众的关系。所有这些制造了一种令人惊异的复杂状况，至少会导致未来几年行业的重大变化和重组。

过去十年，网络用户原创内容的爆炸式增长不应令人感到意外，随着人们教育水平的不断提升，公众开始对主流媒介的局限性感到不满，这意味着需要创建出界面友好的用户平台以满足人们日益增长的需求，这些需求包括自我表达、自我创造力和志同道合者之间的沟通。这始于万维网的创建，但直到 Blogger、Word Press 等博客应用程序的兴起才真正开始。尽管现在博客仍然非常流行，每天大约有 230 万篇博文发送（参见 www.worldometers.info/blogs/），但大多数人还是选择在社交媒介平台上发布内容。社交媒介的内容非常多样化，人们就个人、文化、政治和其他任何可能的话题发帖。这样，内容生产和使用就被贯通起来，因为社交媒介试图让越来越多的用户可以使用平台，并提供越来越多的新功能来吸引他们。另外，链接、标记、分配、分类、呈现和搜索这些功能在许多方面都非常关键，表明搜索引擎和内容排序算法的重要性和权力正在不断上升。

这种多样化和免费内容的广泛普及给典型的媒介商业模式带来了压力。根据典型的媒介商业模式，收入是通过向受众出售内容而获得的，同时也获得了广告商的受众群体。此外，媒介公司发现，它们一度受到严格控制的内容在网络上实现了自由传播。它们对这种与内容有关的变化做出了三方面的回应：试图控制内容访问，实现内容付费，引入惩治文件非法传播的法规。媒介娱乐公司发现它们的原创内容在网络免费发布后，试图控制对这些内容的访问，并要求对内容的使用进行赔偿，这并不令人意外。然而，像 BitTorrent 这样的应用程序引入了新的文件上传和下载模式，对其很难进行控制和管理，因为它们是在"点对点"的基础上进行整体操作的。这种应用程序允许用户上传和下载电影及其他受版权限制的内容，并坚持认为人们有权免费获得信息共享（参见 Poster，2007）。当然，媒介公司不能坐视不管，为了控制对内容的访问，它们试图开发加密机制。在一定程度上，这种"内容付费"方式将通过发展所谓的"数字版权管理"来实现，这指的是为了控制数字媒介或其他设备的非法访问而采取一种限制性技术，通过控制对内容的访问，媒介公司可以向下载或使用自己内容的用户收费，从而回归到传统商业模式。在这些表述中，内容单一化只不过是销售内容的一种委婉说法，考虑到广告收入不足以支付成本和提高利润，媒介公司倍感压力，必须想出内容收费的办法,这可以通过建立"付费墙"来实现,这种模式现在已经被一些报纸网站使用了,主要针对精确定位的目标受众和读者。付费墙的运作前提非常简单:它们提供一些免费内容,通常仅仅是一个标题或第一段,要求读者付费才能阅读剩下的内容。这种付费墙能在多大程度上获得成功仍是一个问题,因为网上有大量免费内容:读者为什么要为有可能会在其他地方找到的免费内容付费?从这个角度来看,"内容付费"理念也应当包括提升内容对读者的吸引力策略。这些策略可能包括创造特定信息需求,或者更具创新性地将用户整合到价值创造过程中(Mabillot,2007)。马比洛特(Mabillot)的观点是将用户整合到创造性过程之中。例如,让他们为发现新的人才或新的内容做出贡献,增强他们的产品介入感,因为这会为用户带来新的体验和更深层次的参与。从这个角度来看,内容供应商不仅必须提供内容,还必须提供吸引用户的新方法。最后,由于文件共享和免费内容下载已经对经济造成了非常大的影响,不但媒介公司,甚至连政府也感受到了很大的立法压力,认为需要惩戒那些非法下载受到版权保护内容的用户。在2009年到2010年之间,欧洲国家通过了针对利用文件共享而导致版权侵权行为的严格立法,英国的《数字经济法案》(Digital Economy Act)和法国的《网络著作传播及权利保护法案》(Hadopi)实施后,将对非法使用受版权保护内容的用户实施严厉惩罚,比如切断他们的网络接入。例如,法国的《网络著作传播及权利保护法案》是根据非法下载监控机构 Hadopi(Haute Autorité pour la Diffusion des Œuvres et la Protection des Droits sur Internet)命名的,它是艺术作品网络传播和权利保护方面的权威机构。根据这项法案,如果用户多次被发现下载非法内容,或者允许他人使用他们的链接进行非法下载,用户将被切断网络连接。但随后英国和法国都意识到:首先,实施此类法律的成本太高;其次,相关处罚过于严厉。Hadopi 在 2012 年宣布不再提供资金,这标志着针对非法文件共享治理领域的理念和方式转变,新的策略是试图教育用户理解媒介内容生产过程的成本,并引导他们通过合法途径获取相关内容。美国奈飞公司(Netflix)的崛起就是一个很好的例证,它以相对较低的订阅价格提供高质量内容服务。此外,对持续侵犯版权者的处罚仍然存在,在英国,如果用户的 IP 地址涉及非法文件共享,他们的 ISP 会通知用户,持续的侵权行为将导致被起诉。

　　这些法律和限制遭到了网络活动人士的抵制,他们认为限制信息等于限制言论自由。事实上，在 2014 年的欧洲议会选举中，瑞典和德国的"海盗党"① 各获得了一个欧洲议会议员资格，而在冰岛，"海盗党"则在 2015 年的民调中一直位居榜首。冰岛"海盗党"由信息自由活动家比吉塔·琼斯多蒂尔（Birgitta Jonsdottir）创立，琼斯多蒂尔还参与了"维基解密"网站发布"间接谋杀"视频的工作。尽管限制性立法遭到强烈反对，但目前全球的趋势是对受版权保护的文件共享和下载内容实行法律限制和控制。网络活动人士的努力能在多大程度上成功扭转不利于网络下载的趋势，还有待观察。

从我们对媒介内容三个维度的讨论中可以看到，内容使用（或接受）是最重要的，这导致了内容生产和销售方面的重大转变。媒介公司对内容控制、内容付费和反盗版立法的反应只有在用户接受的情况下才能被证明是有效的。我们现在可以从政治经济学角度来讨论新媒介使用了。

新媒介使用

作为新媒介分析模式中最重要的变量，用户的崛起推动了媒介民主化诉求的复兴。新媒介技术所带来的广泛参与，例如用户在选择、发布、评论、链接和阅读在线内容方面所起的积极作用，标志着一种从被动性媒介消费到主动使用和介入的重大转变。反过来，这些可能有助于实现媒介民主化，特别是当媒介作为公共领域特定空间时，人们可以在不受既得利益者胁迫的情况下发表他们的论点和观点（例如 Kahn & Kellner，2004）。同时，这种对用户维度的强调释放了"群体"创造力，促进了一种参与性媒介文化的兴起（Jenkins，2006a）。毫无疑问，这是一个积极进展，因为它颠覆了传统线性逻辑，即媒介向受众传播内容。现在有多种内容来源，相互传播，进行对话，而不是大众媒介时代典型的单方独白。

新词"众包"经常被用来指代这种新的用户协作文化。《连线》（*Wired*）杂志编辑杰夫·豪（Jeff Howe，2006）将"众包"定义为将开源原则运用到软件之外的领域。人们贡献、共享信息并协作改进想法、项目和产品。正如开源意味

---

① 即支持网络言论自由、资源共享的群体。——译者注

着改进软件并将其返回给用户社区一样，众包意味着通过一种集体头脑风暴来改进想法和概念。毫无疑问，这是新媒介使用最独特和最有吸引力的方面之一。用户之间的这种协作为生活各个领域带来了显著改善（Brabham，2008）。然而，它目前的大多数应用都处于商业领域。正如布拉汉姆指出的那样，这种分摊式的问题解决和生产技术"是一种极具杀伤力的商业模式，它有效地将市场研究过程结合到产品设计之中，最大限度地降低了管理成本，同时提升了问题解决效率并实现了设计创意优化"（Brabham，2009）。对许多人来说，问题不在于如何将这种集体智慧用于公共利益，而是该如何利用它来获取利润（O'Reilly，2005）。从这个观点看，这里更重要的问题在于：尽管新媒介的使用基于新的、更具普及性的参与方式，但这些方式与社会文化和政治境况改善之间的关联程度却值得怀疑。这种新的媒介使用协作模式在多大程度上与新媒介以及其他公共领域的民主化有关？这是我们接下来要解决的问题。

亨利·詹金斯（Henry Jenkins）在质疑"融合"概念时辩称，我们不应将它主要视为技术发展的产物，而应当看作受众或媒介用户不断改变消费习惯的结果。对于詹金斯（Jenkins，2006b）来说，融合代表了一种文化转变，在这种转变中，消费者通过使用各种媒介平台积极进行内容生产，寻找新的信息，并在不同媒介内容之间建立关联。从这个角度看，新媒介内容消费过程同时也是新的内容生产过程。此外，詹金斯认为，大量的媒介消费或使用是群体性的，也就是说，越来越多的媒介用户通过寻找信息资源，并与其他用户进行讨论与互动，从而最大限度利用（新）媒介。这表达了一种观念，即对新媒介内容的积极和创造性使用极大程度上改变了媒介受众的操作逻辑，而这反过来又会引发媒介行业的变化。例如，詹金斯提出的案例（Jenkins，2006b：16），一个做作业的青少年可能会同时切换四五个窗口，包括网络搜索、与朋友聊天、下载音乐、文章写作、回复电子邮件等。与之类似，热门电视剧的粉丝们可能会经营自己的粉丝俱乐部，编写新的台词和故事情节，制作出新的影像并将它们发布到 YouTube 上，与他人讨论以寻找潜台词和解释剧情，聊聊琐碎情节，以及购买或出售演员签名。这种往往不可预测的受众行为被媒介生产机构大致上接受了。它们一方面可能希望鼓励积极的内容消费，因为它提供了更高的满意度和更广泛的体验；另一方面也试图利用这种参与来保持对产品的控制。詹金斯在书中讨论了年轻的哈利·波特粉丝的例子：

他们编写自己的霍格沃茨故事，但这会始终遭到内容生产商的敌视，因为这有可能威胁到它们对知识产权的控制。对于詹金斯来说，研究这些不同媒介用户之间、用户与行业之间的冲突和妥协是至关重要的，因为它们将定义未来的公共文化（Jenkins，2006b：24）。这是因为民众参与流行文化的方式能够为更广泛的公众和政治行为提供蓝图和协议。可以看出，通过对内容消费和使用的分析，我们理解了公众的媒介参与方式，这反过来又可能影响政治参与的进程和结果。

这就是为什么媒介使用与民主化之间的关联程度问题显得如此重要。这涉及对一系列问题的考察，首先是参与者或媒介用户的平等性问题。但是，也许在此之前，我们应该先研究一下"民主化"一词的含义。詹金斯（Jenkins，2006b：241）引用了美国公共广播服务制作人卡拉·默特斯（Cara Mertes）的话，她提出了几个关于美国潮流电视台（Current TV）和民主党政治之间联系的问题。潮流电视台是一个在线数字电视频道，当时得到了美国前副总统戈尔（Albert Gore）的支持。套用默特斯和詹金斯（Mertes & Jenkins，2006b）的观点，我们可以提出以下关于民主化和媒介使用/消费的问题：用户内容是否民主化取决于它能否提供民主运作所必需的信息吗？媒介消费的结果是否能推动民主化（例如是否能动员更多的人参与政治进程）？是否具备更加民主化的价值观（培养理性批判的辩论）或者更加民主化的过程（扩大准入和扩大参与）？鉴于网络内容的多样性，很难得出明确答案。然而，正如詹金斯所建议的，我们可以关注用户参与的潜力来实现这些目标。尽管如此，仍然存在一些障碍：并非所有的参与者都是平等的。在詹金斯的分析中，新媒介用户的人口统计数据显示，他们通常是中产阶级、白人、受过大学教育的男性。但是女性呢？那些不会上网的少数族裔和文化群体、老年人呢？或者那些缺乏计算机和语言技能的人呢？这些数字鸿沟带来了明显的障碍，这需要克服。此外，我们还看到了那些寻求保留权力的传媒集团的反应，以及那些以利润最大化为前提的商品和信息资本主义体系的反应，它们弱化并有效摧毁了其他一切。

在一篇重要文献中，林肯·达尔伯格（Lincoln Dahlberg，2005）指出，注意力是网络上最有价值的资源之一，而媒介公司在吸引和保持注意力方面处于优势地位。大公司和知名公司竞相让用户参与到它们自己的在线环境中，它们取得了相当的成功。达尔伯格指的是像雅虎、美国在线这样的门户网站提供的在线环境。但他的观察具有更大的适用性,通过 Alexa.com 提供的数据(见表 2.2),我们可以看到排名前十的网络公司用户每日页面浏览量和网站访客每日浏览时长。谷歌、Facebook 和 YouTube 居于前三名并不奇怪,关键问题是,在用户通过网络积极进行内容生产和交换的同时,公司也在主动利用这一过程来获取利润。这样一来,对民主至关重要的信息流动和交换的可能性明显减少,特别是那些涉及理性批判的观点的流动和交换。网络公司优先支持主流意见,而对非主流意见和观点进行边缘化。在选择流量最大化的过程中,它们避开了任何本质层面的冲突,尽管它们可能也会制造一些无关痛痒的争议和丑闻——通常涉及私人生活,以吸引眼球并获得更多流量。此外,当用户试图搜索其他立场的观点时,谷歌等引擎使用的算法和搜索优化方法可以确保主流意见信息占据首位,并使其他观点信息远远排在后面。尽管谷歌的算法是公司机密,但很明显,一个网站外部链接越多,就越有可能出现在搜索结果的前几页。这就是企业网站的优势所在,因为它们代表着强大和知名的品牌,因此更有可能链接到网络中的其他网站,从而提高它们的整体曝光率。在这些过程中,用户被在线公司控制和操纵,后者试图控制和限制媒介内容使用,以使其资本化和变现。也许这种做法最好的例子是 Facebook 的运作方式:依靠用户与其他用户的连接,它已经创建了一个巨大的全球用户社区,然后这些用户被卖给广告商。正如达尔伯格所指出的,网络公司将用户主要视为消费者,或至少视为个人身份者和战略参与者(另见 Patelis,2000)。

表 2.2　2015 年度十大网站

排名	公司名称	每位访客的每日页面浏览量(次)	每人每日浏览时长(分:秒)
1	谷歌	19.88	17:58
2	Facebook	12.58	21:03
3	YouTube	9.23	17:56
4	百度	8.79	7:44
5	雅虎	7.36	8:39
6	亚马逊	12.60	11:43
7	维基百科	3.78	4:35
8	腾讯 QQ	4.41	5:08
9	Twitter	4.94	7:44
10	谷歌印度(Google.co.in)	17.78	13:20

数据来源:Alexa.com.

但是大公司在控制网络使用和流量方面成功了吗？现在还没有定论。达尔伯格自己也讨论了保护网络公共性的其他措施和可能方法。毫无疑问，尽管有很多政治和商业动机要控制网络内容，但这是一项几乎不可能完成的任务。我们可以采取詹金斯的视角，将这种现象视为用户之间、不同用户群体内部以及用户与公司之间的一种斗争。这场斗争仍在进行，没有明确的赢家，但这并不意味着我们可以袖手旁观。我们必须保持警惕，确保这场已经不平等的斗争不会继续恶化下去。通过坚持使用多种引擎、不同门户网站和内容供应商，以及纳入排除不同观点的清晰标准，或许还有希望在竞争中扳平比分。同样值得注意的是，尽管大公司努力控制和限制网络合作的普及化，但从长远看，团队协作的重要性和集体智慧的兴起（维基百科等案例就是明证）标志着向一种新的使用模式的转变，这种转变显得桀骜不驯，难以被传统、陈旧和僵化的组织和机构压制。与此同时，这些大公司和机构不断开发出新的方法来控制和利用集体智慧，Facebook、YouTube 和其他社交网站就是很好的例子，因为它们完全依赖于群体使用。对于詹金斯这类思想家来说，Web 2.0 这个术语被认为代表了一种商业模式，它涉及一种草根式的媒介参与实践，具有群体使用以及与他人关联的商业属性。总而言之，我们可以得出这样的结论：普通用户与那些寻求商业剥削和政治控制的机构之间存在着持续不断的斗争。

结　论

本章探讨了与新媒介崛起相关的社会经济组织变化。我们与曼纽尔·卡斯特同样认为，这些变化仍在主流资本主义社会形态内发生，因此与工业资本主义的制度和实践有着重要的相似之处。沿着卡斯特的思路，我们把这种新的社会形态称为"信息资本主义"，即认为在某种程度上它仍然是资本主义的，同样以追逐利润为目的，并在劳动力和资本之间具有与工业资本主义模式相同的张力关系。但就它的信息特征而言，这种资本主义与工业资本主义有本质区别，我们必须以此为切入点才能理解经济和社会是如何变化的。专栏 2.1 总结了这些主要变化。

本章进一步从政治经济学维度考察了新媒介产业，我们看到新媒介内容生产过程主要是由一些大公司主导，但也横跨多个行业，包括娱乐、计算机设备、网络设备、在线零售、计算机软件生产商和电信等领域。随着媒介融合的进一步深化，商业机构建立战略联盟，使它们能够提升生产效率，建立自身优势。而传统主流媒介公司则发现，它们对内容的垄断正受到用户原创内容的冲击。在线内容免费可用性和巨大多样性给传统媒介商业模式带来了严重问题，因为原有模式既依赖于广告，也依赖于内容销售。面对这些问题，媒介机构试图引入版权保护内容立法，寻找新的方法来将内容变现，并创造新的方法来控制对内容的访问。但所有这些都遭到抵制，导致了控制和抵制的全新循环。在更广泛的用户行为层面也发生了类似斗争。一方面，数量空前的公众以新的合作方式参与网络；另一方面，大型媒介公司却又试图将合作方式简化，以便从商业上进行利用，实现利益最大化。专栏 2.2 总结了与新媒介生产、内容和消费/使用相关的主要问题。

在许多方面，新媒介带来了新的社会形态，使得媒介生产和消费过程产生了显著变化，被认为在延续不平等的同时产生了更多不平等。强大的商业机构仍然控制或试图控制并利用多数人的劳动，而且在某些情况下，这些机构并未给这些内容生产者提供相应的补偿或报酬。资本主义的剥削性质使一切都变成损益，这仍然是信息资本主义的主导逻辑。然而，我们可以察觉出一种新的生机，一种关于用户赋权的生机，以及一种更充分、更广泛的公共参与文化；也许正是在这里，我们可以找到变革的潜力，为在社会中更公平地分配财富和权力而努力。但这首先是一个政治问题，而我们将在下一章讨论这个问题。

专栏 2.1　工业资本主义和信息资本主义的比较

工业资本主义

生产：

- 群体性，主要基于资本、生产材料和机器
- 典型代表：汽车制造商福特

劳动：

- "理性至上"、异化，基于"科学管理"

消费：

- 被动性：消费所提供的大众产品

信息资本主义

生产：

- 网络化（分布式）、信息化，越来越依赖信息资源
- 典型代表：网络设备公司思科

劳动：

- 非物质性，既产生主体性又产生商品性，更具有自主性且不稳定

消费：

- 主动性：定制化、主观性较强

专栏 2.2　新媒介政治经济学

生产：

- 谁统治着新媒介？商业机构之间的战略联盟是为了优化生产，但普遍缺乏成功的新商业模式；广告和内容付费仍然是主要的收入模式

内容：

- 用户原创内容的兴起，在寻求控制内容（数字版权管理）的机构与在线内容多元化、多样性和免费可用性之间造成了一种张力关系

消费/使用：

- 依靠参与、协作和集体智慧；具有一定程度的民主性，但商业机构试图限制和利用用户，而用户则努力保持独立于任何赞助人，两者之间也存在着矛盾

案例研究

App 经济

平板电脑和移动设备的普及催生了一种以网络为中心的新型经济活动：应用程序的开发和销售。应用程序是指允许用户扩展和接入设备功能的特定程序。这些程序可以通过移动设备和 PC/笔记本电脑的操作系统运行，而不需要通过网络。人们普遍认为，应用程序经济是在 2007 年苹果推出第一代 iPhone、2008 年推出苹果应用程序商店之后出现的。大约在同一时期，谷

歌推出了 Android 移动操作系统和谷歌 Play，允许开发者创建和销售 Android 应用。这个简短的案例研究着眼于开发者、他们开发的应用程序的种类，以及应用程序经济的整体价值。

Vision Mobile 2014 年的一份行业报告估计，全球约有 560 万应用程序开发者，欧盟 28 国约有 130 万应用程序开发者。应用开发者的收入来源多种多样，包括付费下载、广告、合约工作和内部应用程序购买（Wilcox & Voskoglou, 2015）。雷、威尔科克斯和沃斯克格鲁（Ray, Wilcox & Voskoglou, 2015）在另一份行业报告中发现，开发者绝大多数是男性和年轻人：在美国和欧洲，超过 90% 的开发者是男性，而在非洲、亚洲和南美洲，这一比例有所上升。开发者的平均年龄在 27 岁和 34 岁之间，非洲和亚洲的开发者比欧洲和美国的开发者更年轻。开发人员大致分为两类，一类是专业的应用程序开发人员，另一类是业余爱好者。Java、Objective C 和 HTML5 是最流行的编程语言。开发者之间存在很大的不平等，大约 51% 的开发者月收入低于 500 美元，而 4% 的开发者月收入超过 50 万美元，其收入来源包括付费下载、订阅、内部应用程序购买、合约工作和广告。

应用程序市场似乎非常集中，iOS 和 Android 或多或少占主导地位：苹果的操作系统 iOS 仍有优势，约 40% 的应用为 iOS 开发，33% 为 Android 开发，其余 27% 为其他操作系统开发。应用程序有很多种，包括新闻、娱乐、健康和健身、游戏等。然而，雷、威尔科克斯和沃斯克格鲁（Ray, Wilcox & Voskoglou, 2015）指出，考虑到使用电子商务模式——例如销售实物（如快餐）或服务（如出租车）——的开发者更有可能每月收入超过 10 万美元，电子商务中的应用程序开发很可能会增加。此外，2015 年 7 月谷歌 Play 和苹果应用程序商店分别有 160 万和 150 万的应用程序上市（Statista, 2015），开发者不得不面对激烈的竞争。总的来说，应用程序经济正在增长，到 2016 年底，行业收入预计将超过 1 430 亿美元。从这个角度来看，德迪乌（Dediu, 2014）报告称，2014 年 iOS 开发者的收入超过了好莱坞在美国的票房收入。此外，应用程序经济有利于创造就业，报告指出，仅在欧盟就有 200 万个就业机会（Wilcox & Voskoglou, 2015）。

在很多方面，应用程序经济都是信息资本主义的象征：它体现了企业家精神和黑客精神，并依赖于非物质的、创造性的和自主的劳动。此外，这是一个非常集中的市场，高度分层，并受到应用程序商店的严格控制。其中当然存在利益冲突的可能性。例如，当提供科技产品维修指南的应用程序 iFixit 为 iPhone 6 和 Apple TV 制作了一个逆向工程视频时，它就被苹果应用程序商店下架了。创意与控制、玩法与盈利、开放与封闭之间的紧张关系在应用程序经济中也很明显。此外，"开发者社区"的简要概念描述表明，它是一个相当排外的领域，这充分说明，至少在现阶段，应用程序开发并不是所有人都可以介入的工作场域。

研究实践

在线用户、消费者、劳工或用户

网络使用或新媒介消费的角色绝不像传统媒介消费那样明确。媒介使用和生产之间的界限是模糊的，本章的一个重要论点是，寻求控制和利用用户参与的新媒介公司与寻求保持自由和独立的用户之间存在着持续斗争。这项研究实践的目的是展示网络使用作为消费、生产和参与之间的张力关系。

目的：分析识别在线用户的各种构成方式以及其中涉及的一些利害关系。

任务 1：访问网络零售商，如亚马逊或 eBay。

- 这些网站提供什么样的体验？
- 用户可以使用哪些操作选项？
- 这些网站有哪些类型的参与方式？

任务 2：访问社交网站，比如 Facebook 或 YouTube。

- 你在这些网站上的称呼是什么？
- 用户可以使用哪些操作选项？
- 这些网站需要或期望什么样的参与方式？

- 这些网站与网络零售商网站有何不同？这些网站和网络零售商网站有什么相似之处？

任务3：使用提供服务的应用程序，例如Uber或Airbnb。

- 在使用它之前你需要做什么？你是以订阅用户身份还是以访客身份使用它？
- 作为提供服务和请求服务的人使用它时，你需要做什么？这两种方式有什么不同？
- 再次从服务提供者和服务最终用户的角度考虑声誉/推荐元素。这些问题的重要程度如何？根据你自己使用这些应用程序的经验，你是否发现自己写了非常负面的反馈？这是在什么情况下发生的？你想过这意味着什么吗？

一般来说，这三类网站有什么不同？哪些网站的用户独立性更强？每种类型的网站如何寻求控制和使用限制？哪种类型的网站（如果有的话）能够提供更多的用户参与？哪种方式更为民主化？（参考卡拉·默特斯对民主与潮流电视台的研究；Jenkins，2006b）。用户可能会通过哪些方式抵制或消解那些限制和控制自己网络使用行为的企图？

拓展阅读

以下文章强调了经济维度的重要性，特别是在新媒介政治经济学领域。罗宾·曼塞尔（Mansell，2004）呼吁，通过分析新媒介作为商品形式的生产和消费过程，来重建新媒介政治经济学研究。罗莎琳德·吉尔和安迪·普拉特（Gill & Pratt，2008）从意大利自治主义传统①的角度讨论了文化产业，并分析了信息资本主义是如何催生无产阶级的。克里斯蒂安·富克斯（Christian

---

① "自治主义"（autonomism）起源于意大利，被欧美学界统称为"自治主义马克思主义"（Autonomist Marxism）。其恪守"自治"或"自主"逻辑，强调工人阶级自我组织和自我革命在资本主义发展中的决定作用，劳动相对于资本辩证法的独立性，以及工人阶级相对于国家、政党、工会的自主性。——译者注

Fuchs,2009)关注新媒介经济的另一维度,即"赠予性",或者称之为新媒介消费者的无偿劳动。他认为,这种自由劳动最终会让使用者自身商品化,因此有必要发展出新媒介政治经济学新的批评方法和策略。对此,博拉尼奥和维埃拉(Bolaño & Vieira,2015)认为对广告的依赖性也必须加以考虑,尤其是社交媒介公司,它们的商业模式是依赖于出售用户个人信息和数据。

Mansell, R., 2004, Political economy, power and new media. *New Media & Society*, 6 (1), 96-105.

Gill, R. and Pratt, A., 2008, In the social factory? Immaterial labour, precariousness and cultural work. *Theory, Culture & Society*, 25 (7-8), 1-30.

Fuchs, C., 2009, Information and communication technologies and society: a contribution to the critique of the political economy of the internet. *European Journal of Communication*, 24 (1), 69-87.

Bolaño, C. R. and Vieira, E. S., 2015, The political economy of the Internet: social networking sites and a reply to Fuchs. *Television & New Media*, 16 (1), 52-61.

第三章
政治和公民

学习目标

1. 掌握政治与新媒介的关系
2. 批判性理解新媒介的政治维护和变革功能
3. 理解新媒介在政治进程中的正负面多重影响
4. 培养对于政治进程中新媒介角色的批判理解力

导 论

作为开放和直接的传播方式,网络和新媒介使公众对政治制度及其民主化进程寄予了希望。虽然大众媒介信息流动是层级化的,并以单向传播模式运作,使得大多数公民难以介入,但新媒介似乎蕴含着更多的政治承诺,它的开放性、大众性、互动性以及普及性,为政客与公民、公民与公民之间的交流及社会政治动员提供了新的机会。更重要的是,新媒介带来了政治生活深入变革的可能,使之显得比以往任何时候都更加民主和包容。这些高度预期主要归结于三个因素:首先,新媒介促成了信息生产和传播民主化;其次,新媒介提供了主动参与、构建利益群体和联盟以及社会政治动员的可能性;最后,新媒介提供了在线分析和讨论重要问题的语境,从而为公共领域注入了新的生命力(Dahlberg,2001)。

但新媒介真的有能力兑现这些承诺吗?卡斯特(Castells,1997 [2004])在自己的著作中详细描述了一些新媒介所带来的变化。在他看来,网络政治与媒介和信息的使用能力密切相关,这就是他将其称为信息政治的原因。这种与新媒介和新技术相联系的新型政治模式是分散式的,与领土和国家政治是分离的。在许多方面，这是一种全球化的政治景观，更多地由公民而非政治家推动，正如我们在过去几年所看到的那样，这为积极的政治运动提供了新的动力。尽管发生了这些变化，但政治民主化问题以及政治整体局势问题仍然不容乐观。犬儒主义者可能会提出，网络自身不断扩张，并利用万维网进行推广已经大约25年了，但政治环境并没有发生多大变化。"媒介访问"问题愈发严重，因为不同程度的数字鸿沟意味着并非人人都能公平获得新媒介接触机会，并以平等方式使用它。此外，网络语境的辩论或讨论效果和质量广受批评：它真的有资格被称为公共评议吗？（Dahlberg，2001；Papacharissi，2002）此外，凯斯·桑斯坦（Cass Sunstein，2001）认为，网络实际上是一个碎片化空间，而并非一个重构的公共领域，在这种环境下，人们通常只访问自己感兴趣的网站，因此很少遇到其他的观点和想法。最后，网络信息质量令人担忧，因为通常我们无法核查信源可信度与所阅读信息的准确性。所有这些都表明，政治进程与新媒介之间的关系并非一目了然。

本章将再度审视新媒介与政治生活的关系，认为这一领域的发展不是由政客或其他强权力量主导，而是由公民自主推动。事实上，正如我们将看到的，虽然新媒介有可能带来公民参与政治实践的变化，但政府、政客和政治机构在这方面却反应迟缓，而且面对变化往往显得十分被动。换句话说，新媒介并非总是与更高程度的信息透明化、问责制和合法性相互关联。然而，新媒介为政治场域变革带来的明显影响仍然有目共睹，尤其是为普通公民赋予了更多的社会身份角色，过去，他们仅仅是每四年左右投一次票的选民，但现在，他们可以而且经常在日常生活中分析、讨论和批评政治发展。但这会引发与政治体制根本性转变相关的变化吗？我们只能静观其变了。

在论述这些论点时，本章将政治生活分为三个方面。第一，从组织化政党、政府和其他政治机构角度考虑制度化的政治生活。它们如何看待新媒介？它们在哪些方面改进了自身的政治实践？它们在使用新媒介方面取得了多大程度的成功？第二，这一章将研究政治的其他形式，正如从政治组织机构中所发现的那样，它们从新媒介提供的机会中获益匪浅。新媒介行动主义在什么时候和什么情况下被证明是成功的？反全球化运动、环境运动和反战激进主义都是例子。第三，这一章将着眼于以公民为基础的政治倡议和实践，从而分析日常生活中公民身份变化与否，这需要通过讨论社交媒介平台、相关政治参与和新的参与形式发展来实现。本章将重新审视社交媒介的政治角色，如 Facebook 和 Twitter，看看它们是否引领了一种新的政治景观。

政客与新媒介：毫无变化的政治？

长期以来，关于（体制化）政治与新媒介之间关系的讨论存在两种对立观点：一是希望新媒介能够变革传统政治；二是认为网络会破坏政治进程。霍华德·莱因戈尔德（Howard Rheingold，1993：14）以自己一贯乐观的散文式风格指出："CMC（计算机媒介传播）的政治意义在于它能够挑战现有政治阶层对强大传播媒介的垄断，并因此可能重振以公民为基础的民主。"20 世纪 90 年代初，在许多方面，人们对新媒介从根本上改变我们生活的能力抱有一种盲目乐观态度。与莱因戈尔德观念一致的其他作者，包括尼古拉斯·尼葛洛庞帝（Nicholas Negroponte，1995）和当时的美国副总统艾伯特·戈尔，设想了一种新型的网络政治，在这种政治中，公民将具有直接参与的机会，而网络将成为现代版的雅典广场集会（Gore，1994）。一系列相关出版物主要从乐观和充满希望的角度探讨了这种关系。诸如劳伦斯·格罗斯曼的《电子共和国》（The Electronic Republic，参见 Lawrence Grossman，1995）、格雷姆·布朗宁的《电子民主》（Electronic Democracy，参见 Graeme Browning，1996）、韦恩·拉什的《网络政治》（Politics on the Net，参见 Wayne Rash，1997）、罗莎·萨嘉鲁西阿诺、坦比尼和布赖恩的《网络民主》（Cyberdemocracy，参见 Tsagarousianou, Tambini & Bryan, 1998）预示着 20 世纪 90 年代新媒介和政治领域的爆炸式发展。简言之，这些著作或文章的主要论点大多基于对网络自身所具有的技术可能性分析，它们认为这是源自网络传播的效率性、直接性、互动性以及强大的信息处理能力。受其影响，政治机制运作很可能从一个层级化模式转变为一个更加去中心化的过程，在这个过程中，公民拥有更多控制权，政客们则可以利用更加"精确化"的信息来针对特定公民对象；而在层级化模式中，公民能做的仅仅是每四年去投一次票（参见 Abramson, Arterton & Orren，1988）。

相反，对新媒介与政治之间关系的一种更加乌托邦式的观点则强调了其他更多的负面影响。桑斯坦（Sunstein，2001）关于公共领域"碎片化"和"两极分化"的"网络巴尔干化争论"观点对其他过度乐观的作者起到了警醒作用。同样，长时间使用新媒介也被指责会造成社会资本损失，即人们在与他人面对面接触时建立的社会关系和维持体系的丧失（Etzioni & Etzioni，1999；参见Putnam，2000）。另一些人则指责新媒介助长了一种技术精英主义，这里精英主要指那些精通技术或精通计算机的人，他们从新媒介中获利（参见Warnick，2002）。然而，另一股反乌托邦力量也与新媒介的功能有关，认为新媒介能够建立一个非常广泛的监控网络，追踪我们留下的每一个按键和每一个数字轨迹（Poster，1995；Lessig，1999）。这些关键点使得"网络乌托邦主义"和"网络反乌托邦主义"之间的争论两极分化，反映出人们对新媒介和政治之间复杂关系的不同认知。

体制化问题

然而，在20世纪90年代末到21世纪初，几项研究得出了实际的经验层面成果，这使我们能够更实际地评估网络对"体制化"政治的影响。基于这些经验研究发现，大卫·雷斯尼克（David Resnick，1998）提出了"体制化"观念。具体来说，在一个重要的章节中，雷斯尼克（Resnick，1998）认为，虽然早期的网络可能为争论和辩论提供了流动的、非结构化的空间，但它的广泛传播意味着线下参与者已经转移到网上，从而或多或少地影响整个网络。早期互联网的平等主义和参与性，催生了数字政治顾问和政治营销专家们的光鲜工作，他们设计、研究和推广属于政客和政党的政治网站。另外，雷斯尼克（Resnick，1998；Margolis & Resnick，2000）认为，这些专业人士的意图并不是对政治话题进行深入思考和讨论，而是进行说服和推广：他们希望像使用大众媒介一样使用网络。对雷斯尼克来说，这导致了网络的"体制化"：随着越来越多的传统政治玩家转向网络，网络失去了"政治纯真"的自然状态，转为由通常的线下（现实）利益所主导。雷斯尼克认为，这些观点既不属于网络乌托邦主义，也不是反乌托邦主义，而是网络空间中常见的政治观念。但他的这种评价具备合理性吗？

雷斯尼克在20世纪90年代末就开始进行这方面的写作，但现在事情已经发生了变化。尽管我们手中没有全球政党组织的网络名录，但可以肯定的是，所有发达国家的政党都有自己的网络存在方式，这对于它们很重要，因为这能够帮助其实现相关目标。吉布森和沃德（Gibson & Ward，2003）认为，政党的网络使用方式至少有三种。首先，进行管理。通过网络展示和管理自身形象、政治立场、目标、宣言、政策建议等的信息。其次，利用网络进行竞选活动。包括招募新成员和争取潜在选民；以特定群体为目标，试图为选举制定议程，以摆脱大众媒介的影响；通过检索网站访问者的信息获得对关注群体的人口统计学数据。最后，利用网络进行内部组织。可以就某些议题征求成员意见、讨论政策和鼓励捐款，也可以通过用户/成员进行电子投票或公民投票。

吉布森和沃德关注政党对网络的工具性利用，而皮帕·诺里斯（Pippa Norris，2003）研究了网络对政治进程更为广泛的影响。她发现，政党网站可以发挥如下功能：首先，作为一个多元化公民论坛，网站可以放大反对派和挑战者的声音，提升小型政党和边缘政党的知名度，使细心的公民了解更多的选举选择范围。在大众媒介主导时代，只有最重要的政党才会受到媒介和电视的关注，而网络确保了所有政党都能获得发言权，并提供一个平台，让它们发表自己的想法、政策和宣言。其次，政党网站可以作为政治沟通平台，促进公民与政党之间的互动联系。这使得一种在大众媒介时代几乎不可能实现的直接沟通成为可能，对于能够就利益问题直接质问政客的公民来说，网络无疑具有重要优势。

尽管确实优化了政治进程，但如果就此认为新媒介的出现彻底改变了体制化政治模式，则是非常值得怀疑的。电子政务、电子议会和电子政党等领域的大量经验研究清楚表明，虽然体制化的政治领域已经接受了新媒介，但在利用媒介"自下而上"的互动、合作和参与的特点时却具有明确的选择倾向。具体来说，电子政务的重点目标在于更有效地管理政府事务过程，而不是鼓励公民参与。查德威克和梅（Chadwick & May，2003）在他们的文章中定义了电子政务的三种模式——管理型、咨询型和参与型，并发现管理型更有可能占据主导地位，它的管理模式主要涉及向用户提供有效服务，而不是向公民开放政治参与空间。

这种对运行效率和网络状态管理的关注也是电子议会的特点。斯蒂芬·科尔曼（Stephen Coleman，2009）认为，电子议会试图通过"网络存在"来确保自我曝光度、自身功能和对政治事务运作进程的贡献，但这种策略基本失败了。因为在21世纪的超媒介环境中，政客、国会议员和政府成员不能完全控制他们的社会公众形象（Coleman，2009；参见Thompson，2005：42）。各国议会已尝试使用网络以使立法程序更加透明和公开化，并为公民提供就各种立法程序发表评论的机会。但这并不一定意味着赋予公民更多的权力，因为他们的协商讨论是由议会进行管理和调解的，而不是允许出现某一特定公共空间（Coleman，2009）。至于电子政党，尽管如诺里斯（Norris，2003）所指出的，网络为小型政党和边缘政党提供了发表想法和宣言的空间，但数字政治顾问的增加意味着大型、强势政党可能会有更突出的网络表现。网络政治活动的不断专业化与大型政党的高度品牌影响力相结合，这意味着仅仅凭借新媒介不太可能对政党权力制度进行彻底的重新调整。虽然有一些著名案例，如西班牙政党"X党"（Partido X），它整体上只有网络组织，没有任何实体机构，但在2014年欧洲议会选举中赢得了超过10万张选票；但是如果将"X党"的成功仅仅归因于新媒介，那就忽视了在西班牙政府日益严格紧缩政策下所出现的广泛政治不满。

因此，到目前为止，经验研究证据支持雷斯尼克（Resnick，1998；Margolis & Resnick，2000）的"体制化理论"文献观点。网络"体制化"政治看起来与传统政治毫无二致：网络似乎被与现实世界相同的利益主宰着。政治机构、政党和政府将网络用于自身目的，如宣传、说服、竞选、管理等，而不是让公民直接交流和参与政治进程。从这个意义上说，它网络成为现有体制化政治的推动者，并没有提供新的机会。它主要用于提高效率，而不是增加问责制、透明度和参与性，换句话说，它并未扩大民主。对此的解释可以在"新制度主义"理论范式中找到。这一理论视角源自政治学，它基于"制度重要性"观念，换句话说，制度运作往往基于权力体系自身的利益、价值和规范，目的是建构社会其他组织以及在这些机构和组织中工作的个体（参见Jepperson，1991）。如果我们承认新媒介不仅仅是由技术建构的，公众、社会组织和机构也参与其中，那么就可以得出如下结论：政治组织机构往往试图根据自身目的重塑网络。

但是，全盘接受这种"体制化"的观点，就忽视了新媒介政治使用中的一些更为广泛的影响或结果。首先，毫无疑问，新媒介允许政客直接向公民和选民发表讲话，不再需要媒介中介过程。这带来了政治的非中介化（Hall，2001），因为政客们不再需要依赖媒介来传达信息及与选民沟通。通过网站、电子邮件、手机短信和其他应用程序，他们可以与潜在选民建立直接关系，并即时回应他们的关注点。从公民角度看，新媒介使用有助于选举期间进行决策，因为他们可以获得所有必要信息，而这些信息往往直接来自政党本身。公民可以参与政策和其他辩论，这些辩论可能最终会对政策制定产生一些影响。同时，公民也能够直接与政客们沟通，并告知对方自身亟待解决的事务和问题。此外，诺里斯（Norris，2003）引用的证据表明，网络使用与公民参与度的提升有关。然而，网络公民的参与程度是高度层级化的，这表明线下的差异性同样适用于网络。2009 年，琼斯和福克斯针对"皮尤网络和美国生活研究项目"，开展了一项关于网络和公民参与的研究。该研究报告指出，富裕的和受过良好教育的人更有可能参与网络政治活动。与之类似，早期研究报告也显示，那些使用政党网站的人对政治更感兴趣，拥有更多的资源，并且曾经参与过政治活动（Cornfield, Rainie & Horrigan, 2003）。最后，可以认为，大多数政党组织、机构进行的政治宣传阻碍了实际的公众参与，目的是确保与既定政策的一致性和同步性。

奥巴马总统在 2008 年美国大选中使用社交媒介就是一个很好的例子。爱德曼数字公共关系公司的一份研究报告对奥巴马广泛使用社交媒介的情况进行了详细分析。在《社会讲坛：贝拉克·奥巴马的社会媒介工具包》（*The Social Pulpit: Barack Obama's Social Media Toolkit*，2009）中，卢茨（Lutz）指出了奥巴马及其团队所使用的网络媒介类型和显著效果。社交媒介的核心功能在于让总统的团队能够直接与公众接触，并给后者提供一系列可能方式为竞选做出贡献。同样重要的是，社交媒介在竞选过程中为用户原创内容提供了空间，实际上它积极鼓励用户进行原创内容生产，这最终成为竞选活动中最活跃的元素之一。正如报告所显示的，如果信源来自同类群体，选民则更有可能认为信息可信。这种个体行动和不同层级共同参与的组合方式为总统提供了成倍增长的支持率。

在总统任期内，奥巴马经常通过社交媒介向美国公民发表演讲，最著名的是在定期采访中通过 YouTube 接受用户提问。当然，这些事件都是经过精心策划的，但仍然允许一种直接的交流，而这在大众媒介盛行的时代是不可想象的。那么这在多大程度上改变了政治和政治进程呢？我们需要记住的是，尽管奥巴马的社交媒介使用非常成功，但这种成功是用战略优势来衡量的，而不是以民主化或公民利益为标尺。从政客角度来看，绕过大众媒介直接向公众选民讲话显然具有优势，因为他们更能控制沟通过程。然而，这在多大程度上能够转化为实际的民主成果（更多的平等和正义）还不清楚。

从更抽象的角度来看，"体制化"理论假设政治与新媒介之间存在一种单向关系，前者影响并塑造后者。然而，我们在前两章中已经看到，新媒介介入生活领域的方式必然会留下印记。安德鲁·查德威克（Andrew Chadwick, 2013）试图用混合媒介系统的概念来"理论化"新媒介与政治进程之间的多重动态关系。在这个系统中有多重角色，包括"旧媒介"、新媒介、政客、政治博客、公众以及正在进行的调和、冲突和紧张关系。其中没有明确的赢家，也很难说谁占上风。我们可以得出一个宽泛结论，即从最乐观的角度看，体制化政治与网络之间是一种模棱两可的关系，这主要是由于线下分歧和利益在网络环境中产生了"溢出效应"。但在更普遍的政治场域中情况是否也是如此？下文将讨论政治激进主义和新媒介以及它们给政治领域带来的具体变化。

政治激进主义和新媒介

公民群体往往会绕开体制化政治，而以公共利益和目标为基础进行组织活动。从这个角度看，政治激进主义是更广泛的社会的组成部分，也就是说，社会在某种程度上就像一个舞台，目的是组织以公共利益、目标和价值观为中心的非强制性集体行动（LSE Center for Civil Society, 2004）。因此，社会与体制化政治机构和商业利益是分离的，它在公共利益和更多群体利益基础上运作。通过政治手段追求这些利益和目标可以被理解为政治激进主义。虽然对民主的正常运作是必要的，但政治激进主义并不见得总是或者一定是进步的。它可以是进步的（支持改革，走向平等和正义）、保守的（支持维持现状），甚至是反动的（主要反对改革目标）。本部分将重点关注进步政治和网络参与的民主收益。我们将首先回顾网络原生行动，如黑客主义，随后分析新媒介如何变革社会运动中的政治激进主义。

网络原生行动主义

黑客主义起源于互联网的网络自由主义，最初是一场信息自由化运动。第一个也是最著名的黑客组织是"死牛崇拜"（cDc）。该组织总部设在得克萨斯州的拉伯克，成立于1984年，一直是最具影响力的网络激进组织之一。"死牛崇拜"组织在1996年创造了"黑客主义"一词，随后开始采取一系列行动，旨在增加网络信息自由，同时保护用户免受监视和隐私侵犯。

尽管毫无疑问这是首次出现，但正如蒂姆·约尔丹（Tim Jordan，2007）所区分的那样，黑客主义实际上是网络激进主义的两种方式之一。他将"死牛崇拜"所实践的这种黑客主义称为"数字正确"（Jordan，2007）。"数字正确"与网络信息自由和信息开放运动有关，其前提是认为信息获取是一项人权，剥夺信息是对人权的侵犯。他们的目标是编写代码来抵制网络审查企图，同时保护用户免受当局的监视。"死牛崇拜"组织已经编写并发布了一些代码程序，比如"监控镜头羞愧软件"（CameraShy）和"6/4软件"（Six/Four），目的都是让用户绕过审查系统；另外还有"多帕克"（Torpak）浏览器，这是一种不会留下任何痕迹的便捷浏览器，它的下载程序可以让用户访问受限网站而不必担心被跟踪。

总的来说，"数字正确"式黑客活动的主要对手是各国政府和商业机构，它们分别出于政治和商业目的而控制信息。这些活动是成功的吗？在某种程度上可以这样认为。

他们所反对的是信息控制、审查以及政府和商业机构对信息的恶意利用。从这个角度看，黑客行动主义是面向信息基本体制的（Jordan，2007）。2009年夏，伊朗因大选结果引发的抗议活动而动荡不安，黑客活动分子通过TOR（The Onion Router，洋葱路由器）等应用程序支持信息自由流动。TOR是一款信息开放软件，用户可以通过匿名身份发送信息请求。此外，国家防火墙规避系统这样的软件，它设计出绕过访问过滤器的代码，已经帮助了许多国家的人，包括伊朗和吉尔吉斯斯坦（Deibert & Rohozinski，2009）。与此同时，像"死牛崇拜"发言人奥克斯波拉德·鲁芬（Oxblood Ruffin）这样的黑客主义者提升了对审查制度的认识（Ruffin，2009）。事实证明，这类黑客活动可能有助于增强人们的权力，但从未真正激起人们对控制和审查信息行为的普遍抵制。在这个问题上，"集体行动黑客主义"可能更有效。

集体行动黑客主义更直接地关注并干预那些他们认为民主和社会正义受到攻击的案件。通过支持抵制行为，如虚拟静坐、分布式拒绝服务（DDoS）攻击和其他切断"社会电子脉络"的方式（Jordan，2007：77），他们试图提高反抗意识，形成抗议行动并最终改变世界。因此，他们往往在取得群体赞同后采取统一的行动。

"电子骚扰剧场"（www.thing.net）和"自由活动主义者"（www.fraw.org.uk/index.shtml）等网络组织动员大量民众以同样的方式攻击公司网站，使电子服务瘫痪。从意识形态角度看，集体行动黑客主义与反（资本主义）全球化运动相结合，目的是对抗新自由主义。

案例研究

"匿名者"组织

"匿名者"组织跨越了上述两种黑客主义形式之间的鸿沟。该组织到底是什么？理解它的最好方法是将其看作一个网络原生临时组织，它参与了在线活动、DDoS攻击、黑客攻击和网站破坏以及街头抗议活动。"匿名者"的起源可以在"声名狼藉"的电子公告板4chan中找到，特别是它的随机公告板/b/，这与"网络喷子"现象有关。加布里埃拉·科尔曼（Gabriella Coleman，2014）在她的《黑客、骗子、告密者、间谍》（*Hacker, Hoaxer, Whistle-Blower, Spy*）一书中，写了一篇关于"匿名者"的民族志调查报告，追溯了他们在4chan的起源，以及他们从"Chanology计划"（Project Chanology）等本土行动演变到"网络喷子"（Trolls）这种全球激进主义偶像的过程。

"Chanology计划"目的是取缔或惩罚"科学教"（Scientology），因为它试图审查网络、破坏信息自由流动，此前汤姆·克鲁斯一段颇具攻击性的视频在网上出现，该视频原本只供"科学教"的信徒观看。视频链接由八卦新闻网站——高客传媒（Gawker）和美国其他媒介发布，但"科学教"立即威胁要对这些网站提起诉讼。4chan 就是黑客们所做出的反应，他们号召其他人一起行动，以便攻击或取缔"科学教"的官方页面。2008 年 1 月 15 日，随机公告板/b/的成员发布了一份动员号召，要求人们加入反对"科学教"的军团，即匿名网络组织"战斗前进"（cri de guerre FORWARD ANONYMOUS），它的口号是"团结起来，我们的军团势不可当"（Coleman, 2014: 57）。"匿名者"最初是参与者的首选用户名，它已经与信息自由和信息激进主义意识形态联系在一起。通过网络中继聊天室（IRCs）协调行动，各种各样的"匿名者"参与了对"科学教"网站的黑客攻击、恶搞挑衅和恶作剧，包括向其发送黑色传真、通过 DDoS 攻击其网站、在网络上公布其"秘密"、用送外卖的恶作剧电话阻断其电话通信等等。几周后，"匿名者"公布了他们的视频，该视频与随后的每段视频都有相似之处：电脑语音、歇斯底里但鼓舞人心的呼吁正义的旁白，并伴随着不祥的音乐。科尔曼（Coleman, 2014）认为，该视频展示了"匿名者"内部的所有元素和张力关系：道德上的模糊性和不确定性，让人不知道这是认真的还是为了"搞笑"而开的玩笑。但无论如何，这段视频和整个计划后来演化为街头抗议。"匿名者"发布了一套关于街头抗议的规定，其中包括第 17 条（以及随后视频中的第 16 条）："遮住你的脸，以防止在视频中被认出来。"虽然规定不需要戴面具，但当成千上万的人走上美国各个城市的街头进行抗议时，他们戴上了盖伊·福克斯的面具，这在电影《V 字仇杀队》中已经是一种反抗的象征。这也成为网络著名的"惨败者的梗"——表明"科学教"是一个彻底的惨败者（参见"理解网络之梗"网站——the Know Your Meme site）。

　　剩下的就是历史了。"匿名者"从一个相对边缘化、只使用网络的极客群体，演变成一场全球性抗议运动，并与突尼斯骚乱、埃及开罗解放广场的抗议活动、美国占领华尔街运动和土耳其杰济公园（Gezi Park）的抗议活动有了关联。它是一种真正的"梗"：一种空洞的能指，人们可以在它上面书写自己关于不公正和抗议的故事。

　　在 2015 年底撰写本文时，"匿名者"群体已经隐退，并被美国联邦当局追捕，同时受到联邦调查局渗透。还有一些备受瞩目的活动人士被判入狱，比如杰里米·哈蒙德（Jeremy Hammond），他因侵入情报公司斯特拉特福被判在美国联邦监狱服刑 10 年（参见 Coleman, 2014: chapter 9）。作为一场全球性抗议运动，"匿名者"似乎已经失去了动员和控制人们想象力的力量。如今，它似乎更关心一些小项目：从美国警察暴行受害者桑德拉·布兰德（Sandra Bland），到为在沙特阿拉伯被判处死刑的阿里·穆罕默德·巴吉尔·尼米尔（Ali Mohammed Baqir al-Nimr）实施的"尼米尔行动"。尽管"匿名者"组织仍在运作，但它引发全球抗议活动的势头似乎已经消失。

社会运动与网络

社会运动是社会组织的组成部分，也就是说，它们基于公民为解决某些政治或社会问题的目的而形成。一般来说，社会运动主要通过集体行动、抗议和动员来设法改变社会政治组织，这种运动取得了一些显著成功。20 世纪早期劳工运动成功保障了工人权利，并为福利国家的形成做出了贡献（Tilly, 2004）。同样，女权运动取得了许多成果，包括为妇女争得投票权。虽然传统社会运动包括街头抗议和其他集体行动方式，但它很快就利用了网络提供的可能性。另外，社会运动还利用网络来传播事件信息，组织抗议和示威，支持特定观点和思想，并鼓励就各种问题进行辩论和审议。但是，过于强调网络这类功能可能会掩盖社会运动运作方式存在的实际变化。W. 兰斯·班尼特（W. Lance Bennett, 2003）认为，新媒介已经改变了抗议运动的本质，他主要指全球社会运动，后者在很大程度上被看作是新技术产物。另外，地方性社会运动仍然存在，而且班尼特的大部分研究成果也可能适用于这些领域。与此同时，社会运动也转变为"多元模式"，即不再由核心力量统一领导，而是通过不同的地方性力量各自组织运行。最后，抗议运动不再是意识形态之间的冲突，而是"更多个人化和流动性联系形式"（Bennett, 2003: 147）。

班尼特进一步界定了网络社会运动的主要特征。"网络连续性"允许社会运动进行稳定化运行。这在一定程度上源于网络运动没有统一领导，因此很难随意变化运动方式。此外，社会运动网站中出现的信息传播多为个人经历和叙述，而不是整体意识形态问题，这可能使人们更多地关注运动目标，而不仅仅是提供信息。必须重申，这些变化并非完全源于新技术：它反映了更广泛的历史政治变迁，这些变迁见证了 20 世纪大型意识形态集团的消亡，以及"弹性身份政治"的兴起。此外，由于缺乏具有核心约束力的意识形态，支持者之间的联系并不牢固，网络社会运动的整体内部组织是一个流动网络，而非稳定的社区。虽然这可能被认为对网络社会运动有所削弱，但同时它也提供了战术层面的优势，即网络社会运动可以因此而相对轻松地进行重组或架构。最后，网络社会运动并不那么依赖大众媒介进行传播，因为它们是小型公共领域的组成部分，具有相对独立的信息传播网络。这反过来又使它们能够扭转信息流动，并推动或影响大众媒介议程。然而，正如班尼特所指出的，网络社会运动的优劣势无法区分。其中一些劣势表现为运动成员之间以及运动本身的松散联系；这些导致了联盟缺乏稳定性，可能造成对社会变革驱动力的破坏。与此同时，普遍缺乏核心意识形态立场导致目标不明确，价值观念薄弱；反过来，这些可能会混淆公众视听，最终对社会变革的努力造成破坏。

网络社会运动在多大程度上是有效的？它们的短期效应似乎比长期效应更加突出。例如，针对耐克、Gap 等公司经营的工厂的网络运动相对成功，但更大范围的新自由主义政策仍然普遍存在。与之类似，网络环保激进主义或许可以宣称在一些地域取得了成功，但来自环保运动的压力未能影响相关政治议程。此外，尽管 W. 兰斯·班尼特对运动组织的变迁进行了论述，但许多运动仍然以一种基于领袖和国家政治的陈旧模式运作。例如，吉兰和佩克里尔（Gillan & Pickerill, 2008）报告说，网络对于英国、美国和澳大利亚的反战运动实际上几乎没有作用，仅仅是一种高效的信息传播工具而已。然而，归根结底，这可能既不是这些社会运动的错，也不是支持它们的技术的错：建立在全球地缘政治层面的非民主现状和格局，不太可能对自下而上的变革压力做出反应。

通过对激进主义和网络的整体分析，我们可以说，作为一种行动主义，黑客行动计划展示了公民的丰富想象力、深厚政治情感以及充分参与精神。网络提供了另一个斗争场域——人们可以在相对平等的前提下进行辩论，尽管网络从任何方面说都不是一个公平的竞争环境。然而，总体而言，鉴于网络社会运动相对缺乏成功案例，因而我们有充分的理由对其持整体悲观的态度。这种失败很可能是由于线下政治的一种溢出效应——只要政治机构试图按照自身目的构建网络，只要政治实践仍然根植于线下模式，情况就基本不会改变。但 Web 2.0 和社交媒介的兴起仍然给了人们乐观的理由。为什么？这就是我们接下来要考察的内容。

社交媒介和政治

社交媒介的兴起标志着公众对社交媒介和政治的看法发生了转变。这主要归功于蒂姆·奥赖利（Tim O'Reilly，2005）所称的"参与性结构体系"。社交媒介与一种全新的技术基础设施发展息息相关，这种技术基础设施进一步推动了信息发布和参与的民主化。受众既是在线内容生产者也是消费者，无论是机构组织还是个人用户都有机会在更平等的基础上参与其中。博客、维基等应用程序以及 Facebook 和 Twitter 等社交媒介平台让人们期待一种参与性更强，也更加民主的政治模式。而这种模式将诞生于新媒介，并率先实现互联网民主化，然后可能向外扩散，蔓延到社会其他部分。这种围绕着自由选择和个人赋权的民主化，指的是一种特殊的民主模式，即自由消费主义模式。

不过，从普遍意义上看，社交媒介如何能为民主政治做出贡献？我们可以指出三种可能的情况（Siapera, 2008）。首先，博客和 Twitter 等应用程序可能是主流媒介的补充。新闻的主要政治功能在于持续为公众提供信息，使他们能够形成舆论，并表达这种舆论，最终让政府、政治家和其他强大的社会政治行动者为自身行为负责（Habermas, 1996）。然而，美国新闻业一直因未能履行政治职能而受到攻击，因为它以牺牲政治服务为代价，把赚钱的商业动机放在首位。既然社交媒介已经实现了信息传播民主化，那它的政治功能就可能会被公众接管，新媒介因此可以进行信息提供、公众意见表达以及对政治行为主体的监督。其次，社交媒介可能有助于推进民主政治，因为它鼓励各层次政治行为主体之间的直接沟通，并且也允许对问题进行审议以及进行有效的共同思考。社交媒介由此承担了公共领域的角色，成为一个交流、审议和共同思考的空间，并利用这种方式推进政治民主化。同时，我们也应当认为社交媒介的功能还体现在促成直接政治行动层面，因为它可以绕过传统政治机构，改变抗议行动和激进主义的形式。最后，社交媒介可能为新的主体性构建提供一种训练场，从长远来看，这似乎有利于民主政治发展。通过这种方式，社交媒介在公众内部引入变化,而不是试图改变普遍意义上的体制。所有这些情况很可能同时发生,但这是否意味着政治已经变得更加民主化?

作为政治新闻的社交媒介

如果从某些细节层面将社交媒介视为政治新闻,那么相关研究似乎存在分歧。虽然早期对博客的研究表明,一些较早出现的政治博客在让有权势的政客们承担责任方面取得了一定成效(Drezner & Farrnell,2004),但近年来,社交媒介平台不断获得主流地位意味着博客必须与之协同运作。此外,博客最初只是一个提供观点意见的小型网络空间,而现在已经变得专业化,并且越来越注重自身底线。在其他情况下,流行的博客与现存的传统新闻媒介相互关联,例如,《纽约时报》或《卫报》的自由评论板块。从这个角度来看,博客文章通常采取传统报纸评论文章的形式。但现在尚不清楚这些博客的资金来源。尽管它们通过广告赚钱,但这能够保证新闻自主权吗?2011年,美国在线(AOL)以3.15亿美元的价格收购了《赫芬顿邮报》(*The Huffington Post*),这表明市场化力量已经开始不断进入博客平台。这是一个重要问题:一方面,专业作家要承受市场压力;另一方面,业余作家不具备对重要政治问题进行搜索、报道和提供权威评论的能力。

尽管如此,社交媒介对政治新闻的影响力仍不可否认。查德威克(Chadwick,2013)记录了英国和美国政治传播的演变和变迁,表明政治新闻记者和政治家不再是唯一行动主体。正如我们稍后看到的,"维基解密"对新闻和政治的影响不可低估。非专业性新闻,如目击者新闻和公民新闻,可以有效地补充新闻,特别是当主流媒介对某些领域和事件有所忽略的时候。公民在社交媒介平台的关注点可能会迫使主流媒介对某些话题进行报道。通过这种方式,社交媒介上的公民可能会影响主流媒介议程。然而,随着社交媒介平台日益获得主导地位以及在线内容激增,任何政治收益都可能是喜忧参半的。具体来说,Facebook和谷歌使用的算法加强了它们自身的网络可见度体系,但并未优先考虑政治重要性(Bucher,2012;Siapera,2013)。简言之,尽管社交媒介对政治新闻很重要,但经济压力、日益专业化以及社交媒介算法的挑战，让该领域的发展变得模糊不清。

社交媒介和政治行动

然而，社交媒介可能有助于公众意见形成，因为它允许公民之间以及公民与政客之间的直接交流。从这个角度看，社交媒介可能有助于推动政治进程，因为它为公共领域提供了另一个平台，并允许公众就共同关心的问题进行直接沟通（甚至辩论）。为了验证这些贡献，研究人员试图确定博客和社交网站的话题讨论质量。一个经过充分研究的案例是霍华德·迪恩（Howard Dean）的博客，迪恩是2004年参加民主党总统候选人提名的政客之一。他最终被参议员约翰·克里（John Kerry）击败，但他的博客是第一个由政客使用Web 2.0应用程序直接向公民发表演说的例子。科贝尔和布鲁姆（Kerbel & Bloom，2005）在网站上发现了一些对政策和政策建议进行深入讨论的证据，但这些讨论大多发生在同一事业的支持者之间。在对上述博客进行的另一项研究中，亚纳克（Janack，2006）发现了监管和约束任何异议声音的证据：质疑或批评迪恩、民主党或他们政策的言论要么被禁，要么被视为恶意攻击而遭到抵制。总的来说，在政治博客圈中发现了一些不文明做法和垃圾帖的证据。2007年关于博客道德问题的辩论就证明公众对博客圈质量的担忧。两位Web 2.0的著名人物——蒂姆·奥赖利和维基百科创始人詹姆斯·威尔士（James Wales），提出了一系列针对博客的道德准则（O'Reilly & Wales，2007）。尽管这些准则从未真正被广泛接受，也很难说博客创造或维持了对政治问题的讨论或审议，但很少有人会质疑博客和其他网络应用程序在促进直接交流甚至持续宣传方面的力量。

Twitter作为社交媒介和政治关系的典型案例被广泛讨论。首次在政治领域的讨论是2009年伊朗大选之后。当选举结果（对艾哈迈迪-内贾德有利）受到伊朗抗议者的质疑时，许多人在Twitter上抗议并宣布支持另一位总统候选人米尔-侯赛因·穆萨维。可以通过手机访问的Twitter还允许对同一主题的帖子进行分组，即所谓热门话题，同时它还提供了"转发"的可能性，也就是重复和传播其他人的推文。最后，与电子邮件和 Facebook 等社交网站不同，Twitter 的内容是公开的。随着抗议活动升级，伊朗人开始在 Twitter 上实时发布事件信息。Twitter 上有波斯语和英语两种文字，提供伊朗发生的情况：

> 一个女人说有人凌晨两点敲她的门，自称是情报人员，并带走了她的女儿。

> "阿舒拉节"野战排现在已经从瓦利阿斯尔大街冲到国家电视台了。穆萨维的支持者已经在那里了。我父亲就在那儿！

> 我们听到在设拉子市有一人死亡，在其他城市则发生了开火事件，这是今日俄罗斯电视台报道的。(Grossman，2009)

Twitter 的力量如此强大，以至于美国国务院要求推迟预定的网络升级，以允许伊朗抗议者自由交流（Grossman，2009）。毫无疑问，Twitter 鼓励了抗议者，给人一种他们并不孤单的印象，并让伊朗领导人和官员对世界其他国家负责。然而，Twitter 虽然允许公众进行交流，却不能保证推文的真实性和可靠性。格罗斯曼报告说，伊朗情报人员很可能渗入了 Twitter，而伊朗的抗议者是否会用英语发推文也存在争议——很有可能许多英语推文是由伊朗流亡人士写的。最终，抗议活动被武力镇压，2010 年初，穆罕默德·礼萨·阿里·扎马尼（Mohammad Reza Ali Zamani）和阿拉什·拉赫马尼普尔（Arash Rahmanipour）两名抗议者被处决。所以，尽管 Twitter 没有推翻伊朗政权，但它确实给了公众暂时的希望，事情可能会因为人们希望改变而改变。它为一个孤立、封闭的国家打开了一扇窗；它允许一些声音发出，并展示了可以实现的团结程度。然而，无论计算机应用程序多么精妙，想要用它去改变政治体制也许都是一种误导，但社交媒介被广泛用于政治目的表明，天平正在倾斜：政客，甚至独裁者，都面临着公民的不断监督，后者毫不犹豫地建立彼此之间的关系网，要求实现变革。

2011 年发生在突尼斯和埃及的反抗运动，加剧了关于社交媒介功能的辩论，即它是否应该为推翻中东和其他地区的政权负责。社交媒介尤其是 Twitter 的使用，被认为是引发反抗的原因，以至于突尼斯的反抗运动被称为 Twitter 革命。在开罗解放广场大规模抗议活动最激烈的时候，埃及政府关闭了互联网，此举造成了大规模的负面效应，引发了全世界的网络抗议。很快，互联网就恢复使用了。但是，我们是否可以说，社交媒介需要对这些反抗行为负责？乔斯·汉兹（Joss Hands，2011）和梅希亚斯（Mejias，2011）认为并非如此：反抗是长期不满、镇压和社会动荡的结果，是由突尼斯的穆罕默德·布瓦吉吉（Mohamed Bouazizi）自杀等绝望行为引发的。然而，社交媒介在一定程度上促进了抗议活动的协调，组织了一个大众抵抗阵线，并刺激了公众舆论。查尔斯·希尔施金德（Charles Hirschkind，2010）进一步指出，至少在埃及，社交媒介通过公开明显的不公、酷刑和腐败案件为这些反抗运动铺平了道路。例如，一个名叫瓦埃勒·阿巴斯（Wael Abbas）的人，他的博客名为 al-wa'i al-masri（"埃及意识"），他发布了一段视频，显示一名男子在开罗警察局遭到警察的体罚和性虐待。这段视频显然是警方为了恐吓他人而录制的，但在 YouTube 和其他网站流传时，它为法院追查此案提供了必要的法律依据。此外，报纸还进一步报道了这类案件，并帮助进一步传播相关消息，从而刺激了公众舆论。虽然争论仍在继续，但很明显，社交媒介表达不满、协调行动、激发公众舆论和引发全球聚合的能力，无疑是政治斗争的一个新维度，必须加以考虑。

W. 兰斯·班尼特和亚历山德拉·塞格贝里（Bennett & Alexandra Segerberg，2013）通过指出从社交媒介和政治抗议表达中产生的一种新型逻辑而将这些发展进行了理论化。他们把以下这种逻辑称为连接行为：基于个人表达和经验故事，代表个人以及他们的经验和观点，而不是代表社会阶级或意识形态。这种逻辑涉及一种政治过程的个性化，也与权力的衰落和政治组织的等级形式有关。但这并不意味着它们必然是"去核心化的"——正如保罗·杰尔包多（Paolo Gerbaudo，2012）所表明的那样，新的中心出现了——它们的角色更多的是作为"编舞"松散地协调行动。在某种程度上，这种形式使公众相互接触但并不深入，但这不意味着它缺乏效用：也许正是因为关系和联系松散，才使得更多的人可以介入，这比以前通过政党或运动途径进行政治参与的方式更受欢迎。

另外，这些个人化叙事以及集体行动和政治行动的个体化可能与形式主义政治行动相联系，因此被蔑称为"网络点击行动主义"。《广告克星》（Adbusters）杂志的迈卡·怀特（Micah White，2010）曾用这个词来指代数字激进主义方法与营销和广告逻辑的结合。对怀特来说，这涉及对指标的关注，以及对成功的量化。他认为，正是这种对追踪点击的痴迷，把激进主义变成了点击行动主义。网络点击行动主义的问题在于，行动主义最终沦落为围绕孤立时事而发起的一系列网上抗议活动，它未能看到更广阔的背景，也未能从一开始就考察引发这些政治问题的相关前提。此外，它还从形式上"安抚"了人们的良知，因为公众可能认为，通过点击一个链接，他们已经为社会正义尽了自己的一份力。正如怀特（White，2010）所言："网络点击行动主义之于激进主义，就像麦当劳之于精心烹饪的佳肴一样。它可能看起来像食物，但维持生命的营养成分早就丧失了。"

这种网络点击行动主义最著名的例子也许就是"科尼 2012"网络运动，在这场运动中，总部位于美国的非政府组织——"看不见的孩子"制作了一段关于乌干达军阀约瑟夫·科尼（Joseph Kony）的视频，他的部队——"上帝抵抗军"强行征募并使用了儿童士兵。视频运用了多种技巧，包括对前儿童士兵的感人采访，以及将科尼简化为一个大反派的叙述，所有这些都旨在引起强烈的情感共鸣和形成对战争目的的认同（Andacht，2014）。六天之内，这段视频就获得 1 亿点击量，成为史上最火的视频之一（Harsin，2013）。这段视频要求观众点赞并转发，要求他们向名人和政客发表演讲，并购买一套装备，包括一只手镯和一件 T 恤。这段视频的病毒式传播与随后的一连串批评形成了鲜明对比。批评人士抨击它过于简单化的叙述、鼓吹"白人救世主"的言辞、在互联网之外令人失望的结果以及它设定的两个假设：一是有公众关注就能达到目的，二是网络行动完全能够实现社会公正（Greenblatt，2012；Mengestu，2012；Madianou，2013）。马迪安诺（Madianou，2013）称，"科尼 2012"是一个复杂的"多媒体事件"，它包括视频和随后的全球评论，也是一个非常鲜明的网络点击行动主义案例，即它将营销和病毒式媒介策略（如获得名人支持）与政治行动主义相结合。随后的相关运动，从"提名自拍"到"带回来女孩"，都复制了这些营销逻辑，即简单化的行为方式，同时表面看起来与政治领域相关。然而，正如马迪安诺（Madianou，2013）和安德切特（Andacht，2014）所指出的，这些宣传活动是更复杂的事件，对被动或被灌输的受众/点击者的假设是没有根据的。当这些运动和对它们的讨论成为集体记忆的组成部分时，焦点就从当下的政治结果转移到政治实践和政治主题中更为微妙的变化上，下面将讨论这个问题。

社交媒介和政治主体性

博客和其他社交媒介对政治进程的贡献或许更为微妙。可能是撰写博客或者经常参与在线社交媒介导致了人们自身的变化。众所周知，新媒介为身份认同和主观意识构建方式带来了重要变化。我们将在后面的章节中更详细地讨论这个问题，但是非常重要的是，必须注意到这些变化通常与政治变化相关。理论家乔治·卢卡奇（Georg Lukacs，1974［1914］）在他的小说分析著作中认为，以塞万提斯的《堂吉诃德》为代表的小说媒介标志着一种新的主体性和意识的发展，它与希腊和中世纪世界的主体性观念有本质不同。这种新的主体性试图通过理性主义单一叙事来理解不断异化、碎片化的现代性世界。同样，哈贝马斯（Habermas，1989［1962］）认为，以受众为中心，并与道德小说的兴起相关联的主体性是公共领域发展的必然结果，但这种主体性被大众媒介的崛起削弱了。在居伊·德博尔（Guy Debord，1967）看来，大众媒介的崛起是与景观社会相联系的：景观社会中的主体是被动的，因为它的重点在于图像消费而非生产，但主体同时也具有多元特征，位于不同符号和图像之中；没有单一的符号或图像能够完全与之对应。马克·波斯特（Mark Poster，1995）也提出了类似观点，他认为网络是一种新传播形式，它的出现标志着主体性的新转变，而这一过程与"数字作者"的崛起有关。"数字作者"现象代表了如下情况：网络（超）文本的生产者与文本完全分离，无法控制文本的多重含义和用途。与此同时，读者不能认为文本只有单一作者，同时也不能把文本意义完全等同于作者意图。

因此，如果认为社交媒介构成了一种新的传播形式，并以此观念为前提，那么就可以设想一种与之相关的主体性转变，即人们理解自己和周围世界的方式。笔者曾在其他地方（Siapera，2008）提出，博客可能与一种作者主体性相关，这种主体性既是固定的又是多元的，既是独立的又是协作产生的。这里的主要观点是：人们通过博客书写得以更广泛地参与社交媒介，变得更适应外部世界；他们更善于表达自身想法、问题和思想，也更善于与他人沟通，处理对立的观点。简言之，他们成为一种有能力并愿意参与政治的人。这是因为参与社交媒介会引发与外部世界和他人的接触，它会使得人们对一些政治性问题采取明确立场。此外，尽管并非人人都口若悬河，但这种参与提供了一个平台，能够让所有人表达意见和不同观点。社交媒介的架构提供了这些可能性，但要实现这些可能性并引发政治行动，博客必须积极参与权力问题，这符合社交媒介的本质属性。此外，利用博客及其他社交媒介，人们相互之间应该建立联系：通过建立联盟、调动资源和参与竞争，来创造一个能够改变政治格局的关键群体。尽管社交媒介为主体性转变带来了显著可能，但任何变化都可能是缓慢而微妙的——这涉及权力从成熟的政治中心向网络平台逐渐转移的过程，而大量的政治积极参与者处于这个空间之中。

齐齐·帕帕查理斯（Zizi Papacharissi，2010，2014）已经证明社交媒介是如何在空间和实践维度消弭私人领域和公共空间界限的。在《私人领域》（*A Private Sphere*）中，帕帕查理斯（Papacharissi，2010）观察到政治参与已经开始从公共空间向私人领域转变；尽管人们来自不同领域，但仍然可以保持政治活跃度，他们将自我与政治、个体经验结合起来，形成抽象的观念。在《感性的公众》（*Affective Publics*，参见 Papacharissi，2015）一书中，她进一步阐述了这一观点，这里主要指公众的故事叙事方式，或者是围绕某个事件的故事本身，因为叙事方式和故事本身都能够产生新的意义，而这有可能破坏主流叙事。因此人们讲述这些故事，不仅是为了理解周围世界，也是为了（重建和）维持自己的身份认同。正是通过自传体式的自我叙事，公众构建出了自我意识，而在充实这些叙事的过程中，网络自我（Papacharissi，2010；另见本书第九章）超越了私人领域，获得了公共性质和潜在的政治意义。对于帕帕查理斯来说，在网络语境中不断分享和传播故事是一种带有节奏感并且多作者联动的叙事方式。帕帕查理斯假设，正是通过这种方式社交媒介构成了情感结构（Williams，2001 [1961]），并能够捕捉我们的社会经验和情绪，因此，它们有助于发展我们时代独有的政治主体性。

虽然关于政治主体性和缓慢的、渐进的政治变革的观点很有吸引力，但也不乏批评者，克里斯蒂安·富克斯（Christian Fuchs，2013）是典型代表。他认为对于帕帕查理斯等人所讲的"个性化"需要进行批判性理解，而不是无条件接受；私人、个体、公众和政治的多元混合存在会导致一种危险，即其中某个元素会对其他元素进行覆盖或者取代。此外，这些观点似乎忽视了技术、媒介平台以及实际政治领域的物质维度。这种将政治参与理想化为点击、交换文件、点赞、分享和讲故事的方式，最终可能会忽略政治自身的物质条件。正如约迪·迪恩（Jodi Dean，2005）所指出的，基于"传播范式"的资本主义仅仅依赖于政治本身的"观念维度"。

从上面的分析可以清楚地看出，现在进行明确的批评还为时过早。毫无疑问，社交媒介蕴含着民主承诺和潜力，但它将在多大程度上实现真正的政治变革还有待观察。

结　论

关于新媒介和政治的关系，我们可以得出什么样的一般性结论？专栏3.1总结了本章主要观点。从整体上我们可以看到，新媒介给政治进程带来了一些变化，但直到今天，这些变化并没有真正促成任何重大政治转变。新媒介时代与大众媒介时代在政治层面上别无二致。

另外，正如我们在本章中所看到的，新媒介为政治参与提供了更多的和新的机会，相关内容围绕以下主题展示：(1) 提供新闻；(2) 宣传鼓动；(3) 联系他人，建立联合和联盟；(4) 参与直接的政治行动（抗议、请愿、非暴力反抗等）。此外，新媒介允许持续的政治关注和政治参与，远远超出代议制民主国家公民的一般期望。因此，新媒介可以构建出新的公民身份，即实现一种持续性政治参与，而不仅仅是在选举时投票。然而，几乎没有证据表明这种新观念是普适性的，因为我们将看到，大多数新媒介的使用仍然具有个人化和社会化属性。毕竟，政治参与实践的主体不是新媒介和技术，而是有能力和有兴趣的公民。

专栏3.1　本章主要观点总结

新媒介和体制化政治

- 两者之间关系模糊
- 线下体制化政治在网络环境中的外溢
- 新媒介的"体制化"？

新媒介和激进主义

- 激进主义者的战略和战术经验
- 广泛政治变革尚未实现

社交媒介与政治

- 为充实政治新闻做出贡献
- 有助于形成公众舆论和直接沟通
- 为政治主体性的细微变化做出贡献
- 以上结果都不是绝对的——涉及重要的张力关系和冲突

研究实践

本次研究实践的目的是探讨新媒介与政治关系中的某些问题和张力关系。在你非常关心的问题上设计你自己的政治活动。你会使用哪种媒介，如何使用？你认为项目成功的原因是什么，主要障碍是什么？网络凝聚力是否让人们更容易发起真正的政治变革？

拓展阅读

下列文章旨在展示围绕新媒介出现的各种问题和辩论，以及它们的民主承诺和潜力。第一篇文章由三位最著名和最受尊敬的媒介政治学者撰写，考察了新媒介的政治格局，并提出了一些有助于实现新媒介民主承诺的方法。古雷维奇等人（Gurevitch et al., 2009）对新媒介与政治的关系持积极、乐观的态度。兰斯·班尼特的文章（Bennett, 2012）讨论了与新媒介和社交媒介相关的政治实践中的一个重要转变，即个性化转变和他所说的"连接行动"。社交媒介是否改变了政客在竞选期间的沟通方式？格拉哈姆等人（Graham et al., 2016）研究了英国和荷兰的选举，得出的结论是，有些习惯很难改掉。此外，拉松（Larsson, 2017）关于瑞典大选的研究文章追溯了极右民粹主义政党——瑞典民主党的兴起,描述了网络空间中新型政治和政客们的迅速崛起。对这种民粹主义政治崛起的解释,一是基于"回音室效应"理论概念,二是基于社交媒介的网络极化功能。巴尔贝拉等人(Barberá et al.,2015)的研究使用 Twitter 数据来验证这个观点,得出的结论是:极化现象的影响事实上可能被高估了。

Gurevitch, M., Coleman, S. and Blumler, J. G., 2009, Political communication-old and new media relationships. *The ANNALS of the American Academy of Political and Social Science*, 625 (1), 164 – 181.

Bennett, W. L., 2012, The personalization of politics, political identity, social media, and changing patterns of participation. *The ANNALS of the American Academy of Political and Social Science*, 644 (1), 20 – 39.

Graham, T., Jackson, D. and Broersma, M., 2016, New platform, old habits? Candidates' use of Twitter during the 2010 British and Dutch general election campaigns. *New Media & Society*, 18 (5), 765 – 783.

Larsson, A. O., 2017, Going viral? Comparing parties on social media during the 2014 Swedish election. *Convergence*, 23 (2), 117 – 131.

Barberá, P., Jost, J. T., Nagler, J., Tucker, J. A. and Bonneau, R., 2015, Tweeting from left to right: Is online political communication more than an echo chamber? *Psychological Science*, 26 (10), 1531 – 1542.

第四章
数字鸿沟、参与可能与不平等性

学习目标

1. 理解新媒介传播和使用的不平等形式
2. 理解"数字鸿沟"和"数字参与"的概念
3. 理解社会阶层、年龄、性别和族群/种族在新媒介传播中所扮演的角色
4. 理解网络全球传播的影响和新的不平等形式

导　论

显而易见,"获取"一直以来都是新媒介的主要问题。学者和政府最关心的问题之一是公众接触新媒介的程度,以及如何弥合即将出现的数字鸿沟。然而,网络、手机和其他新媒介经过 25 年的商业化进程后,传播速度表明新媒介的普及和扩散似乎不可逆转,几乎实现了全面覆盖。但这是否意味着用户之间不存在数字鸿沟呢?本章部分任务就是寻找用户和媒介使用方式之间的差异性。学习新媒介的学生既要关注受众及其喜好以及媒介影响机制,又必须超越新媒介传播,从偏好角度分析用户之间形成的所有分化现象;同时还要关注其他人口因素,比如年龄、阶级、族群等。与此同时,不平等不仅存在于国家内部,也存在于国家和地区之间。绘制全球网络图谱,即新媒介在世界范围内的传播模式,是理解新媒介及其全球使用方式的重要内容。

本章首先探讨全球网络和传播,以及与之相关的新的不平等形式。其次,我们将更深入地研究数字鸿沟问题及其背后的假设和逻辑。可以看出,虽然数字鸿沟开始只是一个简单的信息有产者和无产者的问题,但现在它被认为是关于新媒

介使用的复杂问题，而从更宏观的层面看，这属于新媒介素养问题。

全球网络

考虑到全球范围内物质财富的不平等性，网络在世界范围内的扩散模式应该与物质财富和收入的分布模式大致相符。在早期网络时代确实是这样——那时需要昂贵的硬件设备和租赁费，但移动网络、Wi-Fi 和灵活的定制模式极大地改变了这种情况。2016 年全球人口约为 74 亿，而网络用户据估计约有 36 亿，占全球人口的 50%。这些用户在世界各地的分布情况如何？（见图 4.1）

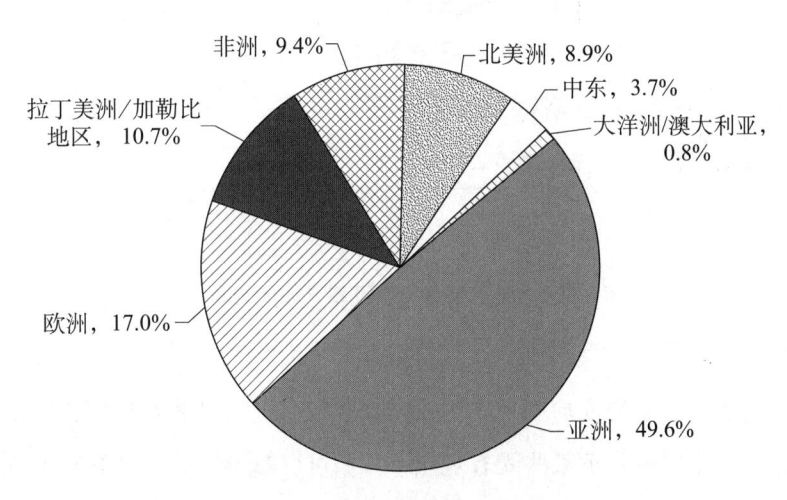

图 4.1　世界各地互联网用户数（2016 年 6 月）

注：截至 2016 年 6 月 30 日，全球互联网用户数达 3 611 375 813 人。

数据来源：Internet World Stats-www.internetworldstats.com/stats.htm.

图 4.1 显示，亚洲网络用户最多，非洲用户比北美洲用户多。然而，这仅仅反映了这些大陆网络用户规模的相对大小，而不是网络用户在其人口中的实际分布情况。因此，我们需要找出网络在各国家和地区内是如何扩散的。这可以在图 4.2 中发现。

"普及"一词指的是网络扩散的程度。虽然北美洲网络用户仅占全球的 8.9%，但图 4.2 显示，该地区有 89.0% 的居民使用网络。在用户总数最多的亚洲，只有 44.2% 的居民真正使用网络。在非洲，这一比例下降到 28.6%。这些发现，再加上北美洲、欧洲和澳大利亚等发达地区所享有的地缘政治和文化权力，表明尽管实际上亚洲和非洲拥有更多用户，但西方世界仍占据主导地位。此外，在 2000 年至 2016 年，非洲网络使用增长率达到了惊人的 7 415%（Internet World Stats，2016 年 6 月 30 日）。尽管随着越来越多的人上网，这一趋势可能会放缓，但它表明，全球范围内的网络扩散似乎是不可避免的。

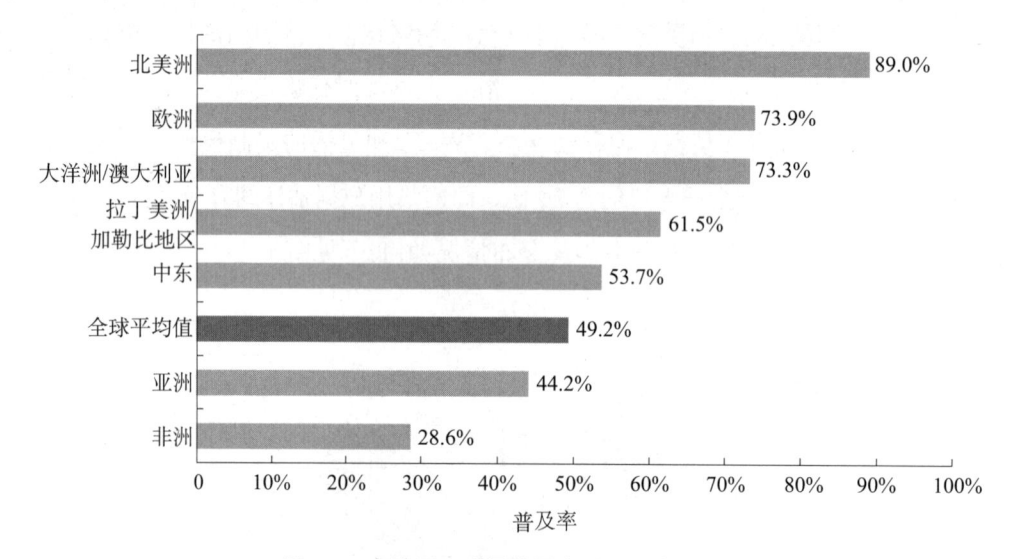

地区	普及率
北美洲	89.0%
欧洲	73.9%
大洋洲/澳大利亚	73.3%
拉丁美洲/加勒比地区	61.5%
中东	53.7%
全球平均值	49.2%
亚洲	44.2%
非洲	28.6%

图 4.2　各地区互联网普及率（2016 年 6 月）

数据来源：Internet World Stats-www.internetworldstats.com/stats.htm.

虽然发达地区总的人均用户比例较高，但数字上的显著差异使我们不能急于得出结论。为了回顾一下某些既有观点，我们可以参考工业化及其在世界各地的扩散过程。首先，工业化并没有以同样的方式在全球范围内扩散。虽然英、德、法、美等国家很早就实现了工业化，但其他国家仍以农业为主，往往依赖于向工业化国家出口原材料。这些模式导致农业和非工业化国家长期依赖发达工业国家（参见 Wallerstein，2005［1974］）。虽然这引发了欠发达国家的工业化实践探索，但工业化的实际扩散速度远不及网络的扩散速度。事实上，世界上许多地区根本就没有实现工业化。

也许这种与工业化的比较是不公平的，毕竟工业化依赖于不同的技术。但是正如前几章所讲的，依据卡斯特以及拉扎拉托的观点，我们可以认为，同工业化和规模化生产一样，网络和新媒介会以类似方式为世界经济、生产、劳动和消费过程带来变化，而这些深刻变化可能会对现有不平等格局产生影响。

中国、西班牙、日本和阿拉伯地区的网络崛起清楚地表明，一个社会的运转必须从全球视野考虑，而不是仅仅着眼于本国。世界网络的主要特征似乎再现和放大了晚期现代性及其在全球扩散的主要特征（Giddens，1990）。首先，虽然网络没以平等方式在世界各地扩散，但它却存在于世界上所有国家。网络在全球范围内的扩散以及发展速度，不仅意味着世界各地区之间的联系日益紧密，同时也展现了一种重大变化，而这种变化同全球化与网络社会密切相关。网络时代愈发促进了全球化语境的形成，意味着时间的永恒性与持久网络在线。其次，网络空间是一个流动性场域，而不是一个封闭空间，它日益成为空间组织的主导形式。此外，数以百万计的人口对网络的使用也产生了影响，吉登斯（Giddens，1990）称之为"脱域机制"[①]，即将生活经验从它们的局部环境中抽取出来，并以不同方式进行重新组织，从而与永恒的时间和流动的空间相互对应，这是网络社会的特征。最后，只要网络传播确实是全球性的，"西方社会"的作用和重要性就会减弱。这些都充分解释了全球网络之间的关联方式，细致呈现出全球网络社会的特征。

尽管商业化网络迅速发展，但它并未改变不平等的格局。相反，如果我们观察网络实际用户和使用情况，就会发现新的不平等在网络参与和互动中不断产生。

用户与不平等：概念分析

广泛积极地推进信息通信技术意味着任何个体都可以迅速接入网络。然而，社会结构中的物质（和符号）不平等可能反映在人们实际使用新媒介的方式和从参与新媒介和新媒介文化过程中获益的方式上。早在2001年迪马乔（DiMaggio）和豪尔吉陶伊（Hargittai）就指出了与技能相关的不平等现象，这通常被称为"二级数字鸿沟"。要关注这一问题，我们必须理解媒介获取、媒介参与和媒介素养之间的细微差别。本部分将首先分析获取问题——这通常被理解为数字鸿沟，

[①] 亦译为"抽离化机制"。——译者注

随后将对网络用户之间的不平等概念进行详细分析——这通常被认为是一个"数字不平等"问题（DiMaggio & Hargittai，2001）。

"数字不平等"的主要问题是，在多大程度上仍然存在获取障碍，如果存在获取障碍，那么障碍主要有哪些？考虑到网络用户增长的商业必要性，网络扩散很可能在某一时刻达到饱和。这是否意味着所有人都能获取网络？显然并非如此，因为媒介获取是由许多因素决定的。虽然在网络发展早期人们对数字鸿沟的理解是一分为二的，即要么能够获取网络，要么不能。范戴克（van Dijk，2005）建议我们从四个因素来看待数字鸿沟：动机、物质保障、技能和使用方式。

首先，动机因素很重要，因为对待技术和新媒介的态度因人而异，而态度可能会影响我们与网络的关系。对科技的消极态度和对电脑的焦虑弱化了人们的上网动机（van Dijk，2005）。处理这种态度和动机因素也许是重要的，因为它们可能形成访问和使用新媒介的障碍。根据罗杰斯（Rogers，2010）的创新扩散模型，从网络接受角度看，"态度"在决定是否采用创新时非常重要：只有当个体具备积极态度，并相信能够使用创新技术时，他们才会决定采用它。动机问题可能更加复杂，因为人们受到的上网压力越来越大，而人们也在越来越多地谈论网络危险和风险，这可能会让很多人望而却步。

其次，即使人们有积极的态度，物质障碍也仍然存在，包括设备（即电脑、平板电脑或智能手机）获得障碍以及接入服务障碍。即使在发达国家，物质保障也并非轻而易举，因为订阅可能仍然是一项昂贵的业务，而网络接入设备问题正变得越来越重要，我们将在下文看到这一点。设备数量和种类很重要，因为它们可能会影响网络使用方式。同样，网络接入方式也很重要：宽带提供了一种非常不同的途径，与基于数据的移动网络不同，它是根据数据使用进行收费的（Mossberger，Tolbert & Hamilton，2012）。因此网络物质条件问题仍然存在，而且已经变得更为复杂。

再次，即使有上网动机和物质保障，人们仍然需要有合理技能来使用它。这就是埃丝特·豪尔吉陶伊（Esther Hargittai，2002）所说的"二级数字鸿沟"，即人们能够以高效、合理的方式使用网络的程度。范德乌森和范戴克（van Deursen & van Dijk，2009）提出了媒介技能和内容技能之间的区别。媒介技能可以指操作技能，也就是个体操作网络（例如，启动浏览器）所需要的基本技术。媒介技能还包括常规技术，即网络浏览能力（例如，是否能够进行网页或者应用程序转换）。内容技能可以包括信息技术和战略技术：信息技术能够帮助用户寻找、选择和评估网络信息来源，而战略技术能够帮助用户通过网络实现特定目标。这些技能显示了网络接入问题的复杂性，涉及多重要素，例如教育或代际原因都可能对网络接入和使用产生影响。

最后，即使用户愿意并能够上网，他们的网络使用在频率、时间以及形式等层面仍然存在较大差异。网络使用可能因其他不平等要素（例如教育不平等）而变化，也可能因动机、态度、获得设备的机会和个人技能而变化。个体拥有的技能越多，越能更好地利用网络。但网络使用频率并非总是积极性的，因为许多用户可以在线几个小时，但仅仅是玩游戏，或者花几个小时工作却一无所获。范德乌森和范戴克（van Deursen & van Dijk, 2015）提出了"使用鸿沟"一词，它建立在较早的"知识鸿沟"概念（Tichenor, Donohue & Olien, 1970）基础之上，以描述网络使用差距所造成的劣势。正如20世纪70年代出现的"知识鸿沟"所显示的，受教育程度高的人更能充分利用大众媒介，因此"使用鸿沟"意指高技能、高学历的人利用网络的能力超过低技能、低学历的人利用网络的能力。牛津大学网络研究所根据英国的调查数据，开发出关于网络的不同态度的分析模型（Dutton & Blank, 2013），有助于呈现和解释网络用途的差异性。其模型将用户分为五类——网络新手、科技实用主义者、网络天才、网络温和派和网络精英，他们使用网络的频率、对待网络的态度差异极大。在调查样本中，大部分用户（37%）属于网络温和派，他们认为网络是一种高效且令人愉悦的工具，但也存在一定的风险。

很明显，数字鸿沟已经从简单的贫富问题演变为一个更微妙复杂的问题，涉及社会心理、物质和社会结构的不平等及差异性，但讨论并不会就此结束。虽然"使用和使用方式鸿沟"的概念有助于理解人们如何实现网络社会化以及他们如何以不同的方式使用网络，但仅仅关注使用或消费可能会掩盖网络构建实际主体，或者哪些人更积极地参与网络生产的问题，这涉及技术和文化层面。为了进一步深入分析，我们引入尼科·卡彭铁尔（Nico Carpentier）的观点，他从理论维度分析了媒介和数字参与问题。

卡彭铁尔（Carpentier, 2016）对访问、互动和参与进行了合理区分：这些概念在某种程度上是相互嵌套的，即彼此包含。参与的概念内涵丰富，而访问是一个必要条件，但它不能转化为参与。但参与到底意味着什么？卡彭铁尔试图将这个概念政治化，认为参与意味着应该努力质疑和批评现状及现实权力模式，同时也要求能够参与政治决策过程。对于卡彭铁尔来说，（数字）媒介参与必须被理解为一个公共决策过程，涉及技术的生产和使用、利用技术进行内容制作、技术参与方式以及影响技术的组织策略等方面。因此，参与意味着人们能够成为技术的组成部分，包括它的当前形式和未来形式。很明显，如果我们想认真解决数字不平等问题，数字参与是主要途径之一。

可以看出，围绕数字鸿沟和数字不平等问题，人们争论不休。我们试图为相关问题增加细微差别和复杂性，表明访问绝不仅仅是简单的上网问题。但这些鸿沟和不平等与其他人口统计学层面的差异有何联系？我们对网络与社会阶级、年龄/代际和性别和族群/种族问题的理解程度如何？从人口统计学特征看，谁参与了网络架构和建设？我们将在后文中讨论这些问题。

人口统计学与不平等性：实质性维度

尽管网络社会属于新的社会形态，它基于网络而非个体或社会群体而存在，但仍然可以利用经典的人口统计学方法对其进行研究。如果从经验维度对网络使用进行分析，那么以社会阶级（阶层）、年龄/代际、性别、族群/种族为标准的传统人口统计学划分是否仍然具有理论解释力？一方面，后现代性更加体现出社会碎片化和社会阶级的流动性，因为个体在构建和实现自我身份认同方面被认为拥有主要力量（Giddens, 1990）。另一方面，物质和资源分配是一种构建社会生活、实现主体选择和机会的方式，因此分配往往决定选择的成败，这就是重点考察上述社会结构性变量的原因。

社会阶级（阶层）和网络

到底哪些因素可以构成一个社会阶级或阶层？这个问题的答案近年来发生了巨大变化。在古典社会学中，不同学者对社会阶级和阶层的看法有所不同。在马克思主义理论中，阶级指人们与生产资料之间的关系：生产资料所有权和控制权确定了统治阶级,而工人阶级除了劳动以外没有其他生产资料。马克思的观点完全集中在经济领域,而对于韦伯来说,情况更为复杂,在韦伯看来,人们根据经济实力、社会声望和政治权力来划分阶层,而这些划分决定了资源和权力获取(Weber,1947 [1924])。在皮埃尔·布尔迪厄(Pierre Bourdieu,1986)的社会学中,又划分了不同形式的资本:经济资本,即货币和其他经济资产;社会资本,是指个体的社会人脉;文化资本,是指个体所拥有的技能以及与之相关的符号价值。虽然我们无法对社会学关于阶级和阶层的所有观点都进行讨论,但可以重点分析两个变量,即收入水平和受教育程度,这涉及社会学理论中所谓的某些差异性。收入和职业类型可以被看作个体与生产资料之间关系的指标,而教育可以被看作文化资本的一部分,作为个体社会地位和社会声望的指标,这是马克斯·韦伯所认为的决定社会阶层的一个重要因素。

看看收入分布和网络媒介获取之间的关系,你就会明白:个体收入越高,网络接触可能性越大。"皮尤网络和美国生活研究项目"数据显示,美国最富裕的家庭中有99%的人上网,而最贫困的家庭中只有78%的人上网(见图4.3)。虽然这一差距正在缩小,但差距仍然存在。英国也出现了类似情况,牛津大学网络研究所的调查报告显示,年收入4万英镑以上的家庭网络使用比例为99%,而年收入在1.2万英镑以下的家庭则为84%(Dutton & Blank,2013)。

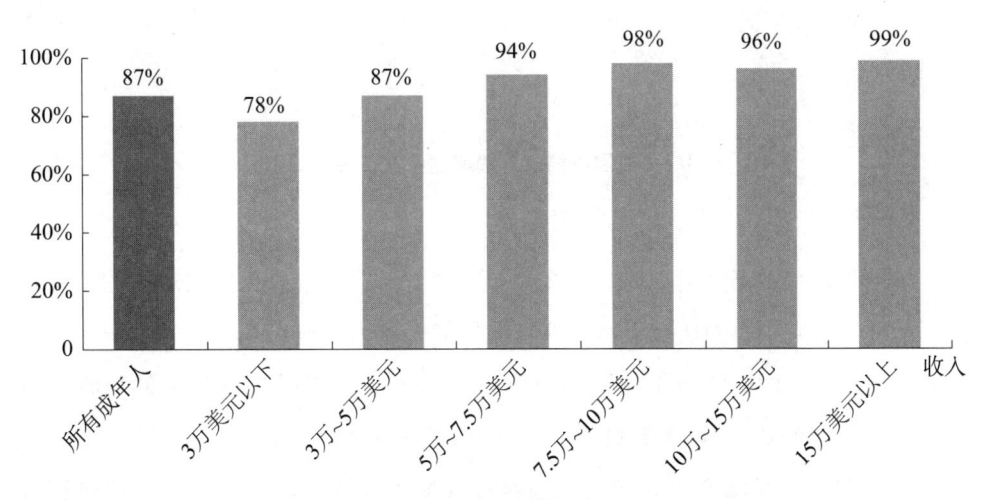

图 4.3 美国不同收入的家庭中网络用户比例

数据来源:Pew Research Center;Raine,2016.

有趣的是，皮尤研究中心的数据表明，当我们考虑到网络接入方式时，很明显，更富裕的家庭会通过宽带享受更快、更稳定的连接服务。图 4.4 显示，美国最贫穷的家庭中只有 45% 的用户享受宽带连接，而最富裕家庭中则有 88% 的用户使用宽带。

考虑到网络接入设备正变得越来越重要，低收入家庭显然处于不利地位。然而，美国已经采取措施，即通过对低收入家庭实行不同税率来解决这一问题。美国联邦通信委员会提供了一项补贴，让低收入家庭也能上网。这使得电信公司能够以极低的价格提供宽带连接服务。例如，美国电话电报公司（AT&T）提供 3Mbps 速率的宽带连接，每月收费 5 美元，而更快的 5Mbps 和 10Mbps 连接每月收费 10 美元。这虽然不是市场上最快的连接，但能够使低收入家庭拥有更稳定的网络服务，而不必依靠移动网络或者学校和图书馆的公共网络。

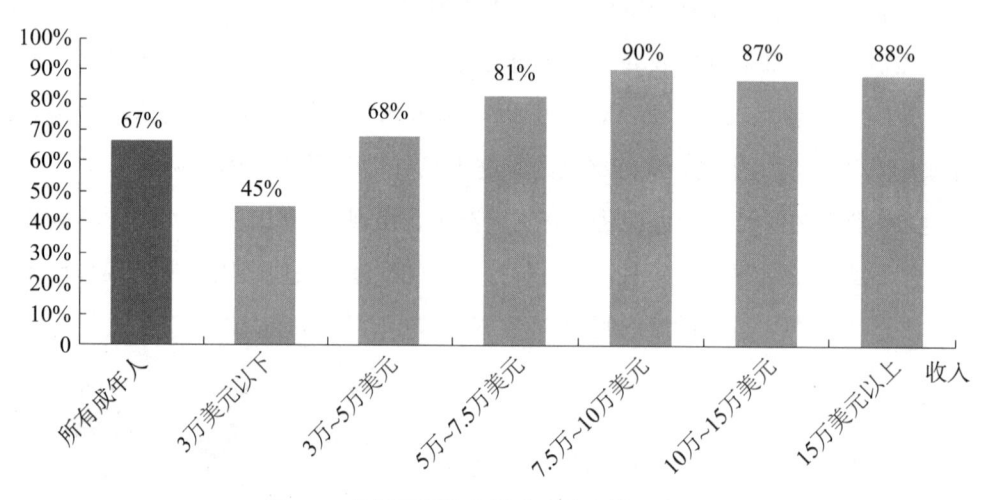

图 4.4　美国不同收入的家庭中宽带用户比例

数据来源：Pew Research Center；Raine，2016.

如果收入水平仍然很重要，那么受教育程度与网络接入和使用之间的关系如何呢？皮尤研究中心的研究显示，这种差异甚至更为明显。96% 的大学毕业生会上网，但没有高中文凭的个体上网比例仅为 61%。由于受教育程度低与收入较低有关，所以低收入家庭中只有 22% 的家庭享有宽带服务也就不足为奇了。2013 年，牛津大学网络研究所的英国调查数据再次证明：高等学历个体使用网络的比例为 95%，而低学历个体中使用网络的比例仅为 40%。职业也与网络接入和使用有关，83% 的白领、管理人员和专业人士在工作时使用网络，而在文员和蓝领工人中这一比例分别只有 50% 和 23%。该研究报告进一步显示，68% 的专业人员和管理人员主要使用网络来学习新技能，而在蓝领职业中只有 32% 的人从网络使用中受益。相比之下，社交媒介的使用似乎在所有职业类型中都是相似的，专业人员/管理人员、文员和蓝领工人在工作时使用网络更新 Facebook 的比例分别为 30%、32% 和 24%（Dutton & Blank，2013）。

布兰克（Blank，2013）利用牛津大学的调查数据进行了一项研究，以确定谁在进行网络内容生产以及社会阶层、社会地位与内容生产的关系。布兰克由此发展出一种基于内容的类型学分析模式：社交/娱乐性内容，指的是社交媒介的帖子和内容分享；技术性内容，即博客或网站的运营维护，也指网站发布文章；政治性内容，包括在政治网站中发表评论和发送政治内容的电子邮件。基于这一类型学标准，布兰克（Blank，2013）发现：技术性内容是由具有良好技术技能的年轻人生产的，而与他们的社会地位无关；社交/娱乐性内容由收入较低、技术熟练的年轻人生产，更有可能由非精英人士创作；政治性内容则是由受过高等教育的精英生产的。布兰克的研究隐含了两个重要意思：首先，网络内容不能一概而论，而应当进行更为细致的内容区分；其次，网络内容生产存在人口统计学差异，特别是受教育程度、收入水平与不同类型的内容生产存在关联。

总的来说，这些调查证据揭示了持续存在的、基于社会阶层的数字鸿沟，它不但会对未来前景和机会产生影响，而且随着社会生活不断网络化，会影响个体的日常生活。学习和写论文、找工作、查询健康信息、缴税、办理银行业务，甚至约会和社交，都越来越依赖于是否能够进行网络连续使用。在这方面，收入水平和受教育程度较低的个体不得不面对另一个不良后果，即这可能会破坏他们试图改善自身境况的努力。除此之外，网络正日益成为我们生活的中心，而且正如卡彭铁尔所言，通过在线参与，我们扮演了影响和塑造未来网络的重要角色。但是，低收入家庭可能被排除在外。牛津大学网络研究所（OxIS）提出了一个新的用户类别，即下一代用户：这些用户更有可能在手机上使用至少两种应用程序，并拥有不止一种上网设备。下一代用户在所有网络使用类型中都更加活跃，包括娱乐、信息搜索以及内容制作，这使他们成为更加积极参与的群体。2013年的调查显示，93% 的高收入阶层属于下一代用户，而低收入阶层中只有 57% 的人属于下一代用户。虽然下一代用户的标准自 2013 年以来可能已经发生了变化，但关键在于收入不仅与网络接入有关，还与网络使用有关。最后，低收入可能与其他人口统计因素有关，如性别和族群/种族，这些因素也可能对网络接入和使用产生影响。

年龄、代际和网络

除了与收入水平相关的差异性外，一些具有长期说服力的研究还关注到了年龄和媒介使用之间的关系。来自美国和塞浦路斯等不同国家的调查结果显示，年龄越大，使用网络和其他新媒介的可能性越小。早在 2000 年，帕帕查理斯和罗宾就提出年龄可能是预测网络使用的相关变量。从那时起，越来越多的调查发现，年龄与网络和其他新媒介的使用呈负相关关系，而且这种现象甚至在最近几年也一直存在。然而，"生命阶段"概念可以被看作一种有效的纠正，它指出了人们利用网络来满足自身现实需求的方式。从"生命阶段"概念维度看，可能不是认知能力下降阻碍老年人学习新的技术技能；相反，可能是由于所处的生命阶段使老年人缺乏上网动机，也不愿意花更多时间上网。但与此同时，随着越来越多的服务，如政府、银行或医疗服务不断网络化，网络对于各个年龄段都变得很重要。

在美国，皮尤研究中心的研究显示，与年龄有关的数字鸿沟已明显缩小，但仍然存在。图 4.5 显示，在 2000 年，65 岁及以上的老年人中只有 14% 的人上网，而 2015 年这一比例上升到了 60%。尽管这一数字攀升迅速，但仍显著低于 18~29 岁人群 97% 的比例。

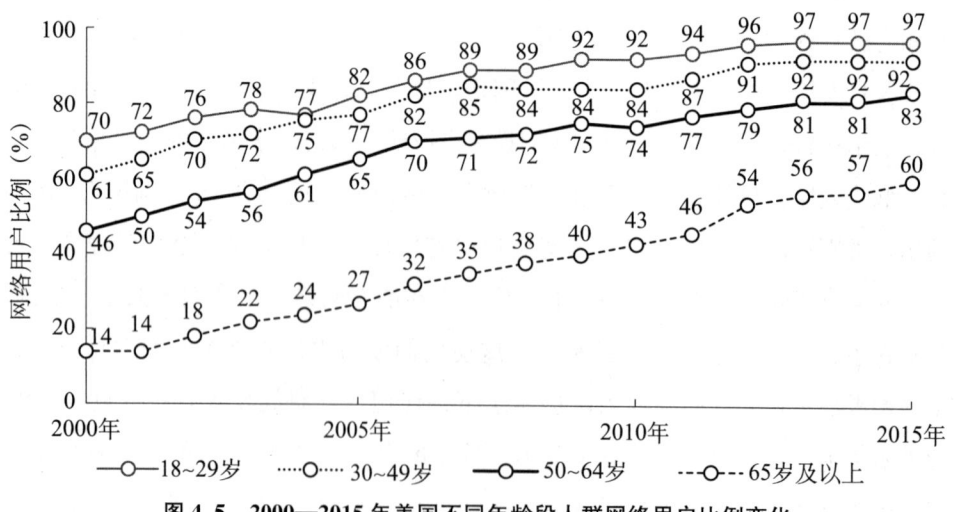

图 4.5　2000—2015 年美国不同年龄段人群网络用户比例变化

数据来源：Pew Research Center；Raine，2016.

英国也有类似发现。图 4.6 显示了不同年份英国网络用户比例和用户年龄的关系，我们可以观察到一个非常相似的趋势：虽然近年来差距有所缩小，但差距仍然显著。2013 年，牛津大学网络研究所的调查数据显示，39% 的 65 岁及以上的老年人上网，远低于 14~17 岁人群的比例 100%，而 2005 年 65 岁及以上老年人上网的比例仅为 27%。英国通信管理局提供的 2016 年的数据显示，老年人上网比例已达 58%，而 16~24 岁年龄段的人群上网比例为 97%，全国平均水平则为 87%。

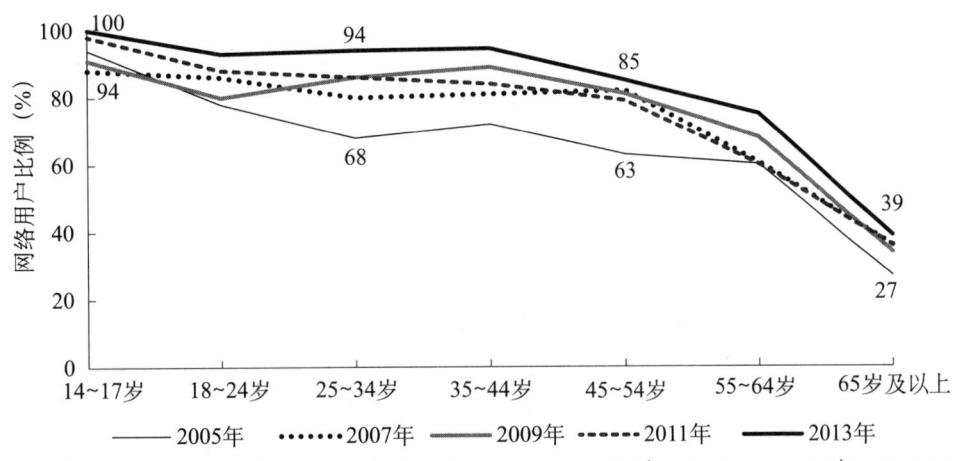

2005年：N=2 185；2007年：N=2 350；2009年：N=2 013；2011年：N=2 057；2013年：N=2 657

图 4.6 不同年份英国网络用户比例和用户年龄的关系

数据来源：Oxford Internet Institute，2013.

其他国家也出现了类似情况。基于塞浦路斯、波兰、南非、瑞典和美国的数据的世界网络项目报告称，年龄是影响网络普及和使用的一个重要因素。图 4.7 展示了前 4 个国家的详细情况。这些国家的差异性更加明显，南非 65 岁及以上的老人的网络使用比例只有 4%，表明该年龄段群体基本被排除在网络之外了。

对于新媒介，特别是网络媒介使用来说，年龄虽然可能是一个预测因素，但证据表明这个变量没有足够的区分度。这里可能涉及两个问题：首先，即使我们知道某人的年龄数据，但它在群体分布中是否能体现出充分的差异性还需要进行分析。其次，在社会高度阶层化的国家中，研究发现年龄差距正在逐渐缩小，这说明差异性并非基于年龄，而是处于两代人之间。针对前者，黑尔斯佩尔（Helsper，2010；另见 Dutton，Helsper & Gerber，2009）探索了"生命阶段"的概

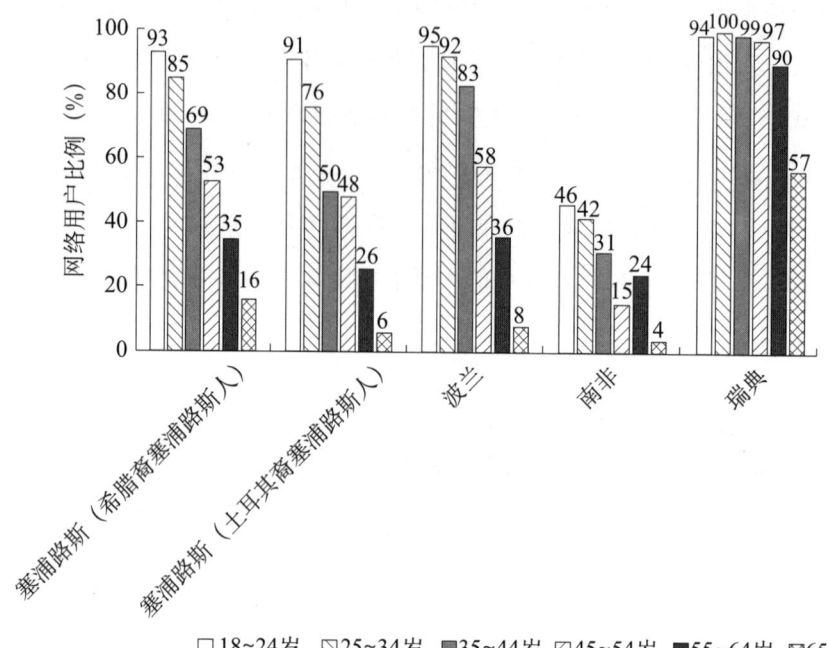

图 4.7　不同国家不同年龄段的网络用户比例

数据来源：*The World Internet Project International Report*（fifth edition），USC Annenberg School Center for the Digital Future.

念，以描述人们所扮演的不同社会角色。具体来说，她将"生命阶段"定义为几个节点，这些节点展现了个体由于社会角色调整而导致日常生活节奏和内容发生的巨大变化（Helsper，2010：355）。她认为职业转变和人际关系发展属于人生的两个主要转变。"生命阶段"方法背后的逻辑在于：职业角色变化可能是新媒介使用的一个更准确分析变量，而且能够进一步解释在年龄组内观察到的所有变化。事实上，牛津大学网络研究所最近的一项调查发现，学生、在职人员和退休人员之间存在显著差异。报告显示，学生和在职人员的网络使用率较高，而退休人员的使用率最低。图 4.8 提供了详细信息。

虽然年龄和"生命阶段"与新媒介使用相互关联，但对美国等社会高度阶层化的国家的研究结果表明，越来越多的老年人和可能已经退休的人在使用网络。如果是这样，那么年龄和"生命阶段"概念似乎就不能全面解释新媒介使用情况。这使得研究人员提出，即使将年龄与"生命阶段"结合起来，也并非年龄本身而是个体的"代际属性"更明显地决定了新媒介的使用。换句话说，并不是所

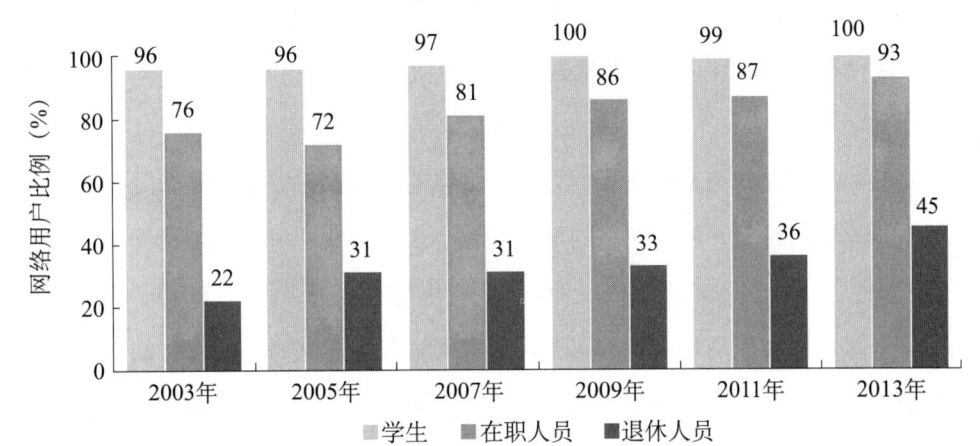

图 4.8　英国网络用户的生命阶段分布

数据来源：Oxford Internet Survey；Dutton & Blank，2013.

有 65 岁及以上的个体都不能使用网络或新媒介，而是这一代人不熟悉相关技术，同时缺乏网络使用的社会资本和文化资本。事实上，对几代人和网络的研究似乎支持这一观点。益普索·莫里调查公司（Ipsos Mori，2013）的一项调查结果似乎证实了代际因素与新媒介使用之间的关系，表明年轻一代比年长一代更理解技术，而且这种情况不会随着年龄的增长而消失。这项在英国进行的调查报告称，战前一代对新技术的使用率一直很低，而"婴儿潮"一代和"X"一代在上了年纪之后，对网络的使用率却增加了。基于此，当千禧一代超过 65 岁时，他们很可能仍会与科技保持密切联系。

但差异性也存在于两代人之间。利文斯通和黑尔斯佩尔（Livingstone & Helsper，2007）认为，对"网络接触"的研究应该超越仅仅讨论是否能够进行网络使用的问题，而应关注不同群体的使用范围和质量。在对年轻人（9～19 岁）及其父母的研究中，他们发现，年龄和社会经济地位（SES）因素都会导致网络使用差异，因此老年群体和低收入群体使用新媒介的概率较低。对于儿童群体来说，中产阶级子女比工人阶级子女接触网络的机会更多，前者甚至可以在自己的卧室里独立使用网络。结论显而易见：尽管网络新技术覆盖了越来越多的社会经济群体，但高阶层人群仍然通过拥有更多网络使用机会来保持自身优势。与此同时，年龄和性别所导致的差异仍然存在：报告显示，女孩和儿童（9～11 岁）

的媒介使用机会更少。这表明当具备网络使用条件时，年轻人会花更多时间上网，更频繁地使用网络，因此他们也就具有更高的新媒介素养（Livingston & Helsper，2007）。

年龄与新媒介的关系能使我们得出什么样的结论？它们之间显然是一种负相关关系，即年龄越大，使用网络的可能性越小。这引发了一些政策担忧：世界网络研究项目（World Internet Project，2010）的杰弗里·科尔（Jeffrey Cole）评论说，老年人网络使用是全球性问题，因为网络提供了世界上最重要的信息。就"数字不平等"问题而言，其政策含义是显而易见的：我们必须想出办法鼓励老年人使用新媒介并为其传授相关技能。随着越来越多的服务开始网络化，确保所有年龄群体都有机会接触网络，并知道如何使用新媒介变得愈发重要。与此同时，由于父母拥有网络使用控制权，而他们不鼓励年轻人花太多时间上网，因而青少年群体可能与老年群体一样，网络技能和专业知识有限，这限制了他们的网络接触机会。这个问题的政策意义尚不明朗：随着时间推移，这些年轻人很可能会成为熟练用户，而我们将在后文看到，可能也有充分的理由限制他们上网或使用其他新媒介的时间。

性别与网络

性别与网络使用有何相关性？女性是否遭到排斥，从而被剥夺了更多的机会？媒介使用的性别差异可能具有什么政策意义？女权运动长期要求反对物质和符号维度的性别歧视：网络接触机会和媒介素养提升都可能使女性获得更高层次的平等。然而，各种调查证据呈现出一幅喜忧参半的画面。在全球范围内，女性网络接触机会仍存在重大差距。发达国家的这种差距正在缩小，甚至消失，但在如何使用网络方面仍然存在明显差异。此外，网络"厌女症"的增多，可能会对女性产生极大不利并造成网络参与障碍。

全球性别差异仍然是一个重要问题，国际电信联盟（ITU）2016年的数据显示，全球范围内这一差距正在扩大。图4.9显示，全世界女性在使用网络方面与男性仍然存在差距，并且在2013—2016年，除了发达国家以外，其他国家的这一差距都有所扩大。

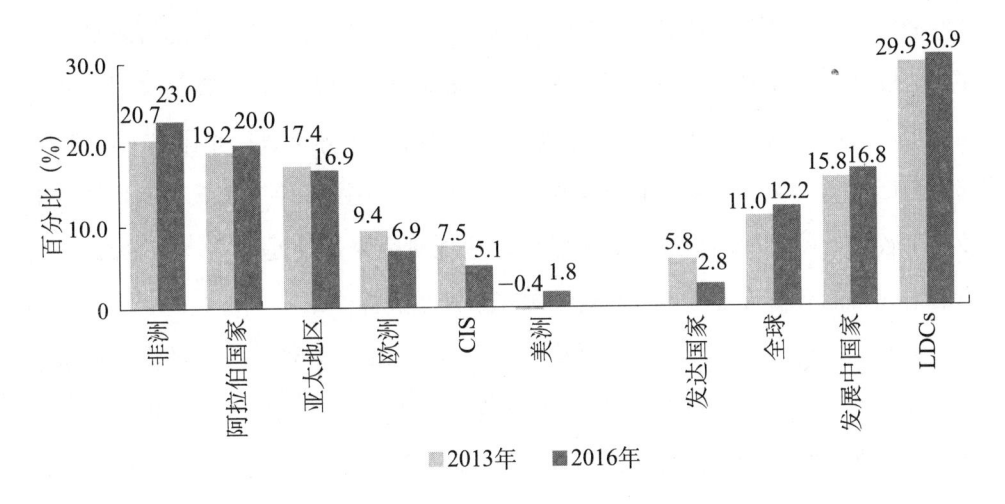

地区	2013年	2016年
非洲	20.7	23.0
阿拉伯国家	19.2	20.0
亚太地区	17.4	16.9
欧洲	9.4	6.9
CIS	7.5	5.1
美洲	-0.4	1.8
发达国家	5.8	2.8
全球	11.0	12.2
发展中国家	15.8	16.8
LDCs	29.9	30.9

图 4.9　男性和女性网络接触率的百分比差距

注：这是一个预估值。图中数字表示男女网络接触率之间的百分比差距。CIS 指的是联邦国家和独立国家。LDC 指的是最不发达国家。

数据来源：ITU, 2016.

因此，除发达国家的男性和女性在网络接触机会方面几乎是平等的外，世界其他地区的这种差距都在持续扩大。最不发达国家尤为明显，2016 年，其男女网络接触率之间的百分比差距为 30.9%。这意味着这些国家的女性实际上被排除在网络及其相关服务之外。但是，我们是否可以假定发达国家已经在这一领域实现了性别平等呢？正如我们前面看到的，网络获取问题只是数字鸿沟的一个组成部分，用户实际参与和如何参与网络世界则是另外一个问题。女权主义者对性别数字鸿沟问题的立场非常明确：网络和新媒介使用也有助于在其他生活领域实现性别平等。考察不同性别如何从网络使用中受益可能会提供更为充分的解释。2006 年，世界经济论坛制定了一项指数以测评不同领域的性别差异：经济参与机会、教育成就、健康和生存，以及政治赋权。虽然全球性别差异指数并不用于衡量数字平等，但马丁·费尔南德斯和马丁内斯·坎托斯（Martin Fernández & Martinez Cantos，2012）开发了一个指数，将网络接触和使用方面的数据与全球性别差异的四个标准结合起来，将其称为性别平等指数，即"e-equality"。马丁·费尔南德斯和马丁内斯·坎托斯利用了欧洲的调查数据——涉及媒介接触和使用的不同变量（例如，网络银行、网络医疗服务和电子商务），然后将这些数据与欧洲国家的全球性别差异指数（Global Gender Gap index）结合起来。基于此，他们制定了一个结合了信息通信技术（ICT）使用与性别平等程度的国家排名顺序。北欧国家，如冰岛、芬兰、挪威、丹麦和瑞典，以及法国、斯洛文尼亚和荷兰（中等程度），都拥有较高的技术使用率和高性别平等指数；相比之下，希腊、塞浦路斯、马其顿、克罗地亚以及意大利、爱尔兰和西班牙（较低程度）的技术使用率较低，同时性别平等指数也较低。这项研究采用的是2008年的数据，之后的情况可能有所改善，至少对这些国家来说是这样。

然而，这类研究指出，有必要从更精确的视角来理解性别数字鸿沟。从这个角度看，美国皮尤研究中心和英国牛津大学网络研究所的调查表明，很重要的一点是，性别并非导致信息通信技术接触和使用差异的唯一变量。此外，两性网络实际使用内容以及网络促进性别平等的程度有待于更多定性资料检验。两性会在网络空间中再现性别刻板印象或者性别角色，还是试图颠覆和破坏传统刻板印象的限定和压制，以一种新的性别期望方式参与网络？越来越多的人担心，不断增长的"厌女症"可能会阻碍女性参与某些领域，例如某些"网络游戏社区"（McClintock，2015）。此外，男女在获得信息通信技术工作职位方面的差距日益增大，这一点很重要，因为未来社会和经济更可能依赖于信息通信技术。如果女性被排除在外，那么她们可能也会被排除在未来之外。例如，美国国家妇女与信息技术中心（NCWIT）报告称，57%的美国专业工作岗位由女性担任，而这一比例在计算职业领域下降到25%（NCWIT，2016）。女性在科技行业的比例明显偏低，可能会影响科技社会的未来，而要改变目前的格局，迫切需要进行重大政策和战略变革。

事实上，国际电信联盟发布了一项行动计划，鼓励利益相关者采取有效措施，弥合性别数字鸿沟。该行动计划确定了政策干预的五个关键领域：（1）必须在所有信息通信技术政策中制定涉及性别问题的策略；（2）必须确保妇女和女童能获得信息通信技术，并解决妨碍妇女接触和使用技术的网络威胁；（3）培养妇女和女童的数字化能力，发展满足妇女需要的内容、应用和服务；（4）必须促进妇女进入广泛领域的技术部门，包括担任决策职位；（5）建立多方利益相关者伙伴关系，包括解决全球性别差异问题的跨国伙伴关系（ITU，2015）。

族群/种族与网络

族群、种族与网络接触和使用关系是一个复杂的、尚未得到有效研究的问题。一般而言，少数族群个体在接触机会、网络获取和技能训练方面处于不利地位，因此，他们对新媒介的使用预期将不同于主流族群。此外，不同国家对文化多样性有着不同的态度（Siapera，2010），很可能是某些类别的少数族群更有动力使用新媒介。例如，移民可能成为新技术的早期应用者，因为新技术可以让他们与仍处家乡的家庭成员进行交流（Diminescu，2008）。调查数据显示，族群和种族与网络使用有关，但不同国家的情况并不相同。

具体来说，英国媒介监管机构——英国通信办公室（Ofcom）对黑人和英国亚裔用户进行的一项调查显示，他们在网络接触机会方面没有劣势。事实上，这类用户94%的网络接触比例略高于英国全国87%的平均水平。此外，该群体77%的成员使用智能手机上网，而英国全国平均水平为66%。在网络使用类型方面，黑人和英国亚裔用户与全国用户也存在少量差别，体现在网络购物、网络电视观看以及在政府网站查找信息等方面（Ofcom，2016）。上述差异并不意味着英国各族群人口在这方面存在任何鸿沟。

美国的情况有所不同，皮尤研究中心的报告显示，美国各种族之间在网络接触方面存在持续差距。不同种族在宽带服务接触层面情况迥异，89%的白人、非西班牙裔美国人能够上网，而黑人和西班牙裔美国人的上网率则为81%（Rainie，2016）。虽然这种状况比前几年有所改善，但从宽带用户数据看，出现了一个新的分化：在67%的拥有家庭宽带连接的美国人中，白人用户的占比要明显高于黑人用户和拉美裔用户。由于网络连接设备对家庭宽带使用非常重要，因此很明显，黑人和拉美裔美国人在网络接入方式上处于明显劣势。虽然我们还没有关于不同种族如何使用网络的详细信息，但一些证据表明，存在着可能产生重大政治影响的重要差异。2013年，皮尤研究中心的一项研究显示，年轻的非洲裔美国人比白人更有可能使用Twitter，两者比例分别为40%和28%。《华盛顿邮报》的一篇文章认为，Twitter上不同种族的用户比例使"黑人也是人"社会运动得以形成并普及（Guo，2015）。尽管这一点很难证明，但皮尤研究中心2016年的另一项研究发现，非洲裔美国人比白人更有可能看到有关种族的帖子，进一步说明这些群体对网络媒介存在不同体验（Anderson & Hitlin, 2016）。

美国的一些研究可能会为种族和网络使用的相互作用提供更好的解释。具体来说，杰克逊等人（Jackson, Zhao, Kolenic, Fitzgerald, Harold & von Eye, 2008）的研究发现，总体而言，白人儿童使用电脑的时间比黑人儿童使用电脑的时间长，而黑人男孩使用电脑和网络的时间比其他群体的使用时间少。有趣的是，黑人女孩使用网络的频率比其他任何群体的使用频率都要高。她们的使用强度如此之大，以至于常常超过了传统观念中的技术爱好者，也就是白人男孩的使用强度。在所有被研究群体中，黑人男孩的新媒介使用率最低，但只有一种例外情况：他们比黑人女孩在电子游戏上花的时间更多，和白人女孩保持一致。总的来说，这些发现表明，种族可能会导致使用和使用强度的差异，但我们需要把它与其他人口统计特征结合起来，才能全面理解其意义。在这些观点中，媒介使用统计数据显示了美国黑人和白人群体平等使用新媒介的趋势，但同时也掩盖了这些群体之间的差异性。杰克逊等人（Jackson, Zhao, Kolenic, Fitzgerald, Harold & von Eye, 2008）的研究最重要的发现之一在于，所有种族差异都受性别因素影响。该研究报告称，性别因素只在以下情况中不会对种族差异产生影响，即非洲裔美国人比高加索裔美国人更有可能搜索宗教和信仰资料信息，并利用网络寻找工作。

其他有趣的发现包括：第一，父母的社会经济地位所起的作用；第二，新媒介使用与学业成绩之间的关系。具体地说，杰克逊等人的研究显示，父母的受教育程度越高，孩子使用网络的时间就越长。同样，高收入家庭的孩子使用新媒介的时间也更长。此外，父母受教育程度高的孩子使用新媒介更为频繁。双亲家庭的孩子玩电子游戏的频率较低，而全职工作父母的孩子使用手机的频率较高。在学习成绩方面，使用电脑时间较长的孩子成绩更好，玩电子游戏多的孩子成绩较差，而移动电话似乎对学习成绩没有影响。这些发现表明，种族本身并不能作为新媒介使用评估因素，必须将它与其他因素（如社会经济地位和性别变量）结合进行分析。

与之类似，埃丝特·豪尔吉陶伊（Hargittai, 2010）最近的一项研究测试了美国大学生群体中的几个人口统计学变量，如教育背景、性别和族群/种族，主要考察这些变量与网络技能和独立网络使用能力的关系。所有这些——教育背景、性别和族群/种族——都被发现具有独立功能并导致网络技能变化。具体来说，豪尔吉陶伊发现非洲裔和西班牙裔用户网络知识水平更低，这种情况同样存在于女性和受教育程度较低的人群中。然而，需要注意的是，网络技能的变量是自我评估的，而且研究发现女性往往低估了自身的网络技能（Hargittai & Shafer, 2006）。豪尔吉陶伊认为，感知到的网络技能会对网络使用和行为（如内容创建、共享等）产生真正影响。但这项研究的重点在于，即使在所谓的"数字一代"中，网络技能分布也有相当大的差异，而且这种差异是由种族、社会经济背景和性别造成的。豪尔吉陶伊认为，这些因素导致了不同的使用语境和体验，进而影响新媒介技能习得和后期使用。简单地说，来自贫穷经济背景的用户不太可能具有早期接触新媒介的机会和自主权，而这很可能会影响未来新媒介的使用和技能。

其政策要求显而易见：如果新媒介使用时间长短和自主性与学习成绩有关，尤其是在儿童和年轻人之中，那么，我们应该采取措施确保解决这些问题；同样，关注群体之间的细微差别和多样性将确保在需要时采取措施。简言之，关于年龄、性别和族群/种族的讨论显示了人口统计学因素与新媒介使用之间的明显联系。毫无疑问，社会性因素的差异和不平等会影响网络与其他新媒介使用。在那些认为自己是民主社会的国家，政策应该解决使用上的不平等问题，因为它们很可能助长和延续其他的不平等。

案例研究

数字素养

本章我们论证了数字鸿沟问题比媒介获取问题更加突出。几位学者提到了技能和能力的问题，调查显示了技能、使用方式和人口统计学因素之间的联系及其变化机制。在这些文献中，上述内容被理解为"数字素养"概念的一部分。作为最早尝试定义和理解这个概念的人之一，吉尔斯特（Gilster, 1997：1）认为数字素养可以理解为一种能力，当信息通过计算机呈现时，它可以理解和使用来自广泛信源的多种格式信息。数字素养的一个核心部分是根据网络内容做出明智判断的能力，不像传统媒介，网络中的许多内容是未经编辑过滤的，所有人都能够自由加工编辑（Gilster, 1997：2）。

围绕数字素养的一个关键辩论涉及它对技术技能的要求程度，例如：下载文件或使用计算机应用程序的能力，或更广泛的认知技能，让用户批判性地评估信息甚至包括让他们在数字环境中发挥作用的社会情感能力（Eshet-Alkalai，2004）。具体而言，埃希特-阿尔卡莱（Eshet-Alkalai，2004）认为，数字素养概念涵盖五种不同技能：视觉素养、重构素养、归类素养、信息素养和社会情感素养。

第一，视觉素养是指阅读视觉符号的能力。埃希特-阿尔卡莱（Eshet-Alkalai，2004）认为这可以让孩子们在视觉和语言之间建立联系，但我们可以大力扩展这一概念范畴，包括更广泛地浏览和解读数字视觉材料的能力。随着网络视觉化的发展，以下能力变得越来越重要：能够准确阅读和理解GIF格式的图片、表情包和其他视觉形式，区分图像真实性，辨别图像来源、开发背景以及其他相关要素。

第二，重构素养指创造性使用现有素材的能力，即一种"拼合"能力，或将不同素材进行整合的能力，这一直被视为网络文化的核心（参见Deuze，2006）。同样，这种素养可以有效地扩展为一种（再）生产素养，这意味着用户能够制作任何形式的文本或图片原创内容，并保持和维护其良好的在线状态，例如某个博客或社交媒介账号。显然，这既需要技能，也需要主体动机。

第三，归类素养指的是在网络超文本环境中自由操作的能力，即从一个链接转到下一个链接，在不同数据栏或窗口之间进行操作，并且能够建立联系、辨别差异等。

第四，信息素养是指阅读和理解信息以及对信息来源可信度、事实和观点之间的差异做出判断的能力，包括批判能力和解释能力两个层面。埃希特-阿尔卡莱（Eshet-Alkalai，2004：100）称之为"怀疑主义的艺术"，他认为问题关键在于：受众可以主动与网络信息之间保持必要距离，以便客观公正地看待后者，这日益成为网络有效生存的核心部分。不管是有意还是无意，总之人们经常会遇到可能是错误的或会产生误导的信息，因此评判信息准确性的技能变得至关重要。

第五，社会情感素养指的是在网上对他人做出判断的能力：我们在网上见到的人是真实的吗？他们说的是真话吗？社会情感素养也可以被理解为使人们审慎对待在网上遇到的判断、负面评论、对帖子的夸张反应等情况的能力。正如埃希特-阿尔卡莱指出的，这是最复杂的一种素养，因为它不仅需要批判性和分析能力，还需要情感上的成熟，而这是很难培养的。

在最近的研究中，埃希特-阿尔卡莱（Eshet-Alkalai，2012）增加了另一种实时思考技能，它使人们能够应对复杂的数字环境，其特点是能够实时、快速地处理大量信息。这种技能允许人们参与多人游戏或动作类的视频游戏。

2013年，欧盟发布了一份数字能力研究报告——其中包括一套全面的关键能力体系（除了态度和能力，还有技能），并利用它对若干欧洲国家的数据进行了分析（Ferrari，2013）。这个评估标准体系（https://ec.europa.eu/jrc/en/digcomp/digital-competence-framework）涉及并涵盖5个能力领域以及每个领域的组成部分，具体包括：信息和数字素养、通信和协作、数字内容创建、安全，以及问题解决。根据这个体系，欧盟在一个交互式图表中为每个成员国提供了得分情况（http://digital-agenda-data.eu/charts/country-rankingtable-on-a-thematic-group-of-indicators#chart={"indicator-group"："ict-skills"，"refarea"："IE"，"time-period"："2015"}）。

数字素养问题涉及网络使用必须具备的充分必要技能。然而，考虑到数字环境是动态式的，而且人们的能力形式多样，因此我们很难建立最简约的数字素养统一标准。此外，经验和反复试验显示，诸如社会情感技能等实际上是无法培养的；而另一些技能，如实时思考技能，可能被认为是非常高端的，它对大多数网络用户来说都是不必要的。然而，思考数字素养的重要性在于：我们需要开发一套核心能力和技能标准，以形成一系列新的素养教育课程，而它的目的在于使所有用户在网络上合理化生存。

87

结 论

本章讨论了数字鸿沟问题，以及围绕新媒介接触和使用出现的新的不平等形式，专栏 4.1 总结了其关键点。

综上所述，大多数文献是基于对新媒介使用的假设，寻求确保拓宽新媒介（尤其是网络）使用方式的途径，认为应当对它进行接纳而不是排斥。虽然这确实是社会科学家责无旁贷的义务，但还是应当清晰阐明其中所涉及的问题。我们需要质疑这种观点及其假设。例如，没有一个研究是要设法扩大诸如电视等大众传播媒介的使用范围的，这被认为是个体选择问题，意味着人们认为新媒介能够提供更多的东西，超越了大众媒介所能提供的内容。的确，随着越来越多的信息转移到网络上传播，大量服务开始使用新媒介方式，获取信息的技术对所有人而言都是必要的。与此同时，全球网络扩散方式不仅反映了发展模式变化，也反映了全球信息资本主义的压力，而后者正是建立在新的信息化生产和消费模式扩张和传播基础之上的。

专栏 4.1　本章主要观点总结

全球网络

数字鸿沟反映发展的不平等性：

- 一个国家越发达，网民比例就越高
- 但在用户绝对数量上，发展中国家和地区超过了发达国家和地区
- 这些模式揭示了全球信息资本主义内在动力和不平等格局的变化

数字鸿沟的概念化

数字鸿沟可以划分为一级和二级：一级主要针对网络获取，二级关注新媒介使用能力、技能以及网络使用受益程度

五个主要变量与数字鸿沟相关（基于 van Dijk, 1999；Carpentier, 2016）：

- 动机：人们对网络感兴趣的程度和充分动机
- 物质保障：人们使用网络所需的资源（硬件和服务成本）

- 技能：能够进行在线工作所需的技能（参见"数字素养"案例研究）
- 使用方式：人们的网络使用形式，以及他们能在多大程度上充分利用网络
- 参与性：人们参与新技术和新媒介开发、流通和使用决策过程的程度

数字鸿沟的图景

按网络接触和使用方式分类：

- 社会阶级（阶层）：被理解为收入水平和受教育程度。高收入水平、高受教育程度与网络接触和使用呈正相关关系。尽管收入和教育差距持续存在，甚至在不断扩大，但同时也需要关注网络接入模式（宽带与移动）和使用类型（例如，娱乐与信息、生产与消费内容）
- 年龄：年龄越大，网络和新媒介使用率越低
- 生命阶段和代际因素可能是相关变量
- 性别：一般来说，网络/新媒介使用中男性比女性多，但比例趋于平衡。然而，绝大多数女性被排除在技术性岗位之外
- 族群/种族：在这方面一些不平等仍然存在。与美国白人相比，非洲裔美国人和西班牙裔美国人网络使用较少，同时宽带用户也更少，但他们的移动电话使用量则具有优势

研究实践

新媒介环境的核心特征是动态性。频繁进行调查正是为了精确绘制这些随时间变化的媒介地图。这里使用的调查结果可能已经发生了变化。这个活动的目的是让读者能够发现和理解这些变化及走向，并能够在不同国家之间进行比较。查看信息和通信技术接入的主要信息来源，例如 ITU（www.itu.int）或 Internet World Stats，看看哪些信息发生了变化，哪些信息没有变化。

另一项研究活动旨在了解人们在网络使用和数字技能维度的差异。读者可以开发自己的调查问卷，并尝试将其应用于自身所介入的网络世界之中。相关问题可能包括"评级"（例如，他们对自身承担某些任务的能力进行分级测量），或者对各种在线任务进行"是或者否"的简单判断。你可以使用欧洲通行的自我评估测试来调整需要测试的技能和能力。

拓展阅读

弗里梅尔的文章（Friemel，2016）深入讨论了导致数字鸿沟的各种原因和要素，探讨了年龄和新媒介之间的关系，认为家庭的鼓励是网络使用的重要因素。中国网民的惊人数量可能掩盖了不同类型的数字鸿沟。斯文松的文章（Svensson，2014）以新浪微博为例，对数字鸿沟进行了探讨。什么因素可能导致西欧、北欧发达国家和富裕国家的数字鸿沟？黑尔斯佩尔和赖斯多夫（Helsper & Reisdorf，2016）探究了英国和瑞典出现的数字底层阶级。米尔卡·马迪安诺的文章（Madianou，2015）则关注菲律宾自然灾害后的恢复阶段，并指出社交媒介推动了当今社会分化，进一步加剧了不平等。

Friemel, T. N., 2016, The digital divide has grown old: determinants of a digital divide among seniors. *New Media & Society*, 18 (2), 313-331.

Svensson, M., 2014, Voice, power and connectivity in China's microblogosphere: digital divides on SinaWeibo. *China Information*, 28 (2), 168-188.

Helsper, E. J. and Reisdorf, B. C., 2016, The emergence of a 'digital underclass' in Great Britain and Sweden: changing reasons for digital exclusion. *New Media & Society*, online first.

Madianou, M., 2015, Digital inequality and second-order disasters: social media in the Typhoon Haiyan recovery. *Social Media & Society*, 1 (2), 1-11.

第五章
新媒介的使用与滥用

学习目标

1. 学习媒介扩散、选择和使用的相关理论
2. 理解媒介选择和使用的差异
3. 批判性地理解网瘾的治疗方法
4. 了解诸如网络霸凌和网络喷子等现象

导　论

迄今为止，我们的讨论表明了新技术和新媒介的重要性，并从宏观层面追溯了这些技术获得扩散和传播的社会和经济模式。本章则转换分析视角，着眼于个体对新媒介的选择和使用。新技术和新媒介的大规模传播模式取决于个体所采取的整合策略。因此，研究人员发现，考察个体对新技术和新媒介进行选择的原因，并找出相关障碍因素非常重要。与此同时，需要注意的是，个体决定并不是凭空想象出来的。与文化和社会心理变量一样，围绕新技术和新媒介发展和传播的社会与政策环境也是重要因素，因此在讨论这些问题时，有必要参照著名的创新扩散理论模型（Rogers，2003）。

然而，做出是否选择、使用新技术的决定是一回事，而如何使用它则是另一回事。在第四章我们讨论了数字素养概念，它指的是人们为了能够在数字环境中工作而需要具备的技能，但它并不包括人们围绕新媒介形成的习惯问题。媒介使用会适应个体生活和需要。例如，学生的媒介使用会根据他们的需求和时间表进行调整。相比之下，初为人母的女性可能会发现她的媒介使用方式与以往相比变

化明显，因为她的日程安排全然不同了。因此，新媒介的社会化是理解新媒介使用的一个重要变量。我们将讨论与罗杰·西尔弗斯通（Roger Silverstone）的著作有关的"技术驯化理论"，以期对受众在媒介使用过程中的作用进行分析。另外，新媒介环境本身也极大地改变了用户的行为方式。事实上，"用户"这个词是指那些积极参与的主体，而不是那些被动以媒介消费为导向的受众。关于用户、活跃用户和"生产者"的讨论是分析人们如何理解新媒介转变的核心变量之一。

到目前为止，大多数讨论都强调了网络使用的必要性，同时也强调了其中的压力，因为生活中越来越多的方面已经转移到了网络上，日益增多的工作和服务要求我们介入网络。然而，使用可能会变成滥用：网络中关于网瘾的讨论越来越多，这就需要分析什么因素可能导致网瘾以及如何处理它。但网瘾并不是病态使用或滥用新媒介的唯一结果，网络霸凌和网络喷子现象在媒介使用中也非常突出。那我们对此了解多少呢？这些问题是否非常严重？我们可以或应该做些什么来解决这些问题？

本章第一部分涉及新媒介和新技术选择和使用的概念。在继续讨论技术驯化理论和社会化理论之前，首先需要考虑的是"选择理论"，它包括关于从被动用户向主动用户转变的争论，以及从新媒介使用和消费到新媒介内容生产的自然过渡。本章第二部分着眼于新媒介滥用的概念，涉及网瘾、网络霸凌和网络喷子等问题。

新媒介的扩散和选择

让我们从特定概念的解释开始讨论。新媒介选择是指个体或其他社会单位（如家庭、组织甚至国家）使用或不使用新技术或媒介的决定。扩散可以被看作一个相同的过程，但需要结合以下情况综合判定，即这个决定在社会组织中如何传播以及导致扩散发生的原因。卡茨、莱文和汉密尔顿（Katz, Levin & Hamilton, 1963: 240）的研究确定了新技术扩散的一种正式社会学定义，具体含义包括：（1）接受；（2）时间推移；（3）某个特定项目的想法或实践；（4）涉及个体、团体或其他选择单位;(5)特定的传播途径;(6)社会结构;(7)特定价值体系或文化体系。在分析这些内容之前,有必要对如下观点进行回顾。需要强调的是,"扩散理论"研究关注决定媒介选择的根本性因素。因此,选择是传播的结果。根据卡茨等人的定义,我们这里所说的选择,指的是接受一项新技术。

对于卡茨等人(Katz,Levin & Hamilton,1963)来说,接受度是一个因变量,意味着它会随着其他扩散变量或元素的函数而变化。时间的相关性和必要性至关重要:选择或接受必须被认为是随着时间推移而发生的,卡茨等人对相关研究进行了比较,并考察了时间选择的差异。选择本身也可以被理解为首次使用或持续使用:当某人第一次使用新技术时,或者当他一直使用新技术时,他是否被认为已经接受了该技术?因此,时间成为扩散过程中的一个关键因素。通过对时间(例如,将其量化)和选择个体的数量进行整合分析,研究人员可以识别扩散模式并定位影响的趋势。这催生了一些数学模型,这些模型试图预测扩散的时间规律。如图5.1所示,典型的扩散呈现出S形曲线。

接下来的两个变量——创新本身和选择主体可以共同分析。创新的特点和它所提供的内容非常重要,但是不能孤立地看待它,必须结合它对其他社会主体和组织的意义、价值和功能来考虑。虽然不同的研究提出了不同的创新类别方案,但为了确保其传播,创新的关键特征是什么?关于这一点,尚无一致性定论。创新的实用性特征(例如,更高的效率)和符号化特征(例如,更高的声望)都不能确保选择的发生,这说明了扩散和选择过程的巨大复杂性。与新技术或创新本身的特点一样,选择主体的特点和属性也很重要:在某些情况下,选择是个体决定问题;而在其他情况下,需要集体做出决定;有些技术,尤其是媒介技术,需要多人使用才能运行,例如,一部电话需要至少两个人来使用,社交媒介很明显也是这样。

剩下的三个变量是传播途径、社会结构和文化——它们都说明了背景因素在扩散过程中的重要性。作为传播学领域最具影响力的研究之一,卡茨和拉扎斯菲尔德(Katz & Lazarsfeld,1955)的研究考察了个体的影响和重要人物在个体社交网络中的角色。他们认为,意见领袖的影响至关重要,大众媒介信息传播效果受这些意见领袖的左右。在传播过程中,传播途径既包括不同媒介,也包括个体所处社会环境的不同空间。不同媒介可能会在选择过程的不同阶段产生差异性效果：虽然大众媒介可能影响到人们对事物的最初认识，但来自朋友的证词可能在后期理解过程中发挥至关重要的作用。卡茨等人（Katz et al.，1963）使用社会结构性元素概念来指代以下要素：广阔的社会背景，社会环境中运行的等级制度，网络或社会群体内部的关系，不同社会组织之间的关系。例如，封闭性网络组织可能会抵制选择新技术，或者相反，它们可能会自己选择新技术，但不与其他网络发生联系。与此同时，封闭性网络组织的选择行为可能会产生放大效应。最后，文化因素的相关性不可低估。创新与特定社会环境之间的文化契合度是选择的重要决定性因素，而整体以创新为导向的文化体系更有利于创新的选择。

这项早期研究对综合分析创新扩散过程的主要因素产生了影响，并有助于开辟新的研究路径。埃弗里特·罗杰斯（Everett Rogers，2003）遵循这些原则，设计了创新扩散模型，将现有的扩散研究规范化，并融入了卡茨及其合作者所确定的变量。对于罗杰斯（Rogers，2003：5）来说，扩散是"随着时间的推移，社会系统成员之间通过特定途径进行创新传播的过程"，这点与卡茨等人（Katz et al.，1963）的观点类似，即强调重点在于传播。该理论的核心在于建立选择模型，以便能够详细描述决策过程中个体或其他社会组织选择创新的步骤。这个模型包括五个阶段：认识阶段、说服阶段、决策阶段、实施阶段和确认阶段。创新的知识或意识不仅取决于对创新的理解，还取决于决策主体前期的实践、需求和创新能力，以及更广泛的社会规范。决策过程更加依赖于决策主体的特点和创新本身。这个模型表明，个体或其他社会组织首先要能够意识到某项创新，然后他们对创新形成一种积极或消极的态度，而这决定了他们是否选择创新。但选择并不能保证继续使用，在采用创新之后，决策主体可能会认为它并不适合，从而停止使用。相反，拒绝也并非固定不变：未选择者可能在后期决定采用创新。传播及传播方式在各个阶段都至关重要，罗杰斯认为，大众传播和人际传播两种方式都会在选择过程的不同阶段产生影响，同时也对不同类型的决策主体产生影响。

根据一系列研究，罗杰斯（Rogers，2003）按照创新决策时间的不同划分出五种选择主体类别：创新者、早期选择者、早期众多跟进者、晚期众多跟进者和滞后者。创新者的决策周期最短，约 145 天，而滞后者则需花费 4 年左右才能选择一项创新（Beal & Rogers，1960；参见 Rogers，2003：205）。选择人数比例可以绘制成 S 形曲线，如图 5.1 所示。

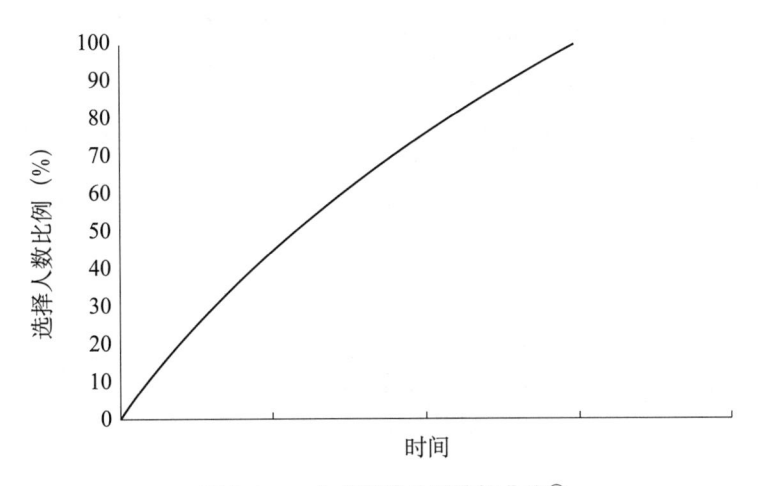

图 5.1　一个典型的 S 形选择曲线①

很明显，在 S 形选择曲线中，最初只有少数人做出选择，但是随着时间推移，人数不断增加。根据罗杰斯的说法，当选择人数比例为 20%～25% 时，就会形成一个临界值，意味着选择过程将会继续下去。罗杰斯进而提出，选择主体的类别在人口中呈标准的正态分布，这表明它是一种"两头小、中间大"的形态，即少数创新者、早期选择者和滞后者位于两端，而多数人处于中间位置。这些选择主体类别可以被概念化为"理想类型"，各自具有特定核心属性。因此，创新者被认为具有冒险精神和风险意识，他们走自己的路去尝试新事物。早期选择者被认为是社会系统中受人尊敬的、完美的群体，例如意见领袖，他们的观点非常重要。然而，多数人属于早期或晚期选择类型，具有深思熟虑或怀疑主义的特征。最后，滞后者以传统主义为特征，不愿意尝试新事物和新思想。这种分类系统有助于理解不同个体在面对创新时的定位，但过于强调主体类型最终可能会将选择归因于个性特征，导致忽视创新和用户之间的关系，以及后者的偏好和需求。事实上，在某些创新方面，我们可能会滞后，但在另一些方面，我们则可能会成为先驱者。在罗杰斯的模型中，创新选择标准的主观性难以避免，但没有理由假设所有创新都是积极的，或者无论如何，选择都会发生。最后，令人惊讶的是，该模型在选择创新时没有考虑物质障碍或观念因素：人们可能相信一项创新是伟大的，但却负担不起。

选择和使用一项创新，无论是一项新技术、一种新思想还是一种新媒介，都

---

① 原书图如此，疑有误。——译者注

是一个涉及多重因素的复杂过程，罗杰斯的创新扩散模型使这一点显而易见。另外，它假定创新在整个过程中保持不变，并且一旦选择，所有用户对它的使用都始终相同。但我们知道，人们对不同技术和媒介的使用是不同的，在选择时主体会根据自身需求进行调整。接下来我们将讨论技术、媒介和用户之间更密切的联系。

新媒介的使用、满足与驯化

将扩散作为传播过程进行分析一直是创新选择理论的重要指向。然而，在罗杰斯的模型中，我们假设受众或接受主体被动接收信息，而选择结果取决于信息的来源和/或受众的个性特征。但我们知道，受众的不同需要、要求和期望影响着他们的决策和创新利用方式。这在传播理论中，特别是从使用和满足理论角度已得到证明（Katz & Blumler，1974）。使用和满足理论关注使用技术或媒介的原因：为什么人们要使用新媒介，他们希望从中得到什么？这显然是新媒介选择和使用的重要决定因素。但与此同时，在以特定的——有时是不可预测的——方式和出于特定原因使用新媒介时，用户最终会改变自身选择。因此，了解新技术和新媒介被用户驯化或社会化的不同方式至关重要。

新媒介的使用和满足

使用和满足理论代表了一种尝试，它试图解释个体在自身所处环境中使用传播途径和其他资源来满足自我需求，以及实现自我目标的方式（Katz, Blumler & Gurevitch，1973：510）。这一理论的著名问题不是"媒介对人们做了什么"，而是"人们如何利用媒介"（Katz，1959：2）。一般来说，使用和满足理论关注如下内容：（1）需求的社会和心理起源；（2）人们的需求；（3）需求产生的期望；（4）期望指向的大众传播媒介或其他来源；（5）这些来源导致的不同媒介接触（或参与其他活动）形式；（6）由接触造成的需求的满足；（7）与满足同时产生的其他后果（Katz et al.，1973：510）。从这个角度来看，该理论是对媒介选择行动发生之后过程的分析，考察人们如何以及为什么使用新媒介和新技术。它是一种功能主义研究方法，侧重于媒介和技术的服务功能分析。该理论的主要假设是：受众或用户出于自身目的而主动与媒介接触。为了更好地理解媒介和技术，我们必须关注其存在的社会环境背景以及社会心理背景。

对使用和满足理论的研究试图确定使用和满足的类别，并发展出相应的类型学标准，以应用于不同媒介和社会群体分析。卡茨、哈斯和古雷维奇（Katz, Haas & Gurevitch, 1973）在问卷调查的基础上，对需求进行了全面分类，并基于五个主要变量进行了分组：（1）与信息查询、知识和理解相关的认知需求；（2）与审美、愉悦、情感体验相关的情感需求；（3）将认知因素与情感因素相结合，与增强自尊相关的个体整合需求；（4）加强与外部世界联系的社会整合需求；（5）与逃避和放松有关，试图消除紧张的需求。卡茨、哈斯和古雷维奇（Katz, Haas & Gurevitch, 1973：167）认为，这些类别与个体自我和社会角色关系弱化有关。在研究中，他们发现不同媒介被用于满足不同需求，这反映出不同媒介的属性或含义，以及它们的消费方式的根本性差异。例如，图书帮助我们实现自我认知，电视、电影和图书可以满足自我享受，而报纸则提供信息服务。显然，不同媒介之间有一些重叠功能，这是它们共享的属性和消费环境造成的。

媒介使用与社会环境背景、社会心理背景的关系揭示出一个微妙问题，即人们为什么以及如何与媒介打交道。新媒介的崛起为使用和满足理论创造了一种新的应用空间，因为研究人员试图确定各种新媒介满足了哪些需求。例如，帕帕查理斯和罗宾（Papacharissi & Rubin, 2000）发现，人们使用网络是为了社交或人际关系、信息获取、便利性和娱乐。同样，孙达尔和雷姆佩洛斯（Sundar & Limperos, 2013）、哈里达基斯和汉森（Haridakis & Hansen, 2009）的研究都发现，人们观看和分享YouTube视频的原因是娱乐、信息查找、社交、人际关系和互动。全-汉森和杨（Quan-Haase & Young, 2010）将Facebook与实时通信相比较，发现Facebook往往用于满足与打发时间、情感和社交信息相关的需求，而实时通信则与人际关系拓展和维护相关。

孙达尔和雷姆佩洛斯（Sundar & Limperos, 2013）指出，尽管使用和满足理论对分类的技术标准进行了解释，然而新媒介所满足的需求似乎与旧媒介相同，这虽然可以通过人类需求的有限性进行解释，但信息搜索或娱乐等分类还是过于宽泛，难以细致分析人们从不同媒介中获得了什么。此外，孙达尔和雷姆佩洛斯（Sundar & Limperos, 2013）认为，聚焦于需求的社会心理维度会忽略新媒介的技术因素以及它们提供的新的参与可能性。因此，他们建议引入新媒介的"功能可见性"概念，孙达尔（Sundar, 2008）提出了"功能可见性"的分类标准。知觉心理学家J. J. 吉布森（Gibson, 2014 [1986]）提出"功能可见性"一词，意指物质所具有的某些特定属性或特征，它能够限制自身功能的发挥，形成功能边界。这意味着技术对象具有特殊内在设计结构，能够引导用户使用某些功能，并阻止其他功能实施。孙达尔的这一理论认为数字媒介具有四类功能可见性，即情态性、能动性、交互性和可浏览性，它们为用户提供路径，然后引导用户期待某种需求得到满足。

情态性是指不同类别的媒介表现形式，如音频和视频。用户可以期望从观看视频中获得特定满足感，而不是仅仅收听播客。孙达尔和雷姆佩洛斯（Sundar & Limperos, 2013）认为，由于视频与现实主义相互关联，因此新型数字媒介的某些特性与"新奇和酷"有关，情态性可以让这些不同类型的需求获得满足。例如，用户使用最新款苹果手机，源于它提供了诸如"酷"这样的满足感。能动性则是指新媒介具有某些属性，使我们能够通过使用获得满足感。根据孙达尔和雷姆佩洛斯的说法，当我们发布内容、进行内容评论以及所发布的内容受到欢迎和分享时，主体可以获得自我满足感和成就感。交互性指新媒介允许用户改变媒介内容的方式，可以通过活动、响应、选择、控制和流动等形式获得互动交流的满足感。最后，可浏览性是指允许用户在媒介内部自由穿梭，以获得满足感。比如娱乐、寻求差异和相互联系等，能够引导用户在网络空间中自由穿梭。因此，孙达尔和雷姆佩洛斯（Sundar & Limperos, 2013）的论点如下：通过关注新媒介环境能够带来什么，以及它为用户创造出何种期望，我们可以更好地理解用户的心理满足，这可以用于新媒介设计或者对现有媒介进行改进。

使用和满足理论成功解释了用户使用技术时心理需求和动机的作用，并突出了用户理解技术的能动性。孙达尔和雷姆佩洛斯侧重于特定技术属性以及功能可见性，指出了技术本身引导或限制媒介使用的方式。另外，根据他们的观点，媒介使用也是一种社会情景，媒介作为消费对象和意义文本，以不同方式嵌入日常生活结构之中。因此在他们看来，过于关注心理因素往往会忽视媒介使用的社会性，以及社会对于媒介的反馈机制，而这些因素最后都有可能改变媒介。

驯化新媒介

两种创新扩散方式以及媒介的使用和满足都暗示了两个维度，即媒介的意义和价值以及媒介创新的重要性。然而，它们都没有研究或具体解释媒介的意义，以及它是如何在日常生活情景中产生的。"驯化理论"则假定：（1）媒介技术的意义和价值是在媒介融入并适应日常生活的过程之中创造和重构的；（2）用户和他们的日常生活在这个过程中也被改变；（3）用户的接受和适应过程将会反馈到下一代技术和媒介设计之中（例见 Silverstone & Hirsch，2003；Berker et al.，2006）。从这个角度来看，用户和技术都具有动态参与性并相互影响。这种策略非常适合处理技术决定论问题，并构成了"媒介调和理论"的观念前提。

媒介驯化过程可以分为四个阶段：移用、客体化、合并和转化（Silverstone，Hirsch & Morley，2003）。移用往往密切伴随媒介的选择决定，个体、家庭或社会组织经常采取购买、交换、下载或其他方式引入新技术或媒介，移用随后则立即发生。米勒（Miller，1988）提出了三种移用策略：（1）按照制造商的设计全盘接受新对象；（2）引入一些反映用户品味和习惯的新元素，例如通过外壳和其他配件定制手机或平板电脑；（3）对新对象进行完全重构，黑客行为就是典型代表。

在新媒介或新技术被使用之后，它们会以特定方式重新定位到用户的现实社交空间之中，并以美学逻辑重新排序：台式电脑适合放置在桌子上，平板电脑适合放置在咖啡桌或沙发上，手机适合放置在口袋里、手里或手袋里，等等。这意味着新媒介对象使用了主体审美环境和空间环境，并在这个过程中获得存在、秩序化以及再度秩序化。西尔弗斯通等人（Silverstone et al.，2003）认为，新媒介对象的重新排列或物化不是以空间/美学的方式，而是以时间方式进行，即构建出用户日常一天中的不同时间节点。在此基础上，我们可以添加新的非物质媒介，例如 App，也可以在虚拟审美环境中对其进行重新排序；它们可以通过快捷方式在激活设备时立即显示,也可以被隐藏起来。这些(重新)排列为用户理解新媒介对象的意义和价值提供了线索。

合并是指将新媒介或新技术置于选择主体——特定社会单元的日常工作中。西尔弗斯通等人(Silverstone et al., 2003)认为,合并应当首先考虑时间要素,即分配给特定媒介使用的时间和时段。各种新媒介产生的注意力经济现象受到了广泛讨论,而其中时间问题至关重要。在用户理解新媒介的方式中,合并是一个中心过程。西尔弗斯通等人进而认为,客体化和合并都反映了区分和认同过程:通过接触和使用媒介,用户实现群体或社会认同,并将自己与他人进行区分。这些观点都认为媒介及其内容都被用于身份建构过程,简言之,由于越来越普及,媒介已经成为家庭内、外部社会再生产过程的组成部分。

最后,转化主要关注社会空间,在私人使用、消费领域与公共空间之间建立关联。消费和使用特定媒介意味着进入特定社会群体之中,例如,音乐和游戏允许用户根据共同品味建立自己的社区。同样,媒介的明确定位和内容指向直接对应相关社会群体的归属。因此,转化是将技术所有权和使用进行调整,以形成特定形式的社会文化价值和文化地位。

媒介驯化介于技术和用户之间,同时也处于私人消费和公共呈现之间,它表明媒介选择和使用是一个复杂过程,也是理性实施技术选择或功能决策的结果。驯化概念回避了一些与扩散理论、使用和满足理论相关的问题,媒介使用被看作一种社会化和符号化过程,而这个过程现在又重新被语境化,以便全面理解媒介使用行为。它让我们深入了解到,社会分化和文化差异是如何通过整合、转化而融入消费过程的。可以看出,驯化理论以及最新的媒介调和理论都关注技术改变社会生活的方式,因为新媒介需要在日常生活中发挥实质性或符号化功能。与此同时,技术本身也是通过日常使用形成的,通过使用来影响和构建技术的情况正变得日益突出、明显和丰富。越来越多的信息通过网络设备几乎可以立即提供给商业机构或公司。例如,谷歌公司接收用户系统崩溃报告和其他数据,用以改进或优化自己的应用程序,而产品定位服务则用于调整和完善应用程序。当下载应用程序或其他软件程序时,用户协议通常要求获得收集数据的许可,以便用于后续的产品研发。可以看出,"媒介使用"找到了用于新技术开发的信息反馈途径。

上文讨论了技术选择、使用和满足以及驯化问题。所有这些都指向用户对技术的主动性移用和使用。然而，尽管大多数媒介使用都在社会可接受范围之内，但有些则被认为会对个体和社会造成伤害——下面我们就来讨论这种滥用问题。

新媒介滥用

如何将"新媒介滥用"进行概念化？什么是滥用？谁有权将某些使用称为或定义为滥用？这些问题没有直接答案。新媒介滥用的概念和理解属于争论场域，定义的标准维度不同。在本部分内容中，我们将根据对个体产生的伤害来定义新媒介滥用。一是新媒介对受众自身造成的伤害，二是通过新媒介对他人造成的伤害。这两类伤害形态繁多，但我们主要考察三种类型——网瘾、网络霸凌和网络喷子[①]。与"仇恨话语"一样，这些问题一直是新媒介领域讨论的中心议题。社会恐惧感在多大程度上能够被接受？主体对于新媒介给自我和他人带来的潜在伤害的担忧程度如何？本部分内容试图解答这些问题，特别是网瘾、网络霸凌和网络喷子现象。

网　瘾

"网瘾"真的存在吗？这一话题虽然在新闻报道中屡见不鲜，但各种观点之间差异巨大，主要是因为各种观点对网瘾的定义各不相同。什么是正常或异常的网络使用，后者是否导致网瘾？它是否属于一种精神疾病？可以看出，概念问题由于方法论问题而变得更加复杂：如何客观衡量和评估网络使用行为？这里存在着概念认知差异，甚至是矛盾性理解。首先，我们必须要确保所有个体都能够使用网络，并充分利用新媒介提供的机会；其次，我们必须知道应该如何控制网络滥用，因为这可能导致网瘾问题。但由于目前无法清晰界定正常的行为标准，因此网络使用对生活的破坏程度也无从得知。从宏观层面看，关于网瘾的讨论揭示了一种社会恐惧和道德恐惧感，它与主体应该如何实施个体行动有关。面对网瘾

---

① 网络喷子泛指网络攻击、刷屏、网络洗地、网络钓鱼等网络负面行为。——译者注

以及各种规范网络接触和使用问题的尝试，人们不禁要问，在新媒介和社交媒介时代，什么是正常的社会和个体行为？值得注意的是，大多数报告的网瘾问题以及相关研究都来自东亚国家。这表明"文化差异"可能对定义和界定网络正常行为标准产生影响。简言之，基于网络使用而重新设定社会规范的争论仍在继续。然而大量的、密集式的网络使用可能是病态的，并会造成伤害，所以任何关于网络成瘾的研究都必须认真对待这些问题。

石、孙和余（Shek, Sun & Yu, 2013: 2775）定义了一个较为恰当的"网瘾"概念。他们认为，从整体上看，网瘾是指个体无法控制自己的网络使用行为（包括任何与网络相关的自我强迫行为），最终导致在日常生活中产生明显的痛苦感和功能障碍。与网瘾相关的问题包括：健康障碍，如睡眠不足或食欲不振；家庭或社会问题，如与家庭成员的疏远和冲突的增加；学业问题，如留级或逃课；职业问题，如表现不佳和效率低下。多数关于网瘾的研究来自金伯利·杨（Kimberley Young, 1998），她将网瘾概念化为一种冲动控制障碍，类似于赌博。她根据《精神障碍诊断与统计手册》（APA, 2013）中的赌博成瘾诊断标准，制定了一系列网瘾诊断标准。《精神障碍诊断与统计手册》是精神病学家诊断精神障碍的标准范本。杨测量了8个变量或症状，以及5个以上的典型成瘾行为特征。这些症状描述借鉴了病态赌博的症状，包括：痴迷，总想上网或者回到网络中；放纵，或者想花越来越多的时间上网；无法控制网络使用，或曾多次尝试减少使用，但均以失败告终；不上网时会喜怒无常、情绪低落；上网时长远超预期；学业及/或工作生活能力受到影响；在网络使用问题上向家人撒谎；逃避现实，或使用网络逃避问题。

有什么证据可以证明网瘾的发生率？研究显示，状况很复杂。针对中国的研究表明，在研究样本中，网瘾发生率从6.4%到9.8%不等（Ni et al., 2009; Lam et al., 2009）。2016年的一项研究报告显示，10.2%的中国青少年有中度网瘾，0.2%有严重网瘾（Wu et al., 2016）。意大利的一项研究报告展示了令人吃惊的数据，14~19岁青少年网瘾发生率达36.7%（Milani, Osualdella & Di Blasio, 2009）。挪威的一项研究发现，网瘾发生率的性别差异很大，研究样本中4.1%的女性存在网瘾，而在男性中这一比例则为19%（Bakken et al., 2009）。上述各项研究都具有两个基本特征：第一，大多数研究以年轻人和青少年为样本，他们的生活环境具有特定性；第二，研究很大程度上依赖于"自我填写"的问卷调查，但这可能不是测量或评估行为的最准确方式。最新的流行病学研究综述发现，不同地区的数据差异非常大（Kuss et al.，2014）。笔者认为，测量网瘾的不同数据分析工具导致了这种差异。

关键问题在于：将网瘾定义为精神疾病或精神障碍是否合理？尽管呼声很高，但最新版的《精神障碍诊断与统计手册》（第五版）仍未将网瘾列入精神障碍序列之中（Block，2008）。这个话题仍然具有争议之处，例如，关于将网瘾归类为一种冲动或强迫行为，或类似于物质成瘾的症状也存在不同看法。虽然网瘾可能是一种行为成瘾，而不是物质成瘾，但直到今天，《精神障碍诊断与统计手册》（第五版）仍然只承认赌博成瘾是一种行为成瘾。这种不愿将网瘾归类为精神障碍的观点可能基于这种考虑，即有充分文献证明存在"并发症"的情况：网瘾问题往往与其他精神疾病有关，因此很难得出它可以独立构成一种分裂性精神障碍的结论。一般情况下，网瘾跟酗酒、注意缺陷与多动障碍、抑郁和焦虑有关（Ho et al.，2014）。

虽然网瘾本身并未被列入《精神障碍诊断与统计手册》（第五版）之中，但手册中提到了一种相关障碍，即网络游戏障碍。手册第三部分提出了改善诊断技术和需要深入研究的诊断类别（Moran，2013）。其引用的研究报告称，网络游戏玩家会强迫进行游戏，导致临床障碍。这表明，神经学研究发现，那些沉迷于网络游戏的人，他们大脑中某些回路的触发和生化物质产生方式与愉悦感和回报感等感觉产生的方式类似。然而手册指出，深入研究是必要的，而且这种情况的标准只针对游戏，并不包括一般的网络或社交媒介使用。我们将在第十一章深入讨论这个问题。

不愿意将网瘾视为一种精神疾病，表明人们对这种所谓成瘾症状的态度是普遍感到不安和模棱两可的。考虑到网络在我们的日常生活中变得越来越普及和必要，从安排会议、购物到办理银行业务等无所不及，因此上述一些症状，例如全天候在线，可以被看作年轻群体交流方式的转变，而不是病态行为。事实上，网上流传着这样一个有趣的段子：如果一个人在咖啡店里，不玩手机，不用笔记本电脑，而是坐在桌边喝咖啡，那他才像一个精神病患者！这总结了与网络相关的各种社会行为变化，包括我们总是期望时刻在线、随时关注自身动态，以及对于每种网络新热潮的熟悉程度。但与此同时，也有研究表明，对于一些人来说，网络生活，特别是游戏，比其他任何东西都更真实、更有吸引力，这阻碍了他们在个人生活和社会生活中发挥能动性。然而目前几乎没有证据表明，这种有问题的行为是由网络引起的，而不是源于潜在的精神障碍。

网络霸凌

网络霸凌最简单的形式是指使用新媒介形成的霸凌现象。通常情况下，这被理解为在传统的恃强凌弱基础上增加了电子化手段。然而，定义网络霸凌并不简单。由此产生了几个问题：什么行为可以被视为网络霸凌？新媒介是否推动出现了一些全新霸凌形式？网络霸凌是否比传统霸凌更为严重和有害？这种现象有多普遍？我们应该怎么做？本部分将回顾一些寻求这些问题答案的研究。

网络霸凌概念已经成为一个被广泛讨论的问题，由于不同研究使用了不同定义，因此产生了差异性的研究结果。网络霸凌的极端表现很容易被识别，包括恶毒和侮辱性的帖子或短信、威胁、骚扰等。但是，其他类型的帖子，例如，讥笑或讽刺的内容往往很难在其语境之外进行分类和理解，尽管这些内容可能具有玩笑或趣味的意图，但它们仍然可能被接受者视为恃强凌弱。甄别哪些具体行为会构成网络霸凌比较困难，这给实施干预和政策制定带来了问题。经过研究专家的广泛协商，美国教育部给出了统一的网络霸凌概念，包括以下内容：

> 由其他年轻人（非兄弟姐妹或恋爱对象）对自身实施的任何不受欢迎的攻击性行为，以及观察到或察觉到的权力不平衡，这些情况可能多次重复或极有可能重复。霸凌行为可能会对目标青少年造成伤害或痛苦，包括身体、心理、社会或教育方面的伤害（Gladden et al., 2014: 7）。

网络霸凌研究学者辛杜贾和帕钦（Hinduja & Patchin, 2015: 11）虽然认同这个概念，但认为它忽略了行为的意图维度。他们将网络霸凌定义为通过电脑、手机和其他电子设备造成的故意的、反复的伤害。

辛杜贾和帕钦（Hinduja & Patchin, 2015）认为，网络霸凌行为必须随着时间推移而重复：单次网络攻击行为不一定是霸凌行为，攻击必须是连续性行为。网络环境的不同之处在于一篇帖子可以被多次分享,并在不同平台上传播。因此,一个帖子可能会随着时间推移而重复,从而构成霸凌。同样,"犯罪主体"(霸凌者)也不是这篇帖子的唯一作者;所有分享、喜欢和参与其传播的人都助推了网络霸凌。辛杜贾和帕钦进而指出,蓄意伤害是网络霸凌的一个重要因素,这将它与其他形式的网络攻击区分开来。例如,如果一张有损名誉的图片是偶然分享的,这种分享行为虽然有潜在危害,但不能被理解为网络霸凌,因为没有伤害意图。伤害是所有霸凌行为的核心;虽然不太可能产生身体伤害,但网络霸凌会导致如痛苦、抑郁或焦虑等心理伤害(Schneider et al.,2012),有损声誉或社会关系的社会伤害,以及教育伤害,例如,无法在课堂上集中注意力(Gladden et al.,2014)。在网络世界中,身体生理条件可能变得无关紧要,而施害者和受害者之间的权力差异很重要,辛杜贾和帕钦(Hinduja & Patchin,2015)认为,这是因为大多数受害者认识攻击者本人,并可能在现实生活中遇到他们。这两位研究者指出,权力或许会在网络上以不同方式表现出来,而网络使用能力可能成为一种重要的权力差异,让施害者能够实施伤害,而缺乏这些能力可能会使受害者无法保护自己。无论采取何种形式,权力失衡都是重要因素,因为研究表明,那些缺乏权力的人往往更容易被欺负(Ybarra, Espelage & Mitchell,2014)。根据辛杜贾和帕钦(Hinduja & Patchin,2015)的研究,只有关于意图、重复、伤害和权力差异的界定标准存在时,才能够将网络攻击行为归类为网络霸凌。

  网络霸凌现象有多普遍?鉴于定义和甄别这种行为很困难,不同研究得出了不同结论。辛杜贾和帕钦(Hinduja & Patchin,2012)报告称,平均约有25%的中学生遭受过网络霸凌,尽管严重程度和强度各不相同。虽然这绝不是一个小数目,但很明显,网络霸凌并不像某些媒介报道所暗示的那样无处不在。萨贝拉、帕钦和辛杜贾(Sabella, Patchin & Hinduja,2013)报告说,校园霸凌比网络霸凌更常见。尽管如此,网络霸凌的存在及其可能造成的潜在危害要求我们进行干预,并制定预防与应对策略(Slonje, Smith & Frise,2013)。麦古金等人(McGuckin et al.,2013)报告称,回避等技术策略、寻求朋友和家人情感支持等社会心理应对策略在对抗或减少网络霸凌方面是有效的。其他应对策略包括回避霸凌行为和霸凌者,或者向学校或警察举报霸凌者

(McGuckin et al., 2013)。

一个常见问题是网络霸凌行为和传统霸凌行为的区别，以及两者在严重程度上的差别。史密斯（Smith, 2012）确定了两者的七个区别：（1）网络霸凌需要一定程度的技术能力；（2）网络霸凌方式主要是间接性的，或者匿名性的，而不是当面的；（3）通常情况下，网络霸凌施害者无法看到受害者的即时反应；（4）网络旁观者的角色更加复杂，因为他们可以出现在信息发布时，或者在信息发布时与施害者同时出现，或者在接收信息时与受害者同时出现；（5）传统霸凌动机往往在于通过向他人进行权力滥用而获得一定的地位感，但这在网络霸凌中并不常见；（6）网络霸凌的潜在受众随着辱骂性或侮辱性帖子数量上升而成倍增加；（7）网络霸凌可能很难逃脱，因为无论受害者身在何处，施害者都可能利用多种媒介伤害他们。鉴于某些网络霸凌与传统霸凌相比有所放大和强化，是否可以说网络霸凌更为有害？斯蒂卡和佩伦（Sticca & Perren, 2013）考察了感知网络霸凌严重程度的三个因素：媒介作用（在线或面对面）、公开性（发生在公共或私人场所）、匿名性（施害者身份公开或匿名）。他们的研究表明，公开网络霸凌被认为更加恶劣，因为事件有可能扩大并成为"病毒"，同时受害者更难以对情况进行控制。同样，与传统霸凌相比，匿名网络霸凌的后果也更加严重，因为受害者的控制力减弱，从而导致无助感。他们进而认为网络霸凌通常具有更大的伤害性，虽然它与传统霸凌的区别很小，但是，当网络霸凌呈现出公开性和匿名性特征时，后果的严重性就会成倍增加。

从上述分析中我们可以得出什么结论？大多数研究表明，校园霸凌和网络霸凌之间存在某种对应关系，这说明了一种特定现象。可以看出，新的应用程序和技术可以让更多的人变为施害者，尽管他们可能是不情愿地分享或点赞那些羞辱他人的帖子。新媒介可能会制造一种群体心理效应，攻击一个人并扩大攻击范围。此外，它们可能会加剧问题的严重性，因为一个人可能通过多个账号和多个网站不断骚扰其他个体。我们知道，公开性和匿名性是多数新媒介的核心特征；如果这两个特征导致霸凌出现，那么很明显，我们在某方面一定存在问题。所有这些都表明我们必须保持警惕。数字素养、应对能力（例如，屏蔽、删除或举报侮辱性帖子）、预防策略（例如，提高安全意识）以及有效的应对技能（例如，寻求咨询或社会支持），可能有助于解决网络霸凌问题。与此同时，需要更多的研究来揭示传统霸凌和网络霸凌的影响变量，包括性别角色和行为参与人的角色期待（Ging & O'Higgins Norman，2016）。

网络喷子

与网络霸凌一样，"网络喷子"问题也频繁受到讨论，往往被视为新媒介匿名性所造成的直接后果。如果说网络霸凌涉及人际关系，尤其是年轻人之间的关系，网络喷子行为则涉及由网络调节的陌生人之间的社会关系。网络喷子最早是网络论坛的一种用语，但现在已经扩散到各种具有匿名功能的新媒介和应用程序中了。一般来说，网络喷子被认为是不利和有害的，会引发有关社会、日常生活和新媒介的重要问题。本部分首先考虑什么是网络喷子行为，研究其发生率和施动者，然后对它在网络文化中的作用进行分析评估。

"网络喷子"一词的起源是有争议的，被认为具有两种不同指代用途：首先指捕鱼技术，即使用诱饵来吸引鱼疯狂咬钩；其次来自北欧神话，指一种"巨魔怪物"，它们生活在桥梁和黑暗空间之中，并袭击路人（Bishop，2014a）。网络喷子行为通常涉及某种形式的欺骗，这种欺骗被用来刺激或诱捕网络用户，让他们沉浸其中并感到乐不可言。哈达克（Hardaker，2010：237-238）将"trolls"进行如下定义：指热衷于追逐"另类问题"的网络用户，这些问题包括表达或传递虚情假意的信息，但真正目的是自娱自乐而造成混乱，引发或加剧冲突。随着恶意网络攻击从网络聊天室转移到其他网络空间，它成了一个更普遍的概念，意指一种特定类型的恶意网络行为，目的是加剧冲突、激怒他人或以其他方式破坏网络互动和交流（Coles & West，2016：233）。网络喷子具有不同形式，如发布攻击性信息，骂人，侮辱他人，撰写恶意、虚假和欺骗性的帖子，也包括发起攻击性的争论和发布恶意评论（Bishop，2013；Craker & March，2016）。

为什么人们想要做出这种行为？哈达克（Hardaker，2010）等研究人员认为，网络喷子行为仅仅是人类与生俱来攻击性的表现，但由于新媒介提供的匿名性机会，这种攻击行为更容易发生。对"网络喷子"人格类型的研究发现，他们表现出人性的黑暗面，包括四种人格特征，即施虐狂、精神病、马基雅维利主义和自恋倾向（Buckels，Trapnell & Paulhus，2014）。巴克尔斯等人研究发现，施虐狂与网络联系最为紧密，网络喷子行为是施虐狂的一种网络表现形式。然而，并不是所有网络喷子行为都相同，同样的概念也可以应用于各种不同效果的传播行为。科尔斯和韦斯特（Coles & West，2016）发现，网络喷子的含义并非固定不变，有时该词可以被用来意指"压制异议"。毕肖普（Bishop，2014b）确定了网络喷子行为的四种类别："仇视者"（Hater）——他们煽动局势，导致所有人受害；"撸牛"（Lolcow），他们会刺激别人，让注意力集中在自己身上；"嗡嗡者"（Bzzzter），无视文章的准确性和有用性而写帖子的人；"眼球"（Eyeball），潜伏并等待机会写挑衅性文章的人。毕肖普的研究指出，不管这些分类标准是否具有普适性，都有必要区分网络喷子类型和行为类型。

网络喷子可能非常具有破坏性，会给网络空间带来严重负面效应。然而，由于自身的破坏性影响，网络喷子也会产生意想不到的结果。正如我们在其他章节中所讨论的，新媒介网络空间有创建封闭群体的趋势。在这些群体中，可以观察到所谓的群体思维现象，即当追求"一致性"成为一个具有凝聚力群体中的主导观念时，其内部成员的思维模式往往会凌驾于对其他行动方式的真实评估之上（Janis，1971：43）。亚尼斯认为群体思维是非常消极的，会影响思维效率、真实评估和道德判断（Janis，1971：43）。换句话说，亚尼斯（Janis）认为封闭群体会避免表达异议和批评，以免破坏群体和谐和凝聚力。然而，这导致了一种错误共识，这种共识不是基于严谨的思考，而是建立在群体从众压力之上。如果事实确实如此，那么网络喷子行为可以被认为能够颠覆群体思维，并引发批判性思维。

根据以上研究，网络喷子并不一定是"问题个体"所实施的孤立化、异常化的攻击行为。作为一种社会现象，网络喷子可以被看作是我们的文化镜像，是一个整体行为，它的问题出现在社会内部，而不是来自外部或病态层面。事实上，安东尼·麦科斯克（Anthony McCosker，2014）研究了 YouTube 上对两个视频的多种反应：第一个是 2011 年新西兰基督城地震的视频，第二个是快闪族在奥克兰表演哈卡舞的视频。两者都引发了大量评论，大多表达的是地震破坏造成的悲伤以及哈卡舞激发的民族自豪感。然而，其中有几个挑衅的例子，包括攻击性言论、仇视性言论和偶尔出现的公开种族主义言论。麦科斯克没有把注意力集中在这些令人反感的评论内容上，也没有视其为孤立事件，而是认为这是与他人进行特定激烈对话的组成部分，这些评论偶尔也会对网络喷子做出同样刻薄的回应。他认为,网络喷子行为应该被看作各种形式的挑衅,能够激发和帮助保持对地点、个体经历和事件悲剧的互动和关注(McCosker,2014:211)。在麦科斯克看来,网络喷子行为是富有成效的,因为它们创造或激发了一种反应,这种反应不是我们在这类视频中经常看到的那种重复一致性。换句话说,他们迫使评论者思考他们的反应,思考这些网络喷子的挑衅有什么错误,从而重新确立他们的身份和文化界限。

与之类似,在对网络喷子进行的大量民族志研究中,惠特尼·菲利普斯(Whitney Phillips,2015)认为,作为一种违法行为的网络喷子——不管是不是有意为之——突出主流文化意识形态的方式让人想起人类学家玛丽·道格拉斯在《洁净与危险》一书中所做的研究:要理解肮脏,就必须理解任何特定社会中都存在的清洁体系。因此,网络喷子可以让我们思考支配道德生产的系统。菲利普斯指出,人们对网络喷子的反应往往会调动起众所周知的文化元素,这就是我们不能拥有美好事物的原因;如果没有网络喷子,网络空间将是一个完美的地方。但菲利普斯(Phillips,2015:11)认为,事实并非如此:网络喷子诞生于主流机构并嵌入其中,这种状况的破坏性丝毫不亚于网络喷子的破坏性。

麦科斯克和菲利普斯的研究指出了网络喷子的复杂性,以及它与现有主流价值观和思想体系之间错综复杂的关系。网络喷子并不是(并不仅仅或主要是)一个病态的人坐在电脑前制造仇恨的问题;相反,它依赖和动员现有的各种压迫和歧视行为。这种分析并不是试图让网络喷子问题变得易于理解,而是要求我们思考在我们的文化中是什么原因导致了网络喷子的产生,并质疑一种简单化思维,即网络喷子主要是一种个体精神障碍。

案例研究

网络喷子的维度

惠特尼·菲利普斯关于网络喷子的著作是这一领域最深入、最详细的研究之一,它讲述了 jenkem 的故事,现在已经成为众多此类研究的重要组成部分。根据菲利普斯(Phillips,2015)的研究,"jenkem"一词最早出现在1998年《纽约时报》一篇关于赞比亚及其与贫困做斗争的文章中。这篇文章提到了当地的一种做法,即孤儿和极度贫困的儿童将发酵的污水废物放入瓶中，捕获从中释放的气体，然后吸入这种气体作为迷幻药的替代品，这种瓶子就是所谓的jenkem。2003年，一个名为"匹克威克"（Pickwick）的论坛用户拍摄了一些jenkem的照片，并将其与一些性爱描述写成文章一同上传。尽管匹克威克后来承认这篇文章是恶作剧，瓶子里装的是面粉和巧克力酱，但他的照片和描述吸引了4chan /b/空间里的网络用户，这是一群好斗的匿名群体。随后该群体决定说服当局——jenkem是一个严重的威胁。他们写了一封信，提醒学校和警察注意这种新药的危险性。这封信如此有说服力，以至于佛罗里达州治安官办公室发布了一份公告，提醒家长注意这种新药的危险性。不仅如此，这个故事还被主流媒介和地方电视台报道，甚至《华盛顿邮报》也进行了关注（BuzzFeed，2015）。

正如菲利普斯（Phillips，2015）所指出的，这个故事不仅展示了网络喷子利用媒介进行攻击的能力——他们创造和提供的故事耸人听闻，还展示了他们操纵信息和消息来源的能力——让虚假信息看起来合情合理。虽然这种情况的结果往往让人哭笑不得，但jenkem故事的意义在于它揭示了简单粗糙的新闻报道标准（Phillips，2015），以及对耸人听闻和夸张媒介逻辑的强调。菲利普斯指出，大范围的政治和文化影响可能不是由网络喷子独自决定的，但它的作用也不能被忽视：不管网络喷子是否打算这样做，jenkem事件确实打破了占主导地位的媒介逻辑。正是有意和无意的后果，让网络喷子行为在新媒介文化中占据了当前地位：人们对它的看法有恐惧、愤怒、娱乐和暗自赞赏。

虽然jenkem可以被看作一个有趣的插曲，网络喷子在模糊的、黑暗的领域里肆意操控——给公众人物写侮辱性信息的行为介于网络喷子和网络霸凌之间，但它会对受害者产生深远影响，偶尔也会对网络喷子自身产生影响。2014年10月，天空新闻台播出了一个节目，内容是关于网络喷子骚扰马德琳·麦卡恩（Madeleine McCann）的父母的。2007年，麦卡恩在葡萄牙的度假屋内失踪。据新闻报道揭露，布伦达·莱兰（Brenda Leyland）——一个63岁的妇女，作为一名网络喷子，她化名"sweepyface"，被指控撰写辱骂性的信息，诅咒麦卡恩一家"在地狱里被烧死"等。莱兰在被天空新闻台记者揭露并曝光身份三天后死亡，并且很明显是自杀。根据 BuzzFeed 网站的一篇文章，莱兰是一个较大规模社交网络的成员，她在 Twitter 上曾以"♯mccann"为标签，就麦卡恩失踪的话题发表各种各样的观点（P. Smith, 2014）。这个悲剧案例表明，网络的逻辑性、匿名性、关联性、扩大化、病毒式传播与主流媒介的逻辑性、轰动效应、曝光和丑闻放大（Madianou, 2012）等交织在一起，形成了爆炸性的混合效应。此外，这个案例揭示了隐私和匿名、言论自由和攻击性/侮辱性言论之间的紧张关系。

网络喷子很容易被谴责，也不可能被原谅，但它揭示了潜在的文化动态——在很多方面，网络喷子是社会虚伪、公开种族主义和性别歧视、社会规则和期望的直接结果。没有人喜欢网络喷子，但在某些情况下，它是我们社会的一面镜子，正如精神分析学家所说，它扮演着"回归的被压抑者"角色。

结　论

这一章讨论了新媒介的各种使用和滥用方式（见专栏 5.1）。我们从采用或拒绝一项创新的决定的角度来考虑媒介使用问题，这有效地指出了传播在提高对这种决定的认识和影响这种决定方面的作用。根据罗杰斯的研究成果，我们得出结论，在达到临界值之后，所有人都将采用创新。然而，不同的人以不同方式使用创新。社会心理学家关于使用和满足的研究指向了新媒介为用户服务的各种功能，包括认知功能、情感功能、个体功能和社会功能。使用和满足理论倾向于关注积极的受众，但对技术本身有所忽视。技术驯化理论专注于一种辩证关系，技术适应用户的需求和需要，而技术同时也改变了社会环境和个体用户。

虽然研究试图主要从社会学或社会心理学角度来解释媒介选择和使用问题，但滥用问题多数是从心理学角度进行探讨的，有时也从精神病学角度进行讨论。对于精神科医生来说，网络在多大程度上会导致成瘾仍具有争议，他们试图找出由于滥用网络而导致的异常神经刺激模式，尤其是在网络游戏方面。另一些则从网瘾的危害性角度进行研究，认为它对个体、学术和职业生活具有明显负面影响。但网瘾并不是滥用新媒介的唯一形式：网络霸凌一直是许多争论的中心，当人们处于学校中时，霸凌往往在这个人生的弱势阶段发生。毫无疑问，网络霸凌会对年轻人的生活产生破坏性影响，但关于哪些行为可以被看作是网络霸凌，或者网络霸凌是否比现实霸凌更严重，人们展开了大量讨论。最后，网络喷子是网络暴力的另一种形式，这在一定程度上归因于网络喷子的病态人格特征。然而，从社会学角度看，对网络喷子的研究应当采取新的解释框架，即采取文化动态性分析而非从个体病理学角度进行研究。

专栏 5.1　本章主要观点总结

扩散和选择

- 扩散和选择都取决于传播、选择单位的属性和创新的属性
- 选择的决定并不是最终结果：可以中止选择，或者相反，可以在后期选择

使用与满足

- 关于新媒介的用途，帕帕查理斯和罗宾（Papacharissi & Rubin, 2000）的观点如下：
    - 社交或人际关系
    - 获取信息
    - 便利性
    - 娱乐
- 关于新媒介的用途，孙达尔和雷姆佩洛斯（Sundar & Limperos, 2013）的观点如下：
    - 社交媒介的用途主要来自社交媒介的"功能可见性"——情态性、能动性、交互性和可浏览性，这些都能带来不同的满足感，比如能动性或归属感增强

驯化

- 移用：用户接受、修改或重构一项技术
- 客体化：用户将技术与他们应用中的其他对象在空间或时间环境中联系起来
- 合并：用户将技术与他们的日常生活联系起来
- 转化：将上述三个过程转变为某种形式的社会文化价值和地位

网瘾

- 未被认为是一种精神疾病
  。并发症发生率高
- 网络游戏成瘾被认为需要进行深入研究
- 多数情况下，网瘾是一种社会问题而非精神问题

网络霸凌

- 指通过电脑、手机和其他电子设备造成的故意的、反复的伤害（Hinduja & Patchin，2015：11）
- 关于网络霸凌是否比传统霸凌更频繁或更有害，尚没有确凿证据
  。一些研究表明，匿名性和公开性会增加网络霸凌的严重程度（Sticca & Perren，2013）
- 强调应对策略和数字素养

网络喷子

- 用来指一种特定类型的恶意网络行为，目的是加剧冲突、激怒他人或以其他方式破坏网络互动和交流（Coles & West，2016：233）
- 对网络喷子人格特征的研究表明，他们有很强的施虐倾向
- 网络喷子可以有效地瓦解群体思维
- 菲利普斯（Phillips，2015）：网络喷子并不是令人憎恶的事情，而是主流文化的一部分，它能够带来分裂和等级化

研究实践

有时，如果我们观察人们如何谈论一种现象，就会更容易深入理解这种现象。学术界和科学界对网络霸凌和网络喷子的定义可能是一种全面尝试，目的是引入清晰的概念，以便随后用于衡量和制定相关政策。另外，对于网络霸凌和网络喷子是如何被社会建构起来的，当前比较流行的解释更能说明问题。虽然本章重点是前者，但这次研究实践邀请读者关注后者，以利于更全面地理解这些现象。

- 对你所在国家或地区最受欢迎的报纸或新闻网站进行关键词搜索，使用关键词"霸凌者""霸凌""欺凌""网络霸凌"。
- 你找到了多少篇文章？
- 它们常出现在小报或"高质量"的新闻/新闻网站上吗？
- 尝试给这些文章分类：它们如何谈及网络霸凌？它们是否意指网络喷子？它们的共同点是什么，有什么不同之处？请给这些文章分类。
- 文章是否有示例？它们是否属于网络霸凌和网络喷子？
- 这些大众化的理解与科学理解有何不同？两者是否有重叠？

拓展阅读

本章考察了个体和群体使用社交媒介的各种方式。虽然我们分析了一些主要争论，但还有几个方面并未涉及。例如，新媒介或社交媒介是否会加剧负面行为和精神问题？吉和加维的文章（Ging & Garvey, 2017）聚焦于 Instagram，并研究了厌食症话题的网络标签。这些标签能被认为是导致厌食症和其他饮食失调的原因吗？说到网瘾，我们中的一些人可能有过放弃使用社交媒介的想法，或者一些人可能已经戒掉了。鲍默等人的文章（Baumer et al., 2015）探究了是什么原因让用户退出社交媒介，然后又回到社交媒介。到底是新/社会媒介控制了我们，还是我们控制了它们？用户代理机构位于哪里？这个问题是大卫·马蒂厄（Mathieu, 2016）文章的核心，他研究了用户代理是如何通过社交媒介的互动发展起来的。

Ging, D. and Garvey, S., 2017, 'Written in these scars are the stories I can't explain': a content analysis of pro-ana and thinspiration image sharing on Instagram. *New Media & Society*, online first.

Baumer, E. P., Guha, S., Quan, E., Mimno, D. and Gay, G. K., 2015, Missing photos, suffering withdrawal, or finding freedom? How experiences of social media non-use influence the likelihood of reversion. *Social Media + Society*, 1 (2), 1-14.

Mathieu, D., 2016, Users' encounter with normative discourses on Facebook: a three-pronged analysis of user agency as power structure, nexus, and reception. *Social Media + Society*, 2 (4), 1-11.

第六章
网络安全、监控和保护

学习目标

1. 理解技术、社会、经济和政治之间的消极关系
2. 理解网络监控扩大化的意义
3. 促进对网络安全问题的理解
4. 学习网络保护及诈骗防范的知识
5. 理解新媒介、极端色情和性侵犯之间的关系
6. 批判性理解网络安全、监控和保护的发展动态

导 论

对大多数人来说，互联网和新媒介与许多积极的发展相互联系，因为它们代表着技术进步，而技术进步是现代性最主要的特征之一，它标志着生活中几乎所有方面的改善，并使财富和权力得到更公平、更公正分配的可能。这种观点在社会上非常流行，我们可以称之为技术乐观主义，因此公共资金被用于技术创新和技术的社会推广。但事实上我们知道，技术的本质，或者说至少它的用途是很难界定的，海德格尔（Heidegger & Lovitt, 1977）和其他思想家对此持有同样的观点。这一章将不仅关注技术的这种固有模糊性，同时也将关注新媒介的某些负面影响。

我们将采用一种社会建构主义方法，认为技术及其用途与成果必须被看作特定历史背景下某些局部元素（如政治、社会文化和经济条件）之间的联系，或者说是技术在日常生活中的特定功能指向或维度。随后我们将考察新媒介的黑暗

面。在涉及社会、政治、经济和文化的部分，我们将采用个案研究方法，依次分析监控、网络冲突、欺诈和色情病理学（色情问题）。本章的目标不是仅仅描述新媒介的一些"黑暗面"，而是要找出新媒介技术元素与其所处特定社会历史环境之间的具体联系。在整个讨论过程中，必须牢记经济、政治和社会领域之间是相互交织的，经济具有政治和社会维度，反之亦然。但需要指出的是，这种划分仅仅用于学术分析目的。

社会：监视与控制

如果我们所说的"社会性"主要是指人们相互联系和互动的方式，那么毫无疑问，网络和新媒介已经对这些方式产生了深远影响。社会性的特定变化方式我们会在其他章节中分析，本章目标是在网络中发现社会的黑暗面：技术应用在某些方面产生的问题，而这些问题反过来又反映出现实社会历史环境。毫无疑问，这种情况可能大量存在，这主要取决于人们如何定义"有问题的"。在当前背景下，我们对"有问题的"的理解恰恰与滕尼斯（Tönnies，2001 [1887]）的"社会性"概念认知完全相反，即这是一种自我意识和与他人的"准契约"关系。虽然滕尼斯在某种程度上对这种关系持批评态度，但在这里需要强调的是，我们必须要关注这种理解中的"自反性"和"自由主义"因素。换句话说，如果典型且理想化的"社会性"是基于人们自主意识的自愿结合，这种结合不但保护了自主性和独立性，而且允许独立主体自由行动，那么在现实语境下，任何反对这些前提条件的行为都可能被认为是"有问题的"。在这种观念框架中，很多事情都可以被视为是有问题的，例如新媒介环境中的"监控"现象。监控的历史由来已久，目前出现了各种新的形式，并且在新媒介中或通过新媒介变得更加严重。

持续性社会监控和对社会全体成员大量个人数据的收集，使大卫·莱昂（David Lyon，2001）这样的理论家提出：我们正在见证一个"监控社会"的兴起。这种社会形态中出现了越来越多的监控行为，观察和监视人们行为的方法和手段也在激增。虽然在某种程度上，监控必须被视为现代性的定义特征之一，但新媒介和技术也使监控成为后现代性（或现代性后期）的一个中心概念。监控，尤其是自我监控，以及马克·安德烈耶维奇（Mark Andrejevic，2005）所称的监视（Surveillance），当前已经成为现代社会治理不可分割的一部分。如果没有监控，政府和官僚机构的运行将举步维艰。但是监控导致了新的分工，以及新的人群分类和行为管理方式。在此过程中，新的象征意义与新的控制模式同时产生，而后者通常表现为惩罚性形式。简言之，新的权力模式被赋予了审查的可能，而这种权力集中在那些收集和控制监视数据的人手中。而所有这些都可能被视为对人身自由的侵犯，从而损害我们社会运行所依赖的民主原则。

全景敞视与同景监视

监控有一个相对较长的历史，因为它先于新媒介技术出现。然而，正如我们将看到的，它所呈现出的不同形式与其生存的社会政治环境发展相互对应。具体来说，在米歇尔·福柯的著作中，有一部比较著名的论著提到了"全景敞视监狱"（Panopticon）。这是英国建筑师和法律改革家杰里米·边沁在 1791 年所设计的一个虚构建筑物。该建筑的整体结构允许对囚犯进行全面彻底的监视，毫不夸张地说，能够使他们生活在一个透明的世界里，无处藏身。正如福柯（Foucault，1995［1975］）告诉我们的那样，这台暴力机器背后的逻辑在于：囚犯（意识到他们完全处于被监控环境下）将规范自己的行为，知道任何不当举动都会被抓住。对福柯来说，这确保了权力的自动运作，因为它将被囚犯内化，而不需要任何外部控制力量同时在场。而权力以这种方式运作的前提在于：必须使建筑物内每个成员都能被其他所有人随时观察，而且不需要核实就能意识到，即无论是否有执法者或管理员在场，这种监控体系都能独立运作。

虽然"全景敞视监狱"是为囚犯设计的，但如今的社会监控已经把它的功能扩展到了整个社会层面：除了公共建筑和银行，还有商店、广场、开放空间、火车站和机场，毫无疑问，监控摄像头已经变得无处不在，其强大的社会控制力难以描述。知道有人在进行监视，我们就必须表现得规矩一些：权力的可见性体现在无处不在的摄像头上，而我们几乎从未见过执法者或摄像头背后的监视者，他们的工作就是时刻监控我们。福柯认为，"全景敞视监狱"是一种理想的权力机制，注定要在社会中扩散，因为这会使权力运作变得更有效率。它的主要原则是迫使人们将监控进行自我内化，并以符合权力要求的方式行事，而由此产生的后果与其说形成了一个受压制的、墨守成规的社会，不如说塑造了一个将个体变为监控对象的社会。这意味着社会成员被构建为主体/客体，信息可以被持续地收集、分析、整合、处理，甚至出售。在这种环境下，个人根据权力的要求不断被（重新）分类和评估。但关键在于必须关注权力机制变化的本质，即它的形式从一种建筑设备或权力装置的"全景敞视监狱"转化为主要利用媒介实施现代监控。

　　社会学家齐格蒙特·鲍曼（Zigmunt Bauman，1999）认为，"全景敞视监狱"机制在工业时代创造了"温顺的人"，同时形成了生产系统的所有者、控制者与劳动者之间的信息不对称，以满足工厂管理需求；而现实社会环境则对这种运作模式提出了不同要求。在信息资本主义全球化语境中，自上而下地约束劳动行为的做法已不再有效，通过严格纪律管理以产生"温顺的劳动力"不再是必要的，因为这种劳动力在全球化的世界中随处可见。鲍曼认为，新的监控机制放弃了纪律管制，采取了一种诱导性方式，即通过广播、电视等大众媒介来激发名人效应，并以此作为"生活样本"创造出新的幻想和欲望。因此，"全景敞视监狱"机制就转变为一种通过吸引公众关注而实现监控的"同景监视"运作模式。"同景监视"（Synopticon）一词是由托马斯·马蒂森（Thomas Mathiesen，1997）创造的，意指一种新的权力运作技术。例如，人们在大众媒介环境中获得了一种观察者身份，即大多数普通民众利用媒介来观看少数全球精英、电影明星、名人、政客和明星专家等。简言之，权贵们和那些处心积虑同他们保持一致的群体通过媒介向社会传达了一整套生活方式，并将其上升为唯一的或最有价值的生活方式。鲍曼认为，这种由大众媒介实施的权力技术，通过在社会精英和普通观察者之间打造公开、平等的印象，使两者之间实质的不平等状态合法化。同时，它通过宣传一种需要被模仿和认可的生活方式来压制任何反对的声音，以确保社会的同一性。

　　鲍曼认为，全球化背景中的权力技术已经发生了根本性变化。而马蒂森（Mathiesen，1997）最初的观点则是，在"全景敞视"监控语境下，少数人观看多数人，而在与之共存的"同景监视"语境下，多数人观看少数人。类似地，大卫·莱恩（David Lyon，2001）认为这两者是协同工作的，作为社会控制机制进行相互补充。对于莱恩来说,"多数人关注少数人"的事实能使"少数人关注多数人"的事实合法化和正当化。但对于马蒂森和鲍曼来说,"同景监视"的兴起是通过大众媒介发生的,尤其是电视,它让多数人看到少数人。然而,这里出现的问题涉及新媒介所起的作用,这可能会带来一种新的动向。的确,新媒介为监视提供了新的可能性,强化了监控的过程。与此同时,新媒介强加了一种新的观看模式,它能够进行持续的相互监视,就好像"全景敞视监狱"被外包给了普通公众,他们现在成为彼此的持续监控者。马克·安德烈耶维奇(Mark Andrejevic,2004,2005,2007)对后现代社会的监控及其模式进行了充分探讨,认为近期的社会发展强化和放大了纪律监控。他指的是一种新型的横向监控,即同伴之间互相监视。尽管这种监控存在于村庄和其他较古老的社会组织形式之中,但新媒介技术引入了新的观看模式,并使许多人可以使用这些模式。安德烈耶维奇(Andrejevic,2005)认为,信息收集技术的普及往往伴随着风险和不确定性的增加,即任何人都可以在任何时间发生任何事情。这造成了一种普遍的不安全感和相互怀疑的文化,而这种文化反过来又支持和维护了监控技术。安德烈耶维奇进一步认为,监控技术在普通民众中的传播反映了社会治理方面的更广泛变化,这种变化与新自由主义的兴起有关。另外,这种持续的相互监控导致了一种公众和私人之间界限消除的趋势:在一个全天候监控的世界里,没有任何东西是可隐藏的,没有任何地方可以躲避"老大哥"[①]的监视。事实上,根据乔治·奥威尔的小说《1984》改编的"老大哥"比喻如今已成为现实;在电视节目中,在电脑屏幕上,在公共场所中,我们受到别人的注视和观察,同样我们也注视和观察别人。

监控、国家和信息利用

总结上述理论观点可知,监控可以采取直接的、自上而下的"全景敞视"形

[①] "老大哥"(Big Brother)这个词是由英国作家乔治·奥威尔于20世纪40年代末所著小说《1984》中首次提出的。在小说中,经历了一系列战争和合并后,世界上只剩下了三个超级大国,即大洋国、东亚国和欧亚国。主人公所在的国家是大洋国,它只有一个政党。"老大哥"就是该国的领袖,但书中自始至终没有真正出现这个人物,他始终作为权力的象征和人们膜拜的对象而存在。——译者注

式，用来强迫人们服从；也可以采取间接的"同景监视"形式，即多数人观察少数人，通过大众媒介实施，利用诱导方式来确保同一性和现有不平等的合法化。莱昂（Lyon，2003）认为，前者通过对公众进行阶层化、类别化来形成一种控制系统，而后者则有助于构建所谓的精神规训。基于安德烈耶维奇的研究工作，我们可以说，新媒介带来了一种多数人观看多数人的新动态情景：通过新媒介和相关监控技术（通过数字网络摄像头、谷歌地球软件以及搜索引擎和手机来跟踪人们的社交账号），我们可以收集别人的信息，反之亦然。这种横向监控支持并扩大了前两种形式，同时进一步强化了控制、分类和服从权力的功能。但是，除了具有明确社会政治含义（包括隐私丧失、不断怀疑和普遍的不安全感）之外，监控还有另一个意义维度，这涉及对所收集的信息资源的商业利用。信息不仅被用于分类和社会控制，还会被购买、出售和以其他方式实现资本化。

当用户使用超市会员卡、在亚马逊（Amazon）等电子商店购物、从 iTunes 下载音乐或使用手机在才艺秀上投票时，便产生了大量信息。这些信息随后被收集并用于创建大型数据库，然后被作为商品进行买卖。这些数据库被用来向营销人员告知用户的选择、品味和偏好，使营销人员能够以更有效的方式销售或推广产品和服务。用户往往并不知道其留下的数据信息经常被用来对自身进行分类，并被归入某些类别，以用于改进产品和服务的生产、营销和分销。这种数据信息的商业使用意味着以前无人关注的信息现在成了某些人的财富。Facebook 和 Twitter 已经通过销售分析人口统计学信息和用户在线行为信息进行盈利，这些用户在线行为会产生两种数据：一是用户自身披露的信息，二是用户在这些应用程序中的使用行为。这引发了关于信息所有权、隐私权和使用权的严重问题。从广义上看，它质疑了有关用户权力在不断增强的观点，自 Web 2.0 引入以来，这种观点一直处于主流地位。在信息控制过程中，新的社会分化和新的权力结构通过用户的媒介使用产生，与此同时，越来越多的生活领域变成了可以买卖的商品。信息被一些私人公司收集，导致了安德烈耶维奇（Andrejevic，2007）所称的"信息重新汇聚"。私人公司控制着庞大的数据库，他们将信息免费提供给国家安全机构，同时压制了行动主义的发展。以前监控技术都是由政府控制的，不论其有什么缺点，但至少能够代表大部分公众，并代表公众采取行动。令人担忧的是，现在监控技术已成为私人公司的财产，而这些公司以盈利为目的。因此，随着越来越多的控制技术和权力让渡给私人公司，留给公众、非商业机构和普通人自由行动的空间就变得越来越小。

但这并不是说商业监控取代了国家监控：事实远非如此。2013 年 6 月，解密者爱德华·斯诺登（Edward Snowden）披露了美国国家安全局（NSA）正在进行的一项监控计划的内容。后者通过"棱镜计划"进行了大范围的网络通信非法监视，甚至可以直接秘密访问 Facebook、谷歌和苹果公司的服务器（Greenwald，2013）。根据斯诺登的说法，美国国家安全局和其他安全机构在秘密情况下收集所有通信的元数据，也就是说，他们收集所有通信的"谁""什么"和"什么时候"的信息（Poitras & Greenwald，2013）。只要相关信息符合这些机构的目的，它们就会被过滤、评估和存储。这些披露引发了一场关于美国政府行为的辩论，并涉及相应的法律问题，即在没有授权、合理理由以及用户知情同意的情况下访问和存储这些信息是否正当。由于"棱镜计划"的目标是非美国公民，并对美国的盟友进行监控，因此它对美国国内和全球均有重大影响。例如，它监控了德国总理安格拉·默克尔、墨西哥总统恩里克·培尼亚·涅托和巴西总统迪尔玛·罗塞夫，甚至还侵入了中国的电脑终端。美国国家安全局的这种行动导致的争论集中在以下三个方面：（1）任何政府被允许访问私人通信的权限；（2）人们利用网络交流时留下的数据线索；（3）对这些数据线索进行存储、占有和访问的主体。

简单地说，反恐战略导致了对安全问题的重视，但这也与风险社会的兴起有关（Beck，1992），它导致了一种混乱的道德状况，即个人自由和权利必须向"安全诉求"进行妥协。因此，在内部和后来的听证会上，美国国家安全局以保护国家安全和预防未来的恐怖袭击为由，为自己的行动辩护。然而，美国公民对此感到担忧，因此这种行为仍可能被视为违宪，而对于其他国家的公民来说，这是不道德的。监控的法律依据取决于元数据的概念，而个人通信的内容显然属于美国宪法第四条修正案的范围，对其访问和使用必须有合理原因和授权。但元数据的情况就不那么明显了，因为这些信息只与通信过程有关，而与通信内容无关。此外，元数据揭示了如此多的信息，以至于使实际内容变得冗余。至少，这些披露让用户注意到他们的通信行为所留下的数字线索，以及政府和商业机构是如何利用这些线索及其产生的数据来达到自己的目的的。

与此同时，有关美国国家安全局可以访问谷歌、Facebook 和苹果等公司服务器的新闻爆料，暗示了这些组织要么与美国国家安全局进行了合作，要么其网络安全系统遭到了攻击。但所有这些公司都驳斥了与安全机构合作的说法，特别是在发生了一系列引人注目的黑客事件（最明显的是苹果公司的 iCloud 事件）之后，商业机构都转向了更强大的加密系统，不允许任何形式的后台访问，无论是政府还是公司内部人员。然而，提高加密强度的做法遭到了安全机构的抵制，后者认为出于拯救生命的目的，它们必须要能够进入私人通信领域。2015 年 11 月巴黎发生恐怖袭击后，这种观点占据了上风，尽管没有证据表明加密方式在组织这些袭击中发挥了作用。然而安全专家警告说，任何对人们通信的"后台"访问都可能被黑客和其他恶意代理利用（Sneed，2015）。

这些内幕爆料和监控行为所暴露的主要问题涉及隐私权。鉴于这些技术允许第三方访问和存储用户数据，那我们还有什么隐私权呢？而且正如安全机构所言，如果我们没有什么可隐瞒的，我们为什么要担心呢？大多数国家都通过了复杂的数据保护立法，要求必须在隐私权、商业机构数据获利和政府拦截恶意通信能力之间取得平衡；大多数情况下，这种平衡难以实现，隐私权往往最终会受到损害。针对"什么都不需隐瞒"的论点，2015 年 5 月，爱德华·斯诺登在"红迪网"（Reddit）"问我任何事"论坛上进行了有力反驳："说你不关心隐私权是因为你没有什么可隐瞒的，这和说你不关心言论自由是因为你没有什么可说的是一样的。"（Snowden，2015）这里显然涉及政治因素，后文将讨论其中的一些问题。

最后，值得注意的是，在某些方面，为这种连续监控方式提供信息的所有行为都被视为已经参与其中，而人们往往也愿意这样做，因为我们想成为在线网络的一部分，同时也希望或能够利用这些机构所提供的内容。但安德烈耶维奇（Andrejevic，2007）认为，在上述条件下的这种参与行为，是一种无酬的非物质劳动（另见第二章；Fuchs，2013），当我们上网、使用手机、更新社交网络账户或下载音乐时，我们也在进行内容生产。新媒介监控的两个维度——涉及隐私泄露和信任感丧失，以及私人机构对信息的征用（Schiller，2007），都可以与新自由主义相提并论。这种意识形态表征着放松管制和私有化概念（Murdock & Golding，2001），同时也与强调个人自律性和高度责任感相关。但是这种高扬的个人主义最终会对社会主体之间的关系构成基础造成伤害。从这个角度看，群体间的相互监控（即社会横向监控），恰恰是新自由主义的反映，因为它本质上意味着对个体进行监控，最终侵蚀了我们所生活的社会。总的来说，在线参与行为同时也造成了监控，因此只要我们——不是作为个人，而是作为公众——拒绝控制我们的信息生产，这种威胁就会持续存在。

政治：网络冲突、恐怖主义和网络安全

在对政治和新媒介的讨论中，我们认为新媒介包含了更多促进民主进步，以及财富和权力更公正、公平分配的重要政治承诺。这种扩大民主的承诺也隐含着试图改善全世界所有人生活的期望。虽然必须对新技术能消除所有政治弊病的观点持批评态度，但同时也绝不能忽视大众参与的积极潜力，因为这可能产生重要的民主化成果。从这个角度来看，在网络和其他新媒介环境中出现了两个严重的政治问题，即网络冲突和网络恐怖主义，这非常令人惊讶。前者可以定义为蔓延到网络空间的现实世界冲突（Karatzogianni，2004）。而网络恐怖主义则被理解为对信息系统出于政治动机的攻击，即对非战斗目标的暴力行动，这些都是由地方组织或秘密特工进行的（Curran, Concannon & Mckeever, 2008）。扩展一下这一概念，我们也可以将恐怖组织对于新媒介和社交媒介的使用纳入其中。网络冲突和网络恐怖主义即使不涉及民主问题，也可能被认为是有害的，因为它们不但与暴力相关，同时也存在少数人将意志强加于多数人之上的情况。从这个角度看，网络激进主义不属于网络冲突和网络恐怖主义范畴，网络激进主义的目的主要在于改变和影响公众舆论。相反，正如卡拉特佐詹尼（Karatzogianni，2004）所指出的，在网络冲突中，敌对双方以网络为武器彼此进行攻击。本部分内容就要讨论将网络作为武器使用的一些手段和结果。

卡拉特佐詹尼（Karatzogianni，2004，2006，2009）将网络恐怖主义主要置于民族-宗教（网络）冲突框架内，认为主要包括入侵敌方网站及创建/管理用于宣传和动员的网站。除此之外，利用网络传播恐怖分子使用炸弹、爆炸装置等的专门知识以及寻求财政支持等行为也属于这一范畴。最近，很多人利用社交媒介

（例如招募成员）让恐怖组织变得更加极端。下面我们将尝试分析战争、恐怖主义和新媒介之间的关系。

黑客——战争与冲突

黑客攻击，也被称为信息战，即使用信息技术工具攻击敌人的网站。它使用了与黑客主义者一致的标准方法，但目的不同。其手段包括分布式拒绝服务（DDoS）攻击和域名服务（DNS）攻击（参见 Karatzogianni, 2004）。DDoS 攻击往往导致网站瘫痪，因为服务器被通常由"僵尸机器"发送的大量页面请求所阻塞。而在 DNS 攻击中，域名与数字地址被技术分割，阻止用户访问网站。虽然这些方法被黑客主义者用于某些目的，但人们并不完全排斥，因为它们一般仅仅具有象征意义。特别是在网络冲突和网络恐怖主义中，还使用了两种更恶意的方法：蠕虫病毒的传播和未经授权的入侵（Karatzogianni, 2004）。蠕虫病毒可能使黑客获得对计算机账户的控制，并把它们变成僵尸账号，在所有者不知情和未允许的情况下对计算机账户进行操作。在人们的想象中，未经授权入侵计算机系统可能是最普遍的黑客行为。电影中的黑客天才们往往能够侵入绝密的超级计算机系统，如美国军方、美国国家航空航天局的计算机系统等。通过非法行动，这些黑客可以获取绝密信息或以其他方式破坏系统。

这些方法既可以协同使用，也可以单独使用，是网络战争中相当有效的武器。在某些情况下，它们甚至预示着敌意和即将到来的战争。2008 年夏天，在格鲁吉亚和俄罗斯的矛盾升级为武装冲突的几周前，有大量关于格鲁吉亚遭到 DDoS 攻击的报道（Markoff, 2008）。观察人士注意到，一系列显示为"胜利＋爱＋俄罗斯"（win＋love＋in＋Russia）的数据信息攻击了格鲁吉亚政府网站。这些攻击有效地关闭了格鲁吉亚的网站服务器，甚至总统米哈伊尔·萨卡什维利的个人网站也深受其害，被封锁了 24 小时。为了应对攻击，总统网站的运营后台被迫搬到了美国佐治亚州的亚特兰大市，由一家格鲁吉亚移民经营的公司（Tulip Systems）进行维护。其他方面的黑客攻击也同时展开，就在俄罗斯军队进入南奥塞梯之时，DDoS 攻击造成媒介、通信和交通站点以及格鲁吉亚国家银行的全部瘫痪（Markoff，2008）。马尔科夫认为，在整个攻击过程中，格鲁吉亚实际上没有任何网络连接，因此无法与可能的海外支持者进行沟通。马尔科夫援引的消息来源称，尽管袭击者的身份从未被确认，但其矛头指向了俄罗斯的民族主义者。一个名为"南奥塞梯黑客小组"的组织声称对破坏格鲁吉亚议会网站的行为负责，他们将格鲁吉亚总统萨卡什维利与阿道夫·希特勒的照片置入同框，相提并论（Leyden，2008）。与此同时，2008年8月，在格鲁吉亚军事打击开始几小时前，南奥塞梯政府网站受到攻击，而俄罗斯新闻社也遭到DDoS侵袭。在2009年1月的一次DDoS和DNS联合攻击中，中亚的吉尔吉斯斯坦共和国网络被切断长达7天以上，据报道这是俄罗斯的网络民兵所为（Googin，2009）。在许多方面，这种网络战争意味着现实冲突已经升级或蔓延到了网络空间。

另外两个例子显示了新媒介为战争服务的方式。一个是叙利亚电子军团（Syrian Electronic Army，简称SEA）实施的高调黑客攻击，另一个是"震网"（Stuxnet）病毒的发展。根据拉维（Al-Rawi，2014）的研究，恰当地说，叙利亚电子军团更应当被视为一个网络军事组织，而不是一个黑客团队。该组织成员声称自己在政治上是不结盟的，但他们在网站和社交媒介账号上使用的所有攻击和言论都支持巴沙尔·阿萨德。拉维（Al-Rawi，2014）认为叙利亚电子军团最初是由阿萨德领导的叙利亚计算机协会主办的。他进一步解释道，在叙利亚政府控制的地区，这些活动未经政府知晓和批准是不可能发生的。叙利亚电子军团有两个行动目标：消除叙利亚反政府派别的影响，并将公众注意力吸引到叙利亚官方话语之上（Al-Rawi，2014）。他们的策略很简单：攻击知名的或重要的网站，然后将结果发布在社交媒介上。其目标包括大学（加利福尼亚大学洛杉矶分校和哈佛大学）、新闻媒介（路透社、《纽约时报》、洋葱新闻、英国独立电视新闻、美联社等）、知名人士社交媒介账号（例如，侵入奥巴马总统的Facebook和Twitter账号，并将其链接到一个宣传视频上）和军事网站。2015年夏天，他们侵入了美军的公共网站，留下了这样一条信息："你们的指挥官承认，他们正在把受训的士兵派往前线送死。"（Vinton，2015）而在2013年另一起备受关注的黑客攻击中，他们侵入了美联社的Twitter账号，并发布了以下推文："白宫发生两起爆炸，贝拉克·奥巴马受伤。"费希尔（Fisher，2013）声称，这次黑客攻击导致美国股市损失 1.36 亿美元，这不仅是一种破坏行为，也是一种网络恐怖主义行为，因为它导致了对现实世界的破坏。由于不断攻击新闻媒介和社交媒介网站，叙利亚电子军团声名鹊起。他们的手段不仅仅局限于通过僵尸计算机实施的 DDoS 攻击，还包括"网络钓鱼陷阱"和其他间谍方法，这些策略都需要对计算机编码和信息硬件设备知识具有高度认知和理解能力。从象征意义上看，这支电子军团是叙利亚非常重要的军事力量，很明显，没有这样一支队伍，任何现代军队或军事组织都无法运作，这一点在"震网"病毒的例子中得到了更为清晰的证明。

"震网"病毒的出现被认为是网络战争发展的关键节点，这是一种为了摧毁敌人基础设施而故意建造的网络武器（Langner, 2011）。简言之，"震网"病毒是一个计算机程序，它的目的是渗透并摧毁位于纳坦兹的伊朗核设施。它的工作原理是进入计算机系统并对其进行重新编程。实际上，该病毒在 2010 年成功进入了纳坦兹核电站的控制系统并破坏了离心机程序。法韦尔和罗霍津斯基（Farwell & Rohozinski, 2011）认为，"震网"病毒的关键不在于它的技术复杂性——它并不是特别具有创新性，而且很容易被控制，而在于它代表了一种完全在网络实施的新型战争类型。虽然并不清楚"震网"病毒的来源，但它的程序代码表明俄罗斯黑客参与了相关活动，他们过去曾使用类似技术工具开展过工业间谍活动（Farwell & Rohozinksi, 2011）。法韦尔和罗霍津斯基（Farwell & Rohozinksi, 2011）认为这类网络攻击是首次出现：使用了来自全球网络犯罪社区现成的和匿名的相关资源，因此攻击的真正来源可以隐藏起来，以免遭到报复。尽管当时伊朗察觉到了已遭受敌人攻击，但没有充分证据，因此不能实施报复行为。另外，伊朗在 2012 年又发现了一种电脑病毒，他们称之为"火焰"，能够收集伊朗核电站情报（Nakashima, 2012）。后来人们发现，"火焰"病毒与"震网"病毒有共同的基本"DNA"，这导致了一种猜测，即美国和以色列联合开发和种植"震网"病毒（Nakashima, Miller & Tate, 2012）。无论如何，"震网"病毒确实代表了一个新的历史阶段，国家机构自此开始参与恶意软件生产，并将其用作攻击重要基础设施的武器。

新媒介作为战争和冲突中的传播工具

在社会舆论宣传中使用新媒介往往会产生令人不安的后果。2007 年，一名女孩被暴徒用石头砸死的视频出现在网络上。名叫朵阿·哈利勒·阿斯瓦德（Du'a Khalil Aswad）的这名 17 岁女孩是库尔德族出身，信奉雅兹迪教，因与一名异教男孩私奔，她在伊拉克库尔德人聚居的小镇巴斯卡被暴徒用石头砸死，惨遭谋杀。这段视频在某些宗教论坛上被反复播放，女孩的行为被重新定义为犯罪，理由是她皈依了异教，随后有人呼吁进行复仇和反击。在女孩死后的几个星期，2007 年 4 月，几辆满载枪手的汽车拦截了一辆返回巴希卡工厂的工人大巴车，绑架了所有雅兹迪教派的人并处决了他们（Cockburn，2007）。尽管无法将谋杀视频与实际执行的报复行动联系起来，但我们仍然可以将其纳入如下语境：现实社会中的冲突会在网络世界中延续。类似的视频大量存在，例如，加沙地带的巴勒斯坦儿童、饱受战争摧残的伊拉克与阿富汗的社会惨状，这些内容可能不会直接导致一些人的极端行动，但必须被视为冲突的组成部分，它们在促进招募更多激进分子的过程中起到了非常重要的作用（Hoskins，Awan & O'Loughlin，2011）。社交媒介引发极端行为的过程非常复杂，尚未得到充分认识，随后的案例研究将对此进行更详尽的分析。

最后，我们必须把其他相关技术也纳入研究背景之中，例如利用网络传播专门知识和其他类型的实用技能。各种涉及极端行为的手册、操作指南以及详细的说明书都可以在网上找到，以指导潜在的恐怖分子，同时恐怖分子还利用网络进行金融交易或者洗钱（Castells，2004），以及寻求捐款。莱维特（Levitt，2002）指出，2001 年，一个英国网站与奥萨马·本·拉登有公开的密切联系，并为各种宗教激进主义阵线和组织提供银行账号信息，通过向它们提供购买武器的资金，扶植恐怖组织在世界各地的发展。阿里利（Ariely，2008：9）在研究中指出，我们必须看到，恐怖组织也是参与知识转移的学习型组织，这包括传播、经济、科学和实践的信息和知识。众所周知，恐怖组织也通过 Facebook 和 Twitter 来募集捐款，但美国财政部已经采取措施来破坏和制止这些活动（Sink，2014）。

因此我们可以看到，网络冲突中的媒介使用非常有效：它可以用来挑起事端并控制其结果，类似于 DDoS 和 DNS 的网络攻击情景；也可以用来控制信息流动，达到舆论宣传的目的；同时还可以进行社会动员，以便招募成员和募集捐款。从这个角度来看，媒介在现代网络空间冲突中扮演了重要角色。可以说，网络冲突和网络恐怖主义中的媒介使用似乎提供了一个技术和社会政治相互建构的典型案例。在一个充斥着冲突的世界里，技术既不能被视为完全中立，也不能将其自身的效率逻辑强加于人。相反，新技术似乎正在改变着网络冲突的形式，它们使冲突变得更为分散化，并引入复杂的技术工具，同时积极寻求全球范围内的支持。与此同时，技术领域冲突的外部效应导致了对抗性、侵略性和破坏性的技术实践。因此，必须将新技术视为现实世界秩序的组成部分，既积极利用它，同时也接受它的影响。

案例研究

网络极端主义

2011 年，居住在德国的阿里德·乌卡（Arid Uka）在法兰克福的一辆巴士上开枪打死了两名美国军人。他与恐怖组织没有任何联系，也没有任何历史或现实证据表明恐怖组织参与其中。当警方分析他的网络使用历史时，他们逐渐"拼贴"出乌卡从最初对"圣战"内容感兴趣，逐渐越来越着迷并最终沉沦其中的过程。在枪击事件发生前几个小时，他观看了一段视频，视频内容是一名穆斯林女子被美国士兵强奸。这使得魏曼（Weimann，2014）认为社交媒介上的内容与极端行为有直接联系。2015 年 2 月，三名来自伦敦贝斯纳尔格林的少女潜逃，目的是去叙利亚和恐怖组织武装分子结婚。该问题引起了相当大的焦虑，并再次突显了社交媒介的作用。这些年轻女孩通过 Facebook、Tumblr、Twitter 以及 Skype 和 WhatsApp 等"点对点"（简称 P2P）社交媒介在网上接受培训。纳科斯（Nacos，2015）在一份细致的研究报告中指出，社交媒介与极端主义之间的关系是复杂的。对于纳科斯来说，对这一主题的研究应该通过准社会互动视角来审视社交媒介的作用（Horton & Wohl，1956），同时要将女性纳入"粉丝社区"语境进行考察。

此外，塞奇（Sage，2015）注意到不同媒介（如电视）与道德恐慌之间的关系有明显相似之处。社交媒介引发的恐慌：20世纪80年代，英国政府禁止在英国媒介上播放爱尔兰新芬党领袖格里·亚当斯的声音，原因是担心这会使他们认定的恐怖主义变得更为严重或激发恐怖主义。然而，如果恐怖主义和媒介之间的联系如此明显，那么为什么接触人群中只有极少数属于恐怖分子呢？我们真的有证据证明恐怖主义和社交媒介之间存在关联吗？

吉尔、科纳、桑顿和康韦（Gill, Corner, Thornton & Conway, 2015）认为，现有的网络极端主义研究仍然存在不足：首先，缺乏经验证据（往往是道听途说）。其次，相关概念混乱，因为极端主义包括广泛的网络行动——从获取材料到详细的网络攻击计划都包括。此外，吉尔等人（Gill et al., 2015）指出，虽然已经建立了能够进行分析的研究范式，但令人惊讶的是，对这一领域的犯罪学研究却少之又少。最后，研究文献没有区分不同的意识形态团体。吉尔等人（Gill et al., 2015）在他们的研究中调查了英国被定罪的恐怖分子的网络行为，发现事实上网络并没有增加恐怖主义，而主要起到了一种辅助工具的作用。他们呼吁解散与恐怖主义有关的活动和组织。他们发现右翼极端恐怖分子在网上学习的可能性是那些犯下与"基地"组织相关罪行的人的3.39倍。此外，右翼极端恐怖分子使用网络资源准备发动暴力袭击的可能性要比后者高出4倍。然而，吉尔等人指出，暴力攻击者的网络学习更有可能采取与非暴力合作者直接交流的方式。在其他研究结果中，他们报告说，那些以赚钱为目的的人在网上交流的可能性是其他人的两倍，而那些抱有军事目的人与他人在网上交流的可能性则较低。简言之，这些学者得出结论，从意识形态和实际行为角度来看，"裂变"一词为新媒介与恐怖主义之间的关系提供了一种更微妙的解释。他们还批判了割裂线上与线下行为之间联系的"两分法"观点，他们认为，罪犯往往根据所策划的犯罪活动类型采取线上与线下的关联行动。这类实证研究表明，任何一种简单生硬的政策手段（如大规模监控）都不太可能有用。在许多领域——学校、社区和网络环境——都需要更细致、更有针对性的干预。

> 最近，社交媒介公司与几位学者和政策制定者一起，专注于"对抗性叙事"的内容创作，旨在消除宣传恐怖主义和仇恨言论等网络信息的影响。巴特利特和克拉索多姆斯基-琼斯（Bartlett & Krasodomski-Jones, 2015）研究了一些网络行动的发生机制和影响效果，这些行动往往由网络社区中的草根群体发起，以抵制仇恨言论和极端主义意识形态，研究者认为这种基于网络社区的对抗行动可能是打击极端主义的重要工具。然而，阿尔凯蒂（Archetti, 2015）很快指出，任何单一的"叙事话语"都不能激发恐怖主义行为，同时也没有哪种单一的"传播行为"能够对抗仇恨言论和恐怖主义。她认为需要分析整个传播语境，观察具体的社区、个人及其身份、重要联系人和其他相关人员，如意见领袖等。根据阿尔凯蒂的观点，利用基于网络社区的研究方法，同时密切关注叙事（话语）和政策（行动）之间的一致性，才是对抗极端主义的最有效工具（Archetti, 2015：56）。

经济：网络欺诈和欺骗

在网络冲突中，我们讨论了针对政治目标的攻击，而在经济方面，我们发现了旨在通过欺诈和欺骗他人来获取金钱收益的大量网络工具。第二章讨论了新媒介技术和经济学之间的关系，在该章中我们将其发展置于信息资本主义背景之下进行讨论。在本部分内容中，我们则重点关注网络经济的弱点，即它很容易遭受以经济利益为目标的攻击。无论是利用复杂的电子邮件，还是木马病毒或其他高科技工具，有一件事都是毋庸置疑的：网络欺诈和欺骗肯定存在，并且每时每刻都在我们身边发生。为了理解这类犯罪的类型和新技术在其中的作用，本节主要区分了"网络依赖型犯罪"和"网络驱动型犯罪"。从理论上讲，本书的主要观点是：尽管欺诈和欺骗一直是资本主义的固有属性，但它的网络版本与有关信任感丧失和风险增加的状况具有密切联系，导致"网络负面问题"（例如监控和冲突等）出现和增加。

网络依赖型犯罪和网络驱动型犯罪

麦圭尔和道林（McGuire & Dowling，2013）回顾了既有关于网络犯罪证据的研究，并对网络依赖型犯罪和网络驱动型犯罪进行了区分。网络依赖型犯罪是指只能通过计算机和/或通过接入网络实施的新型犯罪，其主要类型包括黑客攻击、DDoS攻击和病毒传播。而网络驱动型犯罪则是指传统犯罪行为向网络领域进行扩散，并不断扩大规模或范围，其主要包括诈骗、盗窃等方式。本部分将概述这两种罪行的类型和实例，并对其产生的相关后果进行讨论。

正如我们之前看到的，黑客攻击和DDoS攻击以及病毒传播都可以用于政治目的，它们可以在符号和物质层面发挥重要的政治功能。但是，此处我们将集中讨论上述行为在经济维度的犯罪作用，它们被调动起来是为了给主谋者攫取物质或金融私利。作为一种违法行为，为散布信息而侵入计算机网络可能会产生严重的政治后果，而为了获取人们的银行账号而侵入个人或公司账号则是为经济利益所驱动的。

过去几年发生了几起引人注目的黑客攻击事件，给银行和公司造成了重大损失，这些损失可能会转嫁给客户。虽然这样的攻击并不罕见，但由于担心客户对公司丧失信心，受害公司往往不愿将这种情况公之于众。因此，存在一种淡化网络非法入侵及其影响的倾向。备受关注的黑客攻击案例包括2014年的Target黑客攻击，黑客获取了7 000万目标客户的信息，其中4 000万用户的信用卡和借记卡信息被泄露（Perez，2014）。2015年英国Talk Talk电信公司遭黑客攻击，估计有15.7万用户的信用信息和银行信息被盗，给企业利润和客户造成了巨大损失（BBC，2016）。

恶意软件的传播是网络依赖型犯罪的主要形式。恶意软件的三种主要类型为病毒、蠕虫和木马。病毒是在电脑之间传播的自我复制程序，但需要人的行动来触发它们，即用户必须打开一个被病毒感染的文件。病毒可以导致电脑系统的严重破坏以及文件和数据的丢失。相反，蠕虫不需要主机，可以通过访问网站或网络、同级文件交换系统等进行传播。蠕虫可以造成破坏，远程控制电脑，窃取个人信息，或者把电脑变成"僵尸"，这些"僵尸"随后可以用来进行DDoS攻击或发送垃圾邮件。与病毒和蠕虫不同，木马程序不能自我复制，但它看起来像合法文件，用户往往受到欺骗进行下载和运行。木马的使用目的与病毒和蠕虫的目的类似，即获取个人数据，包括网上银行密码和用户电脑中的其他信息。

尽管有越来越复杂的变种，但网络驱动型犯罪的技术含量可能更低。早期的诈骗陷阱，如尼日利亚《刑法》第 419 节（1990 年第 777 章）命名的"419 诈骗"（Longe et al.，2009），即"预付费诈骗"仍然存在，同时一些更为复杂的、企图诱使用户放弃他们的密码或其他敏感数据的诈骗行为也经常发生。网络钓鱼、欺骗或网址链接都是用来获取密码、银行卡或其他详细信息的不同类型诈骗手段。在大多数情况下，这种类型的诈骗依赖于社交工程手段，如利用人们的信任感或对权威的认同感，通过紧急求助电话或获奖通知来利用人们的好奇心，等等。网络驱动型犯罪在电子商务领域最为频发，电子商务过程中消费者可以在不亲自到场的情况下使用信用卡，而这类诈骗可能会利用虚假网站、模仿知名网站或为奢侈品提供优惠价格等手段来获取信用卡号码。尽管越来越多的人意识到这一问题，并广泛使用保护系统和其他安全检测手段，但这类诈骗行为仍然不断激增。

虽然这两类犯罪在行为实践层面看起来是截然不同的，但它们可以相互结合发生。例如，诈骗者可以利用电话让电脑用户下载病毒以窃取相关文件和数据，然后勒索赎金。各种网络诈骗的泛滥将造成巨大损失，英国"朱尼珀研究中心"（Juniper Research）最近的一项研究预计，随着电子商务的发展，以及诸如手机付款等新支付方式的引入，到 2019 年，这些犯罪造成的损失将上升至 2.1 万亿美元（Juniper Research，2015）。网络诈骗的威胁也刺激了应对这些问题的方法和手段的增长，例如，网络保险行业预计将从 2015 年的 25 亿美元增长到 2020 年的 75 亿美元，而网络安全产品和服务的规模预计将从 2015 年的 750 亿美元增长到 2020 年的 1 750 亿美元（Morgan，2016）。

风险、信任和网络安全：过度监控？

从更抽象的层面看，这种经济诈骗似乎与其他"社会负面问题"有直接联系，比如监视和控制。在造成诈骗形式激增的情况下，新媒介加速了信任感的消解，这是风险社会的关键特征之一。创造了"风险社会"这一概念的乌尔里希·

贝克（Ulrich Beck）简洁地总结了风险与信任之间的关系："关于风险的论述始于以下起点，即我们对于安全的信任感和进步的信念感的终结。"（Adam，Beck & van Loon，2000：213）在这种情况下，接触上述网络欺诈和欺骗会损害人们对网络系统的信任，并增加网络环境相关的风险。这导致了如下结果：人们欣然接受相关网络监管，同时出于保护我们自己的目的接纳网络监控。

事情的另一面是，这种网络欺诈行为最终可能会导致公开冲突。我们必须牢记，尽管上述讨论主要针对欺诈行为的个体受害者，但还有一个更危险的领域，即网络商业机构诈骗，其中包括工业间谍和假冒商业机构身份等类别。事实上，通过假借真实网站的身份，有些人通过网络诈骗将犯罪成本转嫁到保险公司或银行之上，从而导致商业机构组织卷入网络诈骗活动。但也有一些商业机构或公司并非受害者，而是以施恶者身份参与欺诈，它们利用网络手段暗中监视竞争对手。

文化：网络色情

这一讨论必须从一个简单的逻辑判断开始，即网络色情兴起是新媒介导致的负面结果之一。色情作品在女权主义圈子里和整个社会上都有很长的争论历史：色情作品是否仅仅代表了人类欣赏情欲的倾向？当一些性工作者认为他们能够控制自己的性行为时，我们是否必须将女性视为受害者？那么言论自由问题呢？这些争论现在还没有得到解决，也不太可能在未来很快解决，但是网络和新媒介在某种程度上加剧了这些困境，因为它们使得色情作品在网络环境中可以免费获得。

帕索宁（Paasonen，2010）认为，首先，对于网络色情流行程度的预测有很大差异，数据分布从3.8%横跨至80%，这种差异源于参与测量的机构和时间不同。在20世纪90年代中期，网络色情盛行，而在后来几年里，随着更多的人使用网络，这个数字反倒下降了。过滤软件网站或保守的家庭组织倾向于夸大网络色情的发生率，它们往往不对色情文学、纯粹色情内容和性教育内容等类别进行区分（Paasonen，2010）。其次，网络色情相关的内容范围跨度很大：可能从极端施虐狂、受虐狂（SM）和暴力色情到另类色情都涵括，这些被称为"非主流色情"（Alt Porn）（Attwood，2007；Paasonen，2010）；也可能包括迎合各种性取向、酷儿、另类身体类型的色情等，这些则被称为"网络色情"（Net Porn）（Jacobs，Janssen & Pasquinelli，2007；参见 Paasonen，2010）。最后，网络色情的生产方式可以是专业的、商业的、艺术的或纯文本的，也可能包括用户生成的普通色情内容，就像在 YouPorn（YouTube 的色情版）上发现的那样。由于流行程度的差异性和内容、生产方式的多样性，想要做出任何关于网络色情的普适性定义都非常困难。

但应该清楚的是，上述内容、类别和概念并非仅仅具有消极意义，对于研究来说，它们也为我们提供了新的可能。本部分主要讨论与网络/新媒介相关的实践，这些实践引入了一种暗含消极性、剥削性的动向，这可能会破坏或扰乱社会文化的流动和表达。在我们这个例子中，意味着对广泛接受的性文化习俗造成了破坏，以及人们在身体、情感和心理方面受到了伤害。因此，虽然色情往往与道德恐慌联系在一起（Kuipers，2006），但并非所有的色情内容都会导致对女性的性别歧视或暴力，或者破坏家庭道德。事情的另一面是，一些极端暴力和令人不适的色情作品中的受害者往往受到残酷剥削，这使得网络色情被贴上了网络空间"黑暗面"的标签。

2003 年 4 月，英国西萨塞克斯郡警方发现了一具尸体——31 岁的音乐教师简·朗赫斯特（Jane Longhurst），她是被一件紧身衣勒死的。尸首被藏了好几个星期才被发现。2004 年 3 月，格雷厄姆·库茨（Graham Coutts）被判谋杀罪名成立，被判处 26 年监禁。作为一名 35 岁的音乐家，库茨承认自己有恋颈癖，他已经利用网络色情网站观看涉及窒息性行为和勒死手法等的内容将近 8 年（BBC News，2004）。审判过程发现，库茨电脑中存储的色情图片有 86% 都是暴力性的，经常出现脖子上绑着绷带的裸体女人。控方在审判中出示证据，证明他在案发前一天浏览了宣传暴力窒息行为的电影网站。虽然没有证据表明暴力色情导致了这起谋杀，但受害者的母亲利斯·朗赫斯特（Liz Longhurst）发起了反对这种网络色情的运动，她认为政府必须对这些可怕的网站采取行动，因为其具有极为恶劣的社会影响并美化极端性暴力（BBC News，2006a）。此外，利斯·朗赫斯特认为，在这些图像中出现的大多数妇女都是被强迫的成年人，她们惨遭贩卖和剥削（参见

Murray，2009）。从这个角度来看，这种图像生产是一种暴力犯罪。尽管在英国制作和传播暴力色情作品已经被认为是犯罪行为，但新法律更为严格，甚至将存在或貌似存在暴力或者生命威胁、可能导致严重伤害的图片也界定为非法内容。《2008年刑事司法和移民法案》第63条将持有描绘暴力性行为、兽交和恋尸癖的图片定为刑事犯罪。虽然这部法律的合理程度存在争论，但许多人都认为这是必要的第一步，为的是对伤害妇女的暴力行为进行控制和惩罚（参见 Murray，2009）。

另一个非常令人不安的例子则来自英国普利茅斯郡的瓦妮莎·乔治（Vanessa George）。39 岁的乔治在托儿所工作，照顾四岁以内的儿童。2009 年 6 月，乔治承认了 13 项指控，包括实施儿童性虐待以及制作和传播儿童不雅图片（BBC News，2009）。乔治曾与计算机专家、臭名昭著的性侵犯者科林·布兰查德（Colin Blanchard）以及一个名叫安杰拉·艾伦（Angela Allen）的人建立朋友关系。随后，她开始虐待受其照顾的孩子，并用手机拍下照片，通过 Facebook 发给布兰查德和艾伦，而后两人也会把自己实施虐童恶行的图片发给乔治。毫无疑问，新媒介为虐童者创造了新的机会，他们可以在几分钟内制作、分发和下载受虐待图像。尽管具有管制和惩处这些非法行为的法律规则，但网络巨大的空间和分散性导致很难控制这类图片的制作或传播。

还有一个让人极为痛心的案例。17 岁的英国女孩阿什莉·霍尔（Ashleigh Hall）有一个自称为彼得·卡特赖特（Peter Cartwright）的 Facebook 好友，后者假扮成一个十几岁的男孩，并在 Facebook 上发布了一张赤裸上身、面貌英俊的照片。两人在网络上成为朋友后互发短信，并约好在 2009 年 10 月见面。但事实上，这个自称彼得·卡特赖特的人原名彼得·查普曼（Peter Chapman），33 岁，是一名性罪犯，他假装成彼得·卡特赖特的父亲，引诱阿什莉上车，然后将其奸杀，并把尸体遗弃在篱笆旁的沟里。查普曼第二天向警方供认了谋杀，最终被判终身监禁。这起案件促使 Facebook 发布了一份声明，敦促人们不要在不熟悉、不了解的情况下与任何网络联系人见面，"因为世界上有一些内心恶毒的人存在着非常邪恶的目的"（BBC News，2010）。在这种情况下，新媒介帮助一名性侵犯者接触到一名无辜的女孩并造成其死亡。

最近出现的一种做法是"报复性色情"行为，即心怀不满的人将曾经的伴侣（通常是女性）的不雅照片发送到指定的"报复性色情"网站，甚至发送给他们的家人和朋友。这种行为对受害者造成巨大影响，从广义上看，正如菲利波维奇（Filipovic，2013）所言，报复性色情本质上是一种厌女症，目的是羞辱和贬低女性，而女性是这种犯罪的主要受害者。法院在判决中往往倾向于认同这种观点，认为未经当事人同意就发布照片属于违法行为。但由于出现了美国凯文·博拉尔（Kevin Bollaert）等一系列引人注目的案例，现在上述做法遭遇了反对意见。博拉尔经营着一个名为"ugotposted.com"的网站，该网站允许匿名张贴裸体照片，而无须获得当事人的同意。他同时还运营另一个网站"changemyreputation.com"，并在其中指控受害者以删除他们的照片。2015年，博拉尔被判有罪，被判处18年监禁。报复性色情行为现在在英国和美国一些州是非法的，但犯罪者依然通过各种方法和途径发布或张贴报复性色情内容。作为犯罪的一种变体，一些人将受害者的照片合成叠加到色情场景之中，然后将其发布到社交媒介上。有一起类似案件在英国引发社会愤怒——英国警方决定不对一名36岁的男子提起刑事诉讼，而这名男子曾利用Facebook账号为一名15岁女孩拍照，并合成为露骨的色情图片，随后发布在色情网站上，供人浏览、评论和点击（Laville，2016）。

新媒介和性侵犯

总的来说，毫无疑问，新媒介技术为各种性犯罪者创造了一个新的环境。唐娜·休斯（Donna Hughes，2002）认为，新技术正在与大量性别歧视以及针对妇女暴力行为的意识形态相互结合，这种现象的激增往往导致暴力和其他形式的性剥削。这些剥削可能是直接发生的，在一些案件中，妇女和儿童等弱势群体往往受到威胁，被迫发生性行为，遭到强奸和攻击，然后这些行为的视频被出售或发布到网上以满足他人；这些剥削也有可能间接发生，即由于往往存在将色情作品主流化的倾向，更多的暴力和剥削被催生。休斯进一步将此归因于网络色情的泛滥，她认为这加剧了竞争，导致了更为极端、更令人不齿的性爱场景产生。同样，新媒介也导致了儿童色情制品的大量增长：照相机和模拟录像机等传统媒介非常昂贵且难以使用，不利于内容复制，而使用电子邮件进行色情内容传播速度又极慢；

新媒介的出现则使色情内容的生产（数码相机、扫描仪、手机相机和其他数码记录媒介被用来拍摄儿童色情图片）和传播（网络可以接触到空前数量的人群）都发生了颠覆性变化。此外，新媒介为恋童癖者提供了接触和引诱儿童的新机会，未成年人会在网络聊天室被搭讪，被要求摆弄姿势和发送照片，甚至私下见面。另外，色情掮客和人贩子也经常使用网络宣传他们的"商品"并寻找顾客。

因此，新媒介与性侵犯之间的关系体现在四个维度。首先，它涉及在极端场景中发生的实际身体和情感伤害。其次，它为极端暴力色情的制作、传播和获取提供了前所未有的便利。休斯曾经引用一位专家的观点，认为在新媒介出现之前，"性狩猎者"想要满足自身目的往往需要满足至少三个条件：知道极端色情内容的存储空间、搜寻路径以及能满足其感觉的相关图像的获得方式（Hughes，2002：139）。再次，极端暴力色情图片的扩散可能会导致暴力犯罪增加，比如我们上面讨论的强奸和谋杀。最后，新媒介为性侵犯者提供了在聊天室和社交网站等在线环境中接触和引诱弱势群体的机会。

在其他研究中，研究人员强调了网络色情对文化的影响机制。丹斯（Dines，2010）认为，网络色情泛滥的后果之一是导致色情主流化，这反过来又对男女如何理解和构建他们的性取向产生重要影响。丹斯指出，网络色情是一个数十亿美元的产业，它建立在对受害者的剥削之上，并且从性暗示维度再现了男权主义的主导地位。同样，阿特金森和罗杰斯（Atkinson & Rodgers，2015）将极端色情视为一种文化特例，它最终会抹杀受害者的人性，并否认所造成的全部伤害，同时强化高度男权主义的社会文化价值观。阿特金森和罗杰斯进一步利用了"漂流"的概念（Matza，1967），即随着时间推移，色情作品的生产和消费不断走向更加极端、残酷和灭绝人性的方向。

反应：监控的再次实施

社会对于新媒介与性侵犯、性剥削之间互动机制的反应是双重的。首先，它积极采取立法形式以应对新媒介的挑战。例如，就像上面讨论的那样，可以禁止在特定网络空间内发布含有暴力色情内容的图片。大多数国家不仅禁止制作儿童色情图片，而且禁止保存和传播儿童色情图片。其他取得有效进展的措施还包括

2006 年通过的《英国数据保护法案》修正案，这使得信用卡公司可以没收那些进行网络儿童色情作品买卖顾客的信用卡（BBC News，2006b）。其次，社会反应还体现在技术层面。为了避免儿童等易受伤害的人群接触色情网站，也为了追踪儿童色情网站的消费者和用户，已经开发了专门的过滤和追踪软件。网络保姆（Net Nanny）、安全眼（Safe Eyes）、电脑卫士（CYBERsitter）以及其他一些过滤软件程序相继出现，都是专门为防止人们接触色情内容而开发的。但这些软件还有更多功能，例如可能会允许父母跟踪孩子在社交网站上的活动，防止访问 P2P（点对点）网站，阻止进入聊天室，等等。2005 年，微软加拿大公司与加拿大皇家骑警和多伦多警察局一起开发了 CETS（儿童剥削追踪软件），该软件允许警察机构收集和处理大量信息，并通过交叉验证和使用社交网络分析来识别罪犯。2010 年 3 月，美国一款名为"怀俄明工具包"的软件程序允许警方对互联网上共享的数百万张非法图像进行交叉验证，并创建用户访问和使用这些图像的地图（*Herald Sun*，2010）。显然，这些反应在一定程度上有助于遏制对人的性虐待和性剥削，但它们仍然属于大范围网络监控和保护文化的重要组成部分。在这些方面，网络保护问题再次依赖于监视和监控。

结　　论

　　本章探讨了新媒介的消极影响，揭示了它给社会、政治、经济和文化流动带来的消解性甚至破坏性，这些负面效应会损害社会和/或个人的关系，但我们认为这并不是由技术本身造成的。尽管监视、冲突、欺诈和病态色情问题在新媒介出现之前就已经存在，但它们与新技术的结合产生了新的问题形式，创造了新的实施路径，并为那些具有破坏性、问题性的运作机制创造了新的机会。专栏 6.1 总结了其中的一些形式。

　　我们看到了监控的扩大化和公众信息的盗用；网络冲突和网络恐怖主义兴起所引发的安全问题；欺诈和欺骗的激增，侵蚀了信任，增加了风险；病态色情的传播，导致人性物化和人性剥削；所有这些都可以与控制文化的增长联系起来。随着这些现象的传播和增加，政府和民众要求对新媒介采取更多的保护和控制，而这种控制往往以更多的监控形式出现，表现为内化的自我控制和外化的他人监视等方式，包括对朋友、敌人，甚至对我们自己的孩子的监视。而这造成了不安全感的上升和信任感的丧失，从而形成一种难以逃脱的恶性循环。此外，控制往往会转化为对言论自由的限制和对隐私的侵犯，而我们不禁要问，为了确保安全，这种交换是必要的吗？这是一个社会迫切需要解决的问题。然而我们的讨论只能暂时以这样的观察结束，即新媒介存在的"黑暗面"不可回避，我们必须在某个时刻面对它。

专栏 6.1　本章主要观点总结

社会

监控：

- 全景敞视：少数人观察多数人
- 同景监视：多数人观察少数人，例如大众媒介文化、关注名人
- 横向监控：公众经常互相监控，例如，谷歌地球软件跟踪 Twitter 用户
- 个体在不信任、不安全的情况下与他人交往
- 在商业和政治层面，公众信息目前都受到剥削

政治

网络冲突与网络恐怖主义：

- 分布式拒绝服务（DDoS）攻击
- 域名服务（DNS）攻击
- 蠕虫和木马病毒
- 未经授权的入侵（黑客）
- 造成环境风险和不安全感增加

经济

网络欺诈和欺骗：

- 网络依赖型犯罪
- 网络驱动型犯罪
- 经济与政治冲突的表达
- 导致大量对于社会治安进行监控的要求

文化

暴力和极端色情：

- 极端色情新的生产和传播方式
- 新的类别，如报复性色情
- 新媒介允许性侵犯者在网上引诱弱势群体
- 网络暴力色情可能导致实际的身体暴力，如强奸和谋杀
- 在暴力色情作品制作过程中，人们实际上受到了伤害
- 扩大法律控制的范围
- 过滤和追踪软件的开发
- 立法和技术层面的措施都体现在社会监控文化中

研究实践

这项研究活动的目的是帮助读者理解网络安全主要涉及自我控制和限制问题。读者是否意识到可以收集多少关于他们自己的信息？在这个活动中，读者可以想象自己是一个侦探，试图通过任何公开渠道来寻找关于自己的信息。他们会发现什么？对发现的内容感到惊讶吗？这对他们未来的网络行为有什么影响吗？

拓展阅读

选择以下这些文章的目的是讨论网络安全、监控和保护等多个方面的问题，而它们是通过公众与新媒介的接触出现的。G. 埃尔默的文章（Elmer，2003）强调通过新媒介实施全景敞视监控的一些新方式：用户/消费者的信息随时被收集到信息处理系统之中，然后由信息处理系统反馈给我们。所造成的后果呢？往往会导致差异性和多样性的丧失，以及对任何创新性行为的压制。与此同时，G.

凯珀斯（Kuipers，2006）提醒我们，一些人认为危险的文化因素，实际上对另一些人来说是可以利用的。因此在我们开始任何形式的道德改革之前，必须牢记这种具有"数字化危险"的社会结构。结合社会监控理论的观点，并分析了大量网络威胁的构成因素，T. 莫纳汉（Monahan，2009）关于身份窃取的研究文章表明，新自由主义范式导致了更多的自我监控、监视和自律。在最后一篇文章中，奥卡拉汉等人（O'Callaghan et al.，2015）展示了在线平台的算法规则，并专门分析了"recommendation"系统是如何将用户推向更极端的位置的。

Elmer, G., 2003, A diagram of panoptic surveillance. *New Media & Society*, 5 (2), 231-247.

Kuipers, G., 2006, The social construction of digital danger: debating, defusing and inflating the moral dangers of online humor and pornography in the Netherlands and the United States. *New Media & Society*, 8 (3), 379-400.

Monahan, T., 2009, Identity theft vulnerability: neoliberal governance through crime construction. *Theoretical Criminology*, 13 (2), 155-176.

O'Callaghan, D., Greene, D., Conway, M., Carthy, J. and Cunningham, P., 2015, Down the (white) rabbit hole: the Extreme Right and online recommender systems. *Social Science Computer Review*, 33 (4), 459-478.

第七章
新媒介与新闻业

学习目标

1. 理解新闻业的危机及其社会政治影响
2. 理解互联网和新闻之间的关系
3. 理解新闻及其生产、内容和消费变化
4. 培养对新闻业和新媒介未来的批判意识

导　论

新闻业的发展具有自身历史分期性。在 18 世纪和 19 世纪，新闻业作为第四阶层开始崛起，与贵族、议会和教会等其他社会阶层并列，这标志着欧洲和北美更加民主化的社会和政治制度的兴起。尽管印刷新闻最初作为一种商业形式出现，即通过出售新闻获利，但它很快就变成了意识形态、观点和政治立场的载体。在《公共领域的结构转型》一书中，尤尔根·哈贝马斯（Habermas，1989 [1962]）论述了新闻业的各种历史性转变：新闻业的商业化发展产生了私人通信系统，在很长一段时间里，出版商只是为了微薄的利润而收集和组织新闻。新闻业发展的第二阶段具有并行性，即在上述早期报纸发展的同一时期，"文化人（知识分子）"开始在欧洲大陆出版学术期刊，在英国出版政治期刊和道德周刊（Habermas，1989 [1962]：182）。哈贝马斯把这称为"文学新闻"——这种工作主要由中产阶级的中上层从事，他们受过良好的教育，并试图阐释自己的理性批判思想，目的是教育读者。这种新闻工作并不赚钱，而且常常是由作者自己出资的。报纸和文学新闻的结合促成了报纸"编辑功能"的出现，而不再局限于仅仅报道新闻：报纸开始寻求发表社会公共事务的意见和评论。新闻的出现既起到了信息传播作用，同时又推动了舆论扩散。它持续刊登各种沙龙里进行的辩论内容，从而有了明确的政治功能。这就是公共性原则，它使政治决策和其他社会公共事务服从于理性的公共使用（Habermas，1989［1962］）。

新闻业发展第三时期的特征是"企业化"，发轫于19世纪中叶的西欧。出现这种情况一是因为西欧各国宪法保障了言论自由，取消了针对新闻业的过度税收，二是因为广告的兴起带来了良好的投资回报。前者允许媒介报道减少党派之争，后者允许媒介专注于商业机会（Habermas，1989［1962］）。哈贝马斯引用了比歇尔（Bücher）的观点：在这种情况下，"报纸呈现出企业的特征，即广告空间是一种商品，通过编辑部被推向市场"（参见Bücher，1917；Habermas，1989［1962］：184）。这意味着一家报纸取得的广告销售成功源于它所采取的编辑立场，以及它所吸引的受众的数量和人口特征。对哈贝马斯来说，这最终导致了公共领域的结构转型，新闻业成为私人利益入侵公共领域的特洛伊木马。

尽管这对公共领域来说可能并不理想，但随着商业的彻底繁荣，新闻业也在蓬勃发展。特别是在20世纪早期，随着"媒介产业大亨"的崛起，例如英国的罗瑟米尔（Rothermere）勋爵和诺思克利夫（Northcliffe）勋爵、美国的赫斯特（Hearst）和普利策，报纸获得了巨大的利润和权力，这种趋势一直延续到现在。鲁珀特·默多克是新闻国际集团的所有者兼大股东，他赢得了英国大选，影响了媒介政策，在国际政治中拥有发言权，一直让该集团成为世界上最强大、最富有的企业之一。但在20世纪末和21世纪初，情况开始发生变化。数据显示，报纸发行量逐年急剧下降。例如，2015年英国报纸发行量同比下降7.69%，而自2009年以来这种变化率大致相同，显示出发行量的大幅下降（Sutcliffe，2015）。美国报纸的情况虽然稍好一些——2013－2014年损失了3%（Barthell，2015），但行业前景仍然非常黯淡。皮尤研究中心的报告显示，过去5年中，美国报纸收入不断下降：其中印刷广告下降5%，而数字广告增长3%，但后者的增长并不足以弥补前者造成的亏空（Barthell，2015）。作为2016年运营表现最好的出版商，英国《每日邮报》印刷广告收入损失率高达13%。尽管第一季度数字广告收入上升了24%，但仍不足以弥补缺口（Sutcliffe，2016）。自2001年以来，美国新闻业估计有五分之一的从业人员已经流失。理论家们分析讨论新闻业的深刻危机并不令人感到意外,新媒介也直接卷入其中。这一章将回顾关于这场危机的事实和争论,并将继续讨论新闻生产和新闻的变化、新闻网站的内容以及网络新闻的受众和消费行为。

新闻业的危机

正如托德·吉特林(Todd Gitlin, 2009)所指出的,尽管"危机"这个词已经被滥用了,但对于当前的新闻业来说,它还是一个非常恰当的描述。事实上,吉特林认为新闻业所遭受的危机至少有五类。根据美国新闻业的状况,他认为危机包括以下方面:(1)发行量下降;(2)广告收入下降;(3)受众注意力分化;(4)权威性消解;(5)新闻业开始无法或不愿质疑权力机构。这些原因导致了一场深刻的新闻业危机,谁都不太可能毫发无损地从中全身而退。

但身处或面对危机意味着什么?"krisis"一词可以追溯到古希腊时期,意为"审判",在法律和通常意义上都是如此。面临"krisis"意味着出现了需要纠正的混乱状态。"krisis"同时也暗含对混乱状态的处理结果,即要求提出解决混乱的方法或措施。从这个意义上看,"krisis"与批评的概念是密不可分的,因为后者既包括识别问题,也包括补救行动(Brown, 2005)。虽然在现代主义早期观念中,"批评"和"危机"这两个词变得各自独立而又截然不同(Koselleck, 1998),但我们可以坚持它们的历史联系,因为其暗示任何摆脱危机的行动都是由彻底而明确的批评推动的。从这个角度来看,危机意味着一定的僵局,在这种僵局中,除非做出决定并引入变革,否则事情无法向前推进。因此,危机是变革的潜在机会,是系统保持活力的一种方式,使之能够从引发变革的批评中汲取力量,而这些变革不仅使系统得以生存,而且能推动其向前发展。因此,新闻业的危机既包括对其所面临的一系列问题的判定,同时也涵盖了让所有利益相关方运用他们的判断——批评——来推动新闻业向前发展的机会。但毋庸置疑,对问题或危机进行明确判断是形成有效批评的第一步。重新审视吉特林的五个问题,我们可以提出新闻必须应对的四个危机:时间、金钱、独立性和文化转型。下面将依次处理这些问题,并讨论新媒介在这些危机中所起的作用。

时间与新闻业

卡斯特讨论了新媒介改变时间观念的方式，他提出了永恒时间的概念，认为这是网络社会的特征（Castells，2000 [1996]；参见第一章）。时间之所以是永恒的，正是因为它不能再被划分、测量和界定成特定的时间段。在网络社会中，时间是持续的，就像 24×7 全天候的节奏一样连续。而这种节奏在当前新闻业中体现明显，它将新闻的周期变成了 24×7 全天候。时间一直是新闻的基本构成维度，新闻本身就包含了时间概念，因为只有最近发生的事件才有资格成为新闻。但是，新闻的流动性遵循并契合每种媒介的特定时间流动性：报纸的新闻周期通常在清晨结束。而就电视来说，它往往在 12 点、6 点或 10 点等整点时间播出，虽然有时也会为突发新闻或特定新闻留出一定时间段。另外，传播速度对新闻来说同样重要。这确实是新闻的最重要属性之一（Chalaby，1998）。举个例子，第一场马拉松属于一位雅典战士，他急奔 40 多公里为雅典带来了马拉松之战的胜利消息。但新媒介已经迎来了永恒时代，新闻周期也从这些时间表中脱离出来。新的新闻周期是恒定且永不停息的，内容新颖性和传播速度是主要标准，优先于其他任何维度。因此，传统新闻周期允许进行一些新闻的研究、选择和处理，但在永恒时间条件下，高度连续性节奏导致不断产生新的压力，传播速度高于一切。

永恒时间的崛起对新闻业产生了多方面影响，最重要的是新闻从侧重调查或分析转变为注重内容传播时效性，进而导致新闻业的职业化诉求转变：重点被放在寻找最新新闻的技术上，而不是被放在艰苦的研究、深入的分析和博学多闻的评论上。为了吸引更多的受众，或者为了让同一受众经常性接触并浏览，网络新闻必须每天保持多次更新。这通常是利用获取最新消息的途径来实现的，即使该消息的实际新闻价值非常小。但这最终会导致新闻质量下降、可信度丧失，因为没有时间对报道进行必要的核实，而这经常导致极度碎片化的甚至不实的报道（Dimitrakopoulou，2005）。的确，时效性一直是新闻的一部分（Deuze，2005），但是新媒介的"强时效性"可能会导致新闻"权威性"被重新定义，尤其是其不再完全依赖于新闻的事实验证。卡尔松（Karlsson，2011）认为，新媒介传播速度和实时发布的压力促成了新闻过程中开放且透明的新型文化兴起。而新媒介带来的全天候节奏无疑使得时效性成为新闻竞争的重要组成部分，因此大范围的新闻竞争是市场逻辑强加的结果（Bourdieu，1998）。

新闻业与市场化

市场化对新闻业的压力是显而易见的。如前所述，随着销售收入、广告收入和分类广告收入都在稳步下降，报纸企业的破产和倒闭现象越来越普遍，一些著名报纸企业成为金融危机的牺牲品。在过去几年里，许多报纸企业高调或低调地倒闭，由于不断亏损，一些报纸将永远消失，这是不可避免的结果。这种趋势是全球性的，世界各地的报纸都难以幸免。

与此同时，皮尤研究中心"卓越新闻项目"发布的 2015 年度《新闻媒体状况》（*States of News Media*）显示，新闻业仍然是一个可存在的行业。尽管如前所述，新闻出版商可能不会从网络广告中获得大幅收益，但他们仍在赚钱，例如，据美国有线新闻网报道，2015 年新闻机构收入约为 200 亿美元。然而，发行量下降和未来不确定性导致媒介机构不断削减业务工作岗位。1990 年美国新闻从业人员约为 56 900 人，而到 2014 年则降至 32 900 人（Doctor，2015）。然而，这些数字实际反映的可能是新闻业的资金问题，而不是公众对新闻业整体兴趣的下降。

141 因此，皮尤研究中心 2015 年的《新闻媒体状况》发现，尽管有线新闻和报纸受众人数分别下降了 8% 和 3%，但网络和地方电视新闻受众则分别增长了 5% 和 3%。从这份研究报告的结果看，很明显，人们对新闻和新闻业仍然抱有兴趣，但在新闻消费媒介选择层面呈现出多样化趋势。受众或读者分流是新闻业遭遇的核心问题，这直接导致了收入损失。对此现象最为流行的一种解释是，新闻业正在赔钱，公众不再愿意支付订阅费或报纸版面费，因为他们随时可以通过网络免费获得新闻。与此同时，尽管网络新闻消费者增加了来自在线广告的收入，但报纸的广告收入下降了，出版商仍然无法弥补这一缺口。在某种程度上，广告收入的损失可能与两个问题有关：首先是广告拦截软件的兴起，以及受众为避开

或跳过网络广告而开发的其他方式。其次是社交媒介平台的崛起，它们获得了数字广告收入的最大份额。从广告商自身角度看，他们不愿意在网上花很多钱，因为回报微乎其微。事实上，根据一项被称为 ROAS（广告支出回报）的衡量标准，尽管数字比例相比前几年有所增加，但网络用户的平均价值仍然仅为报纸受众的 35%～55%。从这些方面看，虽然新媒介为新闻业提供了令人兴奋的新机遇，但它还没有找到将这些机遇转化为金钱或获得稳定收入的途径。

简言之，新闻业的金融危机可能在一定程度上要归咎于网络。首先，它引入了一种新的媒介来发布新闻，从而分流了新闻受众；其次，它转移了广告收入，阻断了新闻业的传统收入来源。大型新闻机构采取的补救措施似乎对新闻业的伤害更大。通过裁员等成本控制方式来维持利润的倾向导致了同一条新闻在不同新闻媒介平台的重复，削减成本也意味着缩减那些需要大量资金投入的新闻（主要依靠记者进行报道的国际新闻）和调查性新闻（需要相对较多的调查时间）。因此，新闻再次失去了多样性，公众只能过度依赖新闻机构，甚至公关机构获取新闻。

新闻业的独立性

尽管金融危机可能由新媒介引发，但新闻业的结构本身就预示着潜在的问题。从结构上看，新闻业处于市场维度和政治维度之间，依靠市场生存，并将市场视为核心要素，但它被认为应当是为公众服务的（参见 Habermas，1989[1962]）。新闻业的问题是，它实际上是由市场主导的，而在当下这个媒介饱和的时代，新闻业却往往主导其他领域，如科学、法律、政治等，规定它们在何种前提下运作。这是皮埃尔·布尔迪厄（Pierre Bourdieu, 1998）提出的论点。他进一步指出，由于强调宣传（广告）及其与市场的联系，新闻业已经控制了大多数其他领域，这些领域现在也必须以宣传（广告）为基础进行运作，同时又受到市场规律的制约。然而，新闻业也因此付出了可信度的代价，这正是由于它无法保持自身的独立性，而是依附于市场规则。从这个角度看，新闻业应该维护自己的独立性，并能够像其他行业一样发挥作用。通常情况下，为了实现这一目标，新闻业必须设定准入标准和退出成本。就像医学和法律领域对于行业准入资格和从业者行为进行的严格控制一样，新闻业也应该规定一个人成为记者所必须具备的职业条件，以及记者作为专业人士的行为准则。

但是新闻业从来没有明确标准来衡量谁有资格成为一名记者，因为这个职业传统上对所有人都是开放的，不管他们是否有大学学位或接受过相关培训。尽管这个职业需要自我激励和内在动力、对公共事务的兴趣以及特定的写作才能和知识，但它本身并不具备明确的专业性。此外，关于言论自由的法律意味着任何人都可以发表看法，不管他是否拥有记者身份。但新闻专业化的困境并不一定完全具有负面效应。新闻总是站在公众和政府之间，它的职责是为公众服务：一旦它丧失了专业性，那么新闻业就不能对公众负责，公众也无法对其进行批评。与此同时，这种专业化或许可以保护新闻业不受市场或政府的影响，使其能够根据具有约束力的道德规范和准则履行公共职责。以前这些或许还有可能发生，但现在，新媒介已经使新闻独立性这种专业化标准几乎完全丧失了。任何人都可以利用新媒介进行表达：通过不同方式发表意见、实施批评、发布消息，以及调查、评论和分析新闻。尽管这些人中的大多数可能不具备成为记者的资格，同时也不够专业，但他们实际上却或多或少从事着记者的工作，没有任何方法或正当理由可以阻止他们传播或发表自身的意见和观点。可以看出，虽然缺乏独立性可能会导致危机，但将独立性作为专业化标准似乎也无法解决新闻业所面临的问题。

文化转型

新闻业危机的最后一个维度与所谓的文化转型有关。在后文中我们可以看到，这些转型和变化包括新闻消费方式的转变。传统上，人们在早餐时间或在上班途中阅读晨报，并在晚上 8 点或 9 点收看晚间新闻，而网络新闻消费则带来了一种新的模式，人们往往在工作时间内偷偷浏览头条新闻。此外，新媒介也带来了一个重要转变——公众从消费新闻转向生产新闻，或者至少是对新闻进行写作和评论。与传统新闻业强调独立性相反，网络新闻更需要共同合作、集体努力和协同生产。维基和众包等概念恰恰反映了这种协作性文化转向：受众在各自贡献的基础上进行相互合作。但是问题在于，新闻业如何与新媒介和社交媒介文化形态的持续变化保持同步？

网络与新闻业

网络和新闻业的关系无疑是一个令人感到棘手的问题。一方面，我们发现网络即使不是危机的真正动因，至少也是催化剂：时间、金钱、他律以及文化转型都是新媒介的出现造成的。与此同时，网络似乎引领了公众与新闻、政府之间一种全新的、直接的关系。正如约翰·霍尔（John Hall，2001）所指出的，现在已经进入"去媒介化"阶段，社会不再需要新闻在个体、公众、政治或其他事件之间进行调解，因为这些事件是由相关人员直接报道的，公众能够随时随地直接看到它们。这无疑提出了关于新闻业自身作用和合法性的重要问题。

与此同时，理论家们转向网络寻求解决这一危机的办法。例如，早在2002年乔·巴尔德尔（Jo Bardoel）就认为网络将导致一种新型新闻的发展，这种新闻能够有效利用网络自身特性创新新闻形式。互动性、多媒体、超链接以及新闻和网络信息的非同步性为新闻报道提供了新的可能，这些特性能够通过超链接和超文本在空间、深度和广度上对新闻进行拓展，并利用用户参与（可能位于不同地理位置）实现外化。此外，网络作为一个庞大的、可访问的档案和资源库，它能够使新闻得以及时扩散。尽管巴尔德尔对网络新闻的未来持乐观态度，但他指出，新闻业需要拥抱并充分利用新媒介特性。帕夫利克（Pavlik，2001）等人认为网络在四个维度重构了新闻业：（1）新闻内容；（2）记者必须具备的技能；（3）新闻机构和新闻编辑室的结构；（4）新闻业和所有公众的关系，包括民众、消息来源以及政客等。帕夫利克认为这些变化是积极的，他发现这种重构不仅能化解危机，而且能使新闻业更好地实现现代化、民主化和自我优化。

那么，是应该让网络、新媒介为新闻业的危机负责，还是把它们视为新闻业的潜在救星？或许，通过观察新闻实践的实际经验变化，可以找到摆脱这种两极分化立场的途径。下面我们将分析网络新闻的生产、内容和消费是如何变化的，随后在结论中重新审视新媒介的作用。

新闻业的变化

在描绘新闻业的变化图景时，我们将关注三个不同维度：首先是媒介组织，这个层面能够追溯新闻在网络环境中的变化，或者从广义上说，可以追溯媒介组织发生的变化；其次是新闻内容，可以观察到新闻内容结构方式的变化；最后是受众维度，可以考察新闻消费模式的变化。在对这些研究结果进行综合审视之前，我们将借鉴相关实证研究，对新媒介与新闻的关系进行总结。

媒介组织

这一维度主要是指新闻生产所涉及的各种组织惯例和做法的变化，以及新闻业和媒介组织根据新的技术发展而在更大范围内采取的一些必要变革。总的来说，新技术带来了新的新闻生产模式。但最重要的变化是什么？对许多人来说，媒介融合为新闻生产带来了一系列重要的转变。融合是指不同媒介之间的界限变得模糊，甚至包括那些点对点的传播媒介之间，如邮政和电话，以及大众媒介之间，如电视、广播和通讯社（Ithiel de Sola Pool, 1983：23）。伊锡尔·德索拉·普尔所说的主要是媒介技术融合，这种融合进一步使媒介组织和产品融合成为可能。因此，诸如报纸等媒介组织可以与在线新闻网站和/或广播公司合并，它们的产品已经数字化，可以以音频、文本或视频形式出现在电脑终端、电视、手机或平板电脑上。然而，在媒介组织内部也可以观察到一个融合过程：以前由不同的人，甚至是不同部门的人执行的独立工作流程，现在已经实现融合。亨利·詹金斯（Henry Jenkins, 2006b）分析了媒介生产和消费之间的融合，认为现在正处于传播新时代的开端，而这个新时代更多地依赖于主动参与而非被动接受。首先，这种融合意味着需要修正现有的传播理论模型；其次，这种融合表明，在媒介产品的生产、销售和消费等媒介组织实践中发生了一系列变化。

融 合

这里主要关注融合在新闻传播内容的生产、销售和消费过程中的影响。首先，新闻生产的融合指向技术的发展，如数字化，它允许相同内容在不同媒介平台上流通和呈现，而不需要任何重大修改或编辑（Flynn，2001；参见 Saltzis & Dickinson，2008）。正如那句名言所说，"一次创作，随处出版"（Saltzis & Dickinson，2008：3）。这种融合意味着在所有媒介平台上即使只有一个记者或新闻制作人，也可以为所有这些媒介提供相同的内容信息。其次，从产品销售层面看，融合意味着一个设备可以组合所有媒介。虽然最初新闻业界支持用超级媒介来取代电脑、电视、收音机等，但今天的主流观点是，应当允许受众在从高清电视到移动终端的各种平台上接收相同的内容信息。然而，这反过来意味着那些不支持多平台内容播放的媒介最终可能会被淘汰。最危险的媒介似乎是印刷媒介——报纸和杂志被认为太过时和僵化，无法在融合时代生存。最后，在消费层面，融合强调提升和优化用户体验，并改进自身在生产过程中所扮演的角色。在具体消费实践中，这意味着媒介组织必须确保自己与公众之间沟通途径的开放性，为后者提供积极参与新闻生产的可能，以对产出内容进行有效整合。

对于大多数媒介机构来说，融合确实很有吸引力，融合能够使媒介跨越不同传播渠道，接触到更多受众，增加收入，并削减成本。因此，媒介想要保持竞争力，融合不可或缺。索尔齐斯和迪金森（Saltzis & Dickinson，2008）认为，为了确保竞争力和成本效益，媒介组织可能会采用以下四种融合策略：（1）对编辑部的组织结构和技术形态进行融合，这有时需要合并不同部门，而且往往要对多余人员进行裁撤。（2）雇佣和使用拥有跨媒介知识和技能的记者或专家，但对于那些专注于单一媒介的人来说，很可能意味着失业。（3）在各类生产过程中使用灵活的和用户体验良好的技术，从而提升内容生产效率。（4）积极利用新媒介扩展服务——媒介机构应当不断寻找增加新平台和使用多平台的途径。新闻生产融合实际转化为创建完全数字化的新闻编辑室，它使用新闻和其他媒介内容的全新生产系统，而这个系统基于服务器进行运作。这意味着新闻和媒介内容对所有工作人员都是开放的，然后由编辑指示他们如何进行处理。此外，内部通信系统（如 Slack）的采用，使编辑部的各个部门能够保持持续沟通。从实用角度来看，这些只是编辑部融合过程中发生的一些变化。然而，从广义上看，不但需要把融合理解成一种增长策略，而且应当视其为重要的成本削减策略。它之所以得到应用正是基于对效率的提升作用。

技能多元化

从记者的角度看,他们需要掌握几乎所有媒介的不同使用技能,这就是"技能多元化"概念。尽管这是一件好事,因为人们可以学习多种技能,但实际上却进一步造成了新闻职业的模糊化(Saltzis & Dickinson,2008)。例如,有些记者为电视、报纸和网络等两种或两种以上的不同媒介工作,也有些记者记录和编辑自己的视频。在约翰·伯特(John Birt,1992—2000)的领导下,英国广播公司(BBC)鼓励其记者掌握多种技能,但这种做法最终似乎适得其反。总的来说,在英国广播公司,人们认为一个好的电台记者不一定是一个好的电视记者。目前,英国广播公司并不鼓励记者同时为两家媒介机构制作内容,尽管大多数人有能力做到这一点。从这个角度来看,他们更关心产品质量,而不是控制成本。与此同时,对大多数记者来说,拥有多种技能是一种积极品质,至少这让他们对新闻制作过程有了更深入的理解。此外,音频、视频和文本材料的技术编辑与处理一直以来都属于边缘业务工作范畴,但现在可以将其视为核心部分,这能够使内容生产者对最终产品拥有更多控制权。

新的内容和报道方式

新媒介的技术特征、全新文化形态和逻辑以及各种政治经济压力使得新闻业不断寻求创新,重新定义自身角色。这些因素都积极推动了新闻报道形式的变革和发展,新的报道形式往往结合了叙事技巧、表现手法和风格的创新,同时也调整了吸引受众的方式。李斯特等人(Lister et al.,2009)在讨论新媒介技术时认为,它们的主要特征包括交互性、网络化、超文本性、虚拟性和模拟化。随着社交媒介的发展,以及它对互联性和共享性的强调,这些技术特征得以细化和延伸,促成了新型新闻形式的兴起。这里讨论的新形式主要指直播博客、数据新闻和游戏化新闻。虽然这些形式有所不同,但它们都具有新兴新媒介的基本逻辑特点:创新,强调新事物的结合;使用数据和新型-新兴技术;强调利用多种形式与公众直接和持续接触。

直播博客

这种新型新闻形式将社交媒介的一些特质与核心新闻业务（如新闻现场报道）结合。瑟曼和沃尔特斯（Thurman & Walters, 2013：83）将直播博客定义为"针对特定主题的单篇博客文章，并在有限时间（半小时到24小时之间）内分时段进行内容添加"。直播博客自1999年就已经存在，英国《卫报》是这种风格的先驱者，但直到最近它才主要用于体育报道。最近，直播博客已经成为突发新闻、实时现场、持续性事件和体育赛事的默认报道形式，通常可以包含多重媒介元素，例如提供进一步的信息链接、视频或其他人的推文。《卫报》利用博客直播各种活动，根据瑟曼和沃尔特斯（Thurman & Walters, 2013）的研究，《卫报》的大部分博客直播并非为了专门应对突发新闻，而是经过事先策划的。例如，新闻事件的博客直播报道语气比较严肃，而体育直播报道语气则更为随意，可与受众进行大量互动。

直播博客的矛盾之处在于，其大部分发布内容实际上并非来自新闻现场，这与Twitter直播不同，后者通常是记者（或公民记者）亲眼见证了自己在平台上发布的事件。对于正在进行的博客直播新闻报道来说，典型场景是记者在新闻编辑室同时监控几个新闻来源，并以直播博客短小、直接的风格进行报道。从这个角度看，直播博客可以被更好地理解为事件或新闻故事的中介或策划，而不是原始报道（Thurman & Walters, 2013）。换句话说，这主要是一个过程，记者从其他来源选择相关新闻信息，并在直播博客上尝试进行重复，辅以视频、推文和其他消息来源链接，让受众以类似现场直播的方式概览事件。

因此，直播博客的报道风格是在此时此地展开一个正在进行的新闻故事，它包括多重维度和不同视角。它模仿了一种对话风格，通常包括未经证实的新闻和相关说明。例如，一个博客账号可能会发布一条博文，但会指出它是未经验证的信息。从这个角度看，这是一种更自由、更透明的新闻，超越了新闻故事典型的倒金字塔结构报道方式。随着新闻事件的实时展开，直播博客报道能够体现出新闻信息的繁杂性，以及将重要和非重要内容进行区分所做的努力。同时，它消解了记者的专家身份，他们不再是无所不知的信源，而是信息劳工，试图在受众帮助下从纷繁复杂的现实中获得意义。此外，直播博客可以被视为一个适应快节奏社会媒介环境的标志。它采取全天候工作形态，以应对受众持续性浏览信息的新闻消费方式（Thurman，2013）。

但对直播博客也不乏批评之声。赛姆斯（Symes，2011）认为，这种新闻报道中既有相关信息，也有非相关信息，两者之间并非完全对应，因此除了时效性之外，没有任何合理信息分类：最新消息总是第一时间被呈现。赛姆斯指责说，直播博客分散了受众注意力，没有引导他们理解什么是最重要的信息，因为它在发布新闻时没有任何顺序，也不知道什么是真实的和重要的，什么是琐碎的和不准确的。这就是安德森（Anderson，2011）所认为的，直播博客可能会导致信息超载，让受众感到困惑，因为后者必须在新闻信息流中不断逡巡才能理解问题所在。另外，它可能会降低既定的新闻信息验证标准（Petrie，2011），因为它倾向于在新闻出现时就立即发布。基于以上观点，安德森（Anderson，2011）建议直播博客必须超越信息采集和报道的简单方式，而应当同语境和策划相结合，并经过更加丰富的内容处理过程进行新闻发布。尽管存在上述问题，而且也只是针对某些事件报道更加有效，但直播博客仍然是一种重要且有影响力的全新网络新闻形式。

数据新闻

数据新闻正在将数据分析与新闻报道相结合，创造出一种新颖、独特的形式。它能够最大限度地利用大数据资源，而这种资源与计算机能力提升和通信数字平台化有直接关联。数据新闻可以被定义为使用数据来分析大量原始、未经处理的信息片段，以便进行新闻报道和理解事态发展的方式。科丁顿（Coddington，2014）认为，最好将数据新闻理解为一种混合工具，包括统计分析、计算机科学、可视化、网页设计等技术同新闻叙事和报道的相互结合。数据新闻高度刺激了新闻业的兴奋点，因为它使新闻业与（社会）科学相关的研究技术相交叉，增加了新闻业的深度和严谨性，从而提升了它的价值（Lorenz，2012）。新闻不再仅仅为了捕捉新奇消息或追求再现事件原貌，而是追求对社会现实的理解，并以引人入胜的视觉方式将其传达给受众。此外，数据新闻被认为是最有前途的新型新闻形式之一，因为它实现了新闻业运作逻辑（对于事实重要性、新闻价值、分析和解释的强调）与新媒介运作逻辑（对于信息、数据、开放性资源和协作的关注）的深度结合。

从实践层面看，数据新闻相关的生产工作往往围绕数据收集方式展开。在某些情况下，数据已经由政府统计部门提供，而新闻记者重新进行处理和分析。在其他情况下，数据通过内部方式获得，是未经任何处理的，因此需要进一步清理和整合，以便梳理出新闻故事。"英国议员费用丑闻"是数据新闻的典型案例之一。《卫报》当时曾要求受众对分配给他们的数据进行筛选，并向记者协调员报告（Bouchart，2012）。在另一个被广泛讨论的案例中，维基解密公布了所谓的"战争日记"，这被认为开启了数据新闻的先河。这些数据长达 92 201 行，需要进行大量处理和分析，而这些工作有助于在新闻业中创建处理数据的新方法，涉及可视化、伦理和复杂的叙事手法等问题（Rogers，2013）。毫无疑问，数据新闻的生产有赖于拥有不同技能的成员组成的团队：从关键的统计和数据分析到图形和视觉设计，再到核心的新闻写作技能。从这个意义上说，数据新闻生产总是而且必然是一个基于协作的工作流程。

数据新闻的叙事元素非常复杂。大多数新闻故事使用多种叙事方法，包括文本、视觉表现和互动方式等，并通常支持定制模式，允许受众关注他们更感兴趣的元素。视觉图像内容涵盖交互式图表、数据地图，以及包含大量链接的照片等。数据新闻所讲述的故事往往比较复杂，涉及多个部分，试图呈现新闻事件的不同层面。通过这种方式，数据新闻所表达的意义能够与外部世界的复杂性相互结合，从而发现事件之间的全新联系，或者揭示出之前未知的关系，并能够产生新的发展动力。数据新闻为调查性新闻报道注入了新的活力，许多案例使以前被隐藏的新闻获得广泛传播，包括维基解密关于伊拉克和阿富汗战争的战争日记、卢森堡泄密案和"巴拿马文件"事件，以及关于欧洲政客、知名商业人士等的税务丑闻。数据新闻强调数据和事实，并通过这种方式来替代或补充那些主观性更强的新闻报道或新闻评论。

然而，数据新闻往往是一种劳动密集型的新闻形式，需要大量时间和资源，而后两者并非随时可用。另外，强调数据会带给人一种真实感，并且是一种无可争议的真实感，但必须指出，数据并非代表绝对真理。对数据的过分关注可能会掩盖它的政治意义，换句话说，会掩盖数据本身的结构方式和组成方式。尽管在许多数据新闻项目中都涉及伦理边界和道德规范问题，但报道的优劣往往取决于所使用的数据信息。虽然我们习惯将数据称作"原始信息",但它其实已经被处理过了,因为数据常以特定的形式或分析单元出现。此外,数据新闻需要编辑对关注重点以及数据解读方式进行选择和决策,因此报道不能完全保证更大程度的客观性和真实性,而是一种非常接近复杂现实的新闻表现形式。另外,对于数据新闻来说,新媒介消除了记者和受众之间的距离,而这对后者不无裨益。正如我们将在后文中看到的,新闻不再是说教,而是对话。然而,依赖于数据科学家和复杂数据处理的数据新闻似乎重新引入了专家/非专业人员的划分,这在某种程度上与新闻报道的大众化趋势背道而驰。最后,几乎没有证据表明受众或公众实际上是如何接收数据新闻的。它到底是一种简单地讲述复杂新闻事件的方式,还是一种混淆视听和使故事复杂化的方式,我们不得而知。因此,虽然数据新闻代表了一种令人兴奋的新型新闻形式,但必须进行更多研究来确定它的局限性和实用性。

游戏化新闻

在网络新闻发展早期,多伊泽(Deuze,2003)将新型新闻形式视为处于关注"内容性"和"连接性"两端的连续体:提供新信息使人们适应世界并获得新知识属于"内容性"一端,允许人们监控世界或参与对话则属于"连接性"一端。在此基础上,休·罗宾森(Sue Robinson,2012)对新闻作为一种"个体经验"的观点进行了新的阐释。她认为,新媒介不仅能让受众适应或介入对话,还能让他们沉浸其中、参与其中来体验新闻。新闻的游戏化和游戏化过程使受众准确地感受到了这一点:体验新闻。因此,游戏化新闻是指在报道中运用游戏原则和元素的新闻。更标准的说法是安德森和雷尼(Anderson & Rainie,2012)提出的,他们将游戏化定义为使用游戏机制、反馈循环和奖励措施来触发互动,并提升参与度、忠诚度、乐趣感,增加学习行动。应用于新闻业之后,游戏化过程允许受众与新闻报道建立一种全新关系,这有助于他们以非常不同的方式接触和体验新闻。

要理解游戏化,必须对游戏进行研究。它可以被理解为一种有固定规则的结构化活动,而不是松散的、非结构式的变化过程。游戏具有某些基本要素:有明确的游戏规则,玩家只能依据规则行事;游戏机制要求玩家必须遵循并完成一系列规定动作；游戏有具体目标，玩家需要努力将其实现；最后，游戏还有吸引玩家的奖励——他们可以赢得积分、徽章或升级等。鉴于游戏规则、机制、目标和奖励的多样性，游戏化新闻形式多样，从最简单的测试到最复杂的虚拟现实设置，它可以使用一个或多个这些构成要素，但在所有情况下，它都与公众的积极参与程度相关。

游戏化新闻的重点不在于关注突发新闻或最新消息，而在于受众新闻体验的质量和深度。由此可见，游戏化新闻更关注游戏机制，即受众必须遵循的设计和步骤，而不是实际报道或故事写作。参与并遵循这些步骤以体验新闻事件可以增加感受深度，让受众产生共鸣，更好地理解新闻。例如，诺尼·德拉佩[①]（Nonny de la Pena）的虚拟现实故事让受众更好地理解和体验了叙利亚战争难民的困境。他们关注故事参与者的视觉、听觉和情感感受。在其他例子中，位于圣迭戈的公共服务广播公司 KPBS 开发了一款应用程序，允许用户为圣迭戈政府制定自己的预算。这使用户能够理解预算所涉及问题的复杂性、竞争性需求之间的紧张关系，以及做出决定的艰难性。可以看出，受众/用户体验新闻时通常比仅仅阅读新闻时参与度更高。

虽然新闻与游戏元素的融合有很大潜力，但也存在一定问题。游戏可以同时协调调动内在动机和外在动机。换句话说，受众可以凭借自身能力或者因为受到奖励而获得满足感和愉悦感。通常各种游戏化新闻依赖于受众的外部动机，这可能会对新闻产生整体性消极影响。如果用户参与新闻游戏是为了赢得积分或其他奖励，或者是为了向朋友吹嘘，而不是因为他们对特定新闻故事感兴趣，那么游戏化新闻并没有真正增加任何东西，任何参与和回报都很可能是非常微弱的短期效应。此外，许多游戏简单的输赢结果掩盖了真实新闻事件的复杂性，同时游戏化可能会导致操控以及现实与想象的杂糅，这可能会最终损害新闻与受众之间的信任和关系。最后，人们常说游戏化不是为了吸引受众，培养受众对新闻的批判性思维和深度观点，而是出于商业目的以吸引眼球，争夺受众注意力（Bogost，2011）。总的来说，虽然游戏化具有重要意义，但需

[①] 诺尼·德拉佩：美国新闻记者，纪录片制片人和企业家，因帮助创造身临其境的新闻风格而广受赞誉。她所开创的虚拟现实作品将 3D 环境与真实的见证音频相结合，使用户可以使用虚拟现实耳机来体验重大新闻事件。——译者注

要更多研究来发现它在新闻业中所起的作用（Ferrer Conill & Karlsson, 2015）。

新媒介生态系统中发展起来的新型新闻形式多样，并不局限于以上所讨论的三种形式。存在各种新型样态，如与手机相关的短视频新闻、与聚合新闻相关的"列表新闻"和"轻新闻"。特别需要关注的是，原生广告的兴起完全是新媒介技术属性带来的结果，商业机构为新闻故事付费或提供赞助，而在此过程中，公司的财政支持、受众参与和新出现的文化形式共同发挥作用。对于新闻业来说，多样化新闻形式的影响显得模棱两可。一方面，网络新闻不再采取单一视角，它虽然表面呈现出标准的客观性，但实质包含了多重视角（Gans, 2003；Bruns, 2006）。这就创造了一种新闻，它给各种观点，甚至是最边缘的观点以存在空间。直到最近，新闻一直被认为是由权威性的、职业化专家式的记者在新闻编辑室中生产的，但他们实际上是从自己的角度，并基于某些专业新闻价值观来撰写新闻的（参见 Galtung & Ruge, 1965）。然而随着网络新闻的变革，这种情况发生了改变，因为它建立了与公众的直接联系，而公众反过来又要求考虑他们的偏好和观点，这从本质上改变了新闻的结构，新闻现在可以被认为是一种"对话"。丹·吉尔摩（Dan Gillmor, 2003：79）认为："如果……新闻是一场讲座，那么它现在已经演变成了一场对话和研讨会。"这一发展的影响体现在：新闻永远不会是一个成品，而是一个持续过程，其中不仅包括记者和其他专家的报道，还包括新闻消费主体——公众们的评论、反馈和反应。这当然是一个良性趋势，但需要考虑采纳多视角新闻所带来的相关问题，而最核心之处在于：尽管经常出现在评论区域，但那些主观性的观点和意见并不能代表高质量新闻。此外，多元观点的存在并不一定能保证思想和意见的充分交流，因为受众实际可能会坚持自己所赞同的观点——这可能导致一种网络碎片化，在这种情况下人们只与跟自身类似的他人进行互动（Sunstein, 2001）。最后，所有的观点在多大程度上能够真正获得表达？权力问题不可避免地出现，必须认真加以考虑分析。

显而易见，上述情况表明，网络新闻内容变化在很大程度上是积极的，但必须注意的是，虽然网络环境为新闻内容提供了极大的变化可能，但在新闻实践中经常会看到不仅在不同新闻网站，甚至在不同媒介（在线和离线）平台，新闻内容也都具有高度相似性（Fenton, 2010）。这可以通过所谓的"内容再利用"进行解释。"内容再利用"即指不同方式或不同媒介对内容多次使用。媒介机构很快发现,复制内容(通常只做了很小的改动)比完全生产新内容更加容易,当然成本也更低。因此报纸可能会利用自己的网络版内容,博客可能会利用其他博客文章,视频片段可能会被重新编辑,并以多种不同方式重复使用(Deuze, 2006; Erdal, 2009)。除了内容的重新利用,另外还有"媒介修正"策略,在此过程中,新媒介在变革的同时也在复制传统媒介的内容和运作方式,而传统媒介也在适应新媒介的运作方式(Botter & Grusin, 1999)。多伊泽(Deuze, 2006)认为,修正行为并不总是有意而为,或者至少不是经过深思熟虑做出的,但是人们会根据自身兴趣和经验对内容进行修正。这些过程导致的结果目前尚不明确:对一些人来说,所有媒介都缺乏新闻多样性(例见 Fenton, 2010);而另一些人,如马克·多伊泽(Mark Deuze, 2006),则在这些新实践中看到希望,甚至在某些情况下有实施颠覆的可能。虽然我们还不能确定哪一方是正确的,但值得注意的是,网络新闻内容的任何变化都必须与用户行为或杰伊·罗森(Jay Rosen, 2006)所称的受众联系起来,下面我们将讨论这个问题。

网络新闻消费/使用

本部分的主要问题包括新闻受众的人口统计学特征问题,以及他们在新闻方面不断变化的习惯和行为。现在已经积累了大量关于受众及其行为的信息资料,而受众留下的数据线索则由新闻出版商和广告商收集、分析和处理。受众分析的兴起代表了新闻业的一个重要发展,需要更加深入地进行理解。这里将讨论最新的消费模式变化、受众和记者关系的变化以及受众分析的作用。

消费模式

皮尤研究中心和路透社研究所对新闻受众的研究显示,新闻消费模式趋于一致:越来越多的受众通过网络获取新闻(第一个变化)。网络新闻与电视新闻竞争首要位置,例如芬兰、巴西等国(城市)的报告显示,网络成为新闻来源的主导者,尽管这在年龄和代际层面有所不同:与年长受众相比,年轻群体更倾向于使用在线资源（Newman，Levy & Nielson，2015）。大多数网络新闻消费往往是快速和肤浅的。所谓的"新闻速食者"往往只有浮光掠影的接触行为，一天中仅仅快速浏览头条新闻或查看几次社交媒介动态。因此，尽管人们在白天更频繁地观看新闻，但他们花在阅读过程中的实际平均时间已经减少了。这是一个有趣的发现，它实际上与之前所讨论的网络新闻深度拓展的观点相互矛盾。从新闻机构角度看，这种受众行为说明了频繁进行新闻更新的必要性。

第二个变化与移动技术兴起有关。根据2015年的皮尤《新闻媒介现状》报告（Pew Project for Excellence in Journalism，2015），在排名前50的数字新闻网站中，有39个网站和相关应用的移动设备流量超过了桌面电脑。然而，手机访客在网站上花费的时间并不多：在排名前50的数字网站中，有40个网站显示电脑访客在新闻上花费了更多时间，这支持了频繁（全天）但简短的新闻消费趋势（Barthel，2015）。移动设备的增长与新闻应用程序的发展有密切联系，后者允许受众快速访问知名新闻机构。然而，通过应用程序消费新闻往往会限制新闻来源，因为大多数受众（33%）只有一个新闻应用程序（Reuters Digital News Report，2015）。

第三个变化是图片和视频的重要性日益增加。2015年的调查显示，近三分之一的美国新闻消费者表示观看视频新闻，而西班牙、丹麦、意大利等国的视频新闻同样增长势头强劲（Reuters Digital News Report，2015）。当被问及视频新闻的消费障碍时，年龄较大的受众往往表示不喜欢小屏幕，而年轻群体则抱怨下载时间较长。这一点意义重大，因为它与社交媒介平台上获取新闻的新方式发展有关。社交媒介平台已经成为受众获取新闻的主要来源，41%的用户通过Facebook观看新闻，近20%的用户通过YouTube和Twitter接收新闻。媒介平台目前正尝试通过开发专门的新闻工具来进一步吸引新闻受众。具体来说，Facebook开发了Instant Articles，这是与新闻出版商合作的一款软件，后者的视频可以直接上传到Facebook，从而提高质量，减少下载时间。很明显，这样的发展变化在改善受众体验的同时也加强了对他们的控制。

利用社交媒介进行新闻消费，尤其是在Facebook上，似乎是无心之举，而不是一种有目的的行为。路透社数字新闻报道（Reuters Digital News Report，2015）显示，虽然Facebook是目前最受欢迎的社交媒介平台之一，但人们在那里浏览新闻完全是偶然行为，而不是刻意为之。相比之下，受众会特意去 Twitter 上获取新闻。根据同一份报告，在英国，只有 19% 的社交媒介用户只关注一家新闻机构，而在美国、意大利和澳大利亚等国家，这一比例高达 30%。然而，从总体上看这个数字仍然没有新闻出版商所期望的那么高。尽管如此，路透社的研究和皮尤中心的新闻媒介研究一致显示，传统新闻的重要性依然存在，受众对它的信任度和依赖度仍然很高。

最后，如前所述，新媒介的关键点在于互动性以及向对话式新闻的相关转变。因此，介入或参与新闻过程是一个至关重要的变量。新闻消费的相关研究认为，分享、点赞和评论是参与性的主要元素，这一点在路透社对所有样本国家的报告中都获得高度证明。美国高居榜首，91% 的受访者报告了相关的参与性活动，比如点赞、分享或与朋友讨论新闻。

受众和记者

考虑到消费模式和新闻内容的变化，受众和记者之间关系的变化并不令人惊讶。然而，这些关系并不总是简单或直接的。随着越来越多的受众参与到新闻过程之中，用户和生产者之间的界限变得模糊（Bruns, 2006），新闻生产者面临着改变既定模式和惯例的压力，但这造成了紧张局势。埃米达和瑟曼（Hermida & Thurman, 2008）在一项针对英国新闻编辑的研究中发现，尽管编辑们普遍希望把受众的和自己的内容都纳入进来，但这主要是因为他们担心自身会落伍，而不是因为对受众内容有任何价值感。在尝试整合或处理受众内容的过程中，新闻编辑面临着各种各样的压力，包括控制新闻知名度和对话的需要，以及保持这种控制的成本。总的来说，埃米达和瑟曼（Hermida & Thurman, 2008）得出结论，记者仍然希望保留他们的看门人功能，而受众内容可能会破坏这一点。然而，最近有一些证据表明，人们的态度可能正在改变。刘易斯（Lewis, 2012: 851）主张一种适应性更强、更开放的新闻，其特征是"愿意在更平等的层面上看待受众，欣赏他们的贡献，并在高度透明化的参与过程中找到规范的目的"。

鉴于对受众参与行为的强调，记者现在的责任是建立和维持与前者的关系。社区建设在新闻工作中越来越有必要，越来越多的记者在日常工作中不再涉及新闻过程，而是与受众进行交流。刘易斯、霍尔顿和科丁顿（Lewis, Holton &

Coddington，2014）提出了"互惠新闻"的概念，其定义基础是在新闻中嵌入与受众互惠的内容。刘易斯等人讨论了直接、间接和持续的互惠形式，这些形式可以帮助记者在社交网络中与受众建立交流社区。同样，希尔佩拉和伊利亚迪（Siapera & Iliadi，2015）发现，Twitter 上的记者谈到了建立一个网络社区需要花费的时间，谈到了自己对于真实可信的需要，还谈到了对受众/网络的责任和道德关注。然而，强调把新闻作为网络社区建设核心的观点目前还需要进行充分讨论，因为它将社会性和社会交换从社会关系的语境中移除，并使之成为专业化工作的一部分。这尤其适用于为大型新闻出版商工作的记者，他们利用自己的社交媒介本质上是出于商业目的。从宏观上看，这些实践表明新闻业务已经超越了写作技巧，变得更加以受众为中心。这可能是因为新闻出版商现在可以生成更详细的受众数据，下面将讨论这个问题。

受众分析

在早期大众媒介或印刷新闻时代，记者除了从给编辑的评价或信件中收集的信息外，对他们的受众一无所知。而甘斯在自己著名的关于美国新闻编辑室的民族志研究中开始了受众分析：

> 假设记者作为商业从业人员，在选择和制作新闻时直接考虑受众……我惊讶地发现，他们对实际受众知之甚少，并拒绝来自受众的反馈。虽然其对受众只有一个模糊印象，但他们很少意识到这一点；相反，记者是为上级和自己而拍摄和写作的，就像我之前说的那样，他们认为自己感兴趣的东西会让受众感兴趣。（Gans，2004［1980］：229）

然而，现在每个编辑都可以随时使用受众行为的详细数据，这些数据通常是实时的。基于通过谷歌与 Facebook 平台收集和分析的简明数据，或通过内部数据团队获取的复杂信息，编辑和记者能够看到他们的报道效果，并相应地进行调整。

因此，新闻的问题涉及受众分析在多大程度上能够影响编辑决策，以及它们在多大程度上应该影响编辑决策。安德森（Anderson，2011）发现，记者面对流量指标，需要撰写具有受众吸引力的报道，由此可以得出结论：这种来自受众量化的详细标准降低了新闻自主性，使之更加依赖受众指标。类似地，婷·乌

(Tien Vu，2014)发现，编辑可能会优先选择流量较大的报道，并通过后续文章或其他元素（如视频或图片）继续充实构建这些报道。我们应该如何评价这一发展？博奇科夫斯基和米切尔斯坦（Boczkowski & Mitchelstein，2013）发现，记者/编辑优先考虑的新闻价值与受众点击的内容之间存在持续性差距，这表明新闻、新闻价值和受众偏好之间存在差异。来自受众分析的详细信息可能会缩小这一差距，从而拉近新闻与受众的距离。与此同时，最受欢迎的新闻不一定是最重要的新闻，而新闻的一个关键功能是对现实进行全方位报道，而不仅仅是局部展示。因此，受众数据的可利用性迫使新闻业再次考虑受众以及他们的期望、喜好和厌恶。

案例研究

假 新 闻

没有什么能比"假新闻"（Fake News）更好地反映新闻媒介生态的特征了。"假新闻"一词在2016年美国大选期间开始流行，但我们现在还不清楚"假新闻"到底是什么意思。唐纳德·特朗普指责CNN和《纽约时报》制造假新闻，而教皇圣方济各则将消费假新闻比作吃粪便！从比萨饼、恋童癖到马其顿青少年和克里姆林宫的战略家，各种稀奇古怪的故事在社交媒介、报纸专栏和电视广播中被分享和积极评论。《牛津词典》（Oxford Dictionary）选择"后真相"（Post-Truth）一词作为2016年的年度词语，而美国总统特朗普的顾问、共和党竞选经理凯莉安妮·康韦（Kellyanne Conway）使用了"另类事实"（Alternative Facts）一词，招致了记者们的广泛嘲笑。从本书观点看，关注假新闻非常重要，因为它展示了媒介生态环境的一些特征，而这些特征对新闻业有重大影响。要对其进行理解，首先必须尝试定义各种类型的假新闻。

"见证新闻"机构是美国的一家专注于新闻和新闻研究的非营利组织，作为这个组织的首席研究员，克莱尔·沃德尔（Claire Wardle，2017）基于三个变量来确定假新闻的类型：创建和分享的内容类型、背后的意图以及传播形式。她确定了七种不同类型的假新闻，并将它们置于一个连续体中：讽刺/戏仿、误导性内容、假冒性内容、虚构性内容、虚假链接、虚假语境和内容操纵。传播者的意图是至关重要的，因为讽刺作品并没有欺骗的动机，而被操纵的内容则是以操控和欺骗为目的的。这些假新闻形式早已有之，历史案例比比皆是。例如，1874年，《纽约先驱报》发表了一篇完全无中生有的报道，讲述了中央公园动物园中动物逃跑的故事，结果导致无数动物死亡！随着新闻业的专业化，这种粗俗的恶作剧已经不那么常见了，但另一种或许更为有害的假新闻却盛行起来。在第一次世界大战和第二次世界大战期间，出于政治目的而进行的宣传，以及捏造或受到操纵的新闻报道极为普遍，而近年来，小报和名人杂志也在以自己的方式挑战真相的边界。

真正使现代假新闻区别于传统假新闻的是以下三个因素：第一，人们可以很容易地创造内容；第二，新媒介和社交媒介的传播模式；第三，网络领域的政治经济环境使这些新闻形式的创造成为可能，并对其产生促进作用。正如本章中所呈现的，首先，内容生产的障碍已经清除。任何可以上网的人都可以有效地制作和发布任何质量的内容。此外，人们可以利用计算机软件的各种功能，如Photoshop，创建高度可信的内容。20世纪初，随着新闻业的专业化，准确性成为一个关键标准，假新闻或多或少有所减少；但21世纪初的媒介生态环境非常不同，专业的传播者（机构）不再是唯一的参与主体。其次，假新闻可以在网络上传播到很远的地方：分享一个链接可以被大量群体接触到，而他们又可以在自己的网络中继续分享。此外，这也没有时间限制，因为被揭穿的新闻故事在丧失可信度后仍会流传数月或数年。人们分享虚假信息可能有很多原因：仍然相信它，或者是为了向别人指出其虚假性。但是假新闻仍然在继续传播。另外，有些群体或许会出于政治原因而故意分享假新闻，有时可能只是为了好玩，因为对某些人来说，看到他人被假新闻吸引是一件很有趣的事（参见第五章关于网络喷子的讨论）。最后，大多数新媒介和社交媒介的商业模式依赖于广告。简单地说，点击次数越多，越有可能从你的内容中赚钱，而哗众取宠的内容是点击量的保证。因此，2016年美国大选期间，臭名昭著的马其顿青少年制造和分享假新闻并没有政治动机：他们只是为了让人们点击他们的内容以便赚钱（Silverman & Alexander, 2016）。

假新闻的影响是什么？与任何媒介效果测量一样，这些问题极难处理。在2016年美国大选中，奥尔科特和根茨科（Allcott & Gentzkow, 2017）的研究发现，支持特朗普的假新闻在Facebook上被分享了3 000万次，而支持克林顿的假新闻被分享了800万次。他们的研究显示，假新闻改变了选举结果，一篇假新闻报道几乎具有与36个电视竞选广告相同的说服效果。此外，显而易见，媒介不太可能有直接的影响效果。假新闻的说服力是由几个因素进行调节的。大多数人形成观点并不是仅仅基于他们在媒介上看到的内容——无论新旧，而是通过与自身社交网络中的重要人物讨论新闻（Katz & Lazarsfeld, 1995）。因此，新闻消费必须被视为一种社会行为，而不是个人行为。这是否意味着不用再担心假新闻？并不完全是这样。未经核实、无法核实的错误和虚假信息的传播具有更广泛的负面效应，因为它对社会信任产生了影响：当你真的对在网上接触到的一切都持怀疑态度时，信任就会受到侵蚀，犬儒主义就会抬头，公共领域就会变得更像一个充斥着虚假信息的恶毒空间。因此，找到解决这个问题的方法非常重要。事实上，社交媒介公司和其他机构已经将注意力转向这一点，并试图开发技术解决方案，将那些未经验证、令人沮丧的内容共享进行标注识别。但这种技术解决方案并非唯一的解决办法。在培养公众公民意识的同时，提高其媒介素养和批判能力比以往任何时候都更有必要，这种公民意识可以使社会每个成员都对彼此更加负责。与此同时，新闻业和新闻从业者可以也应该做得更多，他们必须对公共领域的报道和意见一丝不苟地进行事实核查。

结　论

本章探讨了与新媒介相关的新闻和新闻业的变化。虽然无法完全客观公正地对待这一复杂过程，因为这不仅涉及新媒介和技术，还牵扯到一个变化的社会政治和文化景观问题，但本章仍然试图做出如下努力：提供一个传统媒介和新闻业所面临挑战的概览。新闻业无疑正处在与新媒介相互关联的十字路口。时间、资金、缺乏自主性和文化转向都给新闻业带来了问题，而这些又都与新媒介有关。尽管上述各部分之间绝非单向的因果关系，但新媒介对新闻业的危机仍然负有责任。

新闻业的变化可以被认为跨越了三个层次或维度：媒介组织和生产过程的水平、内容质量的水平以及网络新闻使用或消费的水平。专栏 7.1 总结了这些变化。

如何评价这些变化和新媒介的作用？毫无疑问，新媒介已经成为新闻的催化剂，因为记者们必须重新思考新闻的功能及其在新媒介环境中的运作方式。在许多方面，新媒介开创了一种新的新闻模式，这种模式更依赖于合作，而不是独立报道，它消除了传统新闻来源的权威性。新闻业必须面对这些变化的现实，并在不断变化的环境中寻求调整，同时保持自身的独特性，而不是寻求利用付费墙方式重新获得新闻垄断。通过与新媒介产生协同效应，新闻业能够再次从推动民主化的进程中获益良多。例如，帮助那些没有发言权的人表达意见，使公民能够做出明智选择，维护公共利益，并制衡政治当局，维基解密就是一个典型案例。

著名网站维基解密或许可以被视为"众包"的案例：它邀请民众、政治活动人士、公务员、公民或任何人，将他们希望公开的敏感信息全部公之于众，但不会因此面临任何制裁，这是因为该网站在公布相关信息之后不会透露消息来源。2010 年 7 月，维基解密公布了一份关于阿富汗战争的美军档案，名为《阿富汗战争日记》。这份档案涵盖了 2004 年至 2010 年期间约 9.1 万份军事事件报告，披露了大量平民伤亡，总体描绘了战争和联军部队的黯淡前景。然而，筛选成千上万份文件是一项艰巨的任务，公民不太可能独自承担这项任务。但对于专业记者来说，则有充分的能力、技巧和时间对这些文件进行阅读和总结，从中发现现实意义和未来影响。这充分表明，专业新闻仍然具有现实意义和必要性。技术创新和传统新闻价值观都可以而且应该用来为民主目标服务。

专栏7.1 本章总结：网络新闻的变化

媒介机构及生产

- 融合：不同媒介与媒介形式的相遇与融合
- 多媒体新闻和全能记者的兴起
- 媒介认为自身是多媒介机构，而不是单一媒介组织

内容和形式

- 直播博客：连续性和非正式性
- 数据新闻：协作性、复杂性和劳动密集型
- 游戏化新闻：更高的参与度和受众联系性，增加深度，增进知识和理解

消费/使用

- 网络新闻消费稳步增长，社交媒介平台重要性不断提升
- 强调社会关系和社区建设
- 受众指标和分析可能正在改变新闻业

研究实践

评估在线新闻

邀请读者选择三个不同的新闻网站：一个传统新闻网站、一个网络新闻网站，以及他们的社交媒介订阅软件。浏览这些站点时，读者应该思考以下问题：

1. 最常读/分享或最喜欢的新闻是什么？它们在不同平台上有差异吗？在社交媒介时代，这些新闻的流行说明什么？

2. 浏览最受欢迎和分享最多的新闻帖子，看看受众的评论。他们对新闻有什么贡献？

3. 受众会推荐哪些网站给其他人，为什么？

此外，可以完成以下工作：坚持写几天的新闻日记，包括观看新闻的频率及使用的媒介平台和设备。你是否关注新闻出版商？想想可能想要分享或评论的新闻事件。它们的主要特点是什么？影响受众决定分享或评论某事的因素有哪些？

拓展阅读

本章展示了一些影响新闻业的重大变化。下面这些文章进一步讨论了新闻媒介格局的变化方式。马特·卡尔森（Carlson，2017）讨论了关于 Facebook 趋势新闻算法的争议，全面分析了社交媒介公司和新闻业之间令人担忧的对立关系。同样，坦多克和迈特拉的文章（Tandoc & Maitra，2017）显示了像 Facebook 这样的社交媒介公司是如何影响新闻领域的。最后，韦尔伯斯等人的文章（Welbers et al.，2016）显示了当下新闻业面临的一系列压力，其来源于受众指标分析所带来的变数。

Carlson, M., 2017, Facebook in the news: social media, journalism, and public responsibility following the 2016 Trending Topics controversy. *Digital Journalism*，1-17.

Tandoc, E. C. Jr, and Maitra, J., 2017, News organizations' use of native videos on Facebook: tweaking the journalistic field one algorithm change at a time. *New Media & Society*，online first.

Welbers, K., Van Atteveldt, W., Kleinnijenhuis, J., Ruigrok, N. and Schaper, J., 2016, News selection criteria in the digital age: professional norms versus online audience metrics. *Journalism*，17（8），1037-1053.

第八章
移动媒介和日常生活

学习目标

1. 理解移动媒介的历史和发展
2. 探索移动媒介在全球的传播和扩散
3. 理解流动性和移动性在社会文化和政治生活中的意义
4. 批判性地理解移动媒介的重要性以及它给日常生活带来的变化

导 论

20世纪60年代，当《星际迷航》（*Star Trek*）的创作者们在这部受到狂热追捧的影视剧情节中引入通话器时，他们根本不知道自己的设备在40年后会变得多么受欢迎。图8.1展示了通话器的造型以及世界上第一部手机的发明者马丁·库珀（Martin Cooper），他持有一个早期的手机模型，通常被称为"砖块"。库珀在1973年4月开发了一个原型机，并首次使用手持移动电话进行通话，但这项发明直到20世纪80年代才开始商业化。考虑到它的价格，移动电话只适合富裕和/或繁忙的商务人士，即20世纪80年代的雅皮士。

手机背后的创新性想法是：它提供了一种方式，让人们可以与他人沟通，无论彼此处于什么样的地理位置。他们不再需要在某些固定地点进行交流，无论身处何处，都可以与他人保持永久联系。也许正因为如此，手机的普及速度一直令人震惊。但当移动电话与网络实现融合，形成智能手机或电脑-手机的混合体时，这一革命性想法又向前迈进了一步。以前彼此截然不同的设备，包括MP3播放器、寻呼机、移动游戏机、数码相机、全球定位和导航系统、便携式媒介播放

图 8.1　《星际迷航》通话器（左）和马丁·库珀（右）

图片来源：David Spalding in Wikipedia, Creative Commons License; Rico Shen in Wikipedia, GNU Free Documentation License and Creative Commons License.

器，当然还有个人电脑，现在都与智能手机结合在了一起。智能手机体现了新媒介的两个重要特性：移动性和个性化。也许这是人类历史上首次可以在没有固定设备限制的情况下互相交流。移动性和个性化都进一步引入了持续可用性的元素，因为移动媒介能够跨越空间和时间的界限。因此，它们必然是日益发展的移动网络社会的组成部分。但是，新媒介的移动性意味着什么？当电话逻辑与计算机逻辑结合时会发生什么？以智能手机为代表的移动媒介将会给社会和政治生活带来何种变化？这能够得出什么样的普遍性结论？本章将对这些问题的答案进行概述。我们首先从一个简短的历史回溯开始，随后讨论移动媒介的政治、经济和社会文化影响。

移动手机历史简介

毫无疑问，移动媒介为人类与媒介的关系带来了一种全新的激进主义动向，不应忽视它们所处的复杂历史背景，本部分将重点介绍移动电话向智能手机的演变，讨论它的前身、历史和发展，然后描绘其在世界各地的传播。智能手机的力量很大程度上取决于它的普及性,即普及性与可用性成正相关。从这个意义上来说,智能手机是网络社会的标准典型实例:各种网络用户越多,移动媒介的使用就越多,优势也就越大。但这种增长必须在强势营销、设备过时和媒介融合的复杂背景下加以理解。本部分将追踪智能手机的发展和普及过程,以最终确定它的政治、经济和社会文化影响。

从移动电话到智能手机

对于许多人来说,手机的起源可以追溯到 20 世纪 60 年代的流行科幻小说,但移动通信设备的历史则更长。事实上,可以把移动电话的起源追溯到 1894 年马可尼(Marconi)和无线电的发明:移动电话可以被认为是无线电和电话的组合。早在 20 世纪 20 年代,移动无线电就可以发送和接收信号,并在美国警察部队中试用。这些双向无线电系统只用于应急服务,而且没有打算将这项技术商业化。根据拉科埃、韦克福德和皮尔逊(Lacohée, Wakeford & Pearson, 2003)的研究,移动电话的商业使用始于 1947 年的美国,当时美国电话电报公司(AT&T)在纽约和波士顿之间提供无线电话服务。1956 年在瑞典,桑内拉电信和爱立信创造了首个全自动移动电话系统,尽管采用公共网络电话系统,但人们已经能够在汽车上接打电话。这些手机通过汽车电池工作,重量不低于 40 公斤!晶体管的发明和普及使手机变得更轻,但它们仍然体积太大而不能随身携带。此后,人们通常就不同代际(1G、2G 和 3G)的手机的发展进行讨论。

1G 是第一代使用模拟技术的手机。它的基础是建立一个蜂窝式网络,包括一系列基站,以提供大范围无线电覆盖。这就是移动电话运营的本质。1977 年,AT&T 获得了美国联邦通信委员会的许可,开始在美国构架蜂窝式网络。考虑到美国的国土面积,这并不是一项容易的任务。与此同时,北欧移动电话集团(NMT)自 20 世纪 60 年代末就开始开发这种网络,到 1981 年,瑞典已经拥有 2 万名移动电话用户(Lacohée et al., 2003)。西班牙、奥地利、荷兰和比利时使用 NMT 服务,德国、法国、意大利和英国等较大的国家则设计了自己的系统(Lacohée et al., 2003)。

20世纪80年代末，随着数字系统越来越流行，出现了将移动电话与数字技术相结合的趋势。这带来了第二代移动电话的发展。2G技术（至少在欧洲）依赖于全球移动通信系统（GSM），这为用户提供了一些便利之处。电话内容使用数字加密技术，同时提供精度和效率更高的电源设计，电池和手机的体积都变得更小（见图8.2）。此外，2G手机提供了一些短信之类的新服务，这很快成为最受欢迎的功能之一。数字化降低了成本，手机很快就在人群中普及开来。拉科埃等人（Lacohée et al., 2003）指出，2000年大约50%的英国人拥有手机。

图 8.2　20世纪80年代的一款"砖头"手机：摩托罗拉 Dynatac 8000x

图片来源：Redrum 0488, Creative Commons License, posted on www.retrowow.co.uk.

第三代移动电话，即著名的3G，在21世纪初获得推出，当时人们对它的潜力进行了大肆宣传。欧洲各国政府对3G运营执照进行拍卖，获得巨额资金。例如，英国运营执照拍卖额为225亿欧元，德国则高达300亿欧元，这导致电信公司背负巨额债务。最终一些公司倒闭，导致成千上万的人失业（Keegan, 2000）。获得运营许可的电信公司负责提供基础设施，它们依靠光纤来确保更高效、更快速的数据传输。3G手机速度更快，数据容量更大，使各种移动设备之间的融合成为可能，最终智能手机崛起。不过，智能手机也有内置的Wi-Fi连接功能，这让它们能够访问无线网络服务，而不必完全依赖有线网络。随后的4G迭代技术，通过架构和优化网络，能够提供更快的速度和更优质的连接。由于4G的实际应用方式不同，国际电信联盟（ITU）称之为LTE（Long Term Evolution）

技术（或长期演进技术），这是指实现 4G 速度和连接需要遵循的路径。但总的来说，2G 后期和 3G 早期所提供的速度和连接性以及无线网络的兴起，共同促成了智能手机的出现。

智能手机：从黑莓到苹果 iPhone

将电话与网络以及个人数字助理（PDA）等多种设备相结合的想法已经存在了很长时间，但直到 2003 年，随着黑莓 7200 手机的推出，它才真正成为一种在功能和商业层面都获得成功的技术。经典的黑莓手机使用黑白屏幕和标准键盘，而新款黑莓手机的创新之处不仅在于键盘，还在于它的彩色显示屏和电子邮件推送、部分网页浏览功能，当然还有通话和短信服务。简言之，这是第一款完全融合的设备。据估计，2003 年底黑莓控制了几乎 90% 的智能手机市场（Ziegler，2009）。黑莓智能手机变得非常流行，甚至被称为 "CrackBerry"，用户沉迷于查看电子邮件和互发短信，无法自拔。

2007 年 1 月，传闻黑莓联合首席执行官迈克·拉扎里迪斯（Mike Lazaridis）看到史蒂夫·乔布斯发布 iPhone 时，正在跑步机上锻炼。当他向联合首席执行官吉姆·鲍尔斯利（Jim Balsillie）展示这款新手机时，后者回答说："没关系，这对我们毫无影响。"iPhone 手机拥有完整的网络浏览器，而黑莓的电话运营商却不允许他们拥有这项配置。仅仅不到十年，2016 年黑莓就宣布停止生产智能手机，转而专注于智能手机软件开发。这是如何发生的？新款 iPhone 并没有对黑莓的核心业务造成威胁，后者的重心在于提供安全和高效的通信服务。相比之下，iPhone 更受 YouTube 和其他类似网络媒介的青睐，而非专注于传播业务机构的目标（Mc Nish & Silcoff，2016）。然而黑莓手机的误解之处在于，iPhone 实际上改变了整个市场：iPhone 的设计基于 Wi-Fi 网络，而不是移动电话网络。在手机上使用 Safari 和谷歌地图对用户来说是一种变革性的体验，这就是 iPhone 给市场带来的颠覆（Griffin，2015）。后来开发的 "App universe" 软件依赖于 3G 和 4G 移动网络，但手机成为网络门户的可能性，最初是在 2007 年由当时还处在 2G 时代的 iPhone 提出的。

另一个关键的时间节点是2007年11月，作为设备制造商和软件开发机构的开放手机联盟（Open Handset Alliance）公司，联合其他技术商业机构，如谷歌、T-Mobile、高通、摩托罗拉等公司，宣布发布Android系统，这既是一个移动操作系统，同时也是一个实现免费和资源共享的工具平台（Open Handset Alliance，2007）。就当时而言，移动电话的未来在于网络，这一点越来越明确。作为一个资源共享工具，Android系统的发布旨在将网络研发模式引入移动领域，并创建一个开放性生态系统，以提供更有吸引力的服务，丰富的网络应用程序和更易操作的界面，最终创造出了卓越的移动体验（Open Handset Alliance，2007）。

应用程序（App）环境

[166] 开放手机联盟在2007年新闻发布会中提出"卓越移动体验"概念，这是随着应用程序的发展而产生的。应用程序（App）可以被定义为扩展移动设备功能的独立软件产品或应用程序。Android（安卓）系统开发并提供免费的Android开发工具包（SDK），包括一套完整的工具，可以在Android环境下开发应用程序。这催生了新一代移动设备开发者，带来了相关应用程序的爆炸式增长，这些程序往往通过谷歌Play等核心平台发布。苹果公司也紧随其后，创建了Swift系统（启动iOS应用开发），允许开发者为iPhone系统研发应用程序，并通过苹果应用商店发布。截至2016年11月，iPhone和Android手机占据90%以上的市场份额，比例分别为25%和68%（Market Share，2016）。

iPhone是一个封闭的生态系统，从发布iOS新版本到应用程序开发，再到发布、定价和计费，它对所有方面都有严格控制。Android则是一个碎片化的生态系统，这意味着在任何时候Android设备都可能使用不同版本的Android系统，这让需要开发特定版本的研发人员感到沮丧。但与此同时，Android设备的灵活性和价格竞争力使它们在世界范围内得到了广泛应用。尽管很难控制市场和正在形成的双头垄断，但应用程序的崛起带来了用户与设备之间一系列非常不同的关系，给用户带来了全新的体验。游戏、新闻、健康和健身、教育都是满足各种需求和欲望的应用程序所提供的。2009年苹果公司在一则广告中使用了一个短语（There's an app for that），"App"一词后来变得非常流行，苹果公司将它注册为自己的商标。应用程序环境和无处不在的应用程序对社会和文化的影响将在后文讨论。下面我们将探讨智能手机的另一个创新维度：全球覆盖。

全球覆盖及成本

移动设备，尤其是移动网络的使用普及程度如何？国际电信联盟（ITU）的数据指出了两个主要发展趋势：一是移动网络实现全球覆盖，二是移动网络在发展中国家增长更快。这两个事实并不令人特别惊讶，但它们同时提供了一个审视未来网络的机会，即网络接入将主要通过个人移动定制而不是固定的家庭定制。

根据国际电信联盟2016年的数据，如图8.3所示，2G技术已经接近饱和，全球95%的人口都生活在它所覆盖的区域，而3G技术正在迅速蔓延，覆盖全球84%的人口。然而，3G只覆盖了67%的农村人口，这表明城市和农村在移动技术和网络覆盖方面存在持续的差距（参见第四章）。LTE技术（例如，高速网络）则覆盖全球53%的人口。

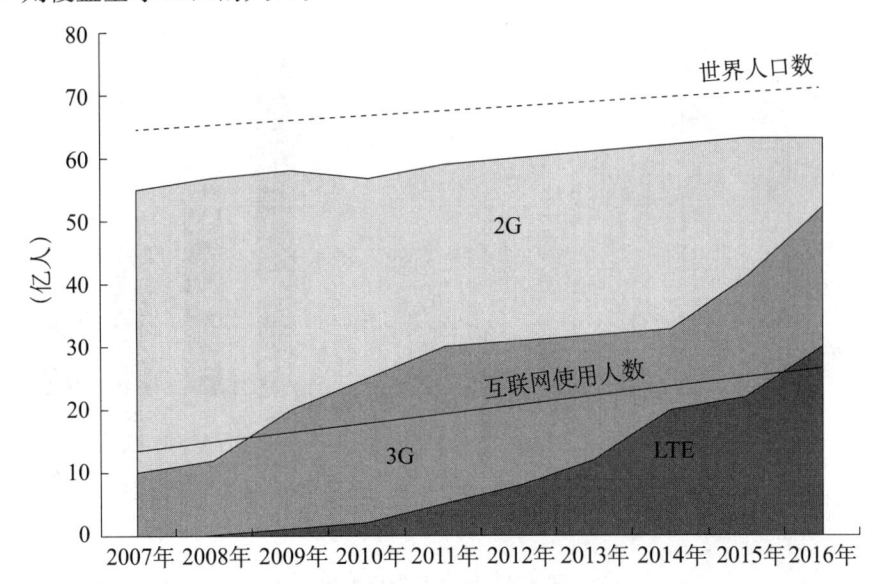

图8.3　移动电话人口覆盖率

数据来源：ITU，2016.

当谈到移动宽带,或者说,当谈到通过移动设备进行的网络订阅时(见图8.4),可以看到在发达国家,约90%的人口通过移动设备访问网络,而移动宽带在发展中国家也在快速增长。这里需要注意的是,部分发展中国家没有固定宽带所需的基础设施,因此移动互联网是它们能够使用的唯一网络服务。移动网络的兴起对发展中国家,尤其是撒哈拉以南非洲国家的经济增长做出了重要贡献。研究报告指出,充满活力的移动经济正在形成,预计将为撒哈拉以南非洲国家贡献8%的GDP,高于2014年的5%(GSMA Intelligence,2015)。移动网络为以前无法上网的人提供了连接,为无法访问银行的人提供了金融服务等,并创造了新的就业机会,从而为经济增长做出了重大贡献。

随着移动网络技术的扩张,智能手机拥有量的增长并不令人意外。eMarketer的一项调查发现,2016年全球有43亿手机用户,占全球人口的58.7%,其进一步估计,2020年移动电话用户的数量将增加到47.8亿(eMarketer,2016)。这些发展标志着网络接入方式的重大转变:以前的接入方式是通过个人设备,而不是共享的家庭设备。智能手机和笔记本/个人电脑之间的比较也很有启发性:2015年25%的人拥有智能手机,而拥有个人电脑的人只有17%(Statista,2016a)。

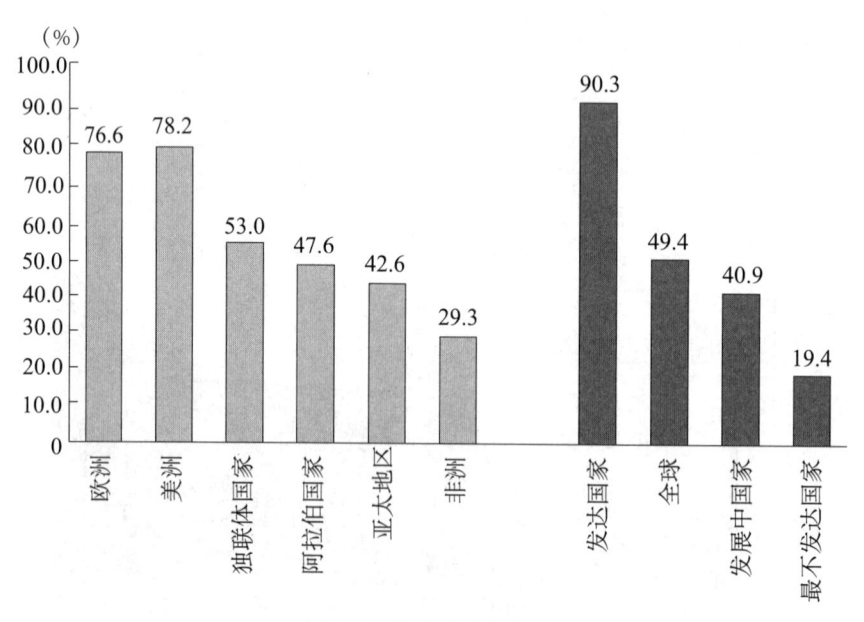

地区	移动宽带订阅率(%)
欧洲	76.6
美洲	78.2
独联体国家	53.0
阿拉伯国家	47.6
亚太地区	42.6
非洲	29.3
发达国家	90.3
全球	49.4
发展中国家	40.9
最不发达国家	19.4

图8.4 移动宽带订阅率

数据来源:ITU,2016.

然而，智能手机使用增长的背景需要进一步讨论。尽管该设备可能会给用户带来许多好处，但必须对三个相关方面进行分析：一是智能手机制造商的强势营销，二是设备过时及其环境成本，三是制造这些设备时持续依赖资源开采和使用剥削性劳动力。虽然这些都是极为重要的问题，但这里只能进行大致的讨论。考虑到智能手机市场的重要性，制造商们强势营销自身产品也就不足为奇了，他们使用的技术包括植入式广告、名人"品牌大使"、公关活动（比如发布新产品时）、战略定价、情感品牌等。这些策略的目的是增加公司市场份额或巩固现有市场份额，虽然这可能看起来没有什么问题，但为了维持这种运转，公司必须不断推出新产品。尽管目前没有证据表明智能手机制造商计划或正在淘汰其设备，但这些营销策略和智能手机的快速生产周期，促使用户不断更换手机，即使这些手机正处于最佳工作状态。普罗斯克、文策尔、马韦德、尼森和朗（Proske, Winzer, Marwede, Nissan & Lang, 2016）认为，设备的不可修复性和制造商缺乏技术支持等因素是手机淘汰的重要因素。他们还提出了"心理过时"概念，即用户想要替换他们的功能设备，因为想使用最新型号手机的新功能。来自奥地利的调查数据（Proske et al., 2016）显示，用户相信计划性淘汰，认为他们的手机不是为了持久使用而制造的，因此更倾向于升级，即使他们的手机仍然可以正常工作。

这种过时性又与智能手机（和其他移动设备）的环境成本有关。尤西·帕里卡（Jussi Parikka，2014）详细描述了对这些设备的回收和再度利用缺乏规划是如何造成大面积的土地荒芜的，因为这些产品和配件只是被简单地丢弃，导致了严重的环境负担。此外，他认为不能只看到此类设备的虚拟光环，而应该关注它们的特质。正如他所言，智能手机是"地质精华"，它利用了大量地球资源，并获得了多种基础设施支持。"你手机中的锌来自阿拉斯加'红狗矿'，它们在加拿大的特雷尔被提炼成铟。"（Parikka，2014：37）

这进而指向了与智能手机制造相关的人力成本，制造这些设备所需的矿物不仅大都是不可再生资源，而且它们的产地可能会成为战争和冲突中心。钶钽铁矿、锡矿和金矿都用于电子产品特别是智能手机制造，而它们通常都是在冲突频发的地区开采的，比如非洲的刚果民主共和国，即刚果（金）（DRC）。例如，根据《多德-弗兰克华尔街改革和消费者保护法案》（Dodd-Frank Wall Street Reform and Consumer Protection Act）的第 1502 条，实际上对在刚果民主共和国开采的矿物实施了禁运，但是，正如西伊（Seay，2012）所说，这导致了该国的大规模失业，而且并未有效改善矿工境遇。此外，钴（未被列为冲突性矿物）的开采环境极其恶劣，而钶钽铁矿和锡矿（从其他地区采购）的开采通常由童工和/或工资极低的工人进行。国际特赦组织报告显示，大多数矿工工作时没有必要的防护装备来保护皮肤和肺部免受疾病侵害。虽然该组织记录了 2014 年 9 月至 2015 年 12 月期间的 80 人死亡事故，但由于事故未被报告，尸体被埋在矿井里，因而真实数字不得而知（Amnesty International，2016）。国际特赦组织还强调矿区使用儿童作为劳工，其援引联合国儿童基金会（UNICEF）的调查结果称，2014 年刚果（金）约有 4 万名儿童在矿山工作，其中大多数在开采钴矿。尽管苹果和三星等公司已承诺采取更多行动妥善处理矿产开采的伦理道德问题，但《华盛顿邮报》2016 年 9 月的一项调查显示，刚果（金）小型矿山生产的钴被卖给了刚果（金）东方国际矿业有限公司，它是世界最大电池制造公司的主供应商，为苹果和三星手机提供电池动力。《华盛顿邮报》认为，这质疑了跨国公司能够对自身供应链中存在的人权侵犯问题实施监控的结论（Frankel，2016）。

正如卡斯特（Castells，2001）所讨论的，网络公司早已形成了一种"企业化网络"，它已经接管了自己的生产部门。但是，由于这些关联公司不是附属公司，而是独立的公司，经常在不同国家经营，因而母公司对它们几乎没有控制力。苹果公司是一个典型的网络企业。长期以来，它的产品，尤其是 iPhone 手机的生产依赖于一系列制造商。制造商在完成竞标到的制造合同时压力非常大，因为必须在满足时间和价格要求的同时保证生产高质量产品，而当这些标准无法实现时，他们往往会遭到罚款。这些压力导致这些制造商绞尽脑汁从自己的劳动力中榨取更多利润，如损害工人的健康和安全，给工人提供超低工资。

移动媒介：政治与社会

虽然移动媒介的生产环境反映出它们在再生产信息资本主义（劳动剥削加剧）中资本和劳动力之间的主导性关系时涉入多深，但是它们的使用环境却指向了一种新的方向。考虑到智能手机更便宜，更容易上网，它们是电话、电脑和照相机的合体，因此让人们能够快速、轻松地制作和传播媒介内容，那么可以说移动媒介比其他媒介更加民主化吗？它们对政治的贡献是什么？它们产生了什么样的新型社会关系？它们如何改变现存的社会关系？它们对文化过程有什么影响？这些是随着移动媒介的发展而出现的问题，对这些问题的回答各不相同。不同理论家专注于不同方面，使移动媒介相关理论的发展变得非常困难。这里尝试将一些相关发现和论点组合，并提出新的假设。与大多数新媒介一样，移动媒介对政治、文化和社会的积极潜力可能会因为机制约束而被消耗或压制。但需要首先考察这个潜力是什么，然后分析施加在它之上的约束。

首先，关于移动媒介能够引发社会变化的争论指向了一种决定论立场，即认为这些媒介决定了社会和政治进程。必须在此澄清，根据卡斯特、费尔南德斯-阿德沃尔、邱林川和赛（Castells, Fernandez-Ardevol, Linchuan Qiu & Sey, 2007）对移动媒介的研究，应当将其使用视为一种社会实践，能够产生影响的并不是媒介本身，而是移动媒介在现有社会文化和政治背景下的使用。同时，正如卡斯特等人（Castells et al., 2007：238）所言，技术拓展了无限可能空间。它提供了新的机会，而用户是否能够利用这些机会则无法确定。因此，移动媒介是情景技术与流动性技术的结合，需要了解在这种情况下它提供了什么类型的行动可能性，以及移动媒介的使用所处的社会文化和政治环境的独特性。卡茨和奥克许斯（Katz & Aakhus, 2002）使用了"机器精神"或"人工智能的精神"等术语：对他们来说，要理解移动媒介，必须认识到人工智能技术所具有的特定精神或本质，以及它与环境相互作用的各种具体方式。

手机政治

从政治维度看，移动媒介与政治环境的结合为民主化提供了新的可能（Rheingold, 2002；Agar, 2003；Lasica, 2008）。而诸如尤沙伊·本科勒（Yochai Benkler, 2006）等人则认为，商业移动媒介与网络的开放性和自由特性并存。谁是正确的？这里也许没有正确答案，相反，必须看到移动媒介与现有权力结构之间的张力关系，但这种张力关系并不总是或必然产生更多的民主、平等和正义。

尤沙伊·本科勒（Yochai Benkler，2006）认为，开放的无线网络以及其他形式的新媒介为信息创建和交换提供了新的机会，增加了非市场化和非营利性生产的作用。但是，要使这种合作框架产生更大范围的民主，网络及其基础设施运作必须避免由商业利益和市场利益主导，而应当基于一种共同治理模式（Benkler, 2006; Goggin, 2008）。本科勒将无线网络与移动电话并置，这被视为试图对本应免费的网络进行市场驱动监管。换句话说，鉴于电信网络由电信公司运行，因而这些公司显然控制了这些网络的访问权限。对于本科勒来说，新媒介必须以一种类似于自然资源的方式来管理，因为所有人都与之息息相关（参见 Lessig，2001）。但是，由于移动电话（实际的设备）及其应用程序和技术都是通过专利和其他所有权方式进行控制的，因此将网络视为公共资源的观念受到严重抵制。此外，移动宽带的兴起依赖于移动电网和运营它们的电信公司。新媒介公共空间的商业化可能会阻碍它们发挥民主潜力。另外，像戈津（Goggin，2008）这样的理论家提出了让手机成为新媒介部分共享资源的方法，从广义上看，这涉及移动网络治理，而不是它们对政治的潜在和实际贡献。它们是否有助于增进或深化民主？假如可以的话，该如何进行？

阿加（Agar，2003）认为，手机被认为具有不同的使用属性：重建东欧经济的一种策略，实现西欧统一的工具，芬兰或日本的时尚宣言，对于美国来说是一种世俗交流方式，在菲律宾则是政治变革的代理人。但他强调在这些不同属性之中有一个共性维度。对阿加来说，这与扁平化社会网络的发展有关，从政治角度看，这是对中央集权的批评。事实上，Twitter 等作为智能手机应用程序的使用，表明了这种扁平化网络的诞生。根据阿加的观点，这是因为今天的移动电话遵循了传统 CB 电台文化[①]，后者在 20 世纪 70 年代创建了替代性通信网络，并于 20 世纪 90 年代早期在英国使用手机组织狂欢派对。然而，这并不是说移动电话必然会对抗中央集权；实际它们彼此处于持续的紧张状态。虽然移动电话用户的手

[①] 1958 年美国联邦通信委员会把一组电台频率专门分配给民间非营利性电台使用，这一民用波段被称为 Citizen Band，即市民电台，简称 CB。——译者注

机使用方式可能与现有权力相抵触，但控制移动服务的跨国公司在很大程度上却隶属于现有权力机构。相关案例比比皆是：利用手机进行政治组织和协调已经众所周知，最古老和最著名的例子来自菲律宾，约瑟夫·埃斯特拉达的下台很大程度上是由于通过短信组织和协调的抗议活动（Castells et al.，2007）。在其他案例中，手机还被用于1999年的西雅图世界贸易组织抗议活动、2005年的格伦伊格尔斯G8峰会抗议活动和2008年12月的雅典骚乱。从那时开始，网络手机的兴起，以及手机与社交媒介之间的协同效应为移动媒介增加了新的政治维度。

与此同时，政治当局可能试图控制手机使用方式。例如，在雅典骚乱之后，政府强制要求用户注册预付费移动电话。在这种情况下，手机的匿名功能就不存在了。在其他情况下，手机短信也被用作一种直接的政治营销形式，可以通过直接发送短信以锁定和说服潜在选民。阿加（Agar，2003）引用了梵蒂冈的例子，该国拒绝在楼顶建立移动电话基站，因为这与教堂的神圣性相违背。而与此同时，天主教会则似乎毫不介意接受梵蒂冈的广播信号发射塔，即使它象征着阿加所言的中央集权和等级制度。在所有这些案例中，可以将手机之中既有的张力关系看作一种自下而上、草根式的行动表征，这是政客、政府和商业机构都试图对其进行控制的结果。

霍华德·莱因戈尔德（Howard Rheingold，2002）认为移动电话鼓励一种扁平化、网络式的组织，他将这种组织称为一种智能群体，它有两个特征：一是消解了中央集权，二是组成网络的各个分支机构具有独立性。这种智能群体是由成员之间相互影响的非线性因果关系组织在一起的（Rheingold，2002：178）。换句话说，使用手机的个人仍然是独立自主的，但他们的选择、动机和决定影响着网络之中的其他成员；通过这种方式，移动网络能够存在并且形成具体的结构组织形态，而不需要由一个中央机构来引领。莱因戈尔德提出的"手机化"概念〔2011年与乔斯·汉兹（Joss Hands）共创的概念〕虽然有趣，但也不是没有问题。汉兹（Hands，2011）认为这个概念仍然充满自由个人主义意蕴，政治被视为个体偏好和决策的结果，而在这一切的背后，利益、效用和追求名望是主要的行为动机。从这个角度来看，"聪明的暴民"仍然在市场逻辑中存在：这一点在广告商利用"聪明的暴民"进行营销的成功尝试中得到了证明。但是，更广泛地说，移动电话的政治含义可能被视为提供了一种替代性政治组织形式，它比其他调解形式更加平等、直接和个性化。在最近使用智能手机进行的政治动员中，汉兹发现新兴集体主义不过是消费者共同按下"喜欢"或"有兴趣"的按钮，因此根本没有颠覆性或革命性影响（Hands，2014：246）。汉兹注意到，这种"集体白痴"现象替代了对于大众的智识动员，而这一概念借用了希腊语中"私人的"概念，意指私人个体的集合。

另外，手机内置的数码相机也为这种移动性和政治表达注入了力量。数码相机最广为人知的政治用途是见证。人们有机会成为政治事件的目击者，这些事件被数码相机记录下来，然后发布到网上或发送到主流电视媒介。某些情况下，公民拍摄的视频或照片与新闻事件的官方描述存在不一致性。例如，伊恩·汤姆林森（Ian Tomlinson）在2009年伦敦的一场抗议活动中死亡。一段视频显示，汤姆林森在路过时被一名在抗议活动现场的警察从后面袭击（Guardian，2010）。移动媒介提供的可能性使人们不仅可以见证事件，而且可以立即记录事件的发生，这带来了政治仲裁的转变。政治不是由主流媒体和政治家共同决定和记录的，而是在更草根的层面进行的，由公民进行仲裁，即当一个有重大意义的政治事件发生时，恰好处在特定时间和地点的目击者成为仲裁者。最重要的是，公民通过移动媒介的这种见证、记录和发布功能，为更直接或非中介化的新闻报道模式提供了素材（Hall，2011）。更具个性和体验性的政治是一种等级更少、更为普遍化的政治，因为公民通过移动媒介实现了政治仲裁的权力分享。此外，这种通过移动相机进行的政治见证有助于建立全球团结和联盟。卡里·安登-帕帕佐普洛斯（Kari Andén-Papadopoulos，2014）指出，这种通过移动相机进行的政治见证发生在一个不断变化的媒介环境之中，这个环境经历了全球视觉经济的崛起，要求事件必须通过视觉方式记录下来。事实上，众所周知的网络用语"无图无真相"表明，要证明某事发生过或想要说服他人，视觉图片十分重要。对于安登-帕帕佐普洛斯来说，智能手机的数码相机为公民提供了见证暴行的强大手段，同时具有可移动性，能够锁定全球目标受众，能够实时分享有说服力的、个性化的现场目击记录等（Andén-Papadopoulos，2014：760）。根据安登-帕帕佐普洛斯的观点，目击视频中包含的视觉信息，以及目击者所承担的风险，一方面被用来验证事件的真实性，另一方面，描述的现实可能最终会动员人们采取某种支持行动。

然而，最近出现的一些现象，例如使用虚假视觉资料，或来自其他事件的镜头/图片，已经导致人们对这些事件的视频记录越来越怀疑。例如，TinEye等应用程序允许用户上传图片并追踪其来源，并可以对虚假图片的传播和恶意使用发表评论。另一个难以界定的维度是政府对这种视觉图像手段的使用。事实上，对国家政权来说，监控从未像现在这样容易，它们可以通过手机GPS信号跟踪用户，或者使用手机产生的元数据，精确定位位置、日期和时间。意识到这些数据的潜力，政府已经要求手机制造商允许后台访问，利用这个途径，它们可以远程访问设备上存储的任何数据。一些制造商，尤其是苹果公司，对此表示反对，认为这是政府试图将iOS变成GovOS（Yachot，2016）。美国公民自由联盟（ACLU）提供了几个理由，说明这样的举动将是灾难性的，理由包括政府对电信公司的收编、有偏见的治安史，以及其他国家侵犯人权的风险（Yachot，2016）。

最终，这种类型的政治能被认为是更民主的吗？似乎公民手中的移动媒介并没有进一步推动政治民主化，而是对它进行了修正。换句话说，至少在形式上，政治仍然同以前一样是等级森严的和封闭的，但移动媒介的修正，或者说民众获取信息和形成政治观点的方式，可以被视为开始实现民主化，因为政治不再是主流媒介的独家垄断，而是为公民所共有。但显然，我们必须对这一讨论提出警告：虽然公民可以而且确实出于政治目的而使用移动媒介，但它们不能被视为等同于主流媒介。鉴于它们的资源和专业性，主流媒介仍然对话题曝光度和议程设置拥有更大的控制权。与此同时，监控范围的扩大使视觉设备的政治潜力变得更加模糊。

移动社会与文化

或许移动媒介给社会和文化带来的变化是最深刻的。虽然有大量关于移动媒介及其相关变化的分析案例，但很难对它们进行排序并确定何种变化最为重要。从社会角度看，核心在于移动媒介建立了公众的共同生活和存在空间。从文化角度看，最令人关注的是移动媒介实现了创造力、知识和文化生产方式的变化。就前者来说，卡斯特等人（Castells et al., 2007）认为，使用移动媒介产生的主要影响包括增强个人自主性、创建选择性网络、淡化个人行动社会背景以及确立身份识别标记与移动媒介之间的关系。除此之外，还应当结合卡茨和奥克许斯（Katz & Aakhus, 2002）关于公共性和私人化之间张力关系的讨论。综合考虑这些因素，可以得出结论，移动媒介促进了个体传播社会的兴起（Campbell & Park, 2008），或者正如卡斯特等人（Castells et al., 2007）所说，加强了个人主义文化。当谈到移动文化时，卡斯特等人（Castells et al., 2007）注意到移动媒介产生的实时社区行动，媒介生产和使用之间的界限也变得越来越模糊：用户生产出新的内容和服务，它们要么以不同语言形式出现，要么以开发可供下载和使用的应用程序形式出现。此外，移动应用创造了新的体验和存储文化输出的形式，例如音乐。而定制的移动产品在某种程度上展示了用户和移动媒介设计师令人眼花缭乱的创造力。因此从文化角度看，可以认为移动媒介带来了一种新的文化创造力，但并非没有代价：移动文化与消费主义、私人消费和展示相关联，而非与前卫艺术相关联，它似乎不像其他艺术形式那样具有激进性和批判性。与手机政治一样，这里出现的情况也有待于进一步分析。

地域空间和客观实存

空间和地域重要性的下降是全球化和网络社会共同的发展趋势。移动媒介与空间存在一种矛盾关系。卡斯特等人（Castells et al., 2007）写道，移动媒介能够增强个人自主性，主要是相对于空间、时间和文化标准而言。其他媒介允许跨越距离进行传播，而移动媒介允许主体脱离地域限制，在不同空间进行自由交流。民众不再用电线把自身固定在一个地方，无论身在何处，通过各种各样的无线网络都能在世界大多数地方实现传播。此外，移动技术在空间层面的广泛可用性使它获得了更大的时间自主权：与其他新媒介一样，传播不再局限于特定时间，而可以全天候进行。此外，时间概念在移动媒介中或通过移动媒介改变。例如，卡茨和奥克许斯（Katz & Aakhus, 2002）认为手机形成了一种"永久性联系"，大多数人有过通过玩手机的方式来打发空闲时间（例如，等火车或公共汽车时）的经历。相对于特定地区的社会文化规范，这种持续移动性增加了自主性。移动通信改变了传播和人际交往的传统，人们可以超越这些传统，正是因为它能够实现持续的空间移动。

然而研究人员已经观察到，空间和情境的重要性是如何以某种意想不到的方式重新出现的。空间不同于情境,后者是指物理空间对人所具有的象征意义和心理意义。虽然移动媒介的流动性使主体拥有更加自由的物理行动空间,但它实际上可能更有助于提升不同空间对主体的象征和心理意义。所有智能手机都包含全球定位应用、地图和其他地理标记方式。希顿和约尔特(Hiton & Hjorth, 2013)认为移动媒介最终增加了空间复杂性,而不是削弱了它。他们认为,移动媒介的兴起在地理空间层面主要产生两个影响:首先是地图学的发展,其次是社会关系与地理空间的融合。希顿和约尔特(Hiton & Hjorth, 2013)利用阿德里安娜·德苏萨·埃·席尔瓦(Adriana de Souza e Silva, 2011)的"混合空间"概念来重新解释一种新型空间形态,后者系物理空间与数字虚拟空间的相互结合,能够通过社会实践获得新的意义表征。

事实上,社交媒介应用程序允许公众对他们的帖子进行地理标记,发布和评论特定空间的照片,对某些地域进行虚拟审视,甚至在地震或其他灾难发生后对外通报自己平安的消息。这些功能使物理空间与社交媒介的虚拟空间、用户的社会实践以及用户赋予它们的意义相融合。这些混合空间的出现对人们来说具有特殊意义,他们根据自身体验对其进行重新定义。通过空间标记、签到、使用数字地图等方式,公众将自己同时定位在物理和数字空间之中,通过数字来理解和表示物理空间,通过物理来理解和表示数字(Farman, 2013)。因此,客观实存和它位于某个空间的意义内涵被彻底重构。法尔曼(Farman, 2013)认为,物理实存和间接实存之间的区别越来越模糊,公众以非常相似的方式体验它们。然而,偶然事件表明,在身体接触和间接接触之间存在持续的张力关系。例如,当公众不了解周围环境,并同时大量共存于同一个数字或虚拟空间时,例如通过耳机接打电话、发短信等时,就会涉及安全问题。出于安全考虑,纽约马拉松赛禁止使用耳机。据估计,在2006年至2014年期间,由于走路时使用移动媒介分心,急诊室就诊人数增加了10倍(Fowler, 2016)。在让英国舆论轰动的一起事件中,一名顾客因为通过电话提出要求而被超市收银员拒绝服务(Silverman, 2013)。虽然没有既定的规则,但公众应该优先考虑面对面的交流,而不是间接交流,因此移动媒介与用户之间的紧张关系并没有得到缓和。

2016年夏天,增强现实手机游戏《精灵宝可梦Go》发布,玩家必须在自己附近的特定地点去抓捕游戏角色精灵宝可梦。游戏界面是一个地图,它在一个网格上将玩家定位为一个捕食者,其中还包括精灵宝可梦的角色。定位服务、游戏与地理位置的结合、虚拟人物与真实物理空间的叠加,是这款游戏真正的创新之处。这个想象、现实和虚拟的复合世界,都汇聚在一个设备中,体现了戈登和德苏萨·埃·席尔瓦(Gordon & de Souze e Silva,2011)提到的混合性,产生了法尔曼所说的"特定性空间",即同时重构空间、身体和社会关系的空间。

个人传播社会

这一切意味着什么?移动媒介如何最终影响传播和文化?根据卡斯特的观点,可以认为移动媒介加强了对传播主体在传播过程中的控制(Castells et al.,2007)。坎贝尔和帕克(Campbell & Park,2008)认为,由于个体被置于移动传播过程的中心,因此可以视为个人传播社会开始兴起。社会越来越以人际传播为中心,这种现象被看作大众传媒和网络社会的演变。网络社会引入了移动空间和永恒时间的概念,意指公众对空间和时间理解的变化,移动媒介引入了这些变化,使得现在的空间和时间体验越来越个性化。移动网络允许公众成为独立于空间的自主节点,将其从特定地点的限制中解放出来,允许他们根据自我意愿随时进行网络社交。然而,这产生了一种格根(Gergen,2002)所描述的"不在场"的效果:公众处在一个特定空间,但同时又属于一种"不在场"的状态,因为他们并没有同他人进行现场交流,而是与远在千里之外的人沟通。这种错位在许多方面都是移动媒介的特征。迈克尔·布尔(Michael Bull,2006)在关于索尼随身听以及随后的 MP3 播放器的研究中发现了类似结论:戴着耳机的人将自己与环境隔绝;他们就在那里,但并不真正存在。

永恒时间的概念也被移动媒介放大。正如卡茨和奥克许斯(Katz & Aakhus,2002)所说,"持续性接触"或"永久性联系"是指移动媒介使公众能够不受时间限制而与他人保持联系的方式。时间不再区分为个人时间、工作时间和休闲时间等类别,相反,公众可以在任何具有意义的时刻相互联系。从宏观上看,这种永久性联系,即个人传播社会也给公众之间的联系方式带来了一系列变化。一方面,卡茨和奥克许斯(Katz & Aakhus,2002)描述了移动电话如何为公众彼此交流引入新的空间感。首先,电话交谈通常以"你在哪里"开始。"你好吗?"常被用于在公开场合打招呼,而与之相反,公众内心认为电话聊天是家庭式的私密谈话。尽管电话交谈确实是私人的,但在公共空间发生时却受法律保护。其次,它加剧了公共空间和私人空间之间的紧张关系。大多数人都会听到在公共汽车、火车或餐馆里发生的私人电话对话片段。同样,当大多数人不得不在办公室、移动媒介,特别是无线网络上工作时,意味着他们可以在家里、咖啡馆、机场等地方工作——工作和休闲不再严格区分,似乎变得彼此融合。另一方面,移动媒介带来的"持续性接触"观念具有一定的强迫性,特别是导致工作和休闲的界限消失,并且公众可能受到监控(因为其确切位置总是已知的,电话通话数据也被记录)。想保持一种遥不可及的距离感不再容易实现。电池电量不足或者信号有问题,都成为无法联系的新借口,也为没有进行沟通提供了原因或理由。这反过来又产生了一套关于移动电话使用的全新道德规范、准则和规定。而这些关于手机使用的新型规范和惯例反映出移动媒介嵌入社会日常生活的必然性,它表征着社会文化环境与移动媒介应用的互构方式,反之亦然。

案例研究

手机实践——色情信息

与大多数新媒介形式一样,围绕它们出现的某些全新行为也引发了道德恐慌。色情信息一直是与手机使用相关的道德恐慌。从形式上看,它是指通过手机和网络等数字技术创建、分享和转发的图像,而这些图像包含具有性暗示的裸体或近乎裸体的内容(Lenhart,2009:3)。虽然色情信息的流行率还没有被确定,但相关研究之间的差异很大,从2%到20%不等,这表明它仍然是少数人的行为。戈登-梅塞尔、鲍尔迈斯特、格罗津斯基和齐默尔曼(Gordon-Messer,Bauermeister,Grodzinski & Zimmerman,2013)对美国3 500名年轻人进行的一项研究发现,发送色情信息的人中有28%的人同时也接收信息,而男性受访者往往是这类信息的接收者,而非发送者。但这种道德恐慌与成年人色情信息接触无关,只与在青少年中造成的潜在危害影响有关。哈希诺夫(Hasinoff,2012)发现了媒介话语中的两个主要流行性话题:第一个是关于匿名性和网络猎手的恐慌,第二个则涉及那些比较开放的女孩。更具体地说,哈希诺夫指出,公众普遍害怕网络猎手利用社交媒介,这种恐慌与色情信息有关:女孩们可能被强迫或被欺骗,制作或张贴自己的裸照，然后这些照片在她们不知情或未经她们同意的情况下传播，从而使她们受到伤害。确实，有报道称有人因为裸照而被敲诈，而受害者大多为年轻男性（Massey，2016）。黑客和报复性色情是另一类明显案例，这种色情图像往往也属于非自愿传播。2014年8月发生的iCloud名人账号"fappening"黑客事件臭名昭著，约500张私密照片遭到泄露。报复性色情也助长了这种道德恐慌，公布私密照片的行为往往让受害者承担来自前情人的伤害和羞辱。

第二种恐慌围绕着年轻女孩对性的表达，这体现为一种变化，即从对性行为的天生谨慎和贞节观念转化到粗心、危险的行为倾向，其很可能蔓延到现实世界，导致怀孕、性传播疾病等。总的来说，研究结果有待进一步分析。一些研究（例如，Benotsch et al.，2013）发现色情信息与危险性行为有关；然而，其他研究则显示两者关联度较低（例如，Englander，2012）；还有人认为两者没有关系（Gordon-Messer et al.，2013）。科先科等人（Kosenko et al.，2017）在一项综合分析中发现，色情信息与危险性行为之间存在正向但微弱的联系。总的来说，这种恐慌已经进入了一个法律框架，即将发送色情信息和传播私密照片定为犯罪行为。与此同时，也有一些公开言论对相关人士（尤其是年轻女孩）进行攻击，因为她们的行为被认为是离经叛道的。

对于哈希诺夫（Hasinoff，2012，2015）来说，强调行为异常化和犯罪化使发送色情信息的人失去了正当理由，并忽视了他们拍摄双方同意的亲密照片的权利。正如她所指出的，将两相情愿发送色情信息定为犯罪可能会导致对低收入、酷儿和种族青年的进一步歧视。相反，她提出，两相情愿的色情信息可以被视为一种媒介生产形式，让作者有机会构建和表达他们的性行为观念。然而，这种性和身份的表达似乎并没有得到平等对待和坦然接受。林格罗塞、赫维、吉尔和利文斯通（Ringrose, Harvey, Gill & Livingstone，2013）在他们对青少年发送色情信息的研究中报告了明显盛行的双重标准，由于色情照片往往是在歧视女性的文化语境中拍摄的，因此这一结论可以被视为具有预警功能。林格罗塞等人发现，男孩倾向于向女孩施加压力，让她们发送色情照片，但众所周知，女孩在发送此类照片时往往会感到羞耻。与此同时，男孩们则用这种亲密照片作为获得金钱和自我炫耀的手段。林格罗塞等人（Ringrose et al.，2013：307）认为，对色情信息的简单粗暴谴责，并没有仔细考察文化中的性别歧视，这种歧视使女孩身体部位的被迫性、未授权性展示和传播成为常态。对于林格罗塞等人（Ringrose et al.，2013）、哈希诺夫（Hasinoff，2013）和其他女权主义作家来说，围绕色情信息的道德恐慌构成了试图控制女性身体和性表达的另一种形式。女孩和妇女因拍摄这些照片而受到指责、攻击和羞辱；这些照片被公开传播都被视为女性自身的过错，因为是她们首先拍摄了这些照片。因此，如果要严肃对待色情信息等带来的危害，可能需要从普遍存在的性别歧视和厌女症开始。

手机、创新性和身份认同

另一个重要问题与年轻人使用手机有关，他们在自我独立性和父母持续监控之间挣扎。事实上，手机最初被视为一种让年轻人在安全前提下独立成长的手段，但现在正日益成为控制孩子的工具，一些父母利用它持续监控子女。年轻人使用手机还有其他类似含义。这些问题涉及青年亚文化生产和以短信为代表的"手机语言"的发展。语言的变化与文化领域相关，同时它伴随移动媒介的兴起而发生的变化方式也受到关注。可以肯定的是，多数人都曾在短信中遇到过一些相当难以理解的缩写，但它们似乎正在变成第二语言。像 LOL、IDK 或 IMO 这样的缩写最初是通过短信获得了广泛传播，然后在社交媒介中也广为流传。最近，表情符号也扩充了缩略语：2015 年的一份报告发现，92% 的网络用户使用表情符号，相比之下，一周内多次使用表情符号的女性比例（78%）高于男性比例（60%）（Shaul，2015）。这种行为的主要原因在于表情符号有助于奠定对话的基础，帮助人们更准确地表达自己，并提供某种情感语境来补充人们的帖子或文本。表情符号的发明者为栗田重昂（Shigetaka Kurita），他在 20 世纪 90 年代末为日本最早的一个移动网络系统开发设计出这套符号体系。栗田重昂认为，由于电子邮件应用程序被限制在 250 个字符内，表情符号将允许更有效地沟通（McCurry，2016）。表情符号一开始只有 176 个简单形式，分别代表食物、天气、心情和感觉，现在已经扩展到 1 000 多个，几乎可以代表一切。2016 年，该表情符号的原始场景作品被纽约现代艺术博物馆收购。2012 年，弗雷德·贝嫩森

(Fred Benenson)将麦尔维尔的经典小说《白鲸》翻译成了表情符号,并将其命名为"白鲸"。该项目由众筹网站Kickstarter资助,2013年被美国国会图书馆收藏。这些发展表明了在移动传播和创新"有机移动文化"中所涉及的创造力程度(参见Goggin,2012)。

语言并不是与移动媒介相关的唯一创造性实践。定制化的颜色、皮肤、应用程序、铃声和手机配件显示了移动媒介对于日常生活的嵌入性,以及它们与身份认同形成的联系。通过选择手机、型号、颜色、皮肤,还有内容、铃声、播放列表、墙纸等,就像衣服或其他形式的文化消费能够标记主体身份一样,移动媒介也被视为一种身份标记。福尔图纳蒂(Fortunati,2005)、卡茨和杉山(Katz & Sugiyama,2005)认为时尚和手机具有紧密联系,这使得手机的身份表达功能远超过其他各种功能的总和,成为使用者的微观审美表征(Katz & Sugiyama,2005:64)。当然,这类表达总是受到营销活动和消费文化的鼓动,也会受到它们的影响。

总的来说,移动媒介明显促进了个性化文化的兴起,或者像卡斯特等人(Castells et al.,2007)所说的,个人主义得到强化。但这并不反映真正个人主义的兴起,正如阿多诺(Theodor Adorno,1978[1938])所主张的那样,真正的个人主义反映了批判意识,体现在前卫的现代主义艺术之中。相反,它是一种基于消费者选择的伪个人主义,消费者选择看似不同但实际代表了同一主题的不同实现方式。事实上,在某种程度上,移动媒介实践并没有批判性地理解外部世界,只是复制了相同的社会关系,或者只是略有不同。从这个角度看,移动媒介只是消费文化的最新发展。期待iPhone新品发布的人们排起长龙、通宵等待,并不能代表他们对社会和文化所持有的批评态度,仅仅体现出对最新、最时尚产品的痴迷,这正是消费文化的重要组成部分。因此,移动媒介的社会文化效应可以被看作网络社会发展趋势的外扩,它们似乎也在复制而不是破坏主流社会文化模式。

结　论

本章回顾了与移动媒介相关的主要发展,重点是智能手机。专栏8.1总结了主要观点。我们已经看到移动媒介在我们与物质、社会文化和政治环境的联系方式上带来了重要变化。这些变化属于网络社会所确定的模式，但通过移动媒介被放大和强化。然而，这些变化在多大程度上能优化政治和社会文化生活还存在争议。

普遍性的结论是什么呢？移动媒介必须被视为已经牢牢嵌入日常生活。它提供了超越空间和地缘的独特可能性，让主体无论身在何处都能与他人交流。在使用过程中，移动媒介改变了空间理解方式，打破了私人空间和公共空间、工作生活和社会私人生活之间的界限。这种全新的强流动性、个性化、原子化、混合型的工作社交生活是否能给我们带来更多的满足感，甚至是幸福感，仍然悬而未决。

专栏 8.1　本章主要观点总结

移动媒介的主要特点

移动电话：

- 普及性化成指数级增长
- 全球网络的未来属于移动领域
- 智能手机开始引领南半球的信息时代，但开发成本和环境成本高昂

移动媒介的政治影响

- 扁平化社交网络的发展体现出对政府的批评，但要注意：
  - 商业化压力和对移动媒介的控制
  - 加强监督
  - 见证、真实性和准确性

社会文化影响

- 加强个人自主权
- 个性化时间与空间
- 私人空间和公共空间之间的紧张关系
- 工作和休闲之间的界限越来越模糊
- 媒介使用产生了更新的创造力、想象力
- 消费文化的主导地位
- 空间、情境和地域结构的变化导向个人、数字和虚拟的混合理解

> **研究实践**
>
> **移动设备与日常生活**
>
> 这个实践活动的目的是让读者思考他们的移动设备,并将其视为研究对象和实践目标的统一体。另外,这个项目遵循并建立在第一章所讨论的媒介考古学理论基础之上。想象一下,一个外星人刚刚登陆地球,而你的工作是扮演东道主和向导角色,你们观察到人们在使用移动设备,你的任务是向外星人合理解释这些设备的用途、用法和人们在做什么。

拓展阅读

下面的文章是探讨移动媒介的各种用途和功能的。第一篇是约尔特和理查森为《移动媒介与传播》(*Mobile Media & Communication*)杂志的一期特刊撰写的导论(Hjorth & Richardson,2017),以增强现实游戏《精灵宝可梦 Go》为重点,分析移动设备、游戏和本土化媒介之间的相互结合,以及这种结合如何创造新的现实和新的游戏体验。詹森·马丁的文章(Martin,2014)回顾并讨论了手机与政治参与之间关系的既有研究:手机的普及是否会造成政治参与的增加?第三篇文章由霍夫纳等人撰写,探讨了对手机的个人投资,以及它如何影响身份认同和自我意识(Hoffner et al.,2016)。最后一篇文章是玛丽·格里菲思对三本关于移动媒介的书的评论(M. Griffiths,2007),她对主要论点进行了简要总结,并很好地介绍了一些与移动媒介相关的问题。

Hjorth, L. and Richardson, I., 2017, Pokémon GO: mobile media play, place-making, and the digital wayfarer. *Mobile Media & Communication*, 5 (1), 3 - 14.

Martin, J. A., 2014, Mobile media and political participation: defining and developing an emerging field. *Mobile Media & Communication*, 2 (2), 173 - 195.

Hoffner, C. A., Lee, S. and Park, S. J., 2016, 'I miss my mobile phone!': self-expansion via mobile phone and responses to phone loss. *New Media & Society*, 18 (11), 2452-2468.

Griffiths, M., 2007, Review article: Future Assemblies: Theorizing Mobilities and Users: Manuel Castells, Mireia Fernández-Ardèvol, Jack Linchuan Qiu and Araba Sey, *Mobile Communication and Society: A Global Perspective*, Cambridge, MA: MIT Press; O. Groebel, E. M. Noam and V. Feldmann (eds), *Mobile Media: Content and Services for Wireless Communication*, Mahwah, NJ, and London: Lawrence Erlbaum Associates, 2006; and M. Sheller and J. Urry (eds), *Mobile Technologies of the City*, London and New York: Routledge. *New Media & Society*, 9 (6), 1029-1036.

第九章
新媒介与身份认同

学习目标

1. 理解新媒介与建构身份认同的关系
2. 理解身份认同转变与新媒介的关系
3. 批判性理解新媒介对性别、民族/种族身份的影响功能
4. 批判性评价伴随新媒介出现的"新主体性"

导　论

"我博（客）故我在"似乎是笛卡儿的著名格言"我思故我在"的翻版。这句话的原意主要在于证明"思考"就是主体自我存在的证据。启蒙运动早期，思想是确定自己存在的手段，而21世纪的博客、网帖、微博、短信等则是支持和呈现自身存在的方式。新媒介与主体存在和身份认同之间的联系是紧密的：如果主体使用媒介进行交流，就能够从媒介提供的内容或意义中塑造自身。借用麦克卢汉（McLuhan，2002［1962］）的观点，这可能被认为是媒介所传递的信息之一。新媒介可能会更直接地参与身份和主体性建构过程，因为它们与主体间的交互方式不同。

但所谓"身份认同"的概念意指什么呢？在社会心理学中，身份认同被定义为"我是谁"这个问题的所有答案，包括这些答案对主体的特定意义和重要性（Tajfel，1981）。泰弗尔认为，"身份认同"概念是一个连续体，表示从个人身份认同到社会身份认同之间的非断裂性。个人身份认同包括所有来源于自我性格特征和人际关系的身份属性，例如，我是有组织的、善于交际的、有爱心的，等

等。社会身份认同包括所有来自群体类别的身份属性，例如，我是一个女人，我是中国人，等等。因此，身份认同概念的含义是多元的：它既包含个人因素，也包含社会因素，总是伴随着判断，并对主体具有重要的心理-社会意义。从这个角度看，新媒介能够参与身份认同实践过程，并对个体建构和表达的身份类型以及个体幸福感都有重要影响。在这些方面，不仅需要研究新媒介如何参与身份认同过程，还需要评价这种参与方式。

本章将探讨这种关系的理论化进程，以便对其中所有的理论转变或转向提供深入理解和认识。我们讨论的主要问题是：虽然网络可能与身份认同建构的新方式有关，但这些方式最后需要依据它们对自我实现、自我解放和自我认知的贡献来评价。与此同时，这些新的特性要求必须思考以下问题：不平等性与歧视的最新发展形态。

本章将分为三个部分。首先，本章着眼于个人身份认同、主体性与网络的关系，回顾如特克（Turkle, 1995）和波斯特（Poster, 1995）等人的经典作品，但也将关注如博客或自拍等新的网络媒介技术，分析它们如何与新的"主体性"类型相互联系（Siapera, 2008；Rettberg, 2014）。其次，本章将涉及对性别和网络的讨论，分析既有研究成果，展示技术与性别、性征之间的相互作用机制。最后，本章将检视民族/种族、宗教认同与新媒介的关系，讨论跨国链接和网络的兴起，以及对身份认同与视觉化控制的抗争问题等。

身份认同、自我与新媒介

如果接受广义的概念，即自我身份认同包括所有个体认同和社会认同对于主体的评价和意义，那么如何获得这些身份认同的问题仍然存在。主体生来就有某些天性吗？哪些可以进一步获得发展，哪些则没有机会？主体完全是由自身环境造就的，还是被赋予了某种身份认同？关于这一主题有许多理论，但在这里，我们毫无疑问地认为，身份认同是通过主体所拥有的各种条件被建构形成的。但是这些条件是如何影响或形成身份认同的呢？为了理解（新）媒介和身份认同之间的关系，本部分将讨论相关理论，探究新媒介在其中的作用，同时也将分析写博客和在社交媒介发帖等行为是如何建构身份认同的。

作为最具影响力的身份认同理论家之一，米歇尔·福柯（Michel Foucault, 1988）认为，身份认同，尤其是主体性（即主体成为独特个体和自我的方式），是通过某些技术或实践来建构的。这些被称为自我建构技术，即主体通过实践行动来理解和塑造自身。这些建构技术反过来又是通过权力话语形成的。基督教的自我忏悔就是实例。福柯认为，这些技术以特定的方式设置身份认同：它们允许体验、讨论和感受特定的事物，并且完全排斥其他事物。这种方式使主体成为人，同时也遵循权力的要求：毕竟，主体身份认同必须与自身所生活的社会普遍政治制度保持一致。因此对于福柯来说，个人积极地建构他们自己的身份认同，但使用的话语和实践已经浸没在权力关系之中了。借用马克思的观点，人们创造自我身份认同，但不是出于自身选择；相反，他们在直接碰到的、既定的、从过去继承下来的条件下塑造了它（Marx, 1852）。主体之所以能成为自我，一是因为所处的社会历史环境非常特殊，二是因为只能利用现有的条件和技术。

福柯煞费苦心地证明，虽然身份认同是被建构起来的，但不是基于自主和自由意志。安东尼·吉登斯（Anthony Giddens, 1991）认为身份认同是动态的、不断变化和演进的。在吉登斯看来，自我认同与自反性等现代性过程相联系。而在前现代时期，甚至在早期现代社会中，身份认同是被赋予和静止的，与之不同，后现代社会的自我是一个持续过程，不断地受到修改、更新和保护。吉登斯认为，这个自反性过程建立在对于全球事件的局部反思之上，主体必须不断根据环境信息来创建和修正自我个人叙述和自身生活历史，这个过程是通过主体所拥有的资源实现运行的。在建构身份认同时，主体会考虑自身从环境中得到的任何反馈，包括现实物理环境以及所处的普遍社会历史背景中正在发生的事件。换句话说，身份认同建构既不是静态化过程，也并非一劳永逸的结果，而是始终保持连续建构性，用新媒介的概念描述，就是处于永恒的判断过程中。从这个角度看，身份认同建构所使用的资源以及在什么情况下进行建构，将变得越来越具有重要意义。

身份建构的历史和社会环境是卡斯特身份认同理论的核心。对于卡斯特（Castells, 1997［2004］: 10-12）来说，网络社会身份建构由于全球/局部、时间/空间之间辩证关系的明显重构而获得了不同维度。因此他认为，对意义的探寻不再受限于局部，也不再涉及局部所共享的整体框架，而是采取一种"防御性"策略。也就是说，意义是在与全球性话语对立的情况下获得的，而这种全球性话语往往威胁地方和社会的共享价值。卡斯特继续区分既定性身份认同和抵抗性身份认同。既定性身份认同是那些为了改变世界而建构的认同：它们围绕着某种意识形态建构而成。抵抗性身份认同属于"污名化"认同，并不具有高度符号化和物质地位象征意义，它们是身份政治的典型代表。卡斯特认为，在网络社会中，所有身份认同都倾向于成为抵抗性身份认同，它们试图捍卫自己的地位。从广义上看，这就是为什么说网络社会往往围绕着身份政治展开。

身份认同和新媒介的概念化

如果这些是考察身份认同的广义理论框架，那么新媒介技术和身份认同之间的关系是什么？有三种主流理论范式可以作为分析工具。第一，借助福柯的观点，新媒介可以被明确看作一种自我建构工具——能够在现有权力话语中进行新的社会实践以完成自我建构。换句话说，主体可以事实上也确实可以利用博客、社交媒介、智能手机等来建构自身。第二，基于吉登斯的理论，新媒介提供了反思和自我建构的可能。首先，作为一种内容表达，新媒介用全球性话语来面对主体自身，这反过来又迫使主体重新思考自我本质。其次，作为一种传播形式，新媒介重新定位了主体自我，要求重新思考自身与特定新媒介（比如智能手机、电子邮件、博客、社交媒介等）的关系。第三，追随卡斯特的理论观点，新技术可以在特定地域之外为建构公共身份认同提供新途径，以及根据这种认同要求采用的组织和行动手段。所以，没有网络技术，这些身份认同将无法实现或存在。

卡斯特提出了网络社会身份认同过程的根本性变革，而其他两位理论家可能会将新技术理解为身份认同的技术实践、运行平台和反思机会。身份认同问题一直在变化和调整，但这些主流理论难以合理预测身份认同建构方式的所有根本性变化。对于卡斯特来说，表征网络社会的时间和空间发生了重大变化，由此带来了根本性突破，身份认同建构已经超越了地域限制，也正因为如此，它可能会规避或至少稀释在特定地域运作的权力话语。在随后关于民族/种族和身份的讨论中我们将会更清楚地看到这一点,但对个体来说,身份认同问题的根本性突破具有明确影响:与价值观、需求和期待相关的显性社会文化背景将不会再对个人身份认同进行限制或决定。这是否意味着主体最终会有一个解放的自我?

唐娜·哈拉维(Donna Haraway)、雪莉·特克(Sherry Turkle)等理论家们假设,与新媒介相关的身份认同过程出现了根本性变革,他们提出两种自我身份认同类型:一种是"电子人",另一种是断裂化、碎片化但最终更加自由的"自我"。"电子人"意指一种人类和机器结合的"混合人"。从《绿野仙踪》中的铁皮人到《星球大战》中的达思·韦德(Darth Vader),科幻小说里流行的电子人应有尽有。但这个词也可以用来比喻自我或人造生物,这正是哈拉维所使用的概念维度。对于哈拉维(Haraway, 1991)来说,就像电子人混合并选择自然和生物体一样,人类也是如此。他们可以使用各种各样的技术,从最简单的(如戴眼镜)到最复杂的(如植入物或起搏器)都有。哈拉维的主要观点是,所有人都在利用科技重塑自我,而身份认同也在不断通过科技获得修正和再创造。哈拉维认为核心问题在于:身份认同既不是给定的,也不是本质主义的,更不是一成不变、超越时间的同类项。她主要反对本质主义,即相信身份认同特征是一系列固定属性或一种保持不变的特质。由于主体可以也确实在不断利用技术经历变化,因此身份认同中没有什么可以被认为是固定或恒定的。我们将在后文中看到,哈拉维的研究对于性别认同及其与新技术、新媒介的关系具有重要意义。

在个人身份认同方面,雪莉·特克的著作,特别是《荧幕生活》(*Life on the Screen*,参见 Turkle, 1995)一书,能够有效帮助我们理解网络技术对于身份认同建构的特定意义。差异性、多元性和选择性是特克对身份认同理解的核心:主体拥有多重身份,并满足于在这些身份之间自由穿梭。同时,特克认为主体能够明智地选择合适的身份类型以满足特定语境需要。她对多用户 MUDs(多用户域)网络环境的研究表明,主体乐于使用多重身份进行操作。此外,这些身份的差异性和多元性也可能具有"诊断"价值,因为主体能够发现自己身份中的某些潜在因素。摆脱了社会风俗、习惯和规则的束缚,主体能够使用不同方式进行自我表达。根据这种观点,网络匿名性和分离性使主体身份能够从过去的网络存在模式中解放出来,没有人知道主体的真实身份。所以对特克来说,主体可以成为任何他想成为的人,但同时也不存在真正的自己:身份认同不能被简化为自我化身或网络角色。在由用户创建的《第二人生》虚拟游戏中，可以看到这种"多重身份"运作的案例。在该游戏中，用户利用自我化身过着第二人生。第二人生和第一（现实）人生之间是什么关系？彼此相似还是截然不同？它们又是以何种方式形成这种关系的？虽然这是一个经验性问题，但对一些人来说，他们在《第二人生》游戏中的化身很可能明显区别于自己的实际生活：如果遵循特克的观点，这可能会使个人拥有更丰富的生活，因为有机会体验虚拟的、不同的、互补的或对立的身份。做自己，实现充分自由，是《第二人生》游戏的旨归，事实上，对许多参与者来说，他们在这个虚拟世界所体验到的可能正是该游戏提供的这种自由。

然而，尽管差异性和多元性（以及建构性）已经在晚期/后现代性中被普遍接受为实现身份认同的条件，但如果认为网络自我与现实自我截然不同，或者主体能够在网络中根据主观意愿实现任意身份认同，这种假设则难以获得绝对证明。卡斯特（Castells, 2001）认为这种类型的实验主要局限于年轻人，他们还没有形成一个核心的身份认同。当然，特克的研究中大多数参与者都是年轻人，他们的身份认同可能不像那些 25 岁以上的人那样稳定。同样，温和卡茨（Wynn & Katz, 1998；参见 Baym, 2006）报告说，主体在网络上仍然保持一致的整体身份认同。这意味着，即使有机会成为另一个人，或表达自己身份的多个方面，主体似乎仍然会坚持一个身份，而这个身份拥有一组或多或少的稳定特征。事实上，主体需要在自我身份认同中保持某种连续性和稳定性，以便他人能认出自己并进行互动。即使是《第二人生》游戏中最奢华的化身，也需要在不同时间和环境中表现出一定的稳定性，这样才能参与游戏或虚拟世界，结交朋友，体验这种网络环境。从整体上看，这并不是说网络世界没有实际的规范和准则，它们其实存在。这些规范和准则往往通过主体之间的协商获得修正，以适应新的环境和要求。其中一些规范（如礼貌）可能是"固有的"，但在网上就会被修正。主体不能生活在规范和准则之外，但可以对它们进行重新创造，使之适应新的环境。

从更具政治意味的角度看，主要危险在于忽视持续存在的物质和符号层面的不平等性，而倾向于一种唯美主义的观点，即认为身份认同完全是一种自愿的选择。在《第二人生》虚拟游戏中获得自由是否真的意味着实现了自我解放？总的来说，所有这些理论家普遍认为，身份认同并非固化的，即使它们参与了权力话语和等级制度。这些技术为主体重建身份提供了新的、令人兴奋的可能，原因在于：一是网络中没有既定的规范和准则，二是主体可以利用自我身份认同的现实部分。但新媒介究竟是如何参与身份认同建构的？下面将讨论这个问题。

自我建构技术：社交媒介和身份认同建构

或许新媒介和身份认同的关系存在一种更清晰的表述，即将前者视为一种自我建构技术。福柯认为，这种技术允许个人通过自身或在他人协助下对身体、灵魂、思想、行为和存在方式进行某些程度的调整，也即为了达到某种幸福、纯洁、智慧、完美或不朽的状态而改变自己（Foucault，1988：18）。根据上述理论，这种技术允许主体以非常具体的方式进行自我建构，同时也受其限制，以形成主体身份认同的核心部分。福柯讨论了其中一些方式，最值得注意的是古希腊箴言中体现出的自我不断探索和检查，包括"认识你自己"的名言和基督教的忏悔行为。福柯认为，通过这种不断的自我反省去发现和认识自己，主体建构了一种非常特殊的自我，一种具有自反性以及指向内部的自我，即主体可以通过检查和监控自身思想和行为来建构一个拥有内在生命的自我。而与此同时，主体也通过"自我关照"来检查和建构一个肉体和外在的自我。福柯（Foucault，1988：19）认为，通过专注于自己，主体可以学习和培养自我。在早期基督教行为活动中也发现了类似原则，教会和教徒们通过对灵魂的探索，对每个思想和行为进行持续监控，以确保遵守上帝的要求。自我建构技术的主要目的是产生一种与社会、文化、宗教和政治规范及要求相适应的自我或身份。这样，技术本身就是身份认同建构中不可分割的一部分。

如果书信、自省和忏悔是古代的自我建构技术，那么现在这种技术又呈现出什么形态？它创造了什么样的主题或身份认同？既然福柯的自我建构技术是所有传播形式的集合，那么也许可以将分析转向传播和媒介形式。这个问题源于对媒介形式与主体性之间关系的长期关注，而相关案例在社会和政治理论中比比皆是。正如在本书第三章中所看到的，不同传播媒介与不同类型的自我和主体性联系在一起。例如，乔治·卢卡奇在《小说理论》（*The Theory of the Novel*，参见 Lukacs，1974［1914］）中认为，塞万提斯的《堂吉诃德》引入了一种新的意识，它不同于古代主体性，而是存在于悲剧和史诗之中。它与中世纪基督教世界的主体性有非常大的区别，后者认为主体是由上帝掌控的。而在现代小说中，主人公面对的是一个支离破碎、疏离化的世界，没有圣人或上帝能够提供帮助或支持。因此他们必须基于理性，找到并利用属于自己的叙事方式来解释和理解这个世界。类似论点可以追溯到哈贝马斯（Habermas，1989［1962］），他认为，"伦理小说"的出现，如理查森的《帕梅拉》（*Pamela*，参见 Richardson，1740），带来了内在自我的创造，这就是所谓"受众导向主体性"，即主体往往把自己的生活想象成对他人的叙述。大众媒介的出现带来了主体塑造的重大变化。居伊·德博尔（Guy Debord，1967）记录了景观社会的兴起，在这个充斥着图像的社会中，主体通过消费这些图像来定位自己。然而，图像的多样性表征了碎片化的主体，后者无法用任何单一符号或图像来进行识别。马克·波斯特（Mark Poster，1995）讨论了数字世界所带来的变化，数字作者的概念指的是那些可能产生文本，但不受控制的主体：他们的文本可能会获得不同含义，特别是在网络空间中不断传播时，可能被用于不同用途。

现在进一步考察社交媒介。如果将一些受到最广泛使用的网络交流方式视为自我建构技术，会产生何种结果？首先，必须注意社交媒介账号提供了重新想象自我、成为主体的机会，而不仅仅是玩弄身份概念，就像在《第二人生》等虚拟游戏环境中发现的那样，也即如特克所说的那样。成为一个主体需要接受自身的差异性和多元性，但也需要设法保持一种不稳定的归属感。社交媒介平台的技术特征（发布状态更新、分享、上传照片和视频、标签等），以及受众在不同称谓方式（对读者，对朋友，对自己）之间转换的能力、发布信息所享有的自由决定权（可以书写任何自主选择的主题，任意发布照片或视频，对任何话题进行简要或详细评论等），所有这些都指向一种新的主体性建构，其完全不同于书信、忏悔、小说和大众媒介所形成的那种主体性。换句话说，可以称之为"作者主体性"（Siapera，2008）：在这种模式下，通过在社交媒介上发帖，个人获得了自己所说内容（以及自身是谁）的所有权和责任，从而成为独立个体。但这里的独立性并非与他人的根本隔离；相反，它是指通过自我设定和自我评价的模式来判断、评估、思考和行动的能力。这种自主性呈现出典型的协作性：通过浏览他人的博客和帖子，主体表达出喜欢、不喜欢、分享、评论、链接等立场，而他人也会对主体的帖子做同样的事。从这个意义上说，发帖行为创造了一个与他人一起不断修正的自我。这种建构过程与下列过程不同：（1）书信往来——这属于两个人之间的私人交流；（2）自省——表达出个体对自我的反映；（3）忏悔——在教堂或心理问题诊疗室发生的实践行为；（4）小说——由他人书写，并且指向内部投射；（5）大众媒介——发帖是为大众消费而准备的奇观。因此，社交媒介网站发帖行为体现出如下结果：主体成为独立个体（也就是说，在某些特定方面与他人不同），但这是一种具有社会属性的独立性，它的发生基于他人的虚拟存在，并涉及一种"内在"思想、想法、观点、经验等因素的外化。

尼克·库尔德里（Nick Couldry）的"存在感"（Presencing）概念捕捉到了社交媒介身份认同建构的一个重要方面（Couldry，2012）。他用这个词指代社交媒介网站的所有活动，包括发布有关自己的信息或陈述，以维持公众存在感（Couldry，2012：50）。库尔德里认为，存在感涉及个体的自我客观化，是对个体网络呈现这种新兴需求的回应。在利用社交媒介创建和维持自身的网络存在过程中，个体需要考虑如下问题：一是数字环境及其技术赋能，二是既有的社会规范和礼仪。

从社交媒介技术层面看，它们具有一定的持久性。社交媒介账号的存储功能意味着它们可以作为记忆、想法、观念的储存库，但这些内容在一定程度上也会制约用户，因为他们可能会被永远固化在那里。例如，考虑一下 Facebook 推出的"你的记忆"（Your Memory）功能，用户可以从自己的文档里选择一篇文章，然后决定是否分享。这个功能允许一定程度的选择，例如是否可以共享，同时这些材料一直存在，任何人都可以访问，这仅仅取决于用户的隐私设置。博伊德（Boyd，2011）将这种属性称为持久性，除非采取主动措施删除社交媒介和在线数据，否则它们就会一直存在。正如主体现在的自我，虽然正处于一个不同的人生阶段，但可能会被年轻时的自我妨碍。因此许多人已经意识到，这样的帖子可能反过来对自身产生困扰。在某种程度上，社交媒介网站发帖行为是控制与失控之间的辩证关系，因为个体对自己的帖子几乎拥有绝对决定权。这种失控集中体现在：一旦帖子上线，就会被断章取义地使用和引用，一般来说，它们会在社交媒介账号的狭小空间之外获得生存场域。个体可以发现他们的评论或帖子在完全不同的语境中被分享、转发或重新写进博客，并被赋予非常不同的含义。

此外，在社交媒体平台的生存中，个体需要处理日益复杂化的社交活动，比如同时参与社交、家庭和工作网络。用于某些网络的帖子可能不适用于其他网络，必须学会在各种网络中发帖，以免冒犯他人或显得不真实。语境在空间、时间、社会群体等方面的界限越来越模糊，博伊德（Boyd，2011）提到了"语境崩溃"。Facebook 或 Twitter 中各种各样的网络传播失败案例构成了一种模式，个体通过该模式可以更加理解社交媒介的动向，完成对新规则的学习和社会化。因此，个体学会了如何在各种社交媒介平台上更加有效地自我管理。然而在这个过程中，自我建构似乎减少了独立性意蕴，更像是一个策略性或技术性的行为表现。从这个角度看，真实性明显成为社交媒介呈现的一个关键要素：主体被期望呈现出一个吸引所有观众的自我，并具有跨越时间的稳定性，但对自己来说也是真实的。最近关于一些社交媒介账号造假的争论，尤其是一些刻意的自拍行为，反映了这些斗争和压力。

具体来说，社交媒介至少开启了两种相互关联的斗争：一种是知名度（Thompson，2005），另一种则是流行度。知名度非常重要，因为受众数量及他人的关联性是吸引力的一部分。同样，流行度——个体对帖子的喜爱程度和帖子的链接程度——也是一个重要方面，因为它提供了一种奖励和认可。这两个方面促成了专业化策略或策划职位的出现，帮助提高知名度和流行度。"接受经济"的出现将社交媒介身份认同建构实践的独立性和解放性特征进一步消解。相反，它将社交媒介与流行度以及网络红人的普遍性逻辑联系起来（Senft，2013）。此外，社交媒介和主流媒介的逻辑也越来越趋同，马威克（Marwick，2015）在她对 Instagram 的研究中发现了这一点。马威克说，看看最成功的 Instagram 账号，它们往往会复制模仿传统主流名人文化中的奢侈性、明星效应和潮流时尚。难怪 Instagram 引发了关于刻意伪造和造假行为最热烈的讨论。2015 年，年轻的 Instagram 博主埃瑟娜·奥尼尔（Essena O'Neill）发布了一段视频，公开进行自我谴责，声明她的网络形象属于造假行为。她重新标注了网络照片的标题，曝光了照片设计的各种方式，并公开讨论了社交媒介带来的压力，尤其是对年轻人的压力。

这种公开讨论可能有助于将社交媒介置于个体生活情境中并重新定位，但与此同时，它们或许也与道德恐慌和夸大媒介的可能性伤害有关。目前，两种相关的道德恐慌已经出现：一是围绕着社交媒介的自拍等行为观念，产生了一种只在乎外表的自恋文化；二是社交媒介的压力会导致抑郁，损害个体心理健康。不过，这些指控有什么依据吗？考虑到自我建构技术固有的矛盾心理，这两者都难以确定。然而，社交媒介和心理健康之间可能存在某种联系。斯蒂尔斯、威克姆和阿奇泰利（Steers, Wickham & Acitelli, 2014）的研究发现，个体花在Facebook网络平台的时间与抑郁症状有关。斯蒂尔斯等人认为，这是个体在Facebook平台进行的社会比较导致的。这可能是公开讨论所暗示的：由于个体在网络中非常强调呈现完美自我，因此可能会把网络存在当成现实生活，并感到沮丧，因为无法在现实社会中做到这样完美。然而，斯蒂尔斯等人的研究通过各种比较分析了抑郁情绪：从积极效果看，网络账号展示出来的形象都是完美的，毫无瑕疵；而从消极效果看，这表明社会比较过程本身可能会对个体心理健康造成伤害。在后续研究中，斯蒂尔斯（Steers, 2016）将社交媒介活动区分为两种：一种是具有联系功能的社交媒介活动，如与朋友交谈；另一种是具有切断功能的社交媒介活动，如通过与他人的比较来评估自己。与消极效果相关的主要是具有切断功能的活动，而与他人的对话和交流则似乎具有积极效果。斯蒂尔斯认为，社交媒介平台架构可能是推动这种比较行为发生的原因。事实上，这可能正是Instagram的情况，它的视觉图像架构方式引发了这种比较。与此同时，进行社会比较是个体在社交媒介平台行为活动的组成部分。正如福柯（Foucault, 1988）所指出的，权力嵌入自我建构的一切技术之中，既产生压制性又具有赋能性：它以特定方式塑造个体和自我，但在对个体的规训过程中，它又给予后者行动的自由；在这种行为之中，个体主动修正和重构自身的生存条件。至少，这些研究表明，自我与社交媒介的关系确实很复杂。

> **案例研究**
>
> **自拍与自我量化**
>
> 尽管自画像在艺术领域有着悠久的历史，但在社交媒介平台拍摄和发布的自拍图片的流行程度和数量之多还是引发了大量争论，尤其是自拍与自恋的关系，以及对审美和外表的肤浅关注。而在允许追踪、存储和处理有关"自我"内容的量化信息技术中，也发现了类似操作。我们能从这些实践中获得什么？它们对自我的研究领域和当前的文化状态意味着什么？

吉尔·沃克·雷特贝格（Jill Walker Rettberg, 2014）在讨论自拍时认为，自我表现可以是文本、视觉或量化的，这些形式都不是社交媒介的发明，相反，它们都是思考和自我表现漫长谱系的组成部分。对自拍的批评和频繁嘲笑构成了一种社会纪律，与网络上出现的歧视女性的普遍行为相对应（Burns, 2015）。伯恩斯（Burns, 2015）展示了这种批评是如何集中于女性，尤其是年轻女性的，她们被嘲笑为肤浅、自恋、过于注重外表的人。这些针对自拍的性别化批评仍然存在，尽管研究表明，男性和女性都会自拍（Mendelson & Papachairssi, 2011）。雷特贝格（Rettberg, 2014）认为，这种批评没有考虑到的是，尽管自拍强调自我个体，但它们是普遍性对话的组成部分。与之类似，帕帕查理斯（Papacharissi, 2014）指出自拍的叙事属性，认为它们是一种行为模式，是为了在真实或想象的受众面前找到表达方式或相互联系。

随着各种新媒介平台和设备的技术支持的出现，自拍的叙事和审美元素被存储、归类和搜索。可以看出，与创造性和叙事性内容不同，技术维度本身就形成了一种通过数字媒介写作或建构个体自我的方式。现在，对所有事件持续进行记录和跟踪已经扩展到自我层面。非常明显，这种行为并不是全新的实践行动，而是有着悠久的历史：福柯分析了马可·奥勒留写给他导师的信，展现了早期的一种自我物化和自我信息收集的形式。福柯指出，马可·奥勒留的书信细致地罗列了世俗的细节，以及对饮食、运动和其他类似信息的追踪，并概述了这种社会实践的不同侧重点：一是专注于个体行为内容，二是专注于个体思维内容——这正是宗教忏悔室的特征。

便携式设备和其他可穿戴设备与平台极大地扩展了这些实践。这些媒介会自动跟踪、收集和关联身体信息、内脏器官的功能、消耗和燃烧的卡路里，甚至是性行为。这是自我量化的过程，正如雷特贝格（Rettberg, 2014）所说，它构成了个人的大数据等价物。然而与大数据一样，尽管可以进行全部信息收集，并能以引人入胜的方式加以说明，但这还不足以确定这些数据能回答哪些类型的问题。福柯（Foucault, 1997 [1988]：225）指出，自我建构技术的目的是改造自我，以达到某种幸福、纯洁、智慧、完美或不朽的状态。这意味着通过收集有关自身的数据和信息，个体会变得更快乐或更好，因为他在某些方面会有所提高。但这反过来又意味着数据和信息可以为个体提供这种机会，从而指向了数据主义的谬误（van Dijck, 2013），或者认为可以通过网络媒介获得关于各种个人和社会行为的客观量化信息。这种观点没有考虑到产生和解释这些行为的语境。另外，正如雷特贝格（Rettberg, 2014）指出的，这些技巧也包含了控制和理解自己（和他人）的乐趣。即使这些是虚幻的，而且往往没有什么实际价值：知道一个人睡得多或少、午餐的平均卡路里摄取量或锻炼时的平均脉搏率不一定构成非常有趣或有价值的信息。

如果从社会学角度考察，这些设备产生的大量数据还有其他的用途。吉鲁（Giroux, 2015）认为，这些技术是一种普遍性文化的组成部分，个体在其中乐于放弃自己的隐私权，习惯于安全机构对自身的持续监视和监控。此外，这些技术和实践具有高度商品化的维度，甚至对于个体最私密的细节信息也是如此。的确，所有这些应用程序、便携设备和网络平台都主动地从内容和服务供给中获得利润。吉鲁发现，与其说自拍文化与社会政治和经济背景相互分离，不如说它实际上体现了社会个性化和货币贬值的加剧，以及企业和国家控制的强化。尽管吉鲁的观点可能会忽略人类的能动性和创造性，但他的批判展示了这些为普遍社会政治形态（如新自由主义）所包容和利用的方式。因此，无论是针对全新草根文化的迎合观点，还是对源自保守立场的批评观点，它都提供了一个非常有用的观念校正策略。

性别认同和新媒介

如果接受自我身份认同或主观意识是被建构的，那么性别（和其他被赋予的）身份认同又该何去何从？至少从西蒙娜·德·波伏瓦的《第二性》（Beauvoir, 1953）开始，"女人不是天生的，而是被塑造成的"这一观点就已经众所周知了。也就是说，性别是一种被建构的身份认同，而不是个体与生俱来的身份认同。当个体生为男孩或女孩时，围绕他/她自身性别所形成的意义、行为、价值观、欲望和期望是建立在主流话语和性别意识形态基础之上的。换句话说，个体习惯于成为男性或女性，并以与这些性别身份相称的方式行事。与自我身份认同一样，个体利用现有社会条件来获得这些身份认同，但就性别而言，这些条件更加有限、更具规范性：个体必须严格遵守性别角色。事实上，大多数女权主义作家正是根据限制性和规范性的性别话语来建立性别认同理论的，同时也试图找出削弱和改变这些话语的方法。正是在这种动态性中可以定位新媒介的角色：增加或创造新的机会来阐明性别身份认同，这可能最终会证明，对试图建构自身性别角色的人来说，这意味着压力更小、自由度更大。在分析这些问题时，本部分将首先简短讨论性别问题，然后考察新媒介表达性别角色的方式。随后将讨论网络和技术女权主义理论，以及新媒介在多大程度上促进了性别关系平等。

性别和技术主义理论

朱迪思·巴特勒（Judith Butler，1993）描述了性别身份认同产生和巩固的过程，认为它是一个重复和再现的过程：这就是操演性的概念。个体通过重复他人所施加的期望、行为以及教导来获得自身的性别认同。但这些不同语境下的性别建构过程包含着改变和削弱主流性别话语的可能，即个体往往在已有期望和规范基础之上行动，但这种行动过程最终改变了这些期望。巴特勒认为，这种改变源于语境和行动方式之间的冲突性。当错误或不适当的性别表现行为发生时，它提供了性别解释的新途径。例如，男扮女装是一种不恰当的性别表现，因为它是错误的性别表达，但这种夸张的表现，为不同的性别想象创造了空间。

根据巴特勒的观点，新技术可能至少以两种方式与性别联系起来：首先，作为性别表现的不同语境，有助于建立一种新的性别解释。例如，在网络环境中扮演女性或母亲有助于改变女性身份和母性含义，它将母亲或女性身份话语与新技术话语联系起来。在扮演网络母亲的过程中，个体重新建立了一个性别身份，同时也改变了这个身份，因为现在可能附加了另外的价值观或期望。其次，网络环境中的性别表现也可能不同。这指的是网络环境的虚拟性，它不需要严格遵守面对面接触的规范和惯例,允许进行不同的、更有趣的性别表现。在实践中,这意味着可以在网络环境中假装成个体想要的任何性别,或者将认为合适的任何行为与性别联系起来。因此,同传统的男扮女装行为一样,网络环境的性别伪装可能会将性别激进化提升到前所未有的程度。它可能允许在脱离个体实际身体和生理结构的情况下对性别身份认同进行理解,而这会导致如下结果:可能通过创造流动性身份认同来超越二元对立的性别结构(Rodino,1997;O'Brien,1999;参见 van Doorn,van Zoonen & Wyatt,2007)。

在网络研究早期,即 20 世纪 90 年代中后期,这些性别实践行为被认为是新媒介变革性别身份认同观念、消除长期困扰世界的性别分歧的方式之一。例如,达内(Danet,1998:130)认为,网络性别伪装可能会长期动摇现实性别建构方式的稳定性。但这会转化为性别身份认同的实际变化吗?洛里·肯德尔(Lori Kendall,1996)对此持悲观态度。在她对 MUDs 的研究中,发现最终大多数人被迫暴露了他们的真实身份。也许更有问题的是,个体在扮演另一种性别身份时,倾向于复制该性别的刻板印象。类似研究中,莱斯利(Leslie,1993;参见 Danet,1998:140)描述了当男性假扮成女性时,倾向于表现得像青春期晚期男性希望的那样,对所有的性行为都表现出热情。其他人则认为,这种伪装充其量只是暂时缓解了性别压迫,而不是带来永恒性变化。

近来对网络博客和性别的研究表明,首先,博客倾向于关注真实日常生活,而不像通常想象的那样关注 MUDs 虚拟世界,比如《第二人生》游戏。因此,性别问题与在博客平台的生活方式直接相关(van Doorn et al.,2007)。从这个角度看,试图进行性别实验或创造非传统性的、替代性的以及性别伪装的身份认同几乎没有可能。事实上,施瓦茨等人(Schwartz et al.,2013)的研究发现,Facebook 平台上存在高度刻板化的性别化语言:女性更多地使用表示情感的词语,如"激动",并且更多地提到心理和社会过程,如"我爱你"和"<3";男性则更多地使用脏话和物体指代词,比如"Xbox"。其次,技术通常被认为具有特定性别,并且完全指向男性:技术服务为男性而设计,由他们开发和使用,为他们服务(参见 Wajcman,2010)。女权主义者长期以来一直试图确认性别是如何在技术中体现出来的。作为一种技术产品,博客应该是性别平等的,但是它的个人化、经验化、独白式特征应该更适合女性气质而不是男性气质。在此基础上,范多恩等人(van

Doorn et al.，2007）认为，事实上，博客可能有助于开放女性话语，允许性别身份认同的多元化表达。女性使用社交网站的比例（74%）高于男性使用社交网站的比例（62%）（Pew Research Center，2013），这一调查结果可能支持了这一观点。

性别化技术

然而，认为技术和人造物具有性别差异，暗示着性别和它们的身份认同在某种程度上已经被设定好了，不会随着时间推移而改变。这些论点的目的是显示技术和媒介层面的性别不平等，但无意中最后倒向本质主义，因为它赋予了性别身份认同某些核心、基本和固化的特征。在这里，唐娜·哈拉维（Donna Haraway，1991）的著作显示出重要意义。作为对这种本质主义的回应，哈拉维提出了"电子人"的概念，认为所有个体都是人造的。通过把自己的生活、科技产品和其他人造物结合在一起，个体可以被视为半机械人，是人类和机器的混合体。哈拉维也反对一种特殊类型的女权主义，认为所有女性都只具有单一的共同身份属性。她关于性别的看法意味着，不能仅仅因为所有女性在生理上具有某些共性，就假定她们拥有相同的性别身份。从政治维度看，这意味着那些传统上因为具有生物相似性（如性别和民族/种族）而被归类的群体，现在必须找到成员彼此之间新的关系形式，即需要一种基于选择的分类政治：成员之间不是血缘关系而是选择关系（Haraway，1991：155）。哈拉维认为，技术概念的定位充满模糊性：一方面，它颠覆自然，帮助个体突破既有限制和界限；但另一方面，它可能会成为控制的工具。哈拉维的观点代表了一种普遍性立场，即技术，尤其是强调虚拟的网络媒介，可能使女性（和男性）摆脱身体的限制。萨迪·普兰特（Sadie Plant，1998）认为，技术有效模糊了人与机器之间的界限，有可能将个体从与性别相关的约束中解放出来。

然而，正如瓦克曼（Wajcman，2010）所观察到的，上述观念似乎暗示所有的数字化产物都必然是积极的。不幸的是，这与事实相去甚远。即使接受曼纽尔·卡斯特的观点，即父权制已死，而且尽管女性参与数字世界的人数几乎同男性相等，但新媒介的现实是，她们仍与刻板的性别身份联系在一起。尽管网络女权主义的观念认为性别身份认同可以通过数字化或在数字化中获得超越，但现实情况是，固化的性别身份认同仍然是现实世界和虚拟世界定义身份的方式，这在数字化的物质和符号领域都得到了证明。从物质领域看，罗莎琳德·吉尔（Rosalind Gill，2002）的研究指出，在与新媒介相关的特定工作职位中，女性受到的冲击尤为明显。总的来说，她们得到的工作机会往往较少，她们的工资更低，工作不安全感更强。吉尔将这些差异归因于这类职位的非制度化工作方式，这种工作方式往往有利于男性及其所使用的网络，充满灵活性，但这实际意味着全天候工作。吉尔同时指出，这种基于"项目制"的数字工作方式产生了相应的工作风险，最终令女性变得难以适应，因为她们必须面对支付社保费用、休产假和参加养老金计划等问题。而从符号领域看，一些女性角色对过度性化、夸张的身体部位和准色情美学的控制，象征着数字领域中对女性刻板印象和男性导向的理解。

这一切将性别认同和技术之间的关系置于何处？如果认真看待朱迪思·巴特勒的论点，即性别是一种表现，它通过行为表现方式形成，同样，如果严格遵循社会建构主义对技术的理解，就必须把性别认同看作处于各种技术功能之中，并且是平等利用这些功能建构的。如果将这两方面结合，就可以认为性别关系在技术中获得具体化，而性别身份通过参与和使用技术获得意义（Wajcman，2010）。正如瓦克曼（Wajcman，2010：150）所说，技术的物质性提供或抑制了特定的性别权力关系。女性的身份认同、需求和优势性是与数字技术相互渗透的。技术和性别都是不断变化的要素，它们在一种流动关系中相互构建（尽管它们也由其他因素共同构成）。因此，我们无法预知某些新媒介是否有利于两性关系或女性解放，而这既是女权主义学术的经验主义问题，也是女权主义实践的政治问题。前者旨在观察某些新媒介形式如何促进更平等的性别关系形成，后者旨在提出新媒介的行动和做法，以实际建立更平等的性别关系。

然而，最近出现的网络厌女症、网络喷子、针对女性的报复色情和仇恨言论等问题使性别关系变得更加复杂。虽然目前还没有这些普遍现象的详细数据，但皮尤研究中心报告称，美国40%的网络用户经历过骚扰，而男性和女性经历过不同类型的骚扰（Duggan，2014）。但是女性，特别是18～24岁的年轻女性受到的骚扰更严重。越来越多的证据表明，女性记者和评论员，尤其是那些专注于游戏、技术和女权主义的记者和评论员会受到骚扰。正如劳里·彭妮（Laurie Penny，2013：10）所说："杰梅茵·格里尔在《女太监》一书中写道，女人不知道男人有多恨她们。而现在都已经知道了。"彭妮意识到这种厌女症一定程度上来自网络极客文化，但她倾向于认为这是一种倒退，如果极客们能够消除对女性的误解和刻板印象，这种倒退就会被遏止。然而，安格拉·内格尔（Angela Nagle，2015）认为极客和厌女症之间的关系更加复杂，厌女症的现实表现在文化中显得非常独特。内格尔将这种现象称为反文化与反女权主义的越轨行为，认为它与传统的保守型厌女症和主流媒介的性别歧视相类似，但并不完全相同。她在名为 4chan/b/forum 的网络论坛中找到了它的起源，正是在这个平台中产生了"匿名者"（即网络中对女性的攻击者）。如果这确实是一种新的厌女症，并且专属于网络和极客文化，那么需要进行更多的研究来揭示它的具体运作过程，同时考虑应对方式（Jane，2014a）。这一点至关重要，越来越多的证据表明，为了避免让自己暴露在这种仇恨感之下，女性正在回避与科技和女权主义相关的话题。很明显，网络厌女症的现实和符号影响都需要深入分析，任何干预措施都必须能够成功地反击这种仇恨感（Jane，2014b）。

新媒介世界中的民族/种族、宗教认同

显然，新媒介与身份认同、自我与性别身份认同之间的现实关系是复杂而模糊的，但也许在民族/种族和宗教认同方面情况有所不同。正如卡斯特的著作所言，新媒介消融了领土边界，将群体类别划分的地域因素作用降至最低。在考察这种关系时，本部分将首先讨论卡斯特关于网络社会民族认同的研究，简要分析吉登斯对后现代社会宗教认同的观点。随后将讨论新媒介对民族/种族的多样性表达，同时评价新媒介在促进民族/种族与宗教认同的解放性实践中所扮演的角色。对于该领域更详细的回溯可以参见希尔佩拉的著作（Siapera，2010）。

社会学理论对民族/种族的理解有多重方式。克利福德·格尔茨（Clifford Geertz，1973）等人认为，民族/种族建立在历史延承性基础之上，而历史延承性又与共同的文化、传统、语言等要素相互联系。其他学者，如欧内斯特·格尔纳（Ernest Gellner，1983）发现，由于工业资本主义需要具有相同文化和语言的劳动力资源，因此民族和民族国家已经变得突出，他认为国家是一个围绕民族建立的政治组织。从这个观点看，共同性和民族传统是帮助资本主义发挥作用的现代发明（Hobsbawm & Ranger，1983）。然而在这两种情况下，民族都受到地理边界和共同领土的限制，同时又受到某种历史延续性的支持（Hobsbawm & Ranger，1983），尽管对某些人来说，这是虚构或想象出来的（Anderson，1991 [1983]）。不管民族的起源和功能如何，它在为个体生活提供意义方面的作用是公认的。纵观历史，民族构成了文化依附性、差异性以及某些情况下全部异质属性的基础。在全球化语境下，如果考虑到新技术改变空间和时间的根本方式，那么民族和民族身份认同的相关性如何？如果接受卡斯特关于流动空间和永恒时间的观点，那么可以得出结论，民族不能由地理边界或历史延续性来定义。这对民族身份认同有什么影响？

网络社会民族与宗教的理论化

卡斯特（Castells，2000 [1996]）承认，尽管网络社会仍然存在民族属性，但它们不再有能力提供强大的共同身份。这是因为随着空间与领土的不断分离，民族和种族已经同它们的领土基础不再具有相关性；与此同时，它们的历史意义恰恰因为失去了领土相关性而受到损害，而后者提供了共同民族纽带的基础。简言之，个体不再把自己理解为根植于特定领域的存在，他们能够进入不同网络空间获得多元意义，这些网络不受地理疆域限制，具有自身的独立空间。卡斯特认为，面对这一现实，民族身份认同有两个选择。首先是将自己依附于更广泛的文化共同体，如宗教，并让这种方式作为个体行动的"文化独立基础"（Castells，2000 [1996]：63）。换句话说，民族身份认同被嫁接到其他公共身份认同之上，这些身份赋予了它吸引力和意义，使之能够在网络社会中采取不同形式继续生存。其次是将身份认同视为一种"空间认同"，如卡斯特所说，它植根于当地社区、帮派或地盘之中。在这两种情况下，民族身份认同的意义都因它在网络社会中的角色和功能而发生变化。根据格尔纳（Gellner，1983）的说法，种族和民族身份认同的运作立基于信息和全球化资本主义需求之上。

安东尼·吉登斯（Giddens，1991）的著作分析了身份认同转向以及变化过程的早期历史根源。正如之前所讨论的，对于吉登斯来说，后现代身份认同被理解为一种计划和进程，呈现出一种动态性，并在自我反思和信息接收利用基础上不断发展。从这个角度看，宗教认同与现代身份认同并不兼容，因为它们各自建立在一套不变的、不容置疑的信仰和实践教条之上。吉登斯认为，可能会出现一些宗教认同的复兴，但这是现代身份认同缺乏明确的指导伦理和道德原则的结果。此外，这些复兴也可能是对后现代社会中普遍风险性和不确定性环境的反应。作为一种保守主义，宗教认同似乎与网络/新媒介的自由环境及高科技特征都不一致，后者指向与日常生活的动态关系，而不是对形而上学在形式层面的任何超越。

网络民族/种族问题

尽管在民族/种族和宗教身份认同概念领域存在许多矛盾，但新媒介的经验现实却截然不同。网络环境中的民族/种族和宗教认同事件都在激增，甚至利用新媒介而获得迅速发展。仔细观察民族/种族和宗教认同与新媒介之间的关系，可以发现其中存在的连续性和转化性。虽然连续性包含身份认同具有的差异标记功能，但民族/种族和宗教认同与新媒介的关系已经深深地影响了这种功能的结构，以及这种功能在社会中的影响力。首先，民族/种族和宗教认同具有连续性的差异标记作用，统计证据表明，新媒介的使用和消费在种族层面存在差异性。这种证据表明，种族和宗教的作用不仅是造成差异的基础，而且是造成歧视的基础。中村丽莎（Lisa Nakamura，2002）的著作颇具启发性，她认为网络环境中民族/种族的编码方式不同，反映了信息资本主义中不同种族在劳动分工中的差异性和角色变化。她用"网络类型化"这个概念指代新媒介环境中的新型民族/种族编码，而她的研究表明，亚洲人被认为具有技术天赋，黑人属于技术弱势群体，白人则居于两者之间。这种技术东方主义反映了对东方世界的持续性迷恋，在这种情况下，东方的"神秘"和"异国情调"被投射到未来。在对赛博朋克小说的分析中，中村丽莎抓住了民族/种族的这种连续性神秘感：电子人住在未来世界，但人类世界的代表仍然由白人担任。

就像性别认同一样，个体在网上可以伪装成另一个人。这种做法被称为"网络马甲"，从普遍意义上看，由于个体在网络中不需要任何身体和器官的实际存在，因此有人认为民族/种族在网络中可能被延伸和改变，从而避免种族主义和歧视性行为。这一观点基于特克（Turkle，1995）的研究，她提出使用不同身份进行社会实践活动可能会增加理解。中村丽莎对此并不赞同，在她看来，这种个体的"身份认同旅行"会导致对认同的肤浅化理解，使之成为审美附庸，忽略了支撑认同的社会结构维度。此外，假扮他人不一定会消除与某些民族和种族身份相关的假设和刻板印象，通常只是对其进行再次强化。与此同时，类似于《第二人生》游戏，网络中出现了许多民族和种族身份，甚至是虚构身份，表明多元文化主义蓬勃发展，至少在网络环境中是这样。然而，中村丽莎强调要谨慎，因为这些网络身份存在与否，取决于发明设计它们的商业公司（Nakamura，2002：99）。换句话说，"网络马甲"行为既不具有颠覆性，也不体现解放性，它局限于身份认同的最表面维度，而没有挑战这些身份建立和运作的社会结构性条件。

尽管如此，研究仍然表明，新媒介对民族/种族和宗教身份认同表达具有许多积极促进作用。新媒介允许分散性社区进行聚合，并追求政治目标。富兰克林（Franklin，2007）的研究发现，散居的汤加人会聚集于网络论坛并讨论太平洋汤加群岛的政治局势。同样，网络空间为散居的穆斯林提供了见面和讨论共同关心问题的机会。希尔佩拉（Siapera，2007a）发现一些穆斯林利用网络获得政治权力。较少的表达限制意味着少数族群、种族和宗教成员能够发出自己的声音，获得更高的知名度，最终实现权利平等和获得承认等目标（Georgiou，2002；Siapera，2005，2007b）。帕克和宋（Parker & Song，2007）也公布了类似研究成果，他们发现，英籍华人开发和使用少数民族/种族网站，使这个低调的群体能够表达自己的政治诉求。同时，这种活动能够使群体成员熟悉政治辩论流程，为他们在主流政治环境中的政治参与奠定基础（Siapera，2004）。最后一个方面涉及一些少数民族/种族和宗教网站与主要对手之间的沟通方式，只要这类网站能够打破自身封闭性，向公众积极开放，就能促进理解，改善和优化群体之间的关系。

然而，在民族/种族和宗教领域内的其他方面，新媒介也有可能具有负面作用。这里主要存在两个问题。首先，问题涉及民族、种族等网站的内部功能，同时也关系到这些网站对于自身内部社区的多样性、差异性的包容程度。其次，问题涉及这些民族/种族和宗教网站对社会碎片化的影响程度。对于包容性问题来说，一些民族/种族和宗教网站认为自己是社区历史和传统的监护者，设法对个体行为进行监督，并把某些做法、价值观和理解强加于人。他们通过规定行为标准、对传统进行解释，甚至直接谴责那些所谓不当行为来实现这一目的。例如，一些宗教网站公开谴责同性恋，而另一些网站则在人际关系和母性等方面向女性提供标准化建议。美国电视剧《热火贫民窟》（*Hot Ghetto Mess*）的官网（www.hotghettomess.com）经常会展示和评论一些照片，暗示了美国黑人"不恰当的"风格和态度，起到了一种文化警察的作用。从这个角度看，虽然从整体层面可以认为网络在民族/种族、宗教身份认同表达方面具有积极潜力，但为了确保这种潜力能够实现，民族/种族、宗教网站必须允许内部的多样性和差异性出现。对于社会碎片化问题来说，我们可以认为，通过一系列不同民族/种族网站的运作，以及个体对自身所属群体网站的使用，社会将超越民族/种族和宗教界限进一步碎片化。凯斯·桑斯坦（Sunstein, 2001）首先提出这个观点，他认为以下两者之间存在矛盾关系：一是需要一个公共空间，使公众能够聚集，就共同感兴趣的问题进行讨论并交换看法；二是网络的实际情况，它将受众或用户区隔成具有共同身份或兴趣的小型群体和社区。桑斯坦认为，对于所有人来说，社会一旦跨越这些界限，就意味着进一步碎片化，那么将面临真正的危险。此外，网络种族飞地的发展可能形成"群体极化和极端主义的滋生地"（Sunstein, 2001: 67, 71）。从这个角度看，民族/种族网站可能会导致社会凝聚力削弱和社会碎片化。达尔伯格（Dahlberg, 2007）则质疑了其中一些观点，他认为，这些飞地可能有助于纠正当前多元文化社会中的某些权力不对称问题。

这种理论的某个维度涉及如下观念，即主体被预先设定为黑人、穆斯林或亚洲人等。根据对身份认同动态性和技术身份建构作用的分析，可以认为这些身份是主体通过与技术人造物、算法和社会技术实践相互配合产生的。夏尔马（Sharma，2013）讨论了"黑人 Twitter"和"黑人标签"的案例，它们参与了主体身份建构，这些身份能够以多重方式在网络中被群体化，并可以通过社交媒介的技术社会属性（如算法、标签等）进行生产和消除。这些群体是矛盾的，显示了种族化过程的复杂性以及种族、性别和其他身份与技术的相互关联。森夫特和诺布尔（Senft & Noble，2013）通过分析社交媒介环境的连续性特征描述了社交媒介与种族之间的关系，例如对于白人和男性、非白人和非男性，社交媒介必须不断解释他们之间的差异。仇恨、种族主义和轻微侵犯行为在社交媒介环境中随处可见，鉴于种族主义根深蒂固，很难想象它们会灭绝。

结　论

本章回顾了关于身份认同与新媒介之间关系的文献。从广义上看，可以说身份认同建立在个体所能获得的条件和资源基础之上。新媒介和技术被视为上述条件和资源的提供者，但它们是在历史延续性和变化性背景中运作的。尽管一些新技术和新媒介形式具有确立身份认同的积极潜力，也可能有助于身份认同摆脱既有束缚，但新媒介本身不是实现身份认同的决定因素，这并不令人感到意外。专栏 9.1 总结了相关要点。

总的来说，身份认同实际上是一个不断变化的过程——具有流动性和动态性，就像新技术在持续发展和演变一样，身份认同也与社会政治、经济和文化因素始终保持不断互动，它们同处一个空间并各自发挥多重功能，且无法进行预测。从这个角度看，坚持认为新媒介必然会对身份认同产生积极或消极影响的观点并不正确。另外，在一些具体实例中，新媒介可能会产生积极影响，例如增加政治参与或曝光度、象征价值等。因此，从身份认同概念看，针对身份认同和新媒介之间关系的任何考察都是临时性的，并对大多数具体案例有效。

专栏 9.1　本章主要观点总结

自我认同

- 福柯：新媒介是自我建构的技术
- 吉登斯：新媒介提供了自我反思和持续身份建构的机会
- 卡斯特：在完全不同的条件下进行自我建构
- 新的自我认同更加自由了吗？
- 哈拉维：电子人作为一种新身份的原型，为身份解放提供了新的可能
- 特克：网络环境允许身份扮演，可以被视为一种解放

社交媒介和身份认同：

- 具有独立性但采取合作方式；如果没有策略导向，可能有助于个人成长
- 社会比较可能对心理健康产生负面影响

性别认同

- 巴特勒：表现性和新媒介。性别表现的新语境增强了性别认同的活力，同时身份扮演也可能导致性别规范的消解
- 哈拉维：电子人是指由技术材料构成的性别结构，两者具有一种相当模糊的关系——它们不受性别规定限制，但也受到控制
- 网络女性主义：通过数字技术或在数字文化中实现性别超越（萨迪·普兰特）
- 正如新技术一样，性别认同是流动的、动态的，它们共同构成了一个变化的目标
- 存在认为新媒介对两性关系只能产生积极或者消极影响的观点，它们往往忽视了两者的动态性
- 网络"厌女症"的兴起需要更深入的研究和理解

民族/种族、宗教认同

- 卡斯特：空间和技术与民族/种族身份的形成没有必然联系
- 在全球信息资本主义条件下，民族/种族认同运作机制失去了内涵和意义
- 宗教认同被认为是保守主义的，它们与新媒介的关系充满了紧张和矛盾
- 新媒介在优化身份认同方面所具备的潜力：增加曝光度，表达关注的能力，参与政治进程的能力，表达政治要求的能力

- 新媒介环境中存在民族/种族刻板印象的证据：网络类型化和技术东方主义（中村丽莎）
- 消极影响：社区警察和网络碎片化
- 种族主义和轻微攻击在网络环境中很常见

研究实践

网络自我与身份认同

这个研究活动的目的是帮助理解技术如何积极促进自我建构和新的身份认同建构，但是这些建构会带来新的风险和新的等级制度。形象管理策略一直是网络身份认同的首要问题。这对个体的重要程度如何？对他们的身份认同意味着什么？

关注一下自身在网络中的不同身份。（1）文本要素：你的 Facebook、Twitter、Instagram 的账号名、电子邮件等；（2）视觉要素：你在不同的媒介中使用什么头像？是否会经常更换？为什么和什么时候更换？这些说明你到底是谁？你在不同媒介上使用的各种身份有多一致？

拓展阅读

下列文章集中讨论了新媒介和身份认同之间的关系，探索了它的许多方面。司马杨子和彼得·帕格斯利的文章（Yangzi Sima & Peter Pugsley，2010）分析了中国博客圈对身份建构新形式的贡献，这种形式更多地受到个人主义和消费主义的影响，而非中国传统价值观的影响。这与吉鲁（Giroux，2015）的观点一致。马威克和博伊德（Marwick & Boyd，2011）展示了新媒介的动态性，比如语境崩溃、无形的公众以及自我网络传播的形构。杰西·丹尼尔斯的文章（Daniels，2013）形成了对种族、种族主义和网络研究的有效批评。在下面最后一篇文章中，卡斯特（Castells，1996）第一次尝试阐明网络与自我之间的关系。卡斯特展示并总结了他的网络社会主要结构，结论基于以下内容，即通过研究自我在新媒介技术中或通过新媒介技术被重新建构的方式，在一个注重变动性和对信息流做出即时响应的社会中，这种持续性重构非常必要。

Sima, Y. and Pugsley, P., 2010, The rise of a 'me culture' in postsocialist China: youth, individualism and identity creation in the blogosphere. *International Communication Gazette*, 72 (3), 287-306.

Marwick, A. E. and Boyd, D., 2011, I tweet honestly, I tweet passionately: Twitter users, context collapse, and the imagined audience. *New Media & Society*, 13 (1), 114-133.

Daniels, J., 2013, Race and racism in internet studies: a review and critique. *New Media & Society*, 15 (5), 695-719.

Castells, M., 1996, The Net and the self: working notes for a critical theory of the informational society. *Critique of Anthropology*, 16 (1), 9-38.

第十章
社会交往与社交媒介

> **学习目标**

1. 学习社会交往和人际交往相关理论
2. 理解社会交往与新媒介之间的关系
3. 批判性理解社交网站引发的社会交往转变
4. 拓展对网络个人主义概念和含义的批判性理解

导　论

一个人在 Facebook 或 Snapchat 社交平台上有多少好友？手机上有多少联系人？Twitter 上有多少粉丝？皮尤研究中心报告称，美国 Facebook 用户的平均好友数为 338 个（A. Smith，2014）。其中一些人经常与他人交流，有些人则很少与人沟通，有些好友、关注者和联系人我们甚至从来没有面对面地交流过。几年前的情况还很不一样，因为当时空间距离似乎决定了个体的社交生活：他们在自身所处的周边环境、学校、工作场所以及休闲场所中与人交往。友谊需要通过定期面对面的接触来维持，电话和信件则用于同其他空间的人保持联系。社会学认为，个体与他人的共同生活是通过生活伦理观念和物理空间进行调节的。伦理观念，如个人主义（即自我主义），或者与之相反的集体主义（社区的关键因素），以及关于安全、保护或以需求为基础的社会组织观念，可能会渗透到社会结构和个体日常生活之中。现在的伦理观念和个体空间观念都受到新媒介的深刻影响，这一是因为它们产生了生活应该如何进行的全新理解，同时也源于新媒介提供了一个不同的、公众能够聚集的虚拟空间。但是，如何才能以一种更加系统的、更具理论价值的方式来看待这些发展呢？广义上说，个体社会交往及交往方式越来越受到网络和其他新媒介的影响，这意味着什么？如何理解与新媒介相关的社会交往转向和变化？

本章提出的一些问题，其答案可以在社会交往和社区理论中找到。长期以来，如何与他人共处一直是该理论领域关注的问题。在最新的人类学研究中，朗和摩尔（Long & Moore，2013：2）将社会交往定义为一种动态的、互动的关系矩阵，人类通过利用这种矩阵开始理解他们所生活的世界，并在其中找到自己的目的和意义。社会交往问题的早期研究肇始于 20 世纪初，当时大规模的城市化将人口从乡村迁移到城市，社会共同生活方式发生了深刻变化。如果接受亚里士多德的观点——人类是社会性物种，就会认为社会交往的某些元素是人类物种的特征。

毫无疑问，新媒介带来了与他人相处的全新方式，这显然需要对已经出现的社会关系和社会交往进行新的理论分析。本章将通过讨论早期社会交往理论来检验这些问题，首先涉及斐迪南·滕尼斯（Ferdinand Tönnies）的社会和社区研究，随后将分析巴里·威尔曼（Barry Wellman）、曼纽尔·卡斯特等人在社交网络和网络个人主义方面的著作，从而回顾最新的新媒介社会交往理论，最后则着眼于社交媒介的爆炸式发展，讨论它们与网络个人主义的关系。

新媒介时代的社会和社区

可以想象一下，斐迪南·滕尼斯走在德国大都市新铺设的街道上，思考着社会生活中巨大而深刻的变化。在 19 世纪的大部分时间里，多数人住在小村庄里，不仅相互认识，而且彼此的父母和祖父母、孩子、堂兄弟姐妹、叔叔阿姨也关系密切。关系密切的社区依赖于面对面的接触，这是传统社会和早期现代社会的主要组织形式。随着工业革命的到来，越来越多的人离开村庄去城市的工厂里工作。城镇变成了城市，容纳了越来越多互不相识的人。是什么把这样的社会维系在一起？社会越来越关注陌生个体之间的交往，那么社会该如何存在？这就是滕尼斯提出的问题。他同时也对社会发展过程的历史变化感兴趣，我们如何理解这些变化？滕尼斯（Tönnies，2001［1887］）认为需要建立相关概念并进行理论抽象。本部分将讨论他的主要概念，同时考察它们在新媒介环境中的适用性。

在滕尼斯看来，亚里士多德认为人类属于社会性物种，这种观念对应着一种涉及人类意志的心理机制。滕尼斯认为，社会之所以存在，是因为个体希望与他人交往。但个体意志有两种：第一种是基本的、自然的、几乎是本能的意志，可以称之为自然意志；第二种则是理性意志，具有目的和目标导向。自然意志会引导个体形成联想，并将其作为自己的目的；理性意志则引导个体与他人的自然意志相联系，包括所有那些出于自身选择和意志而进行的联系。因此，传统社区成员的典型属性在于能够进行自我实现，友谊、社区团体、志愿组织、家庭等都是这类社区的案例表现。将个体与其他社区成员联系在一起的纽带往往基于情感因素。相反，社会（法制组织）是在理性意志基础上形成的，其成员属性体现为一种导向特定目标的工具主义协会的形式标准，例如，作为城市或国家公民（包括公民权利、保护等）或者私人公司（例如，为了产生利润）的成员资格。传统社区代表了一种自然、有意义以及浪漫化的社区理想，社会则代表了传统社区中的理性成分，满足了现代社会的需要。滕尼斯认为，早期社会依赖于一种礼俗社会的组织形态，而现代社会则必须依靠一种法制组织形态，通过理性的应用程序，把个体联结在一起以进行合理管理和共同生活，而所有这一切都源于理性运作。

在分析加速社区到社会的转变的因素时，滕尼斯认为贸易和商业资本主义催生了工业资本主义。在他看来，有利可图的使用货币的欲望促发了更大规模的贸易，这反过来又产生了资本主义（Loomis & McKinney，2002）。从这个角度看，虽然滕尼斯受到马克思的影响，但他并不认为技术有任何贡献，因此他的理论不能用来理解新媒介在社会变革中的作用。然而，他的社会理论可能为思考与新媒介相关的社会组织变迁提供富有成效的方法。滕尼斯提出的主要问题是：如果承认早期社会主要是基于社区运作，而现代社会主要基于社会运作，那么后现代时期的信息社会是如何运作的？

虽然滕尼斯把这些概念设计成理想的典型理论模式，用以理解社会变化，但也暗含一种怀旧情结。从传统社区向非个人社会的转变，与人际关系衰落、社区团结和统一的消解以及倾向于追求利益或其他目标有关。网络和新媒介仍然是在延续破坏传统社区的趋势，还是像莱因戈尔德（Rheingold，1993）所认为的，为新的社区形式注入新的活力？1985 年就开始接触网络的霍华德·莱因戈尔德对网络时代的社区进行了开创性研究，并记录了自身经历，试图重新思考个体在网络环境中的联系方式。在虚拟社区 WELL（Whole Earth 'Lectronic Link）的经历让他认为，这样的社区是分散的、独立的，因为它们制定了自身多样化的规则。更具体地说，莱因戈尔德将虚拟社区定义为网络社会聚合，即在网络空间中形成的人际关系结构，它的特征体现在参与公共讨论的人数众多，讨论时间充分，并具有丰富的人类情感（Rheigold，1993：5）。这种由电子通信技术协调和维持的虚拟社区独立于地理空间而存在，成员之间不一定有任何面对面的接触。虚拟社区在共享信息、想法、感受和欲望的基础上实现共存（Calhoun，2002）。一方面，虚拟社区的兴起是由于传统公共空间的丧失，而它为公众提供了重新聚集的可能；另一方面则基于第一代"网络冲浪者"的开拓精神，他们对人类交往方式充满了创新性想法（Rheigold，1993）。一般认为，新媒介具有的创造并维持虚拟社区的能力，将会从根本上改变个体在现代社会后期（或在后现代社会）的生活方式。如果虚拟社区的发展趋势是越来越孤立和原子化，充满更多的法理逻辑和工具主义，那么这代表了一种向新型社区的转变，这种社区不仅基于共享特定空间所带来的接近性和关联性，同时也基于成员的共同想法、信仰和经验等。

一般来说，虚拟社区缺乏物理上的接近性：它的形成基于共同兴趣而不是共同空间，成员之间联系薄弱，尽管所形成的关系可能非常密切（Wellman & Gulia，1999；Katz et al.，2004）。由于虚拟社区主要基于共同利益，因此可以规避现实社会的压迫力量，消融各种规制机制，如地理、民族、种族、性别等（Katz & Rice，2002）。正如卡茨等人（Katz et al.，2004：327）所说，传统社区基于共同社会和物理边界，虚拟社区基于共同社会实践和兴趣，而这正是它的新奇之处和潜力所在。典型的传统社区或多或少地以保守方式运作，保护并经常将某些传统强加于内部成员，而虚拟社区允许个人与志同道合的人接触并表达自己的身份，不必担心被排斥或孤立，因此往往超越了传统社区的某些规制。此外，尽管虚拟社区建立了内部规则和标准来指导成员行为，但由于没有形成统一的社区领袖，因此规则和标准都是分散性的。所以虚拟社区可以被认为比传统社区更加平等和民主。虚拟社区的另一个相对优势在于便利性和开放性。传统社区通常对新来者持怀疑态度，虚拟社区则往往更加开放，乐于接纳新成员。另外，即使个体找不到一个可以接受他们的虚拟社区，也可以很容易地建立一个新的社区（Castells，2004）。莱因戈尔德指出了虚拟社区对去中心化倾向的特殊贡献，以及它摆脱不怀好意的政治领导人、主流电视网络及其幕后实际控制者的能力。因此，虚拟社区可以为公共领域复兴以及电子化民主的发展做出贡献。然而，莱因戈尔德很快指出，这种潜力只有在新媒介能够摆脱政府控制和商业化的情况下才能实现。

社区衰落？

与此同时，有些人也对这些新型社区持高度怀疑态度。有些观点认为对新型社区的作用需要进行客观分析，因为它可能产生群体隔离和分裂，导致社区以及社会资本的进一步衰落。布尔迪厄和华康德（Bourdieu & Wacquant, 1992：119）将社会资本定义为"一种有形和无形资源的总和，它基于个人或群体所拥有的稳定化、系统化的社会网络，同时这个网络得到公认并为人所熟知"。换句话说，社会资本是指个体所认识的其他个体及其相互关系，包括个体在两者交往过程中所获得的利益总和。罗伯特·帕特南（Robert Putnam, 1995）根据20世纪50年代至90年代中期的调查数据，在一篇开创性的论文中指出：美国的社会资本正在流失；与前几代人相比，现在参与社会活动和一起共事的人更少了。他用打保龄球做比喻：虽然现在更多的美国人在打保龄球，但在联盟中从事这项运动的人却变少了。在帕特南看来，这表明了美国乃至大面积西方社会的社会分离程度。这种情况导致现实社会不过是个人的集合体，彼此偶尔见面和社交，但相互之间没有任何稳定联系和共同目标。因此他认为，如果不与他人接触，那么社会信任和维系社会的自身结构将最终瓦解。

除其他因素外，帕特南还把这种社会资本的流失归咎于新技术。他认为，技术化趋势——如观看电视——占据了个人时间，使人们的业余时间变得个性化，削减了社会资本的形成机会（Putnam, 1995：75）。换句话说，在家里看电视的时间越多，用于邻里沟通或与其他团体、个人进行社会交往的时间就越少。此外，帕特南认为电子技术满足了个人品味，但这是以牺牲传统娱乐方式以及具有积极意义的社会外部活动为代价的。在他看来，新技术占用了个体时间，使之无法与他人建立有意义的社会联系，为了满足个人兴趣，新技术消除了个体与他人交往的动机。尽管帕特南没有直接提及网络和其他新媒介，但他的论点暗示——它们不仅无助于社会性的复兴，甚至最终会侵蚀电视媒介所保留的仅有的社会资本！在1995年的文章中，他预测将来大多数人会戴上虚拟现实头盔，而后者正是一种表达个体日益孤立的象征符号。尽管这还没有发生，但看着人们几乎一直戴着耳机走在街上，这种现象似乎支持帕特南的观点：即使个体走在他人中间，也会越来越孤独，越来越孤立，重新退回到新媒介提供或创造的世界之中。

凯斯·桑斯坦在他的"共和网"（Republic.com）（2001）中提出了与帕特南不同的批评观点。在他看来，新媒介具有提供定制化信息的能力，它的互动性使个体能够选择和过滤所看到的东西，将自身带入一个完全以自我为中心，充满原子化特征的世界——在这个世界里，"自我"无处不在。桑斯坦认为，在大多数社会中，个体最终会和与自身完全不同的人发生某种形式的意外相遇，而这种多样性对个体理解其他观点、分歧、冲突和差异至关重要。在桑斯坦看来，新媒介实际上为创建一个真正的公共论坛提供了机会，在这个论坛中，所有人都能相互聚集，彼此接触。新媒介有助于形成某些社区，但这些社区往往是由志趣相投的成员组成的封闭组织。桑斯坦认为，这种两极分化趋势对社会发展不利，最终会使其变得支离破碎——社会本质属性将会越来越少，更多的则是两极分化的群体集合，彼此之间几乎没有任何共享性。桑斯坦认为，这是分裂性的，且往往滋生出极端主义。例如，当个体上网时，他们只会加入志同道合者的圈子，很少冒险"走出去"，也很少接触到世界的巨大多样性。因此，尽管网络具有惊人的多样性，但个体仍然倾向于去那些可能会遇到和自己类似的人的地方，而这种对多样性的忽视会对社会整体性造成冲击。在其著作的最新版本中，桑斯坦（Sunstein, 2007）谈到了Web 2.0应用程序的影响，尤其是博客这种技术形式。他认为，博客并没有带来一场"草根式"革命，让更多个体参与进来，反倒促生了"信息茧房"和"回音室"效应，即不断重复同样的信息和论点。

虽然桑斯坦的观点旨在对网络和民主之间的关系进行政治批判，但它们对理解新媒介所支撑的社会和社区具有重要意义。但令人相当失望的是，我们并未看到莱因戈尔德所描述的思想自由、行为自由的虚拟社区，而只见到封闭的、两极分化的群体，这些群体加剧了社会分裂，或者如桑斯坦（Sunstein，2001）所言，加剧了社会的（网络）"巴尔干化"。

这种讨论能够带来何种启示？新媒介是否能够为自工业革命以来一直在缓慢衰落的社区注入新的生命力？还是说，它实际是在消解"密切而团结"的社区观念？卡尔霍恩（Calhoun，1998）认为，关于虚拟社区的争论基于对"社区"一词的不同理解，如果要理解与新媒介相关的社会性转变，以及它们对民主社会的影响，就应当做出更精确的定义。原则上，社区可以被视为个体个人关系的延伸，而社区生活可以被理解为个体在密集、复杂、相对自治的社会关系网络中的生活（Calhoun，1998：391）。对于卡尔霍恩来说，社区不仅仅指一个地方或小规模的人口聚集，还意指一种相互联系的模式，这种模式在一定程度上是可变的。换句话说，社区提供了一种与他人建立联系的方式。卡尔霍恩认为，互联网在形成社区或在密集、复杂的网络中组织联系个体方面几乎无能为力（Calhoun，1998：392）。它在组织和协调现实社区方面具有作用力，但似乎无法形成关系、权利和义务，而后者往往被视为社区生活的组成部分。因此，卡尔霍恩似乎有意将网络社区与现实社区进行区分，这意味着前者只能作为后者的补充，而无法取代前者。然而，自从卡尔霍恩的文章发表以来，新媒介已经更加深入社会生活，网络和现实之间的区别变得越来越模糊，个体似乎把两者做了无缝对接，对于越来越多的人来说，网络行为是生活中不可分割的组成部分。这是否意味着个体将不再体验社区生活或享受社区提供的密切人际关系？

在虚拟社区的存在、功能和评价等问题上，理论研究领域似乎没有达成共识。卡斯特（Castells，2001）认为，上述大部分研究发生在网络发展初期，即网络社会交往获得确凿证明之前，因此它们对现在的情况缺乏实际解释力。此外，这些研究都呈现出"非此即彼"的绝对主义倾向，形成了两极分化：和谐的社区和孤独的、原子化的"网民"。简言之，滕尼斯所描述的自然实体似乎早已不复存在，任何程度的怀旧情结都无法让它们重现。尽管帕特南和桑斯坦提出了重要的批评观点，但如果与他人交往的方式发生了变化，那么我们在对它进行研究之前必须理解这种变化趋势。关于虚拟社区的争论表明，既有概念可能不适合描述新媒介所创建的各种关系。在过去几年里，一个充满想象力的概念一直在发展，巴里·威尔曼和他的合作者是其中最著名的代表。基于社区理论，威尔曼

(Wellman，1999）认为可以更好地理解网络社会交往变化，下面将讨论这些新的理论发展。

网络和社会交往

虽然大多数社区研究带有对传统社区的怀旧情结，但巴里·威尔曼试图以一种务实和严谨的方式来分析社区问题。对于威尔曼（Wellman，1999）来说，社区问题本质上涉及两个对立面：一是社会系统如何影响个体彼此之间的关系，二是特定类型的人际关系如何影响个体所嵌入的大规模社会系统。威尔曼认为，社区问题不在于保留某种理想的社区形式，而在于理解它的动态本质和历史嵌入性。他对社区问题的理解，与其说是在观察社区是否仍然存在，不如说是要找出一个社会系统的整合机制：个体如何相互联系，如何与他人一起管理自身生活，以及这对整体社会有何影响。基于这种对社区的抽象理解，威尔曼能够将其与特定地点——村庄、社区或城市——分离开来，以寻求社区自身的结构维度。他认为，虽然社区曾经与"关系密切型"社会组织有关，但现在它们被视为松散的社会关系网络（Wellman，2001a）。这种网络被视为新媒介社会的特征，代表了现代信息社会的社会交往转变。本部分将讨论网络的主要特征及其与新媒介的关系，包括它们的相关含义（网络个人主义）。

将社区重新定义为网络，威尔曼认为社区现在可以被理解为提供社交、支持、信息、归属感和社会身份的人际关系网络（Wellman，2001b：227）。在他早期的著作中，威尔曼将网络定义为一组联系社会系统成员的纽带，这些成员超越了社会类别和特定化群体的限制（Wellman，1988：21）。与所有类型的网络一样，社交网络由节点、纽带和信息流组成。节点是被连接的个体，纽带是他们连接的方式，而信息流是指他们连接的内容（Barney，2004）。基于这些描述网络特征的要素，威尔曼对网络进行了分析：（1）网络的密度和聚集性——个体如何直接或间接地进行联系，他们的联系（聚集性）程度如何；（2）个体之间联系的紧密程度，例如是多重维度还是单一维度，是单向的还是双向的等；（3）网络的规模化和差异性（Wellman，1999）。虽然网络可能是密切结合的，但最新的实证研究发现，总的来说，它们往往是松散的、经常变化的，但仍然提供了广泛的社会资本支持（Wellman，1999）。社交网络的另一个重要特征是，它的力量不在于拓展和提升"强联系"，而在于允许和维持"弱联系"的存在。马克·格兰诺维特（Mark Granovetter，1973，1983）在一篇重要文章中提出，网络"弱联系"（例如，熟人而不是亲密的朋友）为同其他网络和其他人沟通提供了桥梁。事实上，如果个体之间关系非常亲密，但这种关系只通过联系保持，那么他们的相互状态更像是飞地，而不是网络。虽然网络"弱联系"不算太多，但这并没有降低它提供支持和增加社会资本的能力，而是对后者进行了优化，因为"弱联系"提供了与其他网络的连接。大多数网络往往具有同质性特征，即倾向于连接到其他类似网络（McPherson，Smith-Lovin & Cook，2001）。从这个角度看，"弱联系"在提供与其他网络的连接时显得更为重要，即所谓的"桥接型社会资本"（Gittell & Vidal，1998：15；Putnam，2000）。换句话说，这种"弱联系"产生了一种重要的网络资源，将彼此不认识的个体或群体聚集在一起（Granovetter，1983；Gittell & Vidal，1998）。

新媒介与社会交往变化：网络个人主义

因此，关键问题在于：新媒介给社会交往带来了什么？传统观念将社会交往定义为一个动态的、互动的关系矩阵（Long & Moore，2013），但是这个矩阵可能被新媒介重新构架，因为个体可以通过新的模式确立与他人的联系类型和关系指向。雷尼和威尔曼（Rainie & Wellman，2012）指出，这源于已经发生的三次变革，它们使得个体以全新方式与他人建立联系。社交网络、网络和移动电话构成了三个相互关联的发展阶段，催生出一种新的社会交往形式，即网络个人主义。在对它进行分析之前，我们将首先简要介绍上述三次变革的关键因素。

如上所述，社会网络构成了一种全新的社会组织方式，存在于个人和社会群体之间。虽然大多数情况下社交网络被理解为一种社交媒介，但在一场与卡斯特、雷尼和威尔曼（Rainie & Wellman，2012）的争论中，有观点认为社交网络已经出现了向网络社会组织的明显转变。对现实世界的实证研究指出了一系列相互关联的发展,包括:交通的改善,尤其是航空旅行的兴起;负担得起的电信和计算机;国际贸易的扩展;个人自主权的增强。这些变化可以总结为灵活性关系增加、群体边界弱化和信息丰富性提升,但它们并没有导致社交网络产生,而是直接影响了相关的技术、社会和经济环境,从而使网络变得引人注目(Rainie & Wellman,2012)。与此同时,特定类型网络的兴起为社会交往变化构架了技术背景。网络最初是作为连接不同地方的手段出现的,例如连接两个不同城市或国家的两所大学,但技术创新使个人电脑发展成为可能,最终实现了个体之间的连接。雷尼和威尔曼(Rainie & Wellman,2012)认为网络形态是个人化的,而不是群体或社区化的。此外,移动技术的不断发展使个体可以利用移动设备进行联系,从而有助于产生"去文本化"的生存方式。在这种方式中,共同的生存活动及空间不再是建立和维持关系的必要条件。此外,移动设备允许持续性的、始终在线的连接,也有助于建立上述网络特定关系。

综上所述,我们应该如何理解社会交往变化?雷尼和威尔曼(Rainie & Wellman,2012)认为,物理空间的作用减弱、时间和空间的个性化和连接性,这些都促成了社会交往向网络个人主义的转变,可以说,这体现出群体组织在社会交往层面的一种变革。威尔曼(Wellman,2002)使用"小盒子"的概念来比喻传统的"关系密切型"社区,这种社区具有封闭边界和独立性,社区(成员)之间通过"全球本土化"(Glocal)网络进行联系,即个体社会交往是通过他们所在群体与其他群体的关联实现的。但这种"空间—空间"的交往关系模式现在已经被新媒介改变,社会交往不再是社会组织之间的互动,而是建立在个体之间。威尔曼用交换机作为比喻:个体像交换机一样运作,在网络中的不同分支或节点之间进行管理和切换(Wellman,2002;Wellman et al.,2003)。为了理解这种转变及其意义,威尔曼强调了两个主要特征:一是这种转变使个体与他人直接进行联系;二是这种转变促进个体与特定的他人建立特殊关系,因为彼此之间具有共同兴趣。简言之,在网络个人主义中,社会交往取决于个人,而不是地点、家庭或群体——个人才是社会关系的主要负载者。因此,网络个人主义可以被定义为个人根据自身偏好、技能、知识、背景等创建的网络模式。个人对"关系密切型"社会组织的依赖越来越少,他们同时运行着几个局部重叠并包含着许多松散联系的网络。在满足个体的情感、社会和经济需求方面,这些网络已经取代了社会化群体。虽然网络个人主义提供了新的工具和策略，用以解决问题和帮助个体在世界中定位自己，但这也要求个体付出一定的时间和精力，以维护和平稳地运行他们的社交网络。

网络个人主义影响了各种各样的社会关系：个人关系、家庭关系、工作关系甚至是恋爱关系。雷尼和威尔曼（Rainie & Wellman，2012）认为，网络个人主义表明，虽然家庭仍然很重要，但它也被纳入多重联系的网络运作之中。家庭通过各种设备和应用程序连接在一起，使个体在与家人保持联系的同时更加独立化。祖父母通过 Skype 网络电话软件与孙辈保持联系并不罕见，马蒂阿诺和米勒（Madianou & Miller，2013a）展示了移民家庭如何通过新媒介与家人保持联系。在所有的社会关系中都可以观察到同样的模式：个人处于决定形成、保持以及维系社会关系的中心位置。当然，这是有代价的：雷尼和威尔曼（Rainie & Wellman，2012）观察到，并不是所有个体都有相同技能和能力来创建或维护这种关系网络。但总的来说，雷尼和威尔曼对社会未来持乐观态度。他们对那些认为社会资本正在不断衰落的观点持批评意见，指出多年来类似论点和所谓的"道德恐慌论"一直在流传。另外，他们还调查了相关证据，表明个体同过去一样，仍然是社会形态的组成部分。但在过去的 50 年左右，这些社会形态的特征发生了巨大变化。

卡斯特（Castells，2001）从宏观社会学角度分析了网络个人主义，认为它代表了社会交往的私有化倾向，但不能被看作一种心理特征。相反，它根植于一系列变化，如资本和劳动关系的个体化、父权制的消亡、城市化和政治合法性危机。他把网络个人主义理解为发展的结果，它似乎破坏了集体组织或群体聚集的作用。因此，网络个人主义并非新媒介的产物，而是信息资本主义社会统治方式出现泛化的结果。

网络个人主义：一种评价

网络个人主义给诸如社区和社会等概念带来了什么影响？网络个人主义是否增加或减少了社会纽带和社会资本？换句话说，如何评价网络个人主义？这种评价可以侧重理论维度，集中于相关学术概念和内容含义；也可以侧重经验维度，集中于个体利用新媒介创建和管理各种关系的实证研究成果。从理论层面看，网络个人主义代表了个性化和互联性之间的平衡。卡斯特（Castells，2004：223）认为，网络个人主义是以下两者的综合产物：第一，"个人中心"文化模式获得认可；第二，分享和共同体验的需求和愿望。当社会交往以这种形式运作时，可以看到它与信息资本主义其他变化的兼容性。例如，（非物质的）劳动变得更加独立化（个性化），并越来越依赖于特定网络。在某种程度上，这可能被视为一种积极性发展。威尔曼（Wellman，2002）指出，与传统社会组织形式——群体飞地和"小盒子"相比，网络个人主义具有明显优势——给予个人选择权、摆脱物理空间限制以及社会交往管理能力等被视为网络个人主义的优势。另外，正如雷尼和威尔曼（Rainie & Wellman，2012）所言，为了能够建立和管理自己的关系网络，个体必须具备这种技能，从而明确关系对象并建立合理联系。

然而，网络个人主义也存在某些负面效应。威尔森（Willson，2010）认为，将网络个人主义视为支持个人选择的观点忽略了以下事实：首先，个体会陷入现有权力结构和社会文化框架；其次，它夸大了个体自我选择、自由流动和自身独立的程度。威尔森指出，在强调个人中心的过程中，往往会忽视新媒介对其他社会形态和元素的调节机制。例如，新媒介对于跨国社区或移民的调节功能。这种社区调节机制可以巩固和加强内部成员之间的联系，包括第二代和第三代跨国公司与其母公司之间的联系（参见 Anderson，1992）。新媒介成为将跨国社区和散居地紧密联系在一起的纽带，但如何看待新媒介在其中的调节作用却存在两难性，即移民到底是单一的"原子化个体"还是彼此之间具有松散联系的"网络原子化个体"？这里的问题是，社会毫无疑问正在发生变化，并很可能朝着一种更加个性化的形态发展，但传统社区和社会文化框架不仅存在，而且往往会通过新媒介获得新生。

另一个问题涉及网络和网络个人主义在权力结构中的嵌入程度。威尔曼和卡斯特都指出，网络可以作为资源运行，而在网络内部，个体既可以作为枢纽中心或者强大的连接节点充分享受权力，也可能被边缘化。由于（信息）资本主义的社会组织充满不平等，因此网络也有可能存在不平等。有些观点将个体想象为可以进行自由选择的主体，但目前网络已经嵌入了现有权力结构之中，这反过来又使个体处于不同阶层，因此并不是所有个体都能使用相同网络，个体可以使用的网络通常反映了他们的社会文化背景。此外，如果把网络理解为资源，那么参与（某些）网络不仅反映了资本主义资源的不平等分配，也给个体带来了压力，要求他们必须构架合理的人际关系网络，这样才能够实现向上流动。在这种模式下，网络个人主义可能被优先看作一种工具主义的，并以目标驱动为导向的社交行为态度。

本书将在第十一章对游戏进行分析，表明信息资本主义模糊了工作和娱乐的界限。与之类似，网络个人主义强调对网络的工具性习得，这消融了工作和社会-个人生活之间的区别。对大多数个体来说，网络关系涉及私人朋友、亲戚以及工作联系人，意味着个人网络信息更新混杂了个体、工作和自我推销等多重信息源。一般来说，年轻人往往被告诫要注意他们所发布的网络信息，以免潜在雇主看到他们生活在一个令人厌烦并缺乏专业性的环境中，导致丧失工作机会。有些个体则积极利用新的联系手段，采取策略性的方式向他人发送交友请求，同时也对自己接收到的交友请求进行选择。个人空间和工作空间的模糊化最终导致媒介的"工作属性"占了上风，这标志着一个明确转变，即对社会和个人网络的工具主义理解，网络个人主义似乎是个体获取、管理和运作自我公共形象的一种手段，而不是一种更为自由的社交形式。

上述研究注重网络个人主义的概念化和理论化，但社交媒介的兴起为这一领域研究引入了新的、经验导向的维度。社交媒介是如何与社会交往相互联系的？下面我们将讨论这个问题。

社交媒介和社会交往

包括威尔曼和卡斯特在内的理论研究者们已经对网络社会交往进行了长期关注，但是最近的媒介发展为这一研究领域带来了新的动力。具体来说，社交媒介的兴起为个体网络社交生活提供了新的可能，也为研究人员分析网络社交提供了充分的实证资料。社交媒介的极度流行为网络社会带来深刻变化，本部分将回顾社交媒介对社会交往的影响及证据。我们首先讨论什么是社交媒介，随后进行实证研究，并在实证研究基础上分析网络个人主义的理论建构。

社交媒介的定义和特征

马克·扎克伯格于2004年在哈佛大学宿舍里创办Facebook时，没有人能猜到技术与互动社交的结合会对现实生活产生什么影响。早在Facebook出现之前，类似技术和想法就已经存在：SixDegrees网站在1997年就已经成立，LiveJournal（1999）、Friendster（2001）和MySpace（2003）等网站已经引领了一种新的网络关系（Boyd & Ellison，2007）。它们的主要运作理念是让个体公开展示个人兴趣、爱好、背景等资料，包括好友、联系人、粉丝或关注者。其他个体可以根据资料相互成为好友，成为朋友的朋友的朋友，从而创建一个关系强度不一的人际网络。大约在同一时期，Flickr和YouTube等允许上传和分享用户生成内容的网站开始兴起，推动了社交网站与内容分享网站的整合，后者开始发挥前者的功能，展示个人简介、好友、自我喜好等。博伊德和埃里森（Boyd & Ellison，2007）将社交网站定义为基于网络的服务空间：首先，个体可以在一个闭合系统内制作一个公开或半公开的信息文件；其次，网站可以明确公开与个体共享连接的其他个体的信息列表；最后，个体可以查看和浏览自身的连接列表以及系统内其他个体建立的连接列表。经历了若干年后，"社交媒介"一词被用作所有这些整合了技术、互动社交和用户生成内容的网站的总称。在社交媒介的定义中，研究人员对它的传播性（Boyd，2008）、开放性和参与性（Mayfield，2007）、连接性和社区创建能力（Mayfield，2007；Smith et al.，2008）等特性进行了强弱排序。一般来说，社交媒介的三个主要突出特征如下：允许用户创建、下载和共享内容，可发布个体资料和信息，允许与其他个体进行联系。

社交媒介的流行毋庸置疑。截至2016年底，Facebook社交平台的每月活跃用户为18.6亿，YouTube超过10亿，Instagram有6亿，Twitter有3.13亿，Snapchat有3.01亿。据估计，用户30%的网络时间都用于社交媒介，平均每个用户每天使用社交媒介约2个小时。青少年使用社交媒介的时间更长，他们每天在社交媒介上花费大约9个小时。正如阿萨诺（Asano，2017）所说，个体使用社交媒介的时间比花在吃、喝、化妆或现实社交上的时间都多！

社交媒介研究

虽然上述数据有力地解释了社交媒介对个体的控制，但我们对社交媒介的影响及其更普遍的介质作用了解程度如何？博伊德和埃利森（Boyd & Ellison，2007）认为，相关的学术研究主要分为四个领域：（1）关于个体如何管理自己的身份和名誉的研究；（2）社交网络/社交媒介研究；（3）网络与现实关系研究；（4）隐私研究。对于社交媒介中的身份和名誉研究集中在用户公开管理个人资料的方式维度，包括调和现实与想象之间关系的方式，如化名、头像等要素的使用。这些研究主要涉及网络身份认同问题，特克（Turkle，1995）等人对此较为关注，本书第九章进行了讨论。社交媒介时代社会交往变化的主要研究领域集中在以下层面，即关于社交网络、社交网络与现实世界的关系以及隐私问题。正如博伊德和埃利森（Boyd & Ellison，2007）所指出的，大多数研究表明，线上网络是现实网络的延伸。埃利森、斯泰因菲尔德和兰佩（Ellison, Steinfield & Lampe，2007），崔（Choi，2006；参见 Boyd & Ellison，2007），以及博伊德（Boyd，2008）发现，社交网站形成的社交网络主要是在现有网络联系人、熟人和好友的基础上构建的，个体组织设计这些网络是为了维护和加强同已经认识的人的联系。如果事实确实如此，那么社交媒介和社会资本之间的关系问题仍然存在。根据桑斯坦（Sunstein，2001）和帕特南（Putnam，2001）的观点，可能是社交媒介将个体锁定在既存的社交网络之中，有效创造了"网络飞地"，而这些"飞地"既有可能保持社会资本稳定，同时也有可能对它进行削弱。

在一项早期著名研究中，威尔曼、关-阿哈斯、维特和汉普顿（Wellman, Quan-Haase, Witte & Hampton，2001）发现，互联网充实了他们所说的网络资本（个体与朋友、家人的关系），同时增加了参与性资本（参与政治和志愿活动）。这些发现是否也适用于社交媒介？在相关研究中，埃利森、斯泰因菲尔德和兰佩（Ellison, Steinfield & Lampe，2007）遵循了帕特南（Putnam，2000）关于社会资本的两类划分：聚合型社会资本，指亲密的朋友和家人之间的密切联系和凝聚力；桥接型社会资本，指那些将熟人、朋友的朋友、工作联系人等关联在一起的薄弱纽带。通过研究社会资本和社交网站之间的关系，埃利森等人（Ellison et al.，2007）发现，Facebook 的使用实际上增加了聚合型社会资本和桥接型社会资本，同时也包括研究人员所说的维持型社会资本，即个体即使不再经常面对面接触，也能够保持的社会资本。然而，埃利森等人报告说，Facebook 的使用强度与聚合型社会资本的创造或维持无关。这项研究还发现，Facebook 的使用增加了更多的桥接型社会资本，而不是聚合型社会资本。多纳特和博伊德（Donath & Boyd，2004）也提出了类似主张，认为社交网站会增加网络弱联系，因为技术允许个体很容易地将熟人和不太熟悉的人一同囊括进来。研究同时发现，这些对于社会资本的影响并不适用于整个"网络"环境，而仅针对 Facebook 而言。换句话说，众多新媒介类型中似乎只有社交媒介可以帮助个体保持和增加社会资本。

如果这些发现表明社会交往和社交媒介总体上密切相关，那么对隐私的研究则不一定会得出这种结论。现代性的核心理念之一是对公共领域和私人领域的划分，同时将社会生活和社会交往建立在私人领域之上。公共领域的参与性通常涉及身份认同和私人利益，一般而言更关注公众整体性。然而，社交媒介混淆了公共领域和私人领域的边界，消融了彼此之间的差别：个人资料中包含的信息可能涉及一些最私密的细节信息，比如出生日期和关系状况，而研究表明，个体特别是青少年在使用社交媒介时，对个人信息的公开程度没有明确概念（Barnes，2006）。同时，隐私规则却被列为社交媒介用户最关心的问题之一（Acquisti & Gross，2006）。雷恩斯-戈尔迪（Raynes-Goldie，2010）试图解决这个隐私悖论（Barnes，2006），认为需要对隐私进行多维度理解，她划分出制度隐私和社会隐私两个类别。前者涉及社交媒介公司对个人信息的使用，后者与个人信息发布和控制有关。前几章已经讨论过新媒介公司将个人信息进行货币化的方式，这里则重点阐明个体与他人交往过程中遇到的社交媒介带来的困境，而核心问题在于，如果社交媒介确实正在创造越来越多的弱联系（由少数具有共同兴趣的个体组成的异质化网络），那么个体发布信息必须经过慎重考虑。正如雷恩斯-戈尔迪（Raynes-Goldie，2010）的一位受访者所说，自己的狂欢派对朋友能看到的信息绝不能让滴酒不沾的老板看到。雷恩斯-戈尔迪将此称为"语境冲突"，而为了避免这种冲突，一些受访者采取了使用化名和多用户账号的策略。博伊德（Boyd，2007b）也报道了类似发现，他指出了社交媒介用户规避隐私问题的方式。与之类似，马威克和博伊德（Marwick & Boyd, 2011）讨论了语境崩溃概念，即不同交往语境之间的边界已经坍塌。例如，工作交往与朋友之间的个人交往界限模糊，这种情景造成了交往困境，导致隐私问题出现。在一本研究"公开羞辱"的著作中，乔恩·龙森（Jon Ronson, 2016）提到了贾斯廷·萨科（Justin Sacco）的例子。萨科写了一条她认为很有趣的推文，发给在 Twitter 上的大约 150 个朋友；几个小时后，这条推文传遍全球，她被公开谴责为种族主义者。这个案例显示了隐私性和公共性的边界如何变得愈发复杂。

从广义上看，这些问题反映了社会交往的转变，显示出隐私性与公共性的模糊化，而这种模糊化已经成为新媒介的特征（Weintraub & Kumar, 1997）。兰格（Lange, 2008）一项关于 YouTube 的社交网络研究报告说，现实中存在两种网络，即"公共的私人网络"和"私人的公共网络"。前者意指那些公开个人和技术信息的个体，这些人经常上传比较流行的视频，为之贴上流行化标签，以便于被那些处在同一网络环境中的其他个体接触，他们同样会公开隐私信息，并利用谷歌搜索等途径查找这些视频内容。后者则在保护隐私信息的同时试图建立公开联系，个体经常使用化名和/或面具以便在共享视频中隐藏自我身份。兰格认为，这两种社交网络都采取隐私化和公开化的混合运作方式，但分别使用不同策略来决定隐私和公开信息的标准，例如通过符号和技术手段。社会交往不断将隐私性和公共性进行混合，这种趋势似乎验证了网络个人主义理论，即个体处于核心地位，并根据自身所属的网络类型进行信息调整和选择。

这种充满个性化的新型网络社会交往尚需进一步分析。例如，如果承认社交媒介可以增加社会资本，那就意味着能够采取经济学范式看待社会交往，即从资本和成本角度进行分析。由此网络社交就成为一个竞争领域：争夺稀缺资源、争夺最佳联系人或好友、争夺最有价值或最知名网络的参与权。此外，研究还表明社交媒介仍然存在阶级和种族区分（Boyd, 2007a, 2008；Nakamura & Chow-White, 2013），这似乎否定了网络个人主义的个性化和自由化。如果社会交往是一个自由选择问题，那么为什么还会出现阶级和种族差异？与之类似，符号和技术手段会影响个体对网络中的好友、隐私以及上传信息等内容的选择，所以必须熟悉这些手段，这表明个体选择具有差异性。因此个体在加入社交网络、使用社交媒介方面不断感受到压力，他们面临两难选择：要么参与，要么被忽略。另一个问题涉及个体最终拥有的关系类型，包括各种各样的个人联系，从家庭关系到职业关系无所不包，这意味着我们生活中不同部分之间的边界被打破了，这是语境崩溃问题。个人、职业和家庭生活相互渗透往往导致负面影响，社会交往可能会走向工具主义和符号操控。因此，网络社会与传统社会标准差异明显：在网络社会中，个人处于核心地位，工作、娱乐、休闲、隐私的和公开的、社区和社会都被混合在一起。上述结论重申了卡斯特的观点，即网络个人主义反映了资本和劳动关系的个性化与网络社会的动态性，在网络社会中，社会结构及个体相互联系的方式经历了一系列的变化。

个人主义或动态性社会交往？

基于对多个国家社交媒介的人类学研究，米勒等人（Miller et al.，2016）提出了"动态性社会交往"理论，这可能有助于解决上述两个问题：第一，社交媒介的个性化程度；第二，社交媒介消解隐私的程度。他们首先观察到，媒介包括多种应用程序，而它们的功能却截然不同。例如，Instagram 使用图片作为介质，WhatsApp 则允许个体和群组之间进行即时通信。基于马蒂阿诺和米勒（Madianou & Miller，2013b）的早期研究，他们将各种社交媒介所创造的环境称为多媒体。首先，个体出于不同原因、以不同方式使用不同媒介平台，根据自身需要和文化实践进行社会交往。在这种方式下，有些媒介促进了更加公开化的传播，另一些则推动了更加私人化的传播。其次，米勒等人（Miller et al.，2016）认为社交媒介依赖于两种不同的传播模式：一种是广播模式——对多元个体的公开传播，另一种是电话模式——个体对个体的私人传播。一些社交媒介应用程序能够拓展私人传播，而另一些则可以增强公开传播。米勒等人（Miller et al.，2016）的研究显示，英国小学生使用 Snapchat 与信任的朋友进行私人沟通，使用 WhatsApp 进行班级分组，使用 Twitter 进行学校讨论，使用 Facebook 与家人、其他朋友和邻居进行互动，使用 Instagram 作为公开传播工具，任何人都可以对他们的照片发表评论。这说明不同社交媒介平台被不同社会群体用于不同社会交往；同时也表明私人和公开传播往往同时发生。因为社交媒介平台允许并且能够让这些不同形式的社会交往发生，而这是社交媒介的一个定义特征。米勒等人的论点是：社交媒介并不代表社会交往完全转向网络个人主义，而是可以提供更灵活的方式来连接和联系社会群体。

米勒等人（Miller et al.，2016）的研究结果表明，威尔曼、卡斯特等人发现的个人主义化的几种方式，在社交媒介中也存在。但与此同时，米勒等人也发现了截然相反的情况：社交媒介被用来与社会群体重建联系，而不是凸显个人主义。米勒等人指出，社交媒介经常进行的修复性工作，有时是为了重新连接被空间隔开的家庭，或者是被生活环境隔离的个体。例如，研究发现意大利的单身母亲比同龄人更多地使用社交媒介。在这些方面，社交媒介不是个性化的，而是让个体在空间障碍或其他障碍出现时维系社会关系。

基于印度的田野调查，米勒等人观察了社交媒介中的社会差异，包括亲属关系、年龄、性别、阶级和种姓。社交媒介偶尔会被用来"理解"和"监督"同一个家庭或种姓的成员，而不是让个人根据自身喜好和兴趣建立人际网络。米勒等人认为，这表明网络个人主义并不与群体归属感对立，而是作为一种互补的社交形式存在：两者似乎都是由社交媒介促成的。因此，既有的现实社交可能决定网络社交以及特定文化和社区选择、使用社交媒介的方式。他们认为，在群体社交能力萎缩的情况下，社交媒介可能被用来加强或保持这种能力；相反，在某些压制性的社交环境中，例如在对女性行为施加约束的情景下，社交媒介允许某些形式的网络个人主义存在。对于米勒等人来说，社交媒介为个体提供了在不同社会交往方式（新的形式和传统形式）之间寻找或创造平衡的机会。

案例研究

算法和社会交往

作为一种连接技术，社交媒介的运行机制是一个重要变量。然而，现实生活的社会规则、惯例和生存环境决定了个体接触的对象及其在社交媒介中出现的频率，这些往往都由算法决定。算法如何影响个体关系？如果个体关系在某种程度上由算法和社交媒介公司总部的决策决定，那么这对社会交往有什么影响？一些研究者进行了分析，发现了某些正在出现的问题，并提出两个重要观点：首先，乔斯·范迪克（Jose van Dijck，2013）认为，新兴网络文化必须用社交媒介的逐利性进行解释；其次，塔伊纳·布赫（Taina Bucher, 2012）关注连接的算法规则，认为算法让个体为了曝光度而竞争，并强制要求进行自我披露和信息共享。综上所述，这些研究表明技术介入或调整了个体与他人的主要联系方式。

范迪克（van Dijck, 2013）从政治、经济、技术和文化角度分析了社交媒介，最重要的是，她从历史维度分析了社交媒介平台如何改变网络和个体之间的联系方式，追溯了从网络传播到技术社交的历史性转变。技术社交强调将媒介平台而非个体作为传播介质，利用特定编程操作或算法积极介入，从而完成社会交往过程构建。范迪克认为，社交媒介可以增强人类对社会交往的需求和渴望，既促进个体协作和参与，同时也能自动创建社会关系。尽管社交媒介公司试图淡化技术元素，但"创建网络社会交往"实质上仍然意味着"让社交成为技术"，因此，建立联系以及个体的网络活动，都是体制化、可管理和可操控的（van Dijck, 2013: 12）。这体现出社会交往的可建构性。

现实中，社会交往的可建构性与三个过程相关，范迪克称之为锁定、隔离和选择性退出。媒介平台的组织形式吸引个体进入并停留其中；平台通过强调"退出成本"，培养出一种"害怕错过"（FOMO, fear of missing out）的意识形态。这可以利用多种方式实现，例如，通过为个体提供从个人信息到购物的一切内容，或者反过来，让个体变得无处不在，例如，当点击Facebook图标时，用户可以根据自己的时间列表同时发布多篇网络文章。推荐系统也是一种留住用户的手段。例如，利用情感因素，可以使用"喜欢"或"收藏"程序技术，也可以通过奖励发帖来留住用户。以用户为中心是核心目标：接收自动反馈并不断调整用户体验，有助于促进用户数量增长。然而，所有这些都是免费提供的，平台的主要商业模式（收集用户数据，然后卖给广告商或其他利益机构）支撑着公司的运作。范迪克认为，受欢迎程度、等级排名和个性化推荐都是核心要素，体现出这种经过精心设计的社交方式的价值观。这些价值观之所以重要，仅仅是因为它们使得用户数据产生了利润。这些价值观、新兴技术社交与新自由主义社交观念相互兼容,而后者体现出等级意识、竞争理念和胜者为王的思维模式(van Dijck,2013：21)。从这个角度看,技术社交的目的在于实现社交媒介公司的利益诉求。事实上,在最近的一篇文章中,马克·扎克伯格解释了语境崩溃可能对媒介平台造成的伤害,其根源在于用户越来越不愿意分享个人信息。他要求员工寻找激励用户分享更多个人帖子的方法(Frier,2016)。因此Facebook算法中优先考虑个人联系和互动维度,这正是上述目的的组成部分。

范迪克关注社会交往的重建方式,最终增强了新自由主义意识形态。塔伊纳·布赫(Taina Bucher,2012)则专注于技术社交的运作机制,特别是算法本身。Facebook和其他社交媒介平台并未将所有内容呈现给用户,相反,它们根据某些参数进行排序,而这些参数都是排序算法的组成部分。布赫研究了Facebook的时间轴算法,该算法当时被称为Edge Rank,它决定用户在自己的新闻提要中能够看到什么。Edge Rank算法是一个商业秘密,被认为包含三个要素：一是亲和力(用户与发布内容用户之间的距离,或者用Facebook的术语来说,创建一个"边界");二是权重(Facebook对特定互动的重视程度,例如,"评论"行为的权重大于"点赞"行为);三是时间衰减(帖子的时效性)。从那以后,Facebook改变了它的算法,现在被称为"新闻推送算法",其删除了时间衰减要素。这允许用户查看几天前的帖子,包括互动频率以及用户喜好的内容,这些信息体现出用户与新关注要素之间的关系。虽然Facebook的算法改变了,而且未来可能会继续改变,但基本逻辑不变。布赫认为这涉及潜在的间接威胁：如果用户不符合Facebook的要求,例如,如果用户不发布或不对帖子进行互动,其他用户就看不到他们。这与福柯的"全景敞视"理论相反,"全景敞视"理论认为,主体的服从性源于被注视或者被监视的潜在威胁。相反,可见性算法提升用户自身的可见度,而且用户需要与其他用户竞争这种可见度。因此,稀缺的是可见性,而不是隐藏性。这种社会交往设计的结果是：首先,它引入了竞争元素。其次,Facebook平台重点奖励某些特定行为,例如积极发帖和评论,而不是仅仅"点赞"或"潜水",它以更有效率和更有利可图的方式来约束用户。也就是说,用户需要生产出更多信息，以便为挖掘和出售的用户数据增加价值。

社交媒介超越时空限制，允许与不同用户保持连续性、多样性联系，因此为社会交往引入了一种变革动力。这种动力很大程度上源自社交媒介的逐利性。然而，强调创建社会关系的算法忽略了用户的选择性和社会文化因素，而后者允许个体根据自身需求整合社交媒介。这是米勒等人（Miller et al.，2016）在动态性社会交往理论中提出的观点。考虑到不同平台提供了不同环境——从私人或半私人（如 WhatsApp 或 Snapchat）到公开或半公开（如 Twitter、YouTube 和 Facebook）都有，个体可以根据自身愿望、需求以及社会文化背景来进行媒介选择。与此同时，尽管存在个体媒介选择和文化背景因素，但也绝不能忽视一个事实，即网络环境结构已经与社交媒介公司的商业模式相互融合。用户只能按照算法设定的方式进行选择，而算法的目的在于通过数据挖掘获取利润。因此，基于私人化媒介平台的社会交往总是与利润攫取和市场营销相关。

结　论

本章讨论的主要问题涉及个体社会交往方式的变化。这些变化呈现出典型的个人主义倾向，这种倾向在新媒介出现之前就已经存在于社会组织之中，它与个体试图与他人分享和联系的深层需求相互结合，因此这种交往方式被定义为网络个人主义社会交往。专栏10.1 归纳了本章的主要观点，包括社会交往不同的理论样态。

这一切到底带来了什么？网络个人主义是一种必然的、充满活力的趋势，还是像其他社会交往方式一样具有局限性和问题？尽管我们必须保持谨慎的批评立场，但目前尚不能对此进行明确评价。米勒等人（Miller et al.，2016）指出了传统社交和新型社交之间的重要关联，他们的民族志研究和比较研究显示，社会交往存在冲突和互补的形式，能够通过社交媒介得到促进，因此网络个人主义和主要的新型社交方式显然与社交媒介密不可分。同时我们必须注意到由此带来的成本增加,正如卡斯特(Castells,2001:133)所说,虽然网络个人主义所增加的社会交往成本还不清楚,但一定存在。

专栏 10.1　本章主要观点总结

社区和社会

- 社区:围绕与他人交往的意愿,通过情感纽带构成的密切关系。例如:社区和家庭
- 社会:成员具有工具主义性质和明确的目标导向,彼此交往源于理性意志,并由理性结合。例如:国有企业和私营企业
- 网络/新媒介是复兴社区还是彻底消除社区?
- 莱因戈尔德:虚拟社区基于共同利益而非共享物理空间,它的兴起可以促进民主和平等,减少压迫
- 但是,反对莱因戈尔德的观点认为,(新)媒介可能削减了整体社会资本(至少在美国是这样)
- 桑斯坦认为,个体与新媒介的接触往往导致前者出现原子化、碎片化和两极分化,并不利于社区构建

网络和社会交往

- 不是社区,而是网络,提供社交、支持、信息和归属感的松散关系集合(威尔曼)
- 以同质化为特征的网络倾向于包容同类个体,但也涵盖提供到其他网络链接的弱联系(例如,涵盖熟人或朋友的朋友)
- 新媒介创造了支持网络(而不是群体或个人)的物质环境
- 所有这些都促进了网络个人主义的兴起:社会组织不再由在物理空间上具有密切联系的群体或人际网络构成,而是建立在具有爱好、技能、知识等同质化特征的个体关系网络之上

批评性观点:

- 夸大了自由选择的适用性
- 强调选择而忽略了权力结构中的嵌入性

- 网络是一种资源，因此分配是有差异性的
- 把工具主义的、目标导向的逻辑强加于个体社会交往之上

社交媒介

- 一种整合技术、社交互动和用户生成内容的网站/媒介
- 主要特征：
  - 传播
  - 开放性和参与性
  - 提供连接
  - 构成社区
  - 积极鼓励和依靠内容生产与分享
- 对社交媒介的研究表明，社交网络大多基于现实社交网络构建
- 社交媒介主要增加了桥接型社会资本，但不会创造和维持聚合型社会资本
- 隐私问题：个体关心隐私，但同时也重视社交媒介的公共性
- 新的社会交往形式消融了隐私性和公共性的界限
- 可以从资本和成本角度理解社会交往的经济模型
- 社交媒介中存在阶级划分和其他划分
- 随着专业人士与个人、公众与私人以及工作与娱乐的结合，生活不同组成部分的边界逐渐消失
- 动态性社会交往（米勒等人）：社交媒介并不是简单的个体化或网络化，而是与其他个体建立多样性连接，这些连接服务于不同社会需求，在不同文化环境中运作方式不同

研究实践

网络社会交往分析

网络社交功能引发了许多争议，这与它在生产新型社交关系、新的社区以及自身优劣的影响方面相关。本研究活动的目的是帮助理解社会生活和网

络之间的关系所涉及的某些问题。参考诸如社区和社会（滕尼斯）、社会资本（帕特南）或网络个人主义（卡斯特、威尔曼）等概念，这项实践活动要求认真考察下列类别网站：自助协会；社交媒介平台；游戏/虚拟现实网站，例如《第二人生》；本地化网络站点，例如与父母的联系形式。需要思考以下问题：

1. 分析这些网站所生产的社区类型。它是否符合上述概念（社区、社会、社会资本）的定义？社区成员聚合的原因是什么？

2. 列出这些网站聚合内部成员的优势与劣势。

3. 分析这些网站创建虚拟网络外部连接的机会，这种机会造成的影响是正面的还是负面的？你是否有所判断？

另一个研究实践关注多媒体概念、动态性社会交往和基于算法的社会交往。多数个体在不同社交媒介平台上都有账号，偶尔还会有多个账号，比如Facebook、Twitter、YouTube、LinkedIn、Instagram和Snapchat等。观察自己的账号，有多少好友/关注者/联系或订阅者？自己认识多少人？在日常生活中见过多少人？这些平台运行的条件是什么？例如，它们是否主要允许私人、公开或半公开的互动？分析自己选择某个平台的原因，并试着证明这种选择是正确的。分析以下内容：LinkedIn上的代言行为；Instagram或Twitter的推送通知；Facebook的消息通知；Messenger和WhatsApp的那些臭名昭著、令人生畏的"已查看"或双重检查通知。媒介平台正在形成的规则是什么？基于算法互惠以及在媒介平台上进行互动的压力，哪种联系方式受到推荐？它们之间有何不同或相同之处？

拓展阅读

229   基于结构化或技术化的社会交往主题，以及所有媒介平台共同创造的普遍社会环境，下面这些文章不但分析了媒介平台作为社会技术系统和用户代理所扮演的角色，同时也研究了社会交往实践。塔伊纳·布赫关于友谊的文章（Bucher, 2013）

暗示了技术的重要性,即友谊是媒介平台构建和管理个体联系方式的结果。戴博拉·钱伯斯的文章(Chambers,2016)探讨了算法和动态性社会交往之间的关系。齐齐·帕帕查理斯的文章(Papacharissi,2009)则关注了不同社交媒介平台的不同结构环境,以及它们影响和支持不同类型社交活动的方式。

Bucher, T., 2013, The friendship assemblage: investigating programmed sociality on Facebook. *Television & New Media*, 14 (6), 479–493.

Chambers, D., 2016, Networked intimacy: algorithmic friendship and scalable sociality. *European Journal of Communication*, p. 0267323116682792.

Papacharissi, Z., 2009, The virtual geographies of social networks: a comparative analysis of Facebook, LinkedIn and ASmallWorld. *New Media & Society*, 11 (1-2), 199–220.

第十一章
游戏与电子游戏

> **学习目标**

1. 批判性理解经济需求对游戏产业、实践和内容的影响方式
2. 探究游戏中遇到的表征形式和叙事方式
3. 理解不同游戏的运作机制和意义
4. 理解游戏社区的形成及其特点

> **导 论**

大约 80 年前,荷兰学者约翰·赫伊津哈出版了名为《游戏的人》(Huizinga, 2003 [1938])的著作。在这本书中,赫伊津哈认为游戏不仅是孩子和娱乐个体所进行的一种附属行动,而且是形成文化的必要条件。通过游戏,文化获得自我构建,并随之进化和改变。对于赫伊津哈来说,游戏排在第一位,处于文化之前,因此文化起源于游戏。从这个意义看,可以认为在特定历史语境中,游戏定义了特定文化的逻辑和核心要素。如果把电脑游戏引入这种观念之中,并承认两个事实——一是它们越来越受欢迎,二是它们已经迅速传播到世界各地,成为最重要的游戏形式之一——那么就可以认为,现在的文化大体就是以电脑游戏为特征的。问题在于游戏带给文化的变化和转向。虽然这是一个需要通过经验研究来解决的问题,但本章采取了一些基本策略考察游戏,或者简言之,是分析游戏的某些主要特征。

具体而言,赫伊津哈认为游戏具有某些关键特征。第一,游戏是自由的,个体不需要被强迫或存在道德义务去玩游戏。赫伊津哈(Huizinga, 2003 [1938]: 8)认为,游戏是个体出于享受而选择的行为,并非一项任务,是利用空闲时间进行

的。第二，游戏并非普通或真实的生活，而是从真实生活中走出来，进入一个临时的活动场域（Huizinga，2003：8）。游戏创建了一个与真实空间等同的自我世界。第三，游戏发生在不同地方，有一定的持续性：游戏存在时间和地点限制，有开始也有结束。第四，游戏模式具有自身规则，即游戏具有秩序性。如果规则被打破，游戏就结束了。从这个角度看，秩序和游戏规则往往是相当严格的。某种程度上，游戏规则的启动是必要的，它在参与者与非参与者之间形成区分。赫伊津哈认为，游戏因此促进了社会群体的形成，这些群体倾向于让自己处于保密状态，并经常使用一种特殊代码来区分局内人与局外人。第五，游戏被认为是一种与任何物质利益无关的活动，赫伊津哈指出，参与者从中得不到任何利益（Huizinga，2003：13）。那么电脑游戏在多大程度上具有这些特征？或者换句话说，新媒介在多大程度上改变了游戏的主要特征？

当大多数玩家并非出于利益驱动而进行游戏时，电脑游戏却成为一个价值数十亿美元，并且还在不断扩张的产业。这个行业需要被正确理解，因为它的利润可能会影响电脑游戏的开发和营销方式。因此，本章首先从政治经济学角度考察游戏产业，试图描述影响游戏运行和内容的经济变量。其次，我们将讨论游戏的特殊性及其规则被确定和表达的方式。这需要对游戏的内容和表征形式进行分析，以明确它们是否确实具有特殊性。另外，卡斯特（Castells，2000［1996］）指出，网络社会使得时间成为永恒，并将地理空间构建成流动空间：这如何影响游戏的持续性，会对游戏造成什么限制？回答这些问题需要结合对游戏结构和游戏运行机制的分析。最后，我们还将分析游戏的"准排他性"社区的形成。根据赫伊津哈的观点，这是游戏的一个重要特征：什么是游戏社区？它们是如何形成的？它们的主要特征是什么？为了解决这些问题，本章将分为三个部分：游戏的政治经济学，游戏的内容和表征形式，游戏的运行机制——玩家和游戏社区的分析。

游戏的政治经济学

游戏首先是一个经济产业。但除此之外，正如阿芙拉·克尔（Aphra Kerr，

2006）所说，它也是一个文化产业。"文化产业"一词是阿多诺和霍克海默（Adorno & Horkheimer，1997［1947］）率先提出的，是指文化工业化和商品化的方式，它已经成为资本主义社会生活的基本组成部分，依附于资本主义制度存在。对于批判理论来说，文化本应当被置于经济领域之外，以能够对它进行批判，并通过这种批判来完善经济和政治体系，使之更加公平、公正，更有意义。但由于经济领域对文化进行了殖民，文化已经失去了自身的关键优势，现在只能服务于现实的政治和经济秩序利益。随着文化理论和政治经济的发展，现在这种批判理念走得更远。文化不但失去了自身优势，同时也以追求利润最大化的方式进行生产、管理和营销。通过这种模式，文化从一种公共产品被转化为实际的私人商品。正如克尔（Kerr，2006：45）所指出的，游戏产业是一种文化产业，它的特点是生产风险高、生产成本高但复制成本低，并且产品具有部分公共性质。本部分的任务是概述游戏如何成为一个不断发展产业的组成部分，以及这个过程如何影响游戏的生产、发行和消费方式。研究将依次对游戏产业的规模和收入、结构和商业战略进行分析。本部分总的观点是，游戏产业正在寻求高速增长和高度回报，但可能会以牺牲原创性和创造力为代价。一般而言，根据克兰、戴尔-维兹福德和德佩乌特（Kline, Dyer-Witheford & de Peuter，2003）的研究，电脑游戏产业将成为数字资本主义的基础部分，它依靠网络逻辑和分散式创意来获取利润。

游戏产业：规模和收入

正如克尔（Kerr，2006，2016）所指出的，由于某些原因，很难估算游戏产业的规模。毫无疑问，这个行业内部是多样化的：它不仅包括 Wii 和 PlayStation 等游戏机，还包括任天堂等手持设备。此外，游戏可以在个人电脑上操作，也可以在网络上玩。手机游戏的兴起让事情变得更加复杂。最成功的游戏都是在世界范围内进行推广和销售的，这使游戏产业成了一个全球性产业。虽然很难估计规模，但有一件事似乎是肯定的：与唱片业不同，游戏产业是朝阳产业，而且在不断增长。2008 年游戏产业价值约为 350 亿美元，而到 2016 年底，这一数字增长了一倍多，整个行业价值约为 990 亿美元（Newzoo，2016）。

很明显，游戏产业正处于良性发展阶段，2012—2016 年的行业整体收入增长了 50%，两个因素起到推动作用：手机游戏的兴起和游戏在亚洲市场的普及。Newzoo 网站（Newzoo，2016）的数据显示，2016 年，58% 的收入增长来自亚太地区，来自中国的收入占全部收入的四分之一。游戏市场已经完全全球化，尽管美国公司仍然很强大，但 2016 年中国游戏巨头腾讯排名第一，现在的收入已经超过了索尼、暴雪和艺电等大型游戏公司。

此外，手机游戏所创造的收入比例已经大幅增长，从 2012 年的 10% 增长到 2016 年的 27%。其他市场的发展——包括对虚拟现实技术（VR）的关注和投资，为游戏带来了完全不同的体验。游戏产业处于未来发展前沿，并且出人意料地开始跨界合作。例如，Facebook 在 2014 年收购了虚拟现实公司 Oculus，然后与三星合作开发了三星 Gear VR——一款虚拟现实头盔。2015 年，Oculus 宣布与微软合作，后者将把 VR 头盔 Oculus Rift 与 Xbox One 游戏机捆绑销售，这样所有 Xbox One 游戏都将通过流媒体传输到 Oculus 头盔之中。而要做到这一点，Oculus 不得不使用 Windows 10 操作系统（Warren，2015）。这个例子显示了社交媒介、游戏、软件和硬件公司的紧密结合。

发展、生产和信息化劳动

游戏产业的规模和关联公司的类型表明，游戏已经成为新数字媒介领域的核心，而且它们可能推动这些领域的发展。就内部开发和生产而言，游戏产业已经接受了与数字化、信息资本主义相关的生产价值和流程：灵活化、网络化的组织生产和强力营销过程（另见第二章）。事实上，它形成了一个典型的信息生产案例，依赖于创造力、持续升级和充分营销（Kline et al.，2003：74）。游戏行业的盈利能力取决于它对技术创新、文化潮流和营销策略的平衡。考虑到对信息化的依赖，数字游戏实际不但是一种商品，更可能是一种理想的典型商品形式。克兰等人（Kline et al.，2003）阐述了马丁·李（Martin Lee，1993）的观点，认为资本主义的每一阶段都可以由某种商品作为例证，这种商品获得了一种理想-典型的形式，集中代表了这一历史阶段的定义特征。正如克兰等人所言，汽车是福特主义和工业资本主义阶段理想的典型商品，而电脑游戏属于信息资本主义的理想商品（Kline et al.，2003；另见 Dyer-Witheford，2003）。事实上，正如戴尔-维兹福德（Dyer-Witheford，2003）所主张的，数字游戏是信息资本主义条件下生产的完美例证。

在另一篇文章中，戴尔-维兹福德和沙曼（Dyer-Witheford & Sharman，2005）将游戏生产过程分为四个不同的阶段：一是开发，即游戏及其软件的创建和设计；二是发行，涉及游戏商品的整个管理，包括融资、制造、包装、营销；三是许可；四是分销，即将游戏硬件和软件实际运输到零售商店进行销售。我们将详细讨论这些阶段。

游戏是如何开发的？克尔（Kerr，2006：64）区分了三种类型的开发公司：（1）自有开发商，即内部制作团队，他们被整合到出版发行公司并为后者开发游戏；（2）同概念游戏创作者签约的分包开发商（外包式游戏开发商）；（3）独立开发商，他们独立开发游戏，然后试图将游戏卖给出版发行商。克尔表示，大多数游戏开发是由直接受雇于出版发行商的自有开发商实施的。正如戴尔-维兹福德和沙曼（Dyer-Witheford & Sharman，2005）所说，游戏开发是游戏产业的核心。这是一个成本高昂、工作密集的过程，按照项目的规模大小，可能需要 1~3 年的时间，花费数百万美元，需要 20~100 人的密切合作（Dyer-Witheford & Sharman，2005）。

虽然游戏开发是强大的协同合作产物，但必须由一个具有理想主义精神的开发者进行主导，他就像一个导演。多伊泽、鲍恩·马丁和艾伦（Deuze，Bowen Martin & Allen，2007）提到了诸如威尔·赖特（Will Wright）、宫本茂以及约翰·卡马克这样的名字，他们分别开发了《模拟人生》《超级马里奥兄弟》《雷神之锤》等畅销游戏，他们的名声直追库布里克、黑泽明和波兰斯基等前辈人物。游戏开发过程被认为是令人兴奋的和高度创造性的，能够实现人尽其用，同时提供巨大的成功机会。在这个过程中，天赋、努力、个性和远见卓识缺一不可，它是拉扎拉托所谓"非物质劳动"概念的完美例证（Lazzarato，1996；参见第二章）。游戏开发工作给予从业人员高度的自主决定权和创造空间，同时也要求他们具备良好的文化知识素养以及充分的创意能力。但与此同时,这种工作的实际开展过程却索然无味。正如克尔(Kerr,2006)所指出的,游戏开发商正面临着来自出版发行商的压力,后者希望获得利润更高的商业产品。此外,许可证法律法规和合同协议寻求对这类非物质劳动产品的所有权和控制权。这些压力导致了恶劣的工作条件。最著名的事件是美国艺电公司诉讼案。作为最大的游戏出版商之一,该公司在美国、加拿大、日本和英国雇用了超过 4 100 名游戏开发者(Deuze et al.,2007)。这个案例由一位名为 EA_Spouse 的博客作者曝光,他表示在关键时刻(游戏测试期间),员工们通常每周工作 80 个小时,而且往往没有任何报酬。虽然艺电公司处理了问题,但这一事件导致它解雇了大约 5% 的员工。从更大范围看,正如多伊泽等人(Deuze et al.,2007;参见 Kline et al.,2003)的研究报告显示的,游戏发行商倾向于迁移到那些提供税收优惠并对劳动者人权限制较为宽松的地区或国家。此外,游戏开发外包(即所谓的"第二代开发者")变得越来越多,结果使得游戏开发劳动力实际上分散在世界各地。德佩乌特和戴尔-维兹福德(de Peuter & Dyer-Witheford,2005)的研究报告称,游戏开发劳动力绝大多数是年轻男性,年龄在十几岁到三十出头之间。基于对游戏开发人员的访谈,他们发现了这类工作的一些积极特征,包括创造性、灵活性和"工作即娱乐"的观点。而就工作的负面问题来说,研究报告显示,这个行业充满了狂热的"薪酬奴隶"、不稳定的全球开发人员和免费的网络劳动力,因此,自主性和创造力等积极因素背后隐藏着"强迫型工作狂"(IGDA,2004:6;参见 de Peuter & Dyer-Witheford,2005)、外包劳动工作不稳定、出版发行公司侵占游戏开发者自由劳动等现象。

纵观游戏产业的结构发展,克尔(Kerr,2016)展示了过去十年的动荡历程。克尔详细描述了事态的发展,包括一种新的商业模式兴起、竞争的加剧(不仅在公司之间,而且在不同的市场部门之间)、公司财富的迅速变化。手机游戏不可阻挡地崛起带来了一种新的游戏商业模式,它建立并扩展了免费游戏的 MMOG(大型多人在线游戏)模式。此外,手机游戏开发的便捷性促进了它们的大量普及;浏览谷歌 Play 或 Apple Store 的游戏类别,会发现有大量游戏可供免费下载和参与。这将注意力从游戏生产转移到了游戏发行或流通之上,因为现在接触游戏玩家比以往任何时候都更重要。同时,它也导致不同游戏、不同领域和不同公司之间的激烈竞争。例如，一款手机游戏不仅要与其他所有已开发的手机游戏竞争，同时也要与为个人计算机、游戏机和其他设备开发的游戏竞争。

激烈的竞争给游戏公司带来了压力，为了生存，它们不得不提高效率。提高效率的手段包括完善提高垂直化、水平化和混合化多重整合的标准流程（Kerr，2006，2016）。简单地说，这意味着少数商业巨头控制了市场。这种整合的目标是利用规模经济策略将成本降至最低，并通过增加全球化销售和分销渠道控制来实现利润最大化。索尼、任天堂和微软等游戏发行商既拥有游戏机，也拥有软件，同时它们还寻求在不同细分市场进行混合式扩张，例如开发手机游戏。此外，在所谓的垂直整合中，发行商与零售商产生协同效应，从而控制分销渠道。网络分销主要通过应用商店进行，也会通过新的网络游戏平台进行，比如艺电公司旗下的 Origin 和视频游戏开发商 Valve 旗下的 Steam 平台。与此同时，这种近乎垄断的行业状态也受到了游戏开发本质特征（即创造性和创新性）的影响：游戏发行商需要保持市场敏感度并能够获取独立开发者的所有内容（Dyer-Witheford & Sharman，2005）。然而，正如戴尔-维兹福德和沙曼（Dyer-Witheford & Sharman，2005）所指出的那样，越来越多的独立开发者经常会为大型游戏发行商分散劳动力成本和其他成本，而降低的这些成本最终会产生大量利润。另外，游戏产业仍然是一个高度波动的市场，并购是常态。现在，公司进入游戏行业市场的门槛比游戏机占主导地位的时代要低，但并不能保证获得持续的成功发展。克尔（Kerr，2016）指的是 2007 年出现的 Zynga 公司，它将 Facebook 作为《开心农场》等游戏的使用平台，这使它在四年之内就成了一家市值 10 亿美元的公司，主导着社交媒介游戏。而到 2015 年，Zynga 公司已经从 Facebook 平台转移到收购移动游戏公司的业务领域。

如戴尔-维兹福德和他的同事所主张的那样，正是在这种背景下，游戏被创造出来，构成了信息资本主义社会理想的典型商品。但游戏之所以成为一种具有符号意义的商品，不仅仅是因为它的生产条件，还因为它所调动的符号性元素。

游戏：内容、叙事和符号权力

戴尔-维兹福德（Dyer-Witheford，2003；Kline et al.，2003）对游戏的历史分析揭示了它们的起源：游戏不是在操场上或由极客青少年创造的；相反，就像网络一样，它是军事工业的副产品。《太空战争》通常被公认为第一款数字游戏，这是一款由麻省理工学院国防研究人员破解出来的军事模拟游戏（Dyer-Witheford，2003：125）。即使在今天，军事模拟也会过渡到游戏，而军事组织也会频繁地与游戏发行商建立合作关系，使数字游戏成为所谓"军事娱乐产业"的典型案例（Dyer-Witheford；这个概念来自麦肯齐·沃克，参见 Wark，2006）。鉴于军事组织和娱乐产业之间的密切协同效应，游戏深受军事影响的情况已经变得司空见惯。看看 2010 年最受欢迎的一些游戏，就会发现很多与战争相关，如《使命召唤：现代战争》《猎天使魔女》《刺客信条》，更不用说以前的经典游戏，如《魔兽世界》《三角洲特种部队：黑鹰坠落》等。越来越多的人表达了对游戏作为军事训练工具以及游戏与暴力的关系的担忧。事实上，最近发布的一段来自伊拉克的视频令人震惊，美国飞行员向地面上手无寸铁的人开枪，士兵行动的画面和对话都清楚地指向相关的战争游戏。这里的重点是，游戏的情节内容和故事线索最终使战争自然化，并证明暴力是正当的。因此，对游戏内容的分析将提供重要见解，这涉及占主导地位且强大的文化叙事。

但事实证明，问题远比这复杂得多。关于游戏学与叙事学的争论，即一个关于游戏作为文本的两难境地已经出现了（Kerr，2006；Raessens，2006）。简单地说，这涉及游戏在多大程度上可以与其他文本一样被分析（例如对于电影，可以通过人物、情节等进行叙事分析），或者它们是否实际上构成了一种不同于其他文本的非线性的、交互式的网络文本，因此需要新的分析模式（Aarseth，1997）。像埃斯彭·奥塞特（Espen Aarseth，2004）这样的游戏研究者认为，对于游戏，也必须根据游戏规则，即它们所创造的物质/符号世界（游戏世界），以及玩家在游戏世界中遵守规则（游戏玩法）的行动来进行分析。在相关分析单元中，与叙事相对应的符号元素是众多变量之一，但不是最重要的。奥塞特（Aarseth，2004）明确反对将基于文学的叙事理论运用到游戏分析之中，其他的研究者，如拉森斯（Raessens，2006）则更喜欢从叙事分析和游戏学相结合的角度出发，采用创新组合方法对游戏进行分析，包括观察、采访、日记的使用，以及话语和文本分析。最近，奥塞特（Aarseth，2012）提出，游戏学始于对游戏仅仅是故事这一观点的批判，主张在任何分析中都要结合游戏机制和它们的符号元素。他提出了一个"四维方法"：一是游戏创造的世界；二是游戏中的对象，如化身、车辆、武器等；三是游戏的主角，即所涉及的角色，可以是复杂角色，也可以是简单的机器人；四是游戏中展开的事件，可以是完全开放的，也可以是预先设计好的。按照这一思路，我们将展示一些研究结果，这些研究侧重于文本-叙事分析以及那些着眼于其他领域的研究，如"游戏"元素。我们的分析将努力促成对数字游戏与信息资本主义之间关联形式的理解，这些形式具有普适意义。

游戏类型

在分析游戏内容时，我们必须尝试去理解并描述它们的多样性：从任天堂的现实类游戏到《吉他英雄》和《第二人生》等虚拟游戏，游戏类型多种多样。普尔（Poole，2000）等研究者指出，至少存在9种游戏类型，包括射击游戏、益智游戏和体育游戏等。阿珀利（Apperley，2006）将它们合并成四种主要类型，他在奥塞特（Aarseth，1997）和沃尔夫（Wolf，2001）之后提出，游戏类型不应该被理解为美学上的差异，而应该被理解为它们的"协同性"。"协同性"概念（Aarseth，1997）是指"参与者"或玩家在共同创造游戏时所做的工作。在此基础上，阿珀利定义了以下四种游戏类型。第一种是仿真游戏，具有逼真性和模拟现实环境的特点，《模拟城市》和《第二人生》可以被认为是仿真游戏，同时也包括赛车等运动类游戏。第二种是战略游戏，玩家通常以类似"上帝视角"的维度进行思考，为了赢得游戏的胜利，他们必须在做出决定之前收集并处理信息，《文明》和《帝国时代》便是战略游戏的例子。第三种是动作类游戏，包括玩家直接操作的第一人称游戏——射击、打斗等，也包括由化身操作的第三人称游戏，《毁灭战士》《雷神之锤》《真人快打》都是动作类游戏。第四种是角色扮演类游戏，游戏创造了一个奇异的魔幻世界，玩家扮演一个角色，通过学习新技能、解决谜题等方式不断进行游戏升级，《龙与地下城》《塞尔达传说》《最终幻想》就是这类游戏的代表。虽然每一种类型都有不同的背景、任务和目标，而这些都是由玩家以不同方式完成的，但它们都具有相同元素。因此，一些游戏环境使用了模拟方式，而动作操控在战略游戏和角色扮演类游戏中都很常见。动作类游戏也需要处理信息和解谜。从广义上看，游戏类型的概念暗示了游戏之间的差异，即玩家的期望以及他们的审美和个体背景。然而，行业、学术界和游戏玩家本身对不同类型的游戏有着不同理解，这使问题变得更加复杂。此外，像《我的世界》这样的游戏，被归类为"沙盒"游戏，就挑战了简单的游戏分类标准并创造了新的游戏类型。

如果仔细研究背景故事线索，就会发现这种分析通常采取与电影或其他媒介文本分析相呼应的形式。一方面，游戏种类繁多，难以得出任何明确结论。然而，另一方面，对一些游戏的分析揭示了它们对性别、种族和其他刻板印象的习惯用法以及对程式化叙事策略的应用。在对视频游戏角色的内容分析中，研究报告称女性和有色人种通常缺乏代表性。例如，威廉斯、马丁斯、孔萨尔沃和艾沃里（Williams, Martins, Consalvo & Ivory, 2009）发现电子游戏中只有14%的角色是女性，黑人角色的比例则仅为10%。布洛克（Brock, 2011）同样指出，在电子游戏中，白人男性角色以征服者、探索者和问题解决者的形象出现，并复制了白人男子气概的价值观，从而创造出奇幻世界。此外，女性角色往往极为性感，展示部分裸体，有着夸张的身材或穿着暴露的性感服装（Downs & Smith, 2010）。最后，考虑到游戏的政治经济背景以及游戏与军事之间的联系，大多数游戏中出现关于好人和坏人的分类导向以及过于简单的叙事并不令人惊讶。下面将通过一款名为《三角洲特种部队：黑鹰坠落》的动作类游戏案例来分析相关主题，这款游戏已经被大卫·梅钦和特奥·范莱文（David Machin & Theo van Leeuwen, 2005）研究过了。

> **案例研究**
>
> ### 《三角洲特种部队：黑鹰坠落》——游戏叙事分析
>
> 在对《三角洲特种部队：黑鹰坠落》游戏的分析中，梅钦和范莱文（Machin & van Leeuwen，2005）展示了军事和娱乐产业之间的联系以及它们塑造游戏内容的方式。其结果是，军事对游戏的介入不仅合理而且必要，而且它作为解决政治问题的正常办法已经获得认可。《三角洲特种部队：黑鹰坠落》游戏是NovaLogic公司在2003年制作的，是三角洲特种部队系列游戏的组成部分。NovaLogic有一个名为NovaLogic系统的子公司，它与美国陆军训练和教导指挥分析中心以及洛克希德·马丁航空系统公司合作，为后者的训练需求进行仿真设计（Machin & van Leeuwen，2005）。此外，NovaLogic公司还将部分利润捐给了"勇士特别行动基金会"，后者为殉职士兵的子女提供奖学金。这个游戏是根据电影《黑鹰坠落》（Ridley Scott，2001）改编的，它描述了1992年布什总统派遣美军进入索马里执行"恢复希望行动"期间发生的事件。索马里经历了多年的不稳定局势、残酷的独裁统治和部族战争，给人民带来饥荒和其他苦难。美国特别行动的目标是帮助恢复秩序，向索马里平民运送食物，并援助联合国的行动。实际上，正如梅钦和范莱文（Machin & van Leeuwen，2005）指出的那样，他们最终导致红十字会与宗族首领达成了具有高度分裂性的令人不安的协议。
>
> 游戏和电影的创作都基于同一事件。从2003年发行到2005年，它已经卖出了100多万版，总收益超过3 000万美元，但这还不包括所有的盗版收益。它在全球发行，游戏情节与现实情况相比几乎没有任何变化，甚至士兵们的美国口音也没有变化。这个游戏的目标是确保红十字会的人道主义行动不被破坏，并抓捕穆罕默德·法拉赫·艾迪德，他是一个部族首领。艾迪德在现实冲突中真实存在，但他没有游戏中所赋予他的力量和地位。玩家扮演三角洲特种部队的士兵，这是一支由精英士兵组成的特种作战部队。涉及索马里的角色在游戏中没有任何的表演机会。三角洲特种部队的士兵有情感表达，例如当他们的伙伴被击落的时候，但没有一个索马里角色能够表现出任何情

> 绪变化。因此美国士兵是一个团队，但索马里民兵或平民不是这样，他们只是一个群体或集体，一般情况下玩家实际无法看到他们的脸或体貌特征。唯一例外的索马里人是艾迪德——部族首领。梅钦和范莱文（Machin & van Leeuwen, 2005）的分析中最有趣的元素之一是对一项特殊行动的判定，该行动将美国士兵描述为专业人士，从事一项保护社会的工作。这一论述为战争的合法化提供了一个框架，至少在士兵层面上是这样。他们不发动任何关于什么是道德或正义的争论，而是专注于使用自身技能和服从命令。三角洲特种部队被认为是一支训练有素、组织有序、效率极高的部队，但它的敌人却被认为缺乏纪律和训练。

这个案例研究揭示出的"模式化"善恶叙事已经成为最近关于反恐战争论述的组成部分。游戏是否在其中产生作用？鉴于游戏角色双方所代表的这些差异，很容易断定谁对谁错，谁是道义维护者，谁必须被消灭。同时也很容易得出以下结论：在任何类型的冲突中，解决办法必须基于迅速有效的军事干预。但这些游戏还有另一个目的：它们使这些话语全球化并受到广泛运用，因此这些话语在世界各地的接受度越来越高。

黎巴嫩冲突和真主党的角色在对阿拉伯和美国的游戏分析中被凸显出来。梅钦和苏莱曼（Machin & Suleiman, 2006）发现，在阿拉伯和美国的游戏中都使用了相同的特殊作战话语。在阿拉伯游戏中，真主党代表好人，美、以士兵代表坏人，但特殊作战话语的基本前提是不变的。然而，在阿拉伯游戏《特种部队》中，战士们的信仰和战斗意志得到了体现。

尽管存在一些差异，但普遍观点认为：动作类游戏的形式和基本叙事正在成为全球性话语，并传播它们对复杂政治事件的简单描述和解释，从而为军事冲突进行辩护，美化军事冲突，并在为母公司和投资者创造利润的同时加剧了民族主义。其他分析则指出了游戏作为文化文本的矛盾性和复杂性。例如，佩雷斯·拉托雷（Pérez Latorre, 2015）在对《侠盗猎车手 4》的分析中得出结论：这涉及识别结构性不平等和少数群体缺乏机会与通过获取商品（甚至偷窃）来得到乐趣之间的核心矛盾。从这个层面看，游戏叙事可能被视为现实生活中紧张性和冲突性价值观的体现。

游戏的整体架构和内在结构

其他游戏类型则依赖于不同的叙事方式：奇异的、魔幻的、虚拟的、战略的。它们所完成的是什么？奥塞特（Aarseth，1997）认为游戏叙事与其他媒介文本不同，因为玩家对发生的事情具有发言权。这在不同类型的游戏中都是一样的，但在角色扮演类游戏和战略游戏中可能会更明显。尽管如此，克尔（Kerr，2006）认为大多数游戏都包含了直接性叙事元素，因为它们都有特定的故事线索，并且游戏角色属性已经被设定好了。玩家有能力操控角色，在一定程度上颠覆或改变故事叙事。然而，正如克尔所指出的，这种灵活性是有限的：最终玩家需要得分并赢得游戏，而扮演的角色只能也必须做那些能够让游戏继续下去的事情，否则游戏就结束了！但更普遍的观点是，不能像看待其他媒介文本那样看待游戏内容：游戏自身存在的内在互动并不允许仅仅通过分析游戏内容就得出关于游戏的结论。相反，必须将这些内容和游戏情节视为玩家所参与的游戏循环的组成部分。从这个角度看，游戏的符号权力是受到消费者或玩家自身限制的：他们不仅选择玩什么游戏，还会选择如何玩游戏，玩什么角色，使用什么工具，等等。游戏出版发行商遵循 90∶10 规则，即每生产 100 款游戏，只有大约 10 款能够获得成功。为玩家提供他们想要的内容，以及高度的灵活性和自己编制游戏的可能性是保证游戏成功的两种方式。

但正如本书认为的，游戏并不仅仅是叙事，它们还包括规则和以特定方式指导玩家的结构。这种游戏架构实现了什么？戴尔-维兹福德和德佩乌特（Dyer-Witheford & de Peuter，2009）讨论了跨国公司如何使用游戏来测试和培训员工，因为模拟游戏与心理测试、认知技能测评以及人格评估可以相互结合。化妆品商业巨头欧莱雅推出了一款网络模拟游戏，玩家/员工可以在游戏中模拟实施研发投资战略、营销策略和成本削减过程（Johne，2006；参见 Dyer-Witheford & de Peuter，2009）。根据卡斯特（Costells，2000［1996］）的观点，思科公司是一个理想的典型网络企业，它通过一个在火星沙尘暴中修复网络的游戏为处理危机做准备（Dyer-Witheford & de Peuter，2009）。Minerva Software 等公司通过《花花公子大厦》（*Playboy Mansion*）等游戏磨炼服务人员的技能。《花花公子大厦》游戏要求玩家尝试说服模特摆出半裸的姿势（Dyer-Witheford & de Peuter，2009）。在类似的游戏发展中，斯坦福大学已经发现，作为大型多人在线游戏（MMOG），《星球大战：星系》中玩家所表现出来的注意力和集中程度十分高，甚至能够对游戏内部真实的医学扫描结果进行分析以发现癌症（Hof，2007；参见 Dyer-Witheford & de Peuter，2009）。但这并不是游戏发展的全部特点：大多数电脑游戏遵循职业发展、资产管理和资本积累的产业模式（Poole，2008；参见 Dyer-Witheford & de Peuter，2009）。

大约 100 年前，也就是 20 世纪初，瓦尔特·本雅明注意到，"在游乐场玩碰碰车和其他类似娱乐活动所产生的效果，仅仅类似于工厂里非技术工人接受培训时的感觉"（Benjamin，1969：176）。而游戏训练玩家/工人进行多任务处理、灵活的角色扮演、创造性地解决问题、坚持不懈和迅速做出决策的方式与此有何不同？戴尔-维兹福德和德佩乌特（Dyer-Witheford & de Peuter，2009）令人信服地指出，游戏正在培训新的全球"网络工匠"，把工作变成游戏，把游戏变成工作。正如阿多诺和霍克海默所强调的："在晚期资本主义制度下，'娱乐'其实意味着工作的延长。"（Adorno & Horkheimer，1997［1947］：137）游戏的架构指向主观性的生产，以及为信息资本主义服务的认知能力和技能。但我们是否就此认为玩家必然成为"温顺的躯体"，毫无抵抗力地进行游戏娱乐？我们接下来将对此进行分析。

游戏玩家：实践（操作/玩游戏）和社区

多年以来，媒介研究一直在争论和分析受众的角色、参与意义生产的程度以及对于文本的解码行为。很明显，游戏需要积极参与，媒介研究的核心不仅在于解释游戏，而且在于分析实际操作或玩游戏的行为过程。玩家行为被理解为一种创造性活动，而不是解释性活动（Eskelinen，2001；参见 Sihvonen，2009）。事实上，玩家需要做的工作非常多，以至于许多人认为游戏的流行代表着一种参与性文化的发展（Jenkins，2006a）。具体来说，亨利·詹金斯对一种与新媒介相脱离的新文化形式进行了富有激情和说服力的描述。在最近的著作中，詹金斯等人将参与性文化定义为——

> 一种可以进行艺术表达和公民参与的文化，门槛相对较低。它强烈支持原创工作和分享行为，同时提供某种非正式的指导，让最有经验的人把自己知道的东西传授给新手。参与性文化同时也具备以下特点，即成员们相信自身贡献在其中很重要，并感到彼此之间有某种程度的社会联系（Jenkins et al., 2009：xi）。

毫无疑问，游戏正是这种参与性文化的组成部分，特别是一些多人游戏，它们的玩法规则发展是一个相互合作的实践结果。既然已经将游戏定义为信息资本主义社会理想的典型商品，那么这些游戏实践到底是颠覆还是实际强化了这一角色？但对另一些人来说，游戏既不具有参与性也不具有颠覆性：游戏玩家被视为仅在游戏过程中被动地复制规则和行动，而这往往导致暴力从虚拟世界蔓延到现实世界。本部分内容将总结相关论点和发现，包括游戏实践、产生的社区及其在信息资本主义中的作用。我们将首先讨论游戏作为一个"问题化活动"是否可能导致暴力的争议，然后分析参与性文化的反对意见以及关于游戏强化现有结构的对立观点，最后将考察游戏产生全新合作实践的潜力，并以较为乐观的基调结束讨论。

游戏和暴力

1999 年 4 月 20 日，两名高中生埃里克·哈里斯（Eric Harris）和迪伦·克莱博尔德（Dylan Klebold）带着猎枪闯入科罗拉多州利特尔顿市的科伦拜高中向学生和老师射击，造成 12 名学生以及 1 名老师死亡。他们为什么这么做？虽然这两个学生之前都遇到过麻烦，但他们最感兴趣的还是玩电子游戏。媒体的流行报道集中在两人花在玩《毁灭战士》和《雷神之锤》游戏上的时间，并注意到他们中的一个（哈里斯）正在创造《毁灭战士》的新关卡（Brown, 1999）。《华盛顿邮报》的一篇文章详细描述了哈里斯的设计水平。显然，他创造了一个被称为 U.A.C. 实验室的关卡，并将其描述为人类与火卫一星球上的恶魔之间的全面战争。游戏的目标是到达星球的传送器。哈里斯进一步的游戏指令是:"守卫传送器的卫队非常强大,所以要小心。祝你好运,陆战队员,别忘了,杀了他们!!!"(*Washington Post*,1999)死者的父母和亲属对 25 家游戏制造商提起诉讼,要求赔偿,理由是它们直接参与了屠杀(BBC News,2001)。尽管这些诉讼最终被驳回,但拒绝承担法律责任并不是因为电脑游戏没有责任,而是缘于接受诉讼会导致美国宪法第一修正案在言论自由方面的权威受到挑战。

更大的问题是暴力和电脑游戏之间的关系。虽然有一个关注暴力和多种类型媒介的新兴研究机构证明两者之间具有因果关系,但相关研究未能提出任何确凿证据(参见 Jenkins,2006b,2007)。该领域研究涉及的主要论点是:第一,电脑或视频游戏中的暴力会导致真正的暴力;第二,游戏造成个体对暴力的麻木感,从而使它更容易被接受(Anderson,2003;Funk et al.,2004)。这项研究问题既涉及理论维度,也涉及方法论维度:一方面,对于儿童和年轻人的学习方式存在着简单的行为学分析假设;另一方面,大多数研究方法是准实验性的,在实验室中进行,重点关注玩暴力电脑游戏或观看暴力图像的短期影响。在元分析研究中,也就是说,在分析其他相关研究的研究中,也没有证据表明玩电子游戏会导致现实生活中的攻击和暴力行为(Ferguson & Kilburn,2010)。此外,正如詹金斯(Jenkins,2007)所报告的,没有证据表明社会暴力增加是因为近年来市场上暴力电脑游戏数量增加,这是能够预料到的。最后,研究对暴力游戏进行了分级。作为评级机构,美国娱乐软件分级委员会(ESRB)提供了六个分类:幼儿级(EC)、一般个体级(E)、青少年级(T,13 岁及以上)、成熟级(M,17 岁及以上)、限制成人级(AO,18 岁以上)、待评级(RP)(参见 ESRB 网站:www.esrb.org)。家长应确保他们的孩子只能接触或购买适当年龄级的游戏。

游戏和参与性文化:合作与吸纳

虽然这一争议仍然存在,但像亨利·詹金斯(Jenkins,1992,2006b)这样的理论家已经将注意力集中在游戏的参与性元素上,并强调了游戏在调动资源、促成合作以及构建社区等方面的潜力，而这些社区是一个全新的更具开放性、参与性和创造性的文化和社会的基础。角色扮演类和其他类型的游戏不仅允许玩家参与，而且允许他们共同创造一个幻想世界。关于游戏参与性最明显的案例就是设计"游戏补丁"（Modding），即通过各种方式修改原始游戏，比如提供更多的武器和创造新的角色或关卡。通常情况下，"游戏补丁"会比实际游戏更受欢迎，它能够产生新的游戏，即所谓的属性转换（Sihvonen，2009）。"游戏补丁"被纳入游戏制作的逻辑之中，游戏开发者发布非专利的游戏软件，允许对原游戏进行修改。《文明》游戏的开发者 Firaxis 就是一个例子，它不仅允许补丁与游戏相关，还将它们整合到游戏的各个版本之中。此外，补丁问题已经导致了提供指导、帮助以及讨论补丁程序可能性的网络社区出现（例见 www.civfanatics.com/）。其他游戏，如《我的世界》鼓励玩家创造新的世界，并围绕充满活力的游戏社区创造新的游戏机制和游戏相关内容。因此，补丁可以被视为阿克塞尔·布伦斯（Axel Bruns，2007）所提到的"创构时期"（produsage）的一个实例：为了追求进一步改进，对现有内容进行协作及持续的构建和扩展。基于资源共享原则，这种由玩家亲身介入的游戏相关内容协作生产，为创造一种建立在协作和参与之上，并基于个体所有能力和集体智慧的文化和社会提供了可能性（参见 Benkler，2006）。编辑游戏补丁行为得到游戏开发者的支持甚至强化，这导致了一些问题和争议。在《雷神之锤》游戏中，补丁开发者引入了一个外星人对抗捕猎者的补丁，20 世纪福克斯公司要求他们停止制作，同时删除网站，并公开调制解调器的名称（Coleman & Dyer-Witheford，2007）。但一般而言，编辑补丁和这种游戏活动并不一定是政治化的，詹金斯（Jenkins，2002：167）在他对文化干预和粉丝/玩家行为的比较中指出，后者是"对话性的而非破坏性的，情感性的而非意识形态性的，协作性的而非对抗性的"。

这种协作和共享的理念在以特定游戏为中心的游戏社区中非常重要，同时它也内置在多款游戏之中，从大型多人在线游戏如《魔兽世界》和《无尽的任务》，到 Facebook 社交平台的《黑手党》和《开心农场》都有体现。这样的社区消解了将游戏玩家理解成孤独青少年的普遍看法，使社区成员能够释放他们的创造力，并充分合作（Taylor，2006a）。此外，这些经常被称为"行会"的社区被认为是独立自治的，因为它们根据自身规则和条例产生和运作。泰勒（Taylor，

2006b）提到了一种用于规范玩家行为的相互监督。正如游戏发行商所理解的那样（Humphreys，2009），游戏网络和社区积极而持续的支持有助于使游戏更加开放，易于形成不断完善的故事文本。事实上，这些社区的运作方式不仅仅局限于人造世界（Castronova，2005）。马拉比（Malaby，2006）在对多人在线游戏分析中，使用了皮埃尔·布尔迪厄的资本概念（Bourdieu，1986）。他认为游戏网络一方面在经济、文化和社会资本的基础上运行；另一方面，它们模糊或混合了人造世界和真实世界的界限。具体来说，通过成为游戏网络或行会的一部分，玩家可以获得特定身份，能够根据他们所做的事情积累一定的文化资本，并根据交往对象积累一定的社会资本。而布尔迪厄证明，这些资本可以转化为经济资本。此外，玩家在参与游戏网络之前已经拥有某种形式的文化、社会和经济资本，而当他们成为一个游戏网络的组成部分时，便会调动这些资本。简单地说，网络玩家作为社区成员获得并积累了一定的能力、技能以及声誉，这些资本随后可以转换成其他有价值的资产。马拉比（Malaby，2006）以克米特·奎克（Kermitt Quirk）为例，后者制作了一张用于《第二人生》游戏，且名为"方块拼图"（Tringo）的交易卡。这种卡引起了很多玩家的兴趣，最终被 Donnerwood 传媒公司买下。作为一个电脑程序员，奎克已经拥有一些文化资本，同时他也拥有社会资本，因为他构建了一个人际网络。在"方块拼图"交易卡的生产和流通过程中，他调动了上述资本，并最终将它们转化为经济资本。一般而言，多人在线游戏中发生的事情与现实世界的情况类似：游戏货币、盔甲、工具等在网络拍卖中以真实的美元价格出售。卡斯特罗诺瓦（Castronova，2001）预计，《无尽的任务》游戏中虚构的大陆——"诺拉斯"（Norrath），在现实社会中甚至可以成为世界排名第 77 位的强大国家经济实体！在《第二人生》中，玩家拥有自己的角色和作品版权，他们可以选择创作公用许可证，也能够交易任何他们想要的物品。正如科尔曼和戴尔-维兹福德（Coleman & Dyer-Witheford，2007：946）所指出的，这类活动包含了对玩家所创造内容的验证和鼓励，但处于绝对商品化体系范畴之内。这些社区、成员及其活动运作方式绝不是要创造新的和替代性的世界，而是要再现主流社会文化和经济价值。

　　基于类似观点，汉弗莱斯（Humphreys，2009）认为游戏必须被理解为一种情感劳动，即作为生产联系的非物质劳动的组成部分。这种情感劳动也创造产品的附加价值。从这个角度看，这种情况下的大多数参与行为可以被理解为情感劳动（另见 Hardt & Negri，2000）。汉弗莱斯的观点是，当把合作和参与视为必然的颠覆性活动时，个体必须保持谨慎，需要将其理解为已经发生的普遍性转变的一部分，并将它融入现有的信息资本主义体系之中。麦肯齐·沃克（Mckenzie Wark）坚持谨慎和怀疑的态度，甚至可能带有一点悲观主义，他认为游戏实际上是现实社会的一个寓言。在他的著作（Wark，2006）中，沃克认为任何形式的选择和创造都是预先确定的，就像游戏结果是由编程算法预先决定的，或者已经被吸收并融入社会/游戏之中一样（同样，情感劳动也是参与性的反面效应，它实际已经成为文化和物质商品的一部分）。整个世界被理解为游戏空间，由算法定义和控制，算法不仅提供了个体能够进行选择的幻觉，还构建了外部空间：所有的可能性都是预先确定的。即使掌握了这些算法，就像掌握了游戏补丁一样，玩家也无法脱离或退出游戏的限定。更重要的是，这意味着更深层次的服从和对游戏规则的遵从。从这个角度看，游戏玩家与黑客完全相反，黑客的创造力在于创造（破坏）新的可能性。相比之下，游戏玩家使现有的（主要是商业创造的）世界呈现出自身潜力，从这个意义上看，玩家具有终极合作者的角色属性，参与了游戏产业中军事－娱乐综合体的孵化过程。

是否还有其他分析途径？科尔曼和戴尔-维兹福德（Coleman & Dyer-Witheford，2007）认为，游戏中有很多东西不仅能引起共鸣，而且直接支持信息资本主义。某些基于游戏的行为可能被视为一种贡献，属于与数字共享现象发展相关的变化，并在某种程度上充满不确定性。这种数字共享现象被理解为如下事实：一个社区的所有成员都可以使用相关资源，但这些空间和资源并不属于个体专有（Coleman & Dyer-Witheford，2007：934）。这些活动包括盗版行为、开发游戏补丁和游戏引擎以及从游戏中创造电影和创建多人在线游戏。他们认为，所有这些活动都处于商业化和公共化之间，不但呈现出相互之间的关系冲突，同时也凸显了各自独立场域的构建过程。具体来说，盗版行为损害了游戏和其他出版商的利益，但与此同时，它也促进了黑市和其他市场的发展。盗版作品的自由流通，是一种"礼物经济"模式。正如已经讨论过的，游戏补丁开发可以支持游戏产业，但它也可能不受控制，甚至失去控制，游戏引擎研发活动也存在类似情况。科尔曼和戴尔-维兹福德（Coleman & Dyer-Witheford，2007）提到了一个游戏玩家的案例，玩家使用模拟游戏《电影大亨》（*The Movies*）创造了一部名为《法国民主》（*The French Democracy*）的游戏引擎电影，这部电影以2005年的巴黎骚乱为背景，对骚乱事件中存在的种族主义和政治威权主义进行了高度批判。最后，大型多人在线游戏开发活动则在完全商业化（如在《第二人生》中）与推动创造力、想象力和合作化两者之间一直摇摆不定。对于科尔曼和戴尔-维兹福德来说，大型多人在线游戏既有商业性也有公共性，因为它必须依靠玩家的参与操作才能继续。随着越来越多的玩家开始组织游戏部落或公会，他们往往会积极地反对出版发行商关于游戏的某些决定。在一个案例中，《魔兽世界》的所有者暴雪公司被迫解除了对同性恋协会的出版禁令。这种混合式的组合布局体现出一种奇怪的、不稳定的商业化和公共化的共存情况，对于科尔曼和戴尔-维兹福德来说，这可能被看作一种"尚未出现的"共同化生产方式的前兆。实际上，游戏玩家的行为似乎比沃克想象的更难预测。正如科尔曼和戴尔-维兹福德所指出的，目前商业化和公共化之间的关系"既不稳定又充满复杂性，并且悬而未决"（Coleman & Dyer-Witheford，2007：948）。

案例研究

游戏会上瘾吗？

第五章简要讨论了游戏成瘾的问题，这是为深入研究进行铺垫。本部分已经讨论了游戏作为一个产业的相关问题，现在回到这个问题上进行更加深入的分析。游戏玩家或游戏有什么特征会引发游戏中的病态行为？年轻人是否像大众媒介所暗示的那样更容易受到伤害？我们现在对病态化游戏行为了解多少？

在对相关文献的大量研究中，库斯和格里菲思（Kuss & Griffiths，2012）认为游戏障碍是一个连续发展的过程，往往从一些危险因素或致病源开始，进而表现为某些症状或病理现象，并造成某些后果。在风险因素方面，他们已经确定了一组与游戏成瘾风险相关的性格特征、动机和游戏结构特征。性格特征包括逃避和分裂型人格、孤独和内向、攻击性和敌意以及自制力减弱。游戏玩家的动机包括应对负面情绪、发展虚拟社会关系或浪漫关系、授权和掌控以及通常较高的内在动机（并非源于外部奖励而参与某事；参见Ryan & Deci，2000）。在游戏结构特征方面，最突出的问题是不断强化游戏参与行为。鼓励玩家持续参与的游戏往往与成瘾性相关，因为这些大部分属于网络游戏，有证据表明网络游戏比离线游戏更容易让人上瘾（Thomas & Martin, 2010; Lemmens & Hendricks, 2016）。其他值得注意并与成瘾相关的游戏结构特征包括成人内容、寻找游戏中罕见物品的能力以及观看视频游戏过场动画等（King et al., 2010）。

至于成瘾症状的问题，库斯和格里菲思（Kuss & Griffiths, 2012）的研究表明，有问题的游戏可能与典型的成瘾症状相关，如注意力过于专注（专注于游戏或电子游戏）、情绪调整（在玩游戏时或玩完游戏后感觉更好）、自我放纵（逐渐增加游戏时间）、回避游戏（玩游戏的冲动感）、冲突（在玩游戏前经历一些冲突和失调），以及复发（重新开始玩游戏，显现出无法停止的迹象）。以下这些症状后来都被列入《精神障碍诊断与统计手册》（第五版）（APA, 2013）：为了玩而放弃其他行为、活动；在游戏花费时间方面欺骗别人；尽管因为游戏而出现玩物丧志的情况（例如，人际关系或工作上的问题），但仍然沉迷其中；因为玩游戏而宁愿冒失去友谊或其他人际关系的风险。如果个体显示出五种或更多的类似症状，临床医生可能会将其诊断为游戏成瘾。游戏成瘾往往导致以下后果：对个体的社会或恋爱关系造成负面影响，学业成绩糟糕，压力大，孤独感强，产生自杀念头和生活冲突。

在最近的一项研究中，普日贝尔斯基等人（Przybylski et al., 2017）对加拿大、德国、英国和美国的近1.9万人进行了调查，试图检验《精神障碍诊断与统计手册》（第五版）标准的有效性以及更普遍的游戏成瘾与社会、身体和心理健康之间的关系。他们的研究表明，游戏成瘾症状或标准与游戏投入度之间存在"强相关"，这意味着显性症状越多，游戏投入度越高，对心理、身体和社会健康的影响就越复杂。普日贝尔斯基等人（Przybylski et al., 2017）进一步发现，超过三分之二的受访者没有表现出任何症状，由此计算出游戏成瘾在普通人群中的患病率为0.3%～1.0%。简言之，他们发现尽管有些个体可能会经常玩网络游戏，但几乎没有证据表明会因此而产生心理和社会负面效应。然而，来自南亚的证据表明情况并非如此。王等人

(Wang et al., 2014) 对中学生进行了一项研究，使用游戏成瘾量表 (Game Addiction Scale) 对游戏成瘾进行了测量，结果发现 15.6% 的受访者认为自己是游戏成瘾者。此外，这种上瘾性与男孩、学习成绩差、喜欢多人游戏和经历家庭冲突等要素有关。

另外，对于游戏成瘾来说，玩家的行为可能是阶段性的，即它可能在某一时刻达到顶峰，然后衰减。1999 年，格罗霍尔 (Grohol) 在一篇关于网瘾的文章中指出，当最初的上网热情过去后，一些网民的网瘾现象就会消失。他提出了一个由三个阶段组成的模型：着迷，即个体对新游戏或新行为的入迷；幻灭，即他们开始感到厌倦；最后是平衡，即恢复个体平衡状态或正常水平。这种研究思路似乎很有道理。例如在 2016 年夏季，当《精灵宝可梦 Go》（一款增强现实手机游戏）发布时，使用人数激增，同时媒介也进行了大量报道，内容涉及玩家玩游戏受伤事件以及关于社交衰退的讨论。《精灵宝可梦 Go》非常受欢迎，以至于它的母公司 Niantic 的服务器由于访问量太大而崩溃，导致下载暂停。2017 年 2 月，Niantic 的下载量超过 6.5 亿次，成为有史以来最受欢迎的手机游戏应用之一。虽然游戏在最初发布之后经历了狂热下载和用户参与，但大多数人在经过一段时间后就不再玩了，因为感到无聊。如果在刚接触《精灵宝可梦 Go》前几天对个体行为进行衡量，那么这款游戏可能会被视为是有问题的，但在过了一段时间之后，它就会被认为是一款普通游戏。

这些问题引发了对以下假设有效性的质疑：游戏成瘾症是真的存在，还是我们正在将一种正常或最终将正常化的行为病态化？是否真的需要对其进行处置？或者这是不是另一种道德恐慌，就像对待游戏和暴力之间的联系一样？

结　论

上述对游戏的讨论与本章开始时引用的赫伊津哈的分析相去甚远。在价值几百亿美元的游戏产业里，玩家们不仅可以通过开发新游戏赚钱，还可以通过交易游戏产品和道具获得利润。这种所谓的"游戏资本主义"（Dibbell，2006）不仅使游戏实现商业化，而且将它构建成信息资本主义的象征符号。迪贝尔（Dibbell，2006）描述了自己在多人在线游戏《无尽的任务》中进行虚拟商品网络交易所获得的收入。在写给《纽约时报》的一篇文章中，迪贝尔（Dibbell，2007）描述了大约10万名中国年轻人的生活，他们在一种"类工厂"的环境下工作，而工作内容就是长时间地玩《魔兽世界》等多人在线游戏，每小时大约赚 0.30 美元。具体工作内容就是收集游戏里的虚拟物品、盔甲、硬币等，然后交给雇主，再由后者以真实货币价格出售。需要补充的是，现在还出现了一个与游戏直播或放映相关的行业，例如 Twitch TV 等游戏直播平台/频道以及被称为电子竞技（E-Sport）的竞技游戏。这些现象不仅模糊了游戏和工作之间的界限（参见 Kline et al.，2003），也模糊了虚拟和现实、物质和想象之间的界限。这种游戏活动进一步消解了生产和消费之间的区别；通过修改或类似行为，玩家不仅可以玩游戏，还可以制作（新的）游戏，被游戏发行商和玩家自己重新出售。因此，游戏的实际情况与赫伊津哈所谓理想化的典型游戏模式相差甚远。与此同时，将游戏视为文本或表征形式，可以揭示它们与主流文化价值观和意识形态之间的联系。难怪尼克·戴尔-维兹福德和他的同事认为游戏是信息资本主义理想的典型商品。专栏 11.1 总结了本章要点。

  我们能得出什么样的结论呢？游戏是信息资本主义理想的典型商品，体现了其"平庸的战争、无休止的工作和货币化的劳动"（Dyer-Witheford & de Peuter，2009）的核心特征吗？或者我们是否能够找到一些关于游戏的有益之处？戴尔-维兹福德和德佩乌特（Dyer-Witheford & de Peuter，2009）认为，游戏的可取之处就在于它们所涉及的矛盾和紧张关系。尽管为了降低成本，游戏产业似乎已经采用了建模和其他自下而上的参与方式，但它们仍然涉及一种全新的生产模式，而这种新模式的产品并不总是那么容易为行业所接受。因此，任何游戏的潜力都源自其自身的"对立统一"，即"创造性的异议和有利可图的顺从"（Dyer-Witheford & de Peuter，2009）。

专栏 11.1　本章主要观点总结

游戏的政治经济学

- 产业价值超过 990 亿美元
- 依靠灵活的网络化生产和广泛的市场营销。盈利能力取决于技术创新，但也取决于与文化潮流的兼容性
- 游戏是信息资本主义理想的典型商品
- 游戏开发：风险性的非物质劳动
- 游戏出版：残酷的竞争导致整合和兼并

作为文本的游戏

- 游戏作为文化文本比其他媒介文本更加复杂
- 奥塞特：以"协同性"为特征的网络游戏（例如，通过玩家合作共同创造）
- 游戏类型：
  - 仿真游戏：例如《模拟城市》
  - 战略游戏：例如《文明》
  - 动作类游戏：例如《真人快打》
  - 角色扮演类游戏：例如《无尽的任务》
  - 沙盒游戏：例如《我的世界》
  - 大多数游戏结合了所有的元素
  - 游戏叙事是通过对他人和个体彼此的刻板印象进行运作的，但是游戏实践却调节了这种符号权力

游戏实践

- 游戏作为一种建构性的而非（仅）解释性的活动［埃斯凯利宁（Eskelinen）］
- 游戏导致暴力：美国科伦拜高中枪击事件的争议
- 游戏补丁：修改和重新利用游戏的行为，通常游戏补丁已经被包含在游戏设计之中，因此已经为行业所接受
- 游戏社区：从松散的网络到联系紧密的组织以及等级森严的行会或部落

- 游戏资本主义（迪贝尔）：通过游戏和虚拟商品交易，以及电子竞技和游戏筛选来产生真实的资本
- 游戏作为情感劳动（汉弗莱斯）产生关系和情感价值，成为游戏整体价值的组成部分
- 麦肯齐·沃克：游戏是一种合作而不是颠覆性的反黑客行为
- 但是，能否构成一种群体智慧的应用模式，对于游戏实践来说尚不明确（戴尔-维兹福德）

研究实践

理解游戏

这个活动旨在以一种整体的、深入的方式来理解游戏，认识到它们在现有的政治、经济结构和权力话语中的嵌入性，并思考电子游戏可能具有的一些不可预测的影响。尝试观察、参与至少两种类型的游戏，选择本章所确定的四种类型（仿真游戏、动作类游戏、战略游戏、角色扮演类游戏）中的一种。思考以下问题：

1. 谁开发、拥有版权并发行这些游戏？这些信息获得的难易程度如何？
2. 这些游戏代表了谁或什么？谁是英雄，谁是坏人？描述了哪些事件？游戏目标是什么？如何达到目标？游戏叙述顺序是怎样的，由谁来决定？
3. 游戏机制是什么？换句话说，玩家需要做什么才能玩游戏？
4. 谁是理想的游戏玩家？有哪些特征？什么样的人会成为游戏赢家？
5. 这些游戏是否鼓励玩家与其他玩家合作或竞争？在什么情况下才会发生合作？
6. 通过玩这些游戏能够学到什么？所花费的时间值得吗？

拓展阅读

游戏研究是一个学科的分支领域，因为自身的特殊性，关于游戏行业、行为和用户都存在许多问题、辩论和争议。科利斯的文章（Corliss，2011）回顾了最近关于游戏的研究工作，并对这个子领域进行了很好的梳理。关于游戏的争议之一是游戏与学习的关联程度。昂斯沃思等人（Unsworth et al.，2015）和格林等人（Green et al.，2017）对此进行了讨论，提出了支持和反对的观点。斯拉维（Srauy，2017）和佩罗等人（Perreault et al.，2016）分别讨论了种族和性别，因此转向了游戏的叙事符号学。斯拉维着眼于游戏开发者及其在游戏中对种族的理解和编码方式；而佩罗等人则对四款获奖游戏进行了叙事分析，得出的结论是性别刻板印象几乎没有任何改变，女性角色主要由男性角色定义。

Corliss, J., 2011, Introduction: the social science study of video games. *Games and Culture*, 6 (1), 3–16.

Unsworth, N., Redick, T. S., McMillan, B. D., Hambrick, D. Z., Kane, M. J. and Engle, R. W., 2015, Is playing video games related to cognitive abilities?. *Psychological Science*, 26 (6), 759–774.

Green, C. S., Kattner, F., Eichenbaum, A., Bediou, B., Adams, D. M., Mayer, R. E. and Bavelier, D., 2017, Playing some video games but not others is related to cognitive abilities: a critique of Unsworth et al. (2015). *Psychological Science*, 28 (5), 679–682.

Srauy, S., 2017, Professional norms and race in the North American video game industry. *Games and Culture*, online first.

Perreault, M. F., Perreault, G. P., Jenkins, J. and Morrison, A., 2016, Depictions of female protagonists in digital games: a narrative analysis of 2013 DICE Award-Winning Digital Games. *Games and Culture*, online first.

第十二章
新媒介的未来

学习目标

1. 理解不同生活领域中新媒介表达层面的共性和规律
2. 理解新举措及其对未来的影响
3. 理解争夺技术资源和技术未来控制权的斗争
4. 培养对技术未来和社会未来之间关系的批判意识
5. 理解网络/新媒介治理的困难和复杂性

导 论

大约 100 年前,潜水员在爱琴海发现了一个奇怪的青铜器,它躺在靠近安提基特拉(Antikythera)小岛的一艘货船残骸中。这个神秘物体被命名为"安提基特拉机器",估计制造于公元前 2 世纪末,是世界上最古老的计算设备。研究表明,该机器被用来计算天文信息,包括月亮周期和月历(Freeth et al.,2006)。弗里思等人认为,这个机器包含了对月球不规则运动理论的应用,该理论由公元前 2 世纪古希腊天文学家喜帕恰斯发展而来。这不仅展示了当时希腊人的技术能力,也展示了人类对技术的发展和依赖,这是斯蒂格勒关于技术与人类处于同一时代论点的绝佳例证(参见第一章)。安提基特拉机器实际上比后来的类似技术更加复杂,而这种技术直到 1 500 年后的文艺复兴时期才得以复制。这反过来又表明,技术的发展没有遵循从最低级到最高级的单一线性路线。并没有持续的技术进步,因为技术发展存在明显倒退,同时也出现了循环和死胡同。这是比克(Bijker,1995)和他的同事关于社会建构主义技术方法论的观点(参见

第一章）。从这一点来看，预测技术的未来和方向是徒劳的。但思考技术的未来可能会帮助个体理解周围世界，因为这具有现实意义，也许这种思考有助于指导或管理现实世界，从而改善个体生活。同时，这可以帮助确立某些主流发展趋势，并对它们进行评估，以考察这些趋势是否同个体希望遵循的方向具有一致性。

因此，本章将通过今天的视角来关注未来，试图识别和批判性地理解代表现实世界的主流技术-社会发展趋势。第一部分对本书主要论点进行总结，以归纳一系列共性规律，而这些规律可以代表主流技术-社会发展趋势。根据这种分析，本书认为网络未来将取决于发现的新问题和相应的解决方案。最后将讨论新媒介尤其是网络媒介的治理问题。

现实景象：新兴的趋势

本书的主要目的是研究新媒介与社会生活各个方面之间的关系，描绘相关变化并理解其影响。关于新媒介和社会的理论立场遵循斯蒂格勒和卡斯特的观点：技术既不决定人类，也不被人类决定。相反，技术被认为随着人类崛起而出现，作为人类不可分割的组成部分，是人类象征性思维能力的外化。这种外化以及人类将之传递给后代的独特方式，意味着科技可以反过来塑造并决定人类和他们所生活的环境。可以把这种关系理解为一种动态性的相互构建（Stiegler，2006；另见第一章）。这种动态性意味着某种不可预测的结果，或者更恰当地说，当涉及事物未来发展状态时令人难以决断。如果把新媒介理解为一种技术依赖，那就可以假设人与技术的关系同样具有不确定性，但不确定和不可预测并不意味着没有方向。事实上，技术、人类社会和人类行为都植根于历史：它们是在特定历史环境中形成的，环境优先于特定思想、逻辑和行为。从这个意义上说，媒介与人类在技术层面、经济层面以及政治层面都有历史传统联系。虽然不能确定这种联系的具体形式，但肯定可以进行观察，并有可能理解它的潜在维度和逻辑。因此，我们在不断地观察和追寻生活的不同场域（例如政治与博弈、主体性与身份认同等）与新媒介的连接，只要新媒介在与这些元素的关系中仍然是"公分母"，就可以找出所有这些不同关系中的共同线索。可以肯定的是，卡斯特已经将网络逻辑确定为主流逻辑和新兴的历史趋势。然而，这种包罗万象的逻辑必须得到来自生活所有方面大量细节的证实。为了辨析这些细节，我们将重新讨论本书所涵盖的主题，试图找出它们之间的所有共同点、关联与断裂，这些元素可能引发关于新趋势的相关讨论。

新媒介理论

第一章讨论了关于技术和媒介的各种理论立场。技术是否具有独特的具体的东西可以被认定为它的本质？技术仅仅是人类的工具吗？不同的立场意味着有不同的答案。本书假设技术存在于特定社会，并将其理解为社交化世界的结果和决定因素。但如果不考虑技术要素，又该如何理解媒介？媒介理论的形成基于麦克卢汉等思想家对"媒介至上"观念的坚守。这种观念暗示了媒介对社会、政治和经济生活的重要性，以至于麦克卢汉认为媒介决定了个体的生活方式。基特勒则将麦克卢汉与米歇尔·福柯的观点进行了相互补充，认为媒介构建出特定类型的主体：由新媒介创建的主体被理解为"用户"，而不是传统媒介所特有的读者和受众。最近的理论关注媒介和技术的物质维度，这使问题变得更加复杂：物质维度有助于加深对技术、媒介和社会之间关系的不同理解。"行动者网络理论"等将技术理解为网络行动者：它们使特定事物成为可能，并根据重要性对其进行界定。因此，技术能够引导或操纵网络走向，而这些走向可能受到不同方式的抵制、接纳或者普及化。如前所述，人与技术的动态性关系意味着无法预测未来技术方向，同时也要求应当依据政治规则来考察技术，例如对民主、平等、正义的追求等。曼纽尔·卡斯特更关注经验现实，他描述了过去几十年发生的社会学变化，试图从这些历史变化中发现趋势和意义。本书试图将卡斯特对经验现实的兴趣与斯蒂格勒对技术/新媒介的鲜明政治立场相互结合。个体不但需要用事实、数据和信息来接触世界，同时还需要从政治和道德立场来处理技术问题，本书随后的讨论正是基于这两个维度展开的。

新媒介与经济

本书最重要的讨论之一涉及新媒介政治经济学，包括经济与新媒介之间的总体关系。在信息资本主义条件下，生产被假定基于某个网络组织，企业并不拥有全部生产环节，而是根据需要将这些环节分配给其他公司。与企业不再依靠大型工厂和大规模生产一样，就业也不再强调稳定性和持久性。随着信息化程度的提高，多种类型的灵活就业成为重要特征。弹性工作制和项目工作制越来越普遍，而传统雇员越来越需要作为"项目经理"独立开展工作，他们不仅要对服务负责，还要进行与服务相关的沟通和协调工作。所谓的"零工经济"（Gig Economy）就是这种转变的象征。在零工经济中，个体虽然或多或少与某家公司（如 Uber）存在工作契约关系，但实际上是作为自由职业者在运营。这与雇佣劳动有很大不同，从业人员拥有更大自主权，这种工作也比工业生产型工作更有创造性。但是这种工作非常不稳定，从业人员无法确定下一个合同或者项目的机会和时间。这就是风险性信息资本主义对无产阶级的回应（Tari & Vanni，2005）。信息资本主义消费行为不再是被动地购买大量商品，而是一个卷入、动员和生产特定意义和身份的过程。因此，这个与生产相融合的过程必须被理解为"个体化"过程，因为使用阿克塞尔·布伦斯（Axel Bruns，2006）的新概念来指代生产者并不适合阶级或其他社会阶层的划分模式。但这并不意味着劳动者-消费者现在更自由了，或者他们的生活条件获得明显改善。相反，它反映了资本和劳动力之间关系的变化。用卡斯特（Castells，2001）的话来说，可以说是关系的个体化。在工作、生产和消费过程中，个体行动除了包括知识或技能应用之外，还涉及意义、解释、沟通以及创新等因素，这使得个体实现个体化，并发展为具有独特技能、能力和素养的主体。工作不再发生在工厂："远程办公"代表着脱离工厂或办公室空间的劳动外化。但是这种个体化带来了高昂代价：人类不再为商品生产所吸引，而是为世界化生产所吸引。正如拉扎拉托（Lazzarato，2004）将工人称为"单子"，以指代劳动发生的新条件：新条件肯定工人的自主性、独立性和单一性（个体实体）（Lazzarato，2004：194）。但拉扎拉托认为，这并不代表泰勒及其"科学管理理论"所言的局部性工作模式的改善。相反，它表明了某种变化，并为分析现实劳动力趋势提供了一种思路,简单而言就是劳动的个体化或单子化。

"网络化组织"和"信息化生产"是新媒介产业的重要特征。当（新媒介）公司无法合并或整合时,它们会与其他公司在生产和分销链上形成协同效应。然而,尽管新媒介公司被大肆宣传,但它们在很大程度上都未能形成成功的商业模式,而是依赖于传统模式,比如通过广告和订阅产生收入。在某种程度上,未能提出盈利模式可能是由于用户生成内容具有难以捉摸的特性,而用户生成内容又是新媒介内容的重要组成部分。社交媒介公司大部分新收入并不依赖于内容的货币化,而是依赖于出售用户生成数据。使用或消费新媒介在许多方面涉及内容生产,但也涉及数据生产,如个体喜欢什么、位于哪里、朋友和网络如何等。两种正在出现或持续出现的趋势是：第一,非物质性和不稳定性劳动不断增加。这种劳动可能会剥夺工人组成工会的机会,因为它使工人相互分离和个体化,但同时也为他们提供了自主和合作的可能。第二,许多新媒介公司出现垄断倾向,这普遍沿袭了传统媒介的发展模式。另外,由于新媒介并非特许领域,因此这种垄断几乎未受到任何监管。

政　治

本书对政治和新媒介的讨论追溯了网络政治活动的演变,包括政党、政府、网络原生政治激进主义以及社交媒介和革命。对于政客和政党来说,新媒介被视为与潜在选民直接沟通的大好机会。政党寻求与公民建立一种非中介化关系,它们在这种关系中拥有控制权,不需要媒介来转达相关信息。社会运动利用新媒介获益匪浅,它们可以接触和动员公众。与此同时,新媒介（尤其是网络）创造了自身的政治性,它的核心观念是信息应当免费。此外,社交媒介形成了一种新趋势,允许公民进行政治参与、组织和动员。但是新媒介对政治的影响或冲击很难察觉：新媒介真的在现实中构建了更多的民主、平等和正义吗？实际上,不平等和不公正仍然盛行,而且还在加剧。曾被社交媒介赞扬的革命如今已瓦解为内战或独裁。与此同时,新媒介带来的更微妙的变化可能会影响未来的政治进程。当然,随着政治行动和言论在社交媒介上受到审查,政治问责制愈发严格。正如在经济领域所看到的，许多意识形态和政党失去对公民的控制，政治动员的力量变成了一种张力关系，并存在于个体与个人化政治之间，以及个体与社交媒介应用固有的、政治主体发展所必需的协作元素之间。首先，新兴的政治发展趋势与政治持续去中介化有关，越来越多的政客和政治人士利用新媒介而非大众媒介沟通。其次，公众获得一种新的政治身份，能够不断发表评论，并在某种意义上通过社交媒介参与政治。班尼特、塞格贝里（Bennett & Segerberg，2013）和齐齐·帕帕查理斯（Papacharissi，2015）等观察家指出，政治向个人化和情感性内容转变是一个明显趋势，但我们最终可能会为此付出政治代价，正如约迪·迪安（Jodi Dean，2010）所言：公众的注意力被不断循环的、似乎没有接受者的内容吸引。

数字鸿沟和不平等性

数字鸿沟和不平等性是新媒介研究文献中的最常见内容。人们对新媒介的一个重要预期是相信它能够弥合差距并促进信息民主化。从维基百科的群体创作到文化产品数字化，网络让人类作品变得触手可及。现实情况下，公众原则上可以迅速获得各种信息，这是历史上任何时期都无法做到的。尽管如此，媒介接触还是未能达到完全普及：一些个体仍然无法接触媒介及其内容，即媒介接触发展极不平衡，一部分人在不断进步，一部分人则日渐落后。网络分布的差异化显示出媒介接触的全球不平等性：欧洲、北美洲和大洋洲的发达国家几乎全部能上网，而在非洲这一比例只有28%。

但是，即使处于普遍实现网络接入的国家，在如何接入网络、使用何种设备以及某些人口统计类别方面，也出现了差异性。具体来说，随着宽带成本的上升，越来越多的个体通过移动设备访问网络。但是，某些特定因素往往会对网络使用造成限制。从人口统计学数据看，有两种持续存在的鸿沟，具体体现为社会阶层和年龄因素。而由尼科·卡彭铁尔（Carpentier，2016）提出的"参与性"概念则受到较少关注。"参与性"意味着个体要能够成为新媒介当前形式和未来形式的组成部分。这意味着所有个体不仅能够使用，而且能够编写和开发新技术，或者成为将要开发技术的一部分，并帮助决定新媒介的未来发展。正如我们在后面将要讨论的，现在情况远非如此。因此，持续的数字鸿沟和不平等性是本章重点考察的媒介发展趋势。

媒介使用和滥用

虽然数字鸿沟和不平等性体现出社会经济和人口因素在网络接触方面的影响作用，但个体如何对新媒介及技术进行利用和社会化仍然存在问题。新媒介研究理论分析倾向于区分与社会环境、技术本身和用户相关的变量。从微观社会学角度看，"技术驯化"不太注重技术选择，而更强调技术和媒介的适应性。这种研究工作重点关注个体能动性以及对新媒介和技术的积极运用，后者与个体的生活相互匹配或相辅相成。然而，在有些情况下，个体生活与新媒介之间的关系则显得问题重重，其中就包括网络霸凌和网瘾现象。总而言之，我们有理由对这两种滥用新媒介行为感到担忧，但同时也不必过分对它们进行夸大。围绕媒介所产生的道德恐慌其实和媒介一样拥有漫长的历史。然而，问题的关键在于这会产生一种张力——个体性与能动性之间的张力，以及需要保护和免受伤害之间的张力。随后我们将会看到，这一点在新媒介领域正变得越来越突出。

"黑暗面"：监视和安全

在某些情况下，新媒介的"协作性"和"群体性"特征可能会产生一种噩梦般的形式。新媒介技术的监测功能及其对安全与保障日益增加的威胁性，已经造成了一种持续监控的文化形态。其中包括战争冲突、网络欺诈和极端色情。根据莱昂（Lyon，2001）和安德烈耶维奇（Andrejevic，2007）的观点，本章追踪了一个监控社会的兴起过程，在这个社会中个体不断地监视自己和他人。个体陷入不安全感、风险和更多监视的恶性循环，这种普遍怀疑的文化——任何人在任何时候都可能发生任何事情——助长了一种高度的个人主义，个体在这种文化中是孤立的，对其他个体都心存怀疑。另外，新媒介已经被用于战争和冲突，目的是欺骗和伤害他人，但解决安全和保障风险的办法似乎同样具有危险性和威胁性。监控是消除泄密和安全风险的唯一途径吗？虽然这是一个政治问题，但监视、安全与保障之间的这种紧张关系可以被视为一个特定实例，它与两个因素相关：一是个性化社会交往的潜在动力，二是合作和共同应对威胁和风险的必要性。与此同时，越来越多的监视、个人数据收集整合等已经成为现实问题，而这些问题也与利益获取相关，表现在通过向有特定利益需求的个体或组织出售数据和分析报告（即人口统计和其他相关信息）赚取利润。

新 闻 业

早些时候，我们可以看到政治进程受新媒介影响所经历的各种变化。但是，现代民主国家的传统制度在新媒介环境中如何运作？新闻业被认为是（代议制）民主制度中最重要的机构之一，它行使着公共领域的职能。公民可以聚集在这个公共领域中讨论共同关心的问题，形成一种有见地的公共舆论（参见 Habermas，1989［1962］）。但是，新媒介引发了一场触及新闻业核心的危机，威胁到了它的生存。新媒介的兴起改变了新闻运作的时间框架，削弱了行业独立性，缩小了利润收入来源，并极大地改变了消费者——受众的习惯。新闻业对此做出了什么反应？它试图通过融合方式建立和采用更有效的生产流程；它利用新媒介技术优势，引入了直播博客、游戏化新闻和数据新闻等新型新闻形式；最后，它整合生产和使用/消费，采用诸如"众包新闻"等资源开放式的专业实践。毫无疑问，这些做法已经彻底改变了新闻业，从权威大报、流行小报到博客、Twitter、Snapchat、Facebook 和手机应用程序等新旧媒介都受到影响，例如，开始大量使用发短信、推送移动视频等方式推介新闻信息内容和资源。这使新闻成为一个协同合作过程，受众主动参与新闻内容生产，但也降低了新闻可信度。安德鲁·基恩（Andrew Keen，2007：3）的一本颇具鼓动性的著作指出，"非专业性用户内容"最终造就了"一片平庸的数字森林"，在这片森林中，读者无法也不可能区分博客上的专业新闻报道（依赖于事实和分析）和个人观点。与此同时，新闻和新闻业个性化意味着用户并非同处于一个公共领域，而是各自占据极小专业兴趣领域，这必然导致公共领域的分裂。新闻生产的开放性、民主化与去专业化之间的张力表明，合作并不是提高新闻质量的必要和充分条件。然而，新闻消费中普遍存在的个性化和定制化，使个体无法同处于相同的公共领域，因而也就破坏了新闻运作机制，最终消解了新闻的民主功能。去媒介化的持续趋势显然损害了新闻业，新闻业需要自我改造，并（重新）建立自身在新媒介环境中的功能机制。

移动媒介

新媒介协作性和个性化之间的张力关系在文化和社会生活领域表现得更加明显。移动媒介可以被理解为日常生活和文化的重要组成部分。的确，手机的全球普及表明，它已成为一种随处可见的人工产品。智能手机的兴起从根本上改变了新媒介的理解和使用方式，而这款设备也反映出同新媒介有关的一些张力关系。黑莓、iPhone 和三星之间的商业战争就是典型案例：商业巨额利润指向了利益驱动创新与公益驱动创新之间的张力关系，尤沙伊·本科勒（Yochai Benkler，2006）的著作对其进行了讨论。此外，研究还发现了移动媒介个性化特征和某些政治影响之间的张力关系，比如作为合作化产物的"智能型暴民"。从"社会-文化"概念角度看，智能手机试图将个体与周围时空隔离，但允许他与远方的其他个体联系。因此，移动媒介存在一种内部张力，既构建个性化和原子化，同时也促进沟通、合作和群体协同。

身份认同和社会交往

新媒介、社会交往和身份认同的关系不仅揭示了变化、转向以及一种难以确定的动态性和流动性。在现代化社会中，身份不再被视为固定或既定的，而是一个过程，在个体经验和选择基础上不断变化。对于福柯这样的理论家来说，身份由组成社会文化的要素构成：在过去，自我构建技术成功形成了"内在自我"，关注于自我反省和自我监控。如果把新媒介看作自我构建技术，那么新的自我不再通过个人忏悔和心灵内塑形成,而是一种持续外化和公共空间的自我展示。这种心性的矛盾之处在于,尽管个体努力留下自身印记,展示自我独特性,但最终还是会遵从社交媒介和新政治规则对个体外在表现形式的要求。性别和民族/种族等被赋予的身份在新媒介环境中如何运作?个性化元素为身份认同提供更加自由和自主的环境,但有证据表明,刻板印象和不平等现象一直存在于网络和其他新媒介之中。必须注意网络空间中"厌女症"和种族主义的兴起。新媒介与被赋予身份之间的模糊关系表明,不平等和不公正的问题没有简单的解决办法。新媒介中始终存在着"个人主义"和"集体主义"的张力,它在特定环境中支持性别和种族身份的合理构建,但在其他环境中也促进了技术东方主义、远程民族主义以及赤裸裸的白人至上主义的重新崛起。

独立而又合作的自我观念与巴里·威尔曼(Barry Wellman,2012)和曼纽尔·卡斯特(Castells,2001)的网络个人主义概念产生了共鸣。他们认为,新媒介能够让个体超越地域限制而与其他个体联系;允许个体根据共同兴趣选择社会交往,并以自身认为合适的方式调整交往强度和频率。在这些概念中,个体是网络连接中的单元,而不是家庭、地区或群体。对于卡斯特(Castells,2001)来说,网络个人主义是一系列普遍变化的结果,例如父权制和政治意识形态的消亡,导致个体优先考虑利益、技能、个人偏好等要素,并以不同方式相互联系。网络个人主义某种程度上夸大了自由选择社会交往的功能,忽略了准入性、个体能力甚至知识技能等权力差异对构建社交网络的限制。这些权力差异反映在社交媒介与社会资本关系的研究中。虽然有证据表明,社交媒介可能会增加社会资本,但积累、盈利和亏损的经济逻辑在社会领域中也普遍存在。如果认可网络个人主义是新媒介社会交往的主要特征,那么就要知道这种社会交往产生并反映出一些最具负面性的社会鸿沟,例如阶级、性别和民族/种族,必须以批判性思维对其进行理解。同样,其他边界的模糊化,例如公共空间和私人空间界限的模糊化,似乎破坏了哈贝马斯所说的生活世界自主性。身份和新媒介的相互关系似乎呈现出以下趋势,即身份认同越来越依赖于个人选择和偏好,而选择和偏好是在特定环境中形成的,同时这种特定环境具有持续性社会经济和文化分裂的典型特征。另外,身份认同分析还应当考虑社交媒介环境和某些新元素。如乔斯·范迪克(Jose van Dijck,2013)所述,算法连接了更为广泛的语境,个体利用它构建出了彼此的网络社交。需要说明的是，尽管新媒介并非以下现象出现的直接原因——一是经济逻辑在身份认同和社会交往等领域的影响愈发明显，二是个人生活和工作生活的边界日益模糊化——但它的确与网络社会、信息资本主义和非物质劳动的兴起相互融合共生。

游戏和电子竞技

262　　游戏已被证明是信息资本主义理想的典型商品（Kline et al.，2003），它的信息化属性和生产与消费条件直接反映出信息资本主义的主要特征。游戏制作竞争往往在大型媒介公司之间展开，而由于高昂的研发成本和低成功率，游戏被认为是高风险产品。游戏也会由独立开发者制作，然后卖给媒介或游戏公司。在游戏开发的神话中，开发者就是狂热玩家，将自身工作视为一种游戏。但研究表明，开发工作环境非常艰苦，个体往往连续工作数小时，通常只能拿到最低薪酬，尤其是在调试游戏测试版阶段。游戏叙事则明确反映出以下问题：它体现出游戏与军事娱乐产业的关系（Wark，2006）、对全球化问题的粗浅考虑以及将复杂政治事件进行简单绝对化判定等。与此同时，游戏的架构和结构也成功地培养出信息劳工，从而将游戏转化为工作。但游戏行业，特别是游戏玩家，也被卷入另一些问题争议之中：对某些人来说，游戏与暴力和暴力行为直接相关。游戏玩家给人的刻板印象是他们是反社会的孤独个体，最终会出现肆意的暴力行为。另外，亨利·詹金斯（Jenkins，2006）等理论家已经提出游戏的"参与性"和"协作性"元素，即玩家以充满创造性和想象力的方式协作，往往形成内部社区并创造新的游戏或关卡。游戏补丁就是这种创造性活动的例证，玩家能够修改现有关卡或游戏组成部分，也可以参与实际游戏操作，获得劳务报酬，促成所谓"游戏资本主义"。游戏已经职业化，玩家可以交易积分和秘籍攻略，并在网络拍卖中出售游戏物品。麦肯齐·沃克（Wark，2006）认为，游戏操作和流程已经被游戏算法预先确定，所有玩家必须遵循指令。然而，科尔曼和戴尔·维兹福德（Coleman & Dyer-Witheford，2007）指出，游戏实践具有模糊性，诸如游戏补丁、盗版、游戏引擎电影以及多人在线游戏等领域，它们的发展始终处于"商品化"和"数字内容共享"两维之间,这些内容不属于任何个体,能够完全免费使用。游戏玩家往往是孤独的、与世隔绝的"极客"形象,会花费数小时在屏幕前玩游戏,他们必须加入游戏社区并相互合作,以便打出一些公共游戏装备。这就是个性化和协作性之间的典型张力,它存在于游戏、游戏实践以及其他新媒介形式之中。游戏逻辑向其他领域——尤其是职业领域渗透是一个明显趋势,它消解了工作和娱乐的边界。在某种程度上,游戏逻辑与资本主义竞争和利润积累逻辑相关联,因此游戏也有助于(信息)资本主义向其他领域渗透。

上文界定了一系列潜在张力关系,它们存在于连续和间隔、发生和持续、新媒介个性化和协作性等多重二元对立之间。自始至终,它们都与资本主义这一主流政治经济组织形式相关。从这个意义上看,积累和利润逻辑以及某些不平等形式,主要与信息商品生产模式中的个体地位有关,这种现象广泛存在于信息资本主义和工业资本主义之中。另外,这些潜在张力关系创造了一个动态领域,由此导致的变化与以往相比差异巨大,例如非物质劳动以及在新媒介、移动媒介和游戏实践中产生的身份认同和社会交往等。大多数情况下难以对这些变化进行界定:在某种程度上,它们既是承诺,也是威胁。我们可以从三个维度描述这些变化:(1)个人主义与相互协作;(2)安全、控制与开放、自由;(3)利益优先与网络的"公共产品"或"全新公共资源"属性。如果承认现实网络建立在上述变化之上,那么社会对这些变化的处理方式将决定网络未来。哪些部分会在未来占据优势?个体该如何应对?下面我们将讨论这些问题的细节。

未来困境与创新

新媒介领域存在一个重要观念,即创新能够帮助人类解决现实问题,我们并不需要刻意为之,因为创新会自然出现并惠及一切。从这个意义上说,高度技术化是网络的未来趋势,即将出现的各种创新会让所有问题迎刃而解。叶夫根尼·莫罗佐夫(Evgeny Morozov, 2013)将其斥之为"技术解决主义",它基于一种毫无根据的信念:技术将提供一切问题的解决方案。事实上,大多数关于创新的讨论暗含以下观念:技术是从类似于史蒂夫·乔布斯或马克·扎克伯格等天才人物头脑中涌现出来的，它提供了所有问题的解决方案。下面我们将尝试对这些观点进行分析，而讨论将从创新作为技术发展的驱动力开始。

何谓创新？克莱顿·克里斯坦森（Clayton Christensen，1997）在分析创新的文章中提出了颇具影响力的分类方案。按照他的观点，创新并非千篇一律，可以分为持续性创新和颠覆性创新。有些创新是渐进式的，要么在既有创新基础上进行改进，要么在方向层面实施微调，这属于持续性创新。而有些创新则彻底消灭既有创新，对其进行破坏并最终摧毁，这被称为颠覆性创新。借鉴经济学家约瑟夫·熊彼特（Joseph Schumpeter，1991）关于生产和创造性破坏周期的著作，安德森和图什曼（Anderson & Tushman，1990；参见 Latzer，2009）等认为创新是循环发生的。首先，存在一些颠覆性的、本质化的创新，它们能够打破既有创新周期。随后，新的创新被确立起来，并引发社会对其形式或设计的竞争，产生大量模仿，使其影响变得越来越大，进而引发一系列渐进式变化（持续性创新）；而颠覆性创新会打破这种循环。颠覆性创新被认为能够破坏既有事物状态，并导致断裂性，因为这些创新往往没有历史传统（Latzer，2009）。颠覆性创新的典型特征是破坏性，因为它为更多创新以及所有个体的更大利益开辟出空间。

创新在很大程度上被看作商业潜力的体现。创新和创业精神，尤其是那些与硅谷模式相关的创新和创业精神，在塑造技术未来和网络文化方面具有巨大影响力。创新之所以被视为成功，并不是因为它满足了社会需求，而是源于它确保了资本投资的高回报。卡斯特（Castells，2001）认为，创业精神是网络文化不可分割的部分，事实上，创业精神被认为是 Facebook、YouTube 等社交媒介巨头崛起的基础。但是，创业者概念往往只代表基于自身创造性和天才想法而获得成功的个体，它掩盖了协同合作的现实，以及成功是建立在传统观念、创新、成功和失败基础之上的这一事实。因此，创业精神并不是彻底破坏和颠覆，而更多地基于对既有基础或他人工作的依赖。在大多数公开研究中，硅谷企业家精神与技术创新相互关联。例如，作为非常成功的企业家，谷歌公司创始人拉里·佩奇（Larry Page）和谢尔盖·布林（Sergey Brin）以前是计算机程序员。但卡斯特认为，创业精神建立在不同网络文化类型之上，主要包括技术精英、黑客和社区。作为一种机制，创业精神可以传播、吸收甚至运用优秀想法和技术解决方案，但并非产生它们。然而所有这些在某种程度上都被混为一谈，以至于将技术成功等同于商业成功，最终导致了一种逆转：只有当技术进步具备盈利潜力时，才会被理解为创新。从这个角度看，随着网络发展，技术创新自身的重要性降低了，而更加强调它的营利性。但这是创新吗？莫罗佐夫（Morozov，2013）对这种观点持强烈批判态度，认为这并非创新，因为根本没有真正解决任何问题。相反，他认为大多数技术创新的扩展应当遵循以下顺序：首先，某个问题被提出，然后被歪曲为需要立即解决的问题，并产生相应的技术解决方案。有时候该问题可能是真实的，但是技术解决方案要么具有局限性，要么会导致更多问题产生。莫罗佐夫提到了一些例子，比如利用社交媒介将发达国家与发展中国家的人们联系起来。在他看来，这是将不平等问题误解为传播问题，而更有问题的是，创新性和颠覆性已经成为将医疗、教育和其他公共服务进行私有化的同义词。

上述分析表明，网络的未来更有可能取决于如何看待创新及其与社会的关系，而不能将网络和新媒介的未来视为技术创新的结果。这与前面提到的第一个困境有关：获取利润与将网络理解为公共产品之间的矛盾。社会对什么更感兴趣？是为少数人谋利还是为所有人谋利？这个问题的答案将是网络未来的关键决定因素。正如在这些章节中所看到的，网络政治经济学就意味着信息资本主义。社交媒介平台、应用程序经济、游戏产业、网络新闻，甚至政治、社交和身份认同都是在同一背景下形成的，即利润和盈利是核心诉求，从创新到数据，一切都被商品化和买卖交易。

这种语境及其关系构建出一种特殊的个人主义。我们可以从本书的分析中看到，个人才是新媒介环境的核心要素，而并非群体或社区，甚至是网络。从强调定制化、个性化，到独行客神话、地下室黑客、病态化网喷、对自拍和自恋的道德恐慌以及不稳定非物质劳动的兴起（个人项目制工作），一切都与个人和个人主义相关。这并不完全是对社会和社会交往的破坏，而是"个人至上"的转变趋势。这有什么不对吗？首先，这种"超个人主义"忽略了形成或可能决定个体习惯的社会要素，或者个体所处的空间和位置（Bourdieu，1977）。换句话说，社会语境决定个体自身。个人无法脱离社会语境，社会也不能被视为个人追求利润或个人利益最大化的集合。但对于社交媒介平台以及绝大多数新媒介来说，很少有个体能够以群体或集体形式行动，或者实现他们的"社会化自我"。

社交媒介平台隐含的意识形态及其架构、功能导致了上述结果。正如图费克奇（Tufekci，2016）所指出的，社交媒介使用算法和过滤来优化用户体验，并通过计算方法获得个人特征。优化只针对个人需求和欲望，因为它们是通过个体数据收集分析得出的。与之类似，范迪克（van Dijck，2013）发现的"连接文化"显示：社交媒介平台通过特定行为来约束用户，从而强化个人主义，并从中获利。通过这种方式，社交媒介创造出一种自我实现的预言，即首先将用户视为个体，然后通过平台功能将用户重构为新的个体。

另外，对"个人至上"观念的全面理解还涉及某些问题的构建和解决途径，网络或游戏成瘾问题就是很好的例证。可以看到，成瘾主要被视为个人病理问题，而社会因素却被完全忽视。同样，网络喷子和网络仇恨通常被认为是某些"坏苹果"的个体行为，或者是个体病态、虐待狂的个性等。然而，正如菲利普斯（Phillips，2015）所言，网络喷子现象通常就像一面反映现实社会的镜子：个体病态行为实际也是一种社会病态。此外，尽管社会抗议和活动显示出新媒介在协同行动方面的巨大潜力，但它同时也强化了个人情感、经验叙事和感受性；班尼特和塞格贝里（Bennett & Segerberg，2013）的"联结行为"和帕帕查理斯（Papacharissi，2015）的"感性公众"概念反映了这种趋势，但同时也揭示出个体自我和群体行为之间的张力关系。因此，一方面可以通过公共话语和主流叙事的一致性以及大量物质技术实践（包括算法、功能性和个性化设备）来追求个性化，另一方面也存在合作化知识生产、群体（和关联）行动、平等交流以及至关重要的共同利益。未来网络的特征由谁决定？是那些声称要把个体相互联系，却更加凸显个人主义的人，还是那些允许个体实现"社会化自我"，但又追求社会公共利益的人？对这个问题的回答将是未来网络的另一决定因素。

寻求利益最大化的个人主义进程与安全问题直接相关。风险社会观念的兴起通常与"9·11"事件后的政治氛围有关。乌尔里希·贝克（Ulrich Beck，1992）的风险研究已经将不断增加的不确定性及其必然结果——风险问题——确定为后现代社会的组成部分。实施普遍监控是现代机构和系统确保安全的主要机制。这包括基于新媒介平台的监视手段和技术，它们具有差异化和同步性特征，例如横向监视、地理定位、访问记录、数据跟踪等，特别是最新的实时数据收集技术。普遍监控增加表明风险和安全问题加剧，而这又与政治和经济问题相关。爱德华·斯诺登披露了美国国家安全局数据监控内容，证明现在私人通信监控已经达到前所未有的程度。美国机场管理机构最近要求外国游客提供社交媒介密码，使得问题更加复杂：在认为某些人可能存在威胁的情况下，国家无须授权或者证明就可以进行裁决，除非当事人能够证明自己是清白的。因此作为公民自由的基础之一，无罪推定显然没有被考虑，至少对非美国公民来说是这样。而与此同时，非国家组织机构则经常使用各种手段诱导个体提供自身数据，例如通过网络测试、使用 Facebook 作为登录手段以及必须提供卡号才能使用服务等。这些数据成为交易商品，并将个体网络互动行为进行货币变现。考虑到个体对私人数据的态度，可以毫不夸张地说，有些机构对我们的了解超过了我们自己！

因此，自由问题被置于何处？依据传统观念，自由既被视为免于威权和压迫的自由，也被视为选择政府的自由（Berlin，1969），但也涉及独立性、纪律和控制问题（Wagner，2002），或个体在世界中的合理行动能力。这些是否受到国家、企业和普遍化严密监控的影响？有证据表明这些机构已经开始妥协了。首先，美国国家安全局泄密事件的重要性在于：它证明政府机构寻求普遍监控的行为实际触犯了法律。其次，这种监视和收集个体数据问题本质上也是一种"功能蠕变"：机构为某个具体目的（例如营销）收集数据，但可能最终将它们用于其他目的，如确定保险费。但公民必须能够自由追求个人生活，而不必担心自身数据可能会反噬自己。最后，虽然这听起来像是科幻作品，尤其是菲利普·K.迪克（Dick，2002［1958］）的《少数派报告》显示，普遍监控产生的大数据有助于采取先发制人和积极的治理与警务行动（Dencik, Hintz & Carey，2017），然而，正如登奇克等人（Dencik et al.，2017）、埃尔默、朗格卢瓦、雷登（Elmer, Langlois & Redden，2015）以及基钦（Kitchin，2017）所指出的，无论是大数据还是算法，都不是客观、可靠、公正或绝对正确的，反而同创造和解释它们的人类一样容易犯错，而后者往往带有自身的相关议程、意识形态和偏见。从这个意义上看，普遍监控及由此产生的决策将不可避免地反映出现实社会的不平等和深度差异性。但是网络、新媒介和现实社会的未来很可能取决于如何解决这一困境，以及如何确保这种监控不会加剧不平等。目前，监控增加的趋势几乎不可改变。登奇克（Dencik，2015）认为，个体都屈从于一种监控现实主义，并已经将其接受为网络生活不可避免的组成部分,从而缺乏采取行动的动力。我们在这个过程中可以清楚地观察到个人主义在网络空间的极度膨胀,这甚至是一种强制性的极度膨胀。

但是,变革网络运作方式的机构和能力以及网络在未来可能如何变化,是重要的治理结构问题。换句话说,未来如何解决这些困境取决于目前的决策机制。这些将在后文讨论。

网络治理

上述分析确定了一些关于网络未来的关键难题,它们均来自本书各个章节。社会该如何处理这些问题?如何监管互联网/新媒介?如何确保所有个体都拥有一个美好未来?与此同时,正如我们所看到的,网络依赖于大量极具创新力的技术,而反过来,技术运行又依赖于技术生产个体之间的协作。但是,如何要求这种协作能够确保所有相关方的利益?这就是新媒介现实和未来的政治走向:如何最好地管理和引导新媒介,特别是网络?很明显,大量不同观点都试图成为"最佳答案"。那么如何定义"最佳"?根据最适合谁吗?我们无法对其进行简单回应,但是本部分将分析讨论网络治理的历史和主要议题,并最终提出各种政策、法规和治理模型。

大多数网络治理讨论采纳技术化视角,并基于如下假设:应当采取现有法律法规和政治立场对网络社会、行为和政治领域进行监管。因此,索勒姆(Solum, 2008: 50)等理论家将网络治理定义为"对网络基础设施、运行现状和变化过程的动态监管"。与此同时,索勒姆认识到,网络内容和行为可能具有变化性,而现有法律框架无法对此进行有效处理。因此,对于网络传播和行动所产生的内容和行为来说,网络治理必须涵盖与之相关的政策要素(Solum, 2008: 50)。这些分析均涉及网络和新媒介的现实和未来。那么到目前为止,网络治理是如何进行的?

网络治理简史

1998 年，联合国收到一份关于召开世界首脑会议的建议，以讨论解决所谓的信息社会问题，特别是存在于发达国家和发展中国家之间的数字鸿沟问题（参见 Wu，Dyson，Froomkin & Gross，2007）。一般来说，网络管理和规制中所谓的"根服务器"以及"网络域名控制"等都被授权给了一个私人机构——ICANN（网络域名与数字地址分配机构）。这个位于美国的秘密组织决定了域名分配和管理，例如".com"".org"等。批评人士认为 ICANN 的利益服务对象不明确，导致后者无法参与域名分配决策过程，也不具备充分的责任意识。最终，联合国组织了两次世界峰会，目的是全面应对信息社会，并解决网络治理问题。首届会议于 2003 年在日内瓦召开，第二届会议则于 2005 年在突尼斯举办。在日内瓦首脑会议上，代表们接受了一项原则宣言，该宣言宣称信息社会必须向所有个体开放，但最终未能就更具争议性的问题达成任何协议，特别是私人机构在网络管理方面的作用。作为负责国际传播和信息政策的美国代表，大卫·格罗斯（David Gross）相当讽刺地表现出美国是如何将 ICANN 机构独立出来的（Wu et al. 2007）。由于担心一些国家行使否决权，并可能损害美国利益，他不同意将网络治理权交给国际电信联盟或联合国等国际组织。

突尼斯峰会遵循了类似思路，最终产生了具有咨询意味的"联合国互联网治理论坛"（IGF），而 ICANN 和美国则保留了对根服务器的控制。上述结果主要采纳了新自由主义（Neoliberalism）原则，并采取了新自由主义的网络监管和治理方法。需要注意的是，这些结果要求监管必须遵循美国宪法和第一修正案有关言论自由的规定。最近，ICANN 采取了一种不同的、更加开放和透明的策略，承认所有利益主体都有权参与决策过程。这种多重利益主体模式根本上借鉴了"联合国互联网治理论坛"和其他能够进行自由意见表达机构的观点，这些观点和意见随后在网络治理中得到整合和考虑。2016 年 10 月，ICANN 正式脱离美国商务部控制，成为一个独立组织。然而，尽管 ICANN 致力于多重利益主体治理模式，但它仍然是一个等级化组织。"联合国互联网治理论坛"主要发挥咨询作用，它具有多重利益主体结构，因此不会产生具有判定性的任何正式结论。

案例研究

技术的未来：物联网和机器人

以下两个案例，即物联网（IoT）和机器人的发展为我们提供了预见美好未来的可能。在这一点上，这些技术知识是实际存在的，但还不清楚它们将如何被部署。问题的公开讨论方式呈现出需要解决的重要问题，而问题的解决将创造出一条决定未来的道路。

物联网是指将设备和装置相互连接并接入网络的一种想法。例如，冰箱、洗衣机、冷热空调系统都可以连接到网络，这样就可以远程打开或关闭它们，或者查看它们是否被破坏等。此外，人类可以与设备建立起联系。例如，基于可穿戴设备，可以将中央空调温度设置为当前环境中的最佳温度。物联网的主要理念认为任何可以连接的东西都会被连接。在网络协会（Internet Society, 2015）发表的白皮书中，物联网连接架构如下：设备到设备、设备到云、设备到网关（例如，一个应用程序）和后端数据共享（从不同设备收集数据并交换数据）。机器人的兴起可能是科幻小说的情节，但实际上是一种长期存在的趋势延续：以前由人类完成的任务越来越自动化。物联网和工作自动化都可能带来乌托邦式和反乌托邦式的未来。

物联网提出的问题反映了当前的讨论和本书之前的分析——安全、数据和技术的所有权与协议的治理，同时也反映了人类自身在哲学和社会中的重要地位和作用。在安全方面，物联网放大了安全漏洞和黑客攻击范围。现在黑客不仅能够入侵个人电脑，甚至还能入侵家庭电脑和办公电脑。此外，如果所有这些数据都上传到云服务器，那么一旦服务器被黑客攻击，大量极度敏感的数据就可能会落到无耻之徒的手中。更令人不安的是，如果像"震网"这样成功侵入伊朗核设施中心的病毒能够被开发出来，那么几乎可以肯定的是，类似的病毒也能够感染自动化系统和机器人，而它们最终可能会成为人类经济运行的主要承载者，这显然存在巨大风险。除了对可能出现的潜在犯罪担忧之外，社会对隐私和监视的关注也呈指数级增长，因为个体会留下大量数据线索等待收集和处理。这同时引发了一个问题：谁拥有个体数据、网络连接设备和装置的所有权？个体保留所有权吗？他们会像在社交媒介平台中那样放弃一些服务所有权吗？还是设备制造商和云平台商能够拥有个体数据？就机器人所有权而言，这提出了重要的政治学和政治经济学问题。马克思有一个著名论断，即生产资料所有权归少数人所有，结果导致了对劳动的征服；如果现在劳动力本身由少数人所有，那么将会导致更严重的不平等。组织和确定技术合同问题可能更加侧重技术性，但同样重要的是，应当让公司同意在竞争和生产技术专利申请时使用相同的技术协议。如果以移动产业为例，很可能最终会在构成物联网支柱的各种系统包括机器人系统上形成垄断，或者直接说就是寡头垄断。

但或许最重要的问题存在于哲学维度。海德格尔对技术进行了讨论，认为技术控制了人类而不是人类控制了技术。成为技术系统的组成部分，甚至比人类成为自身还要多，这导致了人类将成为何种个体形态的难题。通过机器人实现的工作自动化使这个问题变得更为复杂：发明取代人类的人工智能（AI）系统，最终提出了人类自身是否有用的问题。虽然本书同意斯蒂格勒的观点，即没有技术，人类就无法生存，但这种技术优先观点引发了相关担忧，即人类将不可避免地走向日益卑躬屈膝的角色。如果工作自动化继续发展，而且很有可能会不断深入，那么大多数人最终将会失去重要的技能，更糟糕的是，失业将大量出现，个体必须为越来越少的工作岗位而竞争。这并不是什么新鲜事：每项新技术都淘汰了以前由人类（或动物）承担的很多工作。"勒德分子"意指19世纪早期参与破坏工厂机器的工人群体，他们的破坏行为反映出机器对于工人的取代性。约翰·梅纳德·凯恩斯（John Maynard Keynes，2010［1930］）称之为"技术性失业"。然而，现在的不同之处在于，即使是高技术含量的专业工作，包括教师和医生，也可能被人工智能和其他先进技术系统取代。上述情况可能在未来几年内就会发生，这意味着社会必须在相对较短的时间内应对高失业率问题，但现在并没有认真做出计划方案。这不是科幻小说的情节：弗雷和奥斯本（Frey & Osborne，2017）估计，美国47%的工作面临被自动化取代的风险。虽然这不会以同样的方式影响所有国家和所有人，但不平等很可能会加剧，那些拥有、能够编程和运行这些自动化系统的人将控制财富总额的相当比例（Harari，2016）。

但失业并不是唯一的问题。人类需要从自身工作中获得意义,有意义的生活意味着能够运用自己的技能和能力,具有创造性。汉娜·阿伦特(Hannah Arendt, 2013 [1958])认为,工作与"劳动创造者"(Homo Faber)的概念有关,即人类是创造者。她认为这是人类构建公共世界的关键部分。结果会怎样呢?所有这些都可以外包给机器吗?如果是这样,人类将何去何从?算法已经能够自动创作报纸文章、音乐甚至诗歌(Cope, 2011),所以创造力并不局限于人类。下列对此问题的解决方案具有不同程度的激进性,它们的核心思想是为那些可能受到此类事态影响的个体提供安全保护。比尔·盖茨提议对"偷走"工作的机器人征税(Delaney, 2017),而特斯拉公司的创始人埃隆·马斯克则支持"全民基本收入"模式,认为这将缓冲工作自动化带来的所有影响。斯尔尼塞克和威廉斯(Srnicek & Williams, 2015)从另一个角度提出了一种更为激进的观点,认为技术将人类从繁重的工作中解放出来,而整体自动化和全民基本收入模式应该成为左翼社会运动的关键诉求。这意味着在算法和机器都是集体所有的情况下,所有个体都能从自动化中获益。然后,人类可以更有效地利用自身时间学习、社交或创造世界。同样,保罗·马松(Paul Mason, 2016)也从自动化中看到了技术进步,但同时也观察到一些现象,即信息泛化、资本主义终结以及向后资本主义经济组织的转变,这种转变体现出人类和环境更加公平的发展趋势。跨国科技公司的首席执行官、左翼和资本主义批判思想家都认为,人类已经到了必须为另一种未来做规划的阶段,这一点很重要。但很不幸,在就未来前景达成协议之前还有很长的路要走,而唯一能确定的是未来将包括技术和媒介。

重新思考网络治理

对网络治理和普遍新媒介监管问题进行"概念化"存在三个难题:第一,网络具有跨国性,以水平化、分散性结构而非层级化结构为基础;第二,网络存在不同层次的利益主体，它们可能是国家政府、公司或社会团体等；第三，割裂网络运作技术维度与运作维度（如网络信息流通）可能会导致某些难题和张力关系。德纳尔迪斯（de Nardis，2014）确定了网络治理研究中的五种张力关系：

（1）技术布局就是权力布局。这一观点源自以下观念，即技术并非中立性工具，而是一个独立行动者（参见拉图尔"行动者网络理论"）。

（2）基础设施通常成为内容和信息的控制主体。基础设施既可以产生信息自由交换，也能够对信息进行阻隔和拦截。例如，WhatsApp 等应用是否应该有一个后台入口以允许追踪用户内容。

（3）网络管理越来越多地被私人企业控制。例如，参照 Facebook 用户行为限定及其界面作为大量其他应用程序、网站登录入口等情况，我们就能大致理解私人企业的影响力。

（4）网络治理领域经常成为价值观冲突的场所。

（5）网络局部控制与网络运营全球化本质之间存在紧张关系。

德纳尔迪斯的"张力关系理论"印证了霍夫曼、卡岑巴赫和戈拉茨（Hofmann, Katzenbach & Gollatz，2016）的观点。他们讨论了网络治理概念，认为必须超越狭隘的监管范围和过于模糊的治理观念，建议将它定义为在冲突和紧张阶段出现的一种"应激性协调"，认为对于网络相互冲突的假设和理解往往是隐性的，其必须通过明确讨论才能被呈现出来，这种讨论能够帮助所有利益主体阐明自身立场，重新构建共识，有利于在这些领域进行政策规划设计。

虽然这可以解决网络治理的概念分析问题，但面对现实冲突时，事情就变得更复杂了。例如，公众持续关注的"网络中立性"问题：网络供应商应当平等对待各种数据和信息，不能根据内容、网站、应用程序、平台的差异性进行不同收费甚至歧视。有些人将其理解为一种价格操纵形式，认为这与市场自由主义相互对立（Hahn & Wallsten，2006）；有些人认为这是一种平等的妥协举动（SavetheInternet.com）；另一些人则认为这是网络效率的障碍。例如，2015 年欧洲议会投票决定保持网络中立，因此除了特定服务，网络中立将允许网络服务供应加快网络电视等的连接速度（European Commission，2015）。这些不同行动主体分别优先考虑自由市场原则、平等原则和效率原则等内容，但争议最终是由那些有决策权的人解决的。换句话说，尽管存在多元利益主体和应激性协调的冲突，但归根结底，有决策权的人是根据实际情况做出决定的。尽管如此，一些冲突仍然揭示了潜在权力转化的运作机制。例如，欧盟委员会开始关注网络平台传播仇恨言论的数量，并制定行为准则，要求媒介平台在收到报告后 24 小时内删除仇恨言论（European Commission，2016）。但这种行为准则是媒介平台自愿达成的，所以即使未能在 24 小时内进行处置，也不会受到处罚。一方面，欧盟想要规范网络内容，以确保符合欧洲法律法规；另一方面，媒介平台不但受到言论自由原则的限制，也受到对于自身定位理解的约束，即其提供的是商业服务，而不是内容生产服务。因此，欧盟必须依赖并鼓励这种自愿的自我监管，而媒介平台可能只会在自身商业利益不受损害的情况下实施。虽然民间社会团体可以通过请愿等方式进行游说，但这种权力毕竟有限，难以参与决策过程。由此可以看出，在这些概念中，网络治理主要参与者仍然是国家和公司，其他主体的作用是有限的。

结　论

我们能从上述分析中得出何种结论？专栏 12.1 总结了本章要点。本章对各种媒介发展趋势进行了观察，考察了新媒介带给社会生活的关联和阻隔问题，分析结论是毁誉参半，因此很难对新媒介进行明确定位。然而，尽管发明和技术的诀窍在过去已经遗失，但在当前历史关头，这种情况不太可能发生：那些已经被思考和发明出来的东西，一定会得到关注和应用。新媒介，不管人们喜欢与否，都会一直存在。我们最好的选择（如果不是唯一的选择），就是努力以促进正义和平等理念发展的方式引导和管理它们。从这个角度看，我们必须对新媒介未来和自身未来保持乐观态度。

专栏 12.1　本章主要观点总结

当前趋势

- 主要潜在趋势：新媒介个性化和协作性元素之间流动性、动态性的张力关系

具体发展趋势：

- 经济：（非物质）劳动的自动化
- 消费：新媒介在所有人口类别尤其是在发展中国家更为广泛和深入传播的趋势
- 政治：去媒介化和创造新的政治主体
- 监控：越来越多的监控被用来处理安全问题
- 新闻业：处于重塑自身并证明可用性的压力之下
- 移动媒介：移动性更强，可移植性更强
- 身份认同与社会交往：社会交往"个性化"和"商业逻辑"在身份认同与社会交往中的传播
- 游戏：工作和娱乐之间的界限消失

新兴困境的趋势

- 个人主义与点对点式协同合作
- 安全、控制与开放、自由
- 利润至上与网络作为公共资源的对抗

网络治理

- 处理网络基础设施的监管、现实和未来的运作以及由于网络内容和行为方式转向而产生的政策问题
- 两次世界首脑会议（2003年日内瓦会议和2005年突尼斯会议）基本上保留了总部位于美国的ICANN的角色，同时设立了新的机构，如联合国互联网治理论坛
- 网络治理主要决策主体仍然是国家和公司，民间社会组织难以参与

拓展阅读

对未来的思考存在自相矛盾性，这要求必须重新审视过去，也要求探究未来的概念究竟意味着什么。尼克·库尔德里的文章（Couldry, 2009）将媒介未来的概念和叙述进行了理论化，认为技术、政治和社会力量将使媒介成为激烈斗争的空间。无论媒介的未来如何，它都将不可避免地进一步科技化。但是，技术的世界绝不意味着只有技术，它同时也是文化、政治和经济的世界。对（大）数据和算法的文化研究涉及知识和技术的产生根由以及其未来含义。《欧洲文化研究杂志》（European Journal of Cultural Studies）的一期特刊与这些争论有关。马克·安德烈耶维奇、艾莉森·赫恩和海伦·肯尼迪的文章（Andrejevic, Hearn & Kennedy, 2015）是对特刊和一些争论的介绍——所有的文章都值得分析，因为它们同时涉及技术的现在和未来。如果接受新媒介的未来将是技术化的，那么任何政策制定都必须考虑到技术是一种社会-技术系统的方式，而不是只关注政治和法律问题。最后弗朗西丝卡·穆夏尼的文章（Musiani, 2015）结合了这两方面的研究，为理解和分析新媒介开辟了新的维度。

Couldry, N., 2009, Does 'the media' have a future? . *European Journal of Communication*, 24 (4), 437–449.

Andrejevic, M., Hearn, A. and Kennedy, H., 2015, Introduction. *Cultural Studies of Data Mining*, 18 (4–5), 379–394.

Musiani, F., 2015, Practice, plurality, performativity, and plumbing: internet governance research meets science and technology studies. *Science, Technology, & Human Values*, 40 (2), 272–286.

参考书目

Aarseth, E., 1997, *Cybertext: Perspectives on Ergodic Literature*. Baltimore, MD: Johns Hopkins University Press.

Aarseth, E., 2004, Genre trouble: narrativism and the art of simulation, in N. Wardrip-Fruin and P. Harrigan (eds), *First Person: New Media as Story, Performance, and Game* (pp. 45–55). Cambridge, MA: MIT Press.

Aarseth, E., 2012 (May), A narrative theory of games. In *Proceedings of the International Conference on the Foundations of Digital Games* (pp. 129–133). New York: ACM Press.

Abramson, J.B., Arterton, F.C. and Orren, J.R., 1988, *The Electronic Commonwealth: The Impact of New Media Technologies on Democratic Politics*. New York: Basic Books.

Acquisti, A. and Gross, R., 2006, Imagined communities: awareness, information sharing, and privacy on the Facebook, in P. Golle and G. Danezis (eds), *Proceedings of 6th Workshop on Privacy Enhancing Technologies* (pp. 36–58). Cambridge, UK: Springer.

Adam, B., Beck, U. and van Loon, J. (eds), 2000, *The Risk Society and Beyond: Critical Issues for Social Theory*. London: Sage.

Adorno, T., 1978 [1938], On the fetish character in music and the regression of listening, in A. Arato and E. Gebhardt (eds), *The Essential Frankfurt School Reader* (pp. 270–289). Oxford: Blackwell.

Adorno, T. and Horkheimer, M., 1997 [1947], *Dialectic of Enlightenment*. London: Verso.

Agar, J., 2003, *Constant Touch: A Global History of the Mobile Phone*. Cambridge, UK: Icon Books.

Al-Rawi, A.K., 2014, Cyber warriors in the Middle East: the case of the Syrian electronic army. *Public Relations Review*, 40(3), 420–428.

Allcott, H. and Gentzkow, M., 2017, *Social Media and Fake News in the 2016 Election*, National Bureau of Economic Research Working Paper 23089. Available at: www.nber.org/papers/w23089

American Psychiatric Association, 2013, *Diagnostic and Statistical Manual of Mental Disorders* (fifth edition) (DSM–V). Washington, DC: APA Publishing.

Amnesty International, 2016, This is what we die for. Available at: www.amnestyusa.org/sites/default/files/this_what_we_die_for_-_report.pdf

Andacht, F., 2014, A critical and semiotic approach to the wonderful, horrible life cycle of the Kony 2012 viral video. *tripleC: Communication, Capitalism & Critique*, 12(1), 214–237.

Andén-Papadopoulos, K., 2014, Citizen camera-witnessing: embodied political dissent in the age of 'mediated mass self-communication'. *New Media & Society*, 16(5), 753–757.

Anderson, B., 1991 [1983], *Imagined Communities: Reflections on the Origin and Spread of Nationalism*. London: Verso.

Anderson, B., 1992, Long distance nationalism: world capitalism and the rise of identity politics, The Wertheim Lecture, Centre for Asian Studies, University of Amsterdam. Available at: http://213.207.98.211/asia/wertheim/lectures/WL_Anderson.pdf

Anderson, B. and Yttri, B., 2007, Telework transitions and the quality of life, in B. Anderson, M. Brynin, J. Gershuny and J. Raban (eds), *Information and Communication Technologies in Society* (pp. 136–149). London: Routledge.

Anderson, C., 2003, *Violent Video Games: Myths, Facts, and Unanswered Questions*. Washington, DC: American Psychological Association. Available at: www.apa.org/science/about/psa/2003/10/anderson.aspx

Anderson, C.W., 2011, Between creative and quantified audiences: web metrics and changing patterns of newswork in local US newsrooms. *Journalism*, 12(5), 550–566.

Anderson, M. and Hitlin, P., 2016 (August 15), *Social Media Conversations about Race*. Internet and Tech Report. Washington, DC: Pew Research Center. Available at: www.pewinternet.org/2016/08/15/social-media-conversations-about-race/

Anderson, P. and Tushman, M.L., 1990, Technological discontinuities and dominant designs: a cyclical model of technological change. *Administrative Science Quarterly*, 35, 604–633.

Andrejevic, M., 2004, *Reality TV: The Work of Being Watched*. Lanham, MD: Rowman & Littlefield.

Andrejevic, M., 2005, The work of watching one another: lateral surveillance, risk, and governance. *Surveillance and Society*, 2(4), 479–497.

Andrejevic, M., 2007, *iSpy: Surveillance and Power in the Interactive Era*. Lawrence, KS: University Press of Kansas.

Apperley, T.H., 2006, Genre and game studies: toward a critical approach to video game genres. *Simulation Gaming*, 37, 6–23.

Archetti, C., 2015, Terrorism, communication and new media: explaining radicalization in the digital age. *Perspectives on Terrorism*, 9(1). Available at: www.terrorismanalysts.com/pt/index.php/pot/article/view/401

Ariely, G., 2008, Knowledge management, terrorism and cyber terrorism, in L. Janczewski and A. Colaric (eds), *Cyber Warfare and Cyber Terrorism* (pp. 7–16). Hershey, PA, and London: Information Science Reference.

Asano, E., 2017, How much time do people spend on social media? *Social Media Today*, 4 January. Available at: www.socialmediatoday.com/marketing/how-much-time-do-people-spend-social-media-infographic

Atkinson, R. and Rodgers, T., 2015, Pleasure zones and murder boxes: online pornography and violent video games as cultural zones of exception. *British Journal of Criminology*, 56(6), 1–13.

Attwood, F., 2007, No money shot? Commerce, pornography and new sex taste cultures. *Sexualities*, 10(4), 441–456.

Bakken, I.J., Wenzel, H.G., Götestam, K.G., Johansson, A. and Øren, A., 2009, Internet addiction among Norwegian adults: a stratified probability sample study. *Scandinavian Journal of Psychology*, 50(2), 121–127.

Bardoel, J., 2002, The internet, journalism and public communication policies. *International Communication Gazette*, 64(5), 501–511.

Barnes, S., 2006, A privacy paradox: social networking in the United States. *First Monday*, 11(9). Available at: www.firstmonday.org/issues/issue11_9/barnes/index.html

Barney, D., 2004, *The Network Society*. Cambridge, UK: Polity Press.

Barthell, M., 2015 (April 29), Newspapers: fact sheet. Pew Research Center for Journalism and the Media. Available at: www.journalism.org/2015/04/29/newspapers-fact-sheet

Bartlett, J. and Krasodomski-Jones, A., 2015, Counter-speech: examining content that challenges extremism. *Demos*, October. Available at: www.demos.co.uk/wp-content/uploads/2015/10/Counter-speech.pdf

Bauman, Z., 1999, *In Search of Politics*. Cambridge, UK: Polity Press.

Baym, N.K., 2006, Interpersonal life online, in S. Livingstone and L. Lievrouw (eds), *The Handbook of New Media* (Student edition) (pp. 35–54). London: Sage.

BBC News, 2001 (May 1), Columbine families sue computer game makers. *BBC News*. Available at: http://news.bbc.co.uk/2/hi/science/nature/1295920.stm

BBC News, 2004 (January 23), Murder accused speaks of 'neck fetish'. *BBC News*. Available at: http://news.bbc.co.uk/2/hi/uk_news/england/southern_counties/3423221.stm

BBC News, 2006a (August 30), Mother wins ban on violent porn. *BBC News*. Available at: http://news.bbc.co.uk/2/hi/uk_news/england/berkshire/5297600.stm

BBC News, 2006b (August 30), MP wins battle against web porn. *BBC News*. Available at: http://news.bbc.co.uk/2/hi/uk_news/england/derbyshire/5299576.stm

BBC News, 2009 (October 1), Spotlight on trio of child abusers. *BBC News*. Available at: http://news.bbc.co.uk/2/hi/uk_news/8282764.stm

BBC News, 2010 (March 8), Facebook murderer to serve at least 35 years. *BBC News*. Available at: http://news.bbc.co.uk/2/hi/uk_news/england/wear/8555221.stm

BBC News, 2016 (May 12), TalkTalk profits halve after cyber attack. *BBC News*. Available at: www.bbc.com/news/business-36273449

Beck, U., 1992, *Risk Society: Towards a New Modernity*. London: Sage.

Bell, D., 1973, *The Coming of Post-Industrial Society: A Venture in Social Forecasting*. New York: Basic Books.

Bell, E., 2009 (March 23), Digital media cannot be contained by the analogue rulebook, *The Guardian*. Available at: www.guardian.co.uk/media/2009/mar/23/regulating-digital-media

Benjamin, W., 1969, The work of art in the age of mechanical reproduction, in H. Arendt (ed.), *Illuminations*, trans. Harry Zohn (pp. 217–250). New York: Schocken.

Benkler, Y., 2006, *The Wealth of Networks: How Social Production Transforms Markets and Freedom*. New Haven, CT, and London: Yale University Press.

Bennett, L.W., 2003, Communicating global activism: strengths and vulnerabilities of networked politics. *Information, Communication and Society*, 6, 143–168.

Benotsch, E.G., Snipes, D.J., Martin, A.M. and Bull, S.S., 2012, Sexting, substance use, and sexual risk behavior in young adults. *Journal of Adolescent Health*, 52(3), 307–313.

Benzell, S.G., Kotlikoff, L.J., LaGarda, G. and Sachs, J.D., 2015, Robots are us: some economics of human replacement (No. w20941). Cambridge, MA: National Bureau of Economic Research. Available at: www.nber.org/papers/w20941.pdf

Bijker, W., 1995, *Of Bicycles, Bakelites and Bulbs: Toward a Theory of Sociotechnical Change*. Cambridge, MA, and London: MIT Press.

Bijker, W., Hughes, T. and Pinch, T. (eds), 1987, *The Social Construction of Technological Systems*. Cambridge, MA: MIT Press.

Bishop, J. (ed.), 2013, *Examining the Concepts, Issues, and Implications of Internet Trolling*. Hershey, PA : IGI Global.

Bishop, J., 2014a, Representations of 'trolls' in mass media communication: a review of media-texts and moral panics relating to 'internet trolling'. *International Journal of Web Based Communities*, 10(1), 7–24.

Bishop, J., 2014b, Dealing with internet trolling in political online communities: towards the 'this is why we can't have nice things' scale. *International Journal of E-Politics*, 5(4), 1–20.

Block, J.J., 2008, Issues for DSM–V: internet addiction. *American Journal of Psychiatry*, 165(3), 306–307.

Bolter, J.D. and Grusin, R., 1999, *Remediation: Understanding New Media*. Cambridge, MA: MIT Press.

Bouchart, M., 2012, Data Journalism Blog, interviewing Simon Rogers. *The Guardian*. Available at: http://datajournalismhandbook.org/1.0/en/getting_data_5.html

Bourdieu, P., 1977, *Outline of a Theory of Practice*. Cambridge, UK: Cambridge University Press.

Bourdieu, P., 1986, The forms of capital (trans. Richard Nice), in John G. Richardson (ed.), *Handbook of Theory and Research for the Sociology of Education* (pp. 241–258). Westport, CT: Greenwood Press.

Bourdieu, P., 1998, *On Television and Journalism*. London: Pluto Press.

Bourdieu, P. and Wacquant, L., 1992, *An Invitation to Reflexive Sociology*. Chicago, IL: University of Chicago Press.

boyd, d., 2007a, Viewing American class divisions through Facebook and MySpace. Available at: www.danah.org/papers/essays/ClassDivisions.html

boyd, d., 2007b, Social network sites: public, private, or what? *Knowledge Tree*, 13. Available at: http://kt.flexiblelearning.net.au/tkt2007/edition-13/social-network-sites-public-private-or-what/

boyd, d., 2008, Taken out of Context: American Teen Sociality in Networked Publics. PhD thesis, University of California, Berkeley.

boyd, d., 2011 Social network sites as networked publics: affordances, dynamics, and implications, in Z. Papacharissi (ed.), *Networked Self: Identity, Community, and Culture on Social Network Sites* (pp. 39–58). London and New York: Routledge.

boyd, d. and Ellison, N.B., 2007, Social network sites: definition, history, and scholarship. *Journal of Computer-Mediated Communication*, 13(1), 210–230.

Brabham, D., 2008, Crowdsourcing as a model for problem solving: an introduction and cases. *Convergence,* 14, 75–90.

Brabham, D., 2009 (August 10), Crowdsourcing and governance in confessions of an ACA Fan: the official blog of Henry Jenkins. Available at: http://henryjenkins.org/2009/08/get_ready_to_participate_crowd.html

Brock, A., 2011, 'When keeping it real goes wrong': Resident Evil 5, racial representation, and gamers. *Games and Culture*, p.1555412011402676.

Brown, J., 1999, Doom, Quake and mass murder. *Salon*. Available at: www.salon.com/technology/feature/1999/04/23/gamers/index.html

Brown, W., 2005, *Edgework: Critical Essays on Knowledge and Politics*. Princeton, NJ: Princeton University Press.

Browning, G., 1996, *Electronic Democracy: Using the Internet to Influence American Politics*. Wilton, CT: Pemberton Press.

Bruns, A., 2006, Wikinews: the next generation of online news. *Scan Journal*, 3(1), n.p.

Bruns, A., 2007, *Produsage: A Working Definition.* Available at: http://produsage.org

Brynjolfsson, E. and McAfee, A., 2011, *Race against the Machine*. Lexington, MA: Digital Frontier.

Bucher, T., 2012, Want to be on the top? Algorithmic power and the threat of invisibility on Facebook. *New Media & Society*, 14(7), 1164–1180.

Buckels, E.E., Trapnell, P.D. and Paulhus, D.L., 2014, Trolls just want to have fun. *Personality and Individual Differences*, 67, 97–102.

Bull, M., 2006, Investigating the culture of mobile listening: from Walkman to iPod, in K. O'Hara and B. Brown (eds), *Consuming Music Together: Social and Collaborative Aspects of Music Consumption Technologies* (pp. 131–149). Dordrecht, the Netherlands: Springer.

Burns, A., 2015, Selfie Control: Online Discussion of Women's Photographic Practices as a Gendered Form of Social Discipline. Unpublished PhD thesis, Loughborough University, UK.

Butler, J., 1993, *Bodies that Matter: On the Discursive Limits of Sex*. London: Routledge.

BuzzFeed, 2015 (September 17), Remembering Jenkem: the greatest internet hoax, *BuzzFeed*. Available at: www.buzzfeed.com/iexplorer/let-us-remember-the-greatest-internet-hoax-jenkem?utm_term=.gjZoR5Day#.ou7baXY64

Calhoun, C., 1998, Community without propinquity revisited. *Sociological Inquiry*, 68(3), 373–397.

Calhoun, C., 2002, Virtual community, in C. Calhoun (ed.), *Dictionary of the Social Sciences*. Oxford: Oxford University Press. Available at: www.oxfordreference.com/views/ENTRY.html?subview=Main&entry=t104.e1764

Callon, M., 1987, Society in the making: the study of technology as a tool for sociological analysis, in Bijker, W.E., Hughes, T.P., Pinch, T. and Douglas, D.G., (eds). *The Social Construction of Technological Systems: New Directions in the Sociology and History of Technology*.(pp. 83–103). Cambridge, MA: MIT Press.

Campbell, S.W. and Park, Y.J., 2008, Social implications of mobile telephony: the rise of personal communication society. *Sociology Compass*, 2(6), 203–240.

Carpentier, N., 2016, Differentiating between access, interaction and participation. *Conjunctions: Transdisciplinary Journal of Cultural Participation*, 2(2), 7–28.

Carr, D., 2006, Games and narrative, in D. Carr, D. Buckingham, A. Burn and G. Schott, *Computer Games: Text, Narrative and Play* (pp. 30–44). Cambridge, UK: Polity Press.

Castells, M., 1996 (second edition 2000), *The Rise of the Network Society, The Information Age: Economy, Society and Culture. Vol. I*. Cambridge, MA, and Oxford: Blackwell.

Castells, M., 1997 (second edition 2004), *The Power of Identity, The Information Age: Economy, Society and Culture. Vol. II*. Cambridge, MA, and Oxford: Blackwell.

Castells, M., 1998 (second edition 2000), *End of Millennium, The Information Age: Economy, Society and Culture. Vol. III*. Cambridge, MA, and Oxford: Blackwell.

Castells, M., 2000 [1996], *The Rise of the Network Society*. Chichester: Wiley.

Castells, M., 2001, *The Internet Galaxy*. Oxford: Oxford University Press.

Castells, M., 2004, Afterword: why networks matter, in H. McCarthy, P. Miller and P. Skidmore (eds), *Network Logic: Who Governs in an Interconnected World?* (pp. 221–225). London: Demos.

Castells, M., Fernandez-Ardevol, M., Linchuan Qiu J. and Sey, A., 2007, *Mobile Communication and Society: A Global Perspective*. Cambridge, MA: MIT Press.

Castronova, E., 2001, Virtual worlds: a first-hand account of market and society on the cyberian frontier. *The Gruter Institute Working Papers on Law, Economics, and Evolutionary Biology*, 2(1). Available at: www.bepress.com/giwp/default/vol2/iss1/art1

Castronova, E., 2005, *Synthetic Worlds: The Business and Culture of Online Games*. Chicago, IL: University of Chicago Press.

cDc (Cult of the Dead Cow), 2006 (February 15), Congress jerks off, gang of four reach for raincoats. Press release. Available at: http://w3.cultdeadcow.com/cms/2006/02/congress-jerks.html

Chadwick, A., 2013, *The Hybrid Media System: Politics and Power*. Oxford: Oxford University Press.

Chadwick, A. and May, C., 2003, Interaction between states and citizens in the age of the internet: 'e-government' in the United States, Britain and the European Union. *Governance: International Journal of Policy, Administration and Institutions*, 16(2), 271–300.

Chalaby, J., 1998, *The Invention of Journalism*. Basingstoke: Macmillan.

Chan, J., Pun, N. and Selden, M., 2013, The politics of global production: Apple, Foxconn and China's new working class. *New Technology, Work and Employment*, 28(2), 100–115.

Choi, J.H., 2006, Living in Cyworld: contextualising cy-ties in South Korea, in A. Bruns and J. Jacobs (eds), *Use of Blogs* (pp. 173–186). New York: Peter Lang.

Christensen, C.M., 1997, *The Innovator's Dilemma: When New Technologies Cause Great Firms to Fail*. Boston, MA: Harvard Business School Press.

Cockburn, P., 2007 (May 7), Stoning to death of girl provokes wave of killings. *The Independent*. Available at: www.independent.co.uk/news/world/middle-east/stoning-to-death-of-girl-provokes-wave-of-killings-447813.html

Coleman, G., 2014, *Hacker, Hoaxer, Whistleblower, Spy: The Many Faces of Anonymous*. London: Verso.

Coleman, S., 2009, Making parliamentary democracy visible, in A. Chadwick and P. Howard (eds), *Routledge Handbook of Internet Politics* (pp. 86–98). London and New York: Routledge.

Coleman, S. and Dyer-Witheford, N., 2007, Playing on the digital commons: collectivities, capital and contestation in videogame culture. *Media, Culture & Society*, 29(6), 934–953.

Coles, B.A. and West, M., 2016, Trolling the trolls: online forum users' constructions of the nature and properties of trolling. *Computers in Human Behavior*, 60, 233–244.

Cope, D., 2011, *Comes the Fiery Night: 2,000 Haikus Written by Man and Machine*. Seattle, WA: CreateSpace.

Cornfield, M., Rainie, L. and Horrigan, J., 2003, *Online Campaigners, Citizens and Portals in the 2002 Elections*. Pew Internet and American Life Project. Available at: www.pewinternet.org/~/media//Files/Reports/2003/PIP_IPDI_Politics_Report.pdf

Couldry, N., 2008, Mediatization or mediation? Alternative understandings of the emergent space of digital storytelling, *New Media & Society*, 10(3), 373–391.

Couldry, N., 2012, *Media, Society, World: Social Theory and Digital Media Practice*. Cambridge, UK: Polity Press.

Craker, N. and March, E., 2016, The dark side of Facebook®: The Dark Tetrad, negative social potency, and trolling behaviours. *Personality and Individual Differences*, 102, 79–84.

Cubitt, S., 2006, Framed: Sean Cubitt: an interview with Simon Mills. *FrameJournal*. Available at: www.ada.net.nz/library/framed-sean-cubitt/

Curran, K., Concannon, K. and McKeever, S., 2008, Cyber terrorism attacks, in L. Janczewski and A. Colaric (eds), *Cyber Warfare and Cyber Terrorism* (pp. 1–7). Hershey, PA, and London: Information Science Reference.

Dahlberg, L., 2001, Computer-mediated communication and the public sphere: a critical analysis. *Journal of Computer-Mediated Communications*, 7(1). Available at: www.ascusc. org/jcmc/vol7/issue1/dahlberg.html

Dahlberg, L., 2005, The corporate colonization of online attention and the marginalization of critical communication? *Journal of Communication Inquiry*, 29(2), 1–21.

Dahlberg, L., 2007, Rethinking the fragmentation of the cyber-public: from consensus to contestation. *New Media & Society*, 9(5), 829–849.

Daily Telegraph, 2007, Multimedia newsroom integration. *The Daily Telegraph* Newsroom. Available at: www.youtube.com/watch?v=2yXT_1pvDv4&NR=1

Danet, B., 1998, Text as a mask: gender, play and performance in the internet, in S. Jones (ed.), *Cybersociety 2.0: Revisiting Computer-Mediated Communication and Community* (pp. 129–158). Thousand Oaks, CA: Sage.

Darrow, B., 2015 (July 8), Can we agree that the Nokia buy was a total disaster for Microsoft? *Fortune*. Available at: http://fortune.com/2015/07/08/was-microsoft-nokia-deal-a-disaster/

de Beauvoir, Simone, 1953, *The Second Sex*. London: Jonathan Cape.

De Peuter, G. and Dyer-Witheford, N., 2005, A playful multitude? Mobilising and counter-mobilising immaterial game. *Fibreculture*, 5, n.p.

de Sola Pool, I., 1983, *Technologies of Freedom*. Cambridge, MA: Harvard University Press.

Debord, G., 1967, *The Society of the Spectacle*. London: Rebel Press.

Dediu, H., 2014 (January 22), Bigger than Hollywood. *Asymco*. Available at: www.asymco. com/2015/01/22/bigger-than-hollywood/

Deibert, R. and Rohozinski, R., 2009 (June 30), Ottawa needs a strategy for cyberwar. *National Post*. Available at: http://network.nationalpost.com/np/blogs/fullcomment/archive/ 2009/06/30/ottawa-needs-a-strategy-for-cyberwar.aspx

DeLanda, M., 2006, *A New Philosophy of Society: Assemblage Theory and Social Complexity*. London: Bloomsbury Academic.

Delaney, K., 2017 (February 17), The robot that takes your job should pay taxes, says Bill Gates. *Quartz*. Available at: https://qz.com/911968/bill-gates-the-robot-that-takes-your-job-should-pay-taxes/

Dencik, L., Hintz, A. and Carey, Z., 2017, Prediction, pre-emption and limits to dissent: social media and big data uses for policing protests in the United Kingdom. *New Media & Society*, online first, pp. 1–18.

Derrida, J., 1974 (third edition 1997), *Of Grammatology*, trans. Gayatri Spivak. Baltimore, MD: Johns Hopkins University Press.

Derrida, J., 1991, *Of Spirit: Heidegger and the Question*, trans. Geoffrey Bennington and Rachel Bawlby. Chicago, IL: Chicago University Press.

Deuze, M., 2005, What is journalism? Professional identity and ideology of journalists reconsidered. *Journalism*, 6(4), 442–464.

Deuze, M., 2006, Participation, remediation, bricolage: considering principal components of a digital culture. *The Information Society*, 22(2), 63–75.

Deuze, M., Bowen Martin, C. and Allen, C., 2007, The professional identity of gameworkers. *Convergence*, 13(4), 335–353.

Dibbell, J., 2006, *Play Money: Or How I Quit My Day Job and Struck It Rich in Virtual Loot Farming*. New York: Perseus.

Dibbell, J., 2007 (June 17), The life of the Chinese Goldfarmer. *New York Times*. Available at: www.nytimes.com/2007/06/17/magazine/17lootfarmers-t.html?_r=1

DiMaggio, P. and Hargittai, E., 2001, *From the 'Digital Divide' to 'Digital Inequality': Studying Internet Use as Penetration Increases*. Working Paper No. 15 (Summer). Princeton, NJ: Center for Arts and Cultural Policy Studies, Woodrow Wilson School, Princeton University. Available at: www.princeton.edu/~artspol/workpap15.html

Diminescu, D., 2008, The connected migrant: an epistemological manifesto. *Social Science Information*, 47(4), 565–579.

Dimitrakopoulou, D., 2005, Time, internet and journalism, in Ch. Fragkonikolopoulos (ed.), *Media, Society and Politics*. Athens: Sideris Publications.

Dines, G., 2010, *Pornland: How Porn Has Hijacked Our Sexuality*. Boston, MA: Beacon Press.

Doctor, K., 2015 (July), Newsonomics: the halving of America's daily newsrooms. *Nieman Lab*. Available at: www.niemanlab.org/2015/07/newsonomics-the-halving-of-americas-daily-newsrooms/

Donath, J. and boyd, d., 2004, Public displays of connection. *BT Technology Journal*, 22(4), 71–82.

Downs, E. and Smith, S.L., 2010, Keeping abreast of hypersexuality: a video game character content analysis. *Sex Roles*, 62(11–12), 721–733.

Drezner, D. and Farrell, H., 2004, The power and politics of blogs. Paper presented at the American Political Science Association. Available at: www.utsc.utoronto.ca/~farrell/blogpaperfinal.pdf

Duggan, M., 2014 (October 22), *Experiencing Online Harassment*. Pew Internet and American Life Project. Available at: www.pewinternet.org/2014/10/22/part-1-experiencing-online-harassment/?utm_expid=53098246-2.Lly4CFSVQG2lphsg-KopIg.0&utm_referrer=https%3A%2F%2Fwww.google.ie

Durkheim, E., 1972 [1933], Forms of social solidarity, in A. Giddens (ed.), *Emile Durkheim: Selected Writings* (pp. 123–140). Cambridge, UK: Cambridge University Press.

Dutton, W.H. and Blank, G., 2013, *Cultures of the Internet: The Internet in Britain*. Oxford Internet Survey 2013 Report. Available at: http://oxis.oii.ox.ac.uk/sites/oxis.oii.ox.ac.uk/files/content/files/publications/OxIS_2013.pdf

Dutton, W.H., Helsper, E.J. and Gerber, M.M., 2009, *Oxford Internet Survey 2009 Report: The Internet in Britain*. Oxford: Oxford Internet Institute, University of Oxford.

Dyer-Witheford, N., 2003, Sim capital: general intellect, world market, species and the video game, in M. Bousquet and K. Wills (eds), *The Politics of Information: The Electronic Mediation of Social Change* (pp. 122–140). Cleveland, OH: Alt-x Press. Available at: www.altx.com/ebooks/download.cfm/infopol.pdf#page=130

Dyer-Witheford, N. and de Peuter, G., 2009, Empire@Play: virtual games and global capitalism. *CTheory*. Available at: www.ctheory.net/articles.aspx?id=608

Dyer-Witheford, N. and Sharman, Z., 2005, The political economy of Canada's video and computer game industry. *Canadian Journal of Communication*, 30, 187–210.

Economist, 2010 (May 27), Light and death: a series of deaths expose a big computer-maker to unaccustomed scrutiny. *The Economist*. Available at: www.economist.com/node/16231588

Ellison, N.B., Steinfield, C. and Lampe, C., 2007, The benefits of Facebook 'Friends': social capital and college students' use of online social network sites. *Journal of Computer-Mediated Communication*, 12(4), 1143–1168.

eMarketer, 2009 (December), Social network ad spending: 2010 Outlook. *EMarketer*. Available at: www.emarketer.com/Reports/All/Emarketer_2000621.aspx

eMarketer, 2016 (November 23), Mobile phone, smartphone usage varies globally. *EMarketer*. Available at: www.emarketer.com/Article/Mobile-Phone-Smartphone-Usage-Varies-Globally/1014738

Englander, E., 2012, Low risk associated with most teenage sexting: a study of 617 18-year-olds. In *MARC Research Reports*, Paper 6. Available at: http://vc.bridgew.edu/marc_reports/6

Enzensberger, H.M., 1970, Constituents of a theory of the media. *New Left Review*, 64, 13–36.

Erdal, I.J., 2009, Repurposing of content in multi-platform news production: towards a typology of cross-media journalism. *Journalism Practice*, 3(2), 178–195.

Eshet, Y., 2012, Thinking in the digital era: a revised model for digital literacy. *Issues in Informing Science and Information Technology*, 9(2), 267–276.

Eshet-Alkalai, Y., 2004, Digital literacy: a conceptual framework for survival skills in the digital era. *Journal of Educational Multimedia and Hypermedia*, 13(1), 93.

Eskelinen, M., 2001, The gaming situation. *Game Studies*, 1(1), n.p.

Etzioni, A. and Etzioni, O., 1999, Face-to-face and computer-mediated communities: a comparative analysis. *The Information Society*, 15(4), 241–248.

European Commission, 2015 (June 30), Commission welcomes agreement to end roaming charges and to guarantee an open Internet. Press release. Available at: http://europa.eu/rapid/press-release_IP-15-5265_en.htm

European Commission, 2016 (December 6), Fighting illegal online hate speech: first assessment of the new code of conduct. Press release. Available at: http://ec.europa.eu/newsroom/just/item-detail.cfm?&item_id=50840

Farman, J., 2013, *Mobile Interface Theory: Embodied Space and Locative Media*. London: Routledge.

Farwell, J.P. and Rohozinski, R., 2011, Stuxnet and the future of cyber war. *Survival*, 53(1), 23–40.

Fenton, N. (ed.), 2010, *New Media, Old News: Journalism and Democracy in the Digital Age*. London: Sage.

Ferguson, C. and Kilburn, J., 2010, Much ado about nothing: the misestimation and over-interpretation of violent video game effects in eastern and western nations: comment on Anderson et al. (2010). *Psychological Bulletin*, 136(2), 151–173.

Ferrari, A., 2013, *DIGCOMP: A Framework for Developing and Understanding Digital Competence in Europe*. Final Project Report. Available at: http://ipts.jrc.ec.europa.eu/publications/pub.cfm?id=6359

Ferrer Conill, R. and Karlsson, M., 2015, The gamification of journalism, in Harsha Gangadharbatla and Donna Z. Davis (eds), *Emerging Research and Trends in Gamification*. Hershey, PA: IGI Global.

Filipovic, J., 2013 (January 28), 'Revenge porn' is about degrading women sexually and professionally. *The Guardian*. Available at: www.theguardian.com/commentisfree/2013/jan/28/revenge-porn-degrades-women

Fisher, M., 2013 (April 23), Syrian hackers claim AP hack that tipped stock market by $136 billion. Is it terrorism? *The Washington Post*. Available at: www.washingtonpost.com/news/worldviews/wp/2013/04/23/syrian-hackers-claim-ap-hack-that-tipped-stock-market-by-136-billion-is-it-terrorism/

Flynn, B., 2001 (February 9), Convergence: never mind the technology, it's a people thing. *Broadband* (supplement), in *Broadcast*.

Forbes, 2015 (April 28), Comcast-TWC merger called off. *Forbes*. Available at: www.forbes.com/sites/greatspeculations/2015/04/28/comcast-twc-merger-called-off-where-do-these-companies-stand-now/

Fortunati, L., 2005, Mobile phones and fashion in post-modernity. *Telektronikk*, 101(3/4), 35–48.

Foucault, M., 1980, *Power/Knowledge: Selected Interviews and Other Writings, 1972–1977*, ed. Colin Gordon. London: Pantheon Books.

Foucault, M., 1988, Technologies of the self, in L.H. Martin, H. Gutman and P.H. Hutton (eds), *Technologies of the Self: A Seminar with Michel Foucault* (pp. 16–49). London: Tavistock. Available at: http://foucault.info/documents/foucault.technologiesOfSelf.en.html

Foucault, M., 1989 [1969], *The Archaeology of Knowledge*. London and New York: Routledge.

Foucault, M., 1995 [1975], *Discipline and Punish: The Birth of the Prison*. New York: Vintage Books.

Foucault, M., 2002 [1966], *The Order of Things*. London and New York: Routledge.

Fowler, G., 2016, Texting While Walking Isn't Funny Anymore, in *Wall Street Journal*, February 17. Available at: www.wsj.com/articles/texting-while-walking-isnt-funny-anymore-1455734501

Frankel, T., 2016 (September 30), The Cobalt Pipeline: tracing the path from deadly hand-dug mines in Congo to consumers' phones and laptops. *The Washington Post*. Available at: www.washingtonpost.com/graphics/business/batteries/congo-cobalt-mining-for-lithium-ion-battery/

Franklin, M.I., 2007, Democracy, postcolonialism, and everyday life: contesting the 'royal we' online, in L. Dahlberg and E. Siapera (eds), *The Internet and Radical Democracy: Exploring Theory and Practice* (pp. 168–190). New York and London: Palgrave Macmillan.

Freeth, T., Bitsakis, Y., Moussas, X., Seiradakis, J., Tselikas, A., Mangou, H., Zafeiropoulou, M., Hadland, R., Bate, D. and Ramsey, A., 2006, Decoding the Ancient Greek astronomical calculator known as the Antikythera Mechanism. *Nature*, 11(444), 587–591.

Frey, C.B. and Osborne, M.A., 2017, The future of employment: how susceptible are jobs to computerisation? *Technological Forecasting and Social Change*, 114, 254–280.

Frier, 2016 (April 7), Facebook wants you to post more about yourself. *Bloomberg*. Available at: www.bloomberg.com/news/articles/2016-04-07/facebook-said-to-face-decline-in-people-posting-personal-content

Fuchs, C., 2013, *Social Media: A Critical Introduction*. London: Sage.

Fuller, M., 2005, *Media Ecologies: Materialist Energies in Art and Technoculture*. Cambridge, MA: MIT Press.

Funk, J., Bechtoldt Baldacci, H., Pasold, T. and Baumgardner, J., 2004, Violence exposure in real-life, video games, television, movies, and the internet: is there desensitization? *Journal of Adolescence*, 27, 23–39.

Galtung, J. and Ruge, M., 1965, The structure of foreign news: the presentation of the Congo, Cuba and Cyprus crises in four Norwegian newspapers. *Journal of International Peace Research*, 1, 64–91.

Gane, N., 2005, Radical post-humanism: Friedrich Kittler and the primacy of technology. *Theory, Culture & Society*, 22(3), 25–41.

Gans, H., 2003, *Democracy and the News*. Oxford: Oxford University Press.

Gareis, K., 2003, Home-based vs. mobile telework: the interrelationship between different types of telework, in B. Rapp and P. Jackson (eds), *Organisation and Work Beyond 2000* (pp. 171–185). Heidelberg and New York: Physica.

Geertz, C., 1973, *The Interpretation of Cultures: Selected Essays*. New York: Basic Books.

Gellner, E., 1983, *Nations and Nationalism*. Ithaca, NY: Cornell University Press.

Georgiou, M., 2002, Les diasporas en ligne: une expérience concrète de transnationalisme, *Hommes & Migrations*, 1240, 10–18.

Gergen, K., 2002, The challenge of the absent presence, in J. Katz and M. Aakhus (eds), *Perpetual Contact: Mobile Communication, Private Talk, Public Performance* (pp. 227–241). Cambridge, UK: Cambridge University Press.

Gibson, R.K. and Ward, S., 2003, Online and on message? Candidate websites in the 2001 General Election. *British Journal of Political Science and International Relations*, 5(2), 188–205.

Giddens, A., (ed.), 1972, *Emile Durkheim: Selected Writings*. Cambridge, UK: Cambridge University Press.

Giddens, A., 1990, *The Consequences of Modernity*. Cambridge, UK: Polity Press.

Giddens, A., 1991, *Modernity and Self-Identity*. Cambridge, UK: Polity Press.

Gill, P., Corner, E., Thornton, A. and Conway, M., 2015, *What are the Roles of the Internet in Terrorism? Measuring Online Behaviours of Convicted UK Terrorists*. Other. VOX-Pol. ISBN 978-1-873769-49-2

Gill, R., 2002, Cool, creative and egalitarian? Exploring gender in project-based new media work in Europe. *Information, Communication & Society*, 5(1), 70–89.

Gillan, K. and Pickerill, J., 2008, Transnational anti-war activism: solidarity, diversity and the internet in Australia, Britain and the United States after 9/11. *Australian Journal of Political Science*, 43(1), 59–78.

Gillmor, D., 2003, *We the Media: Grassroots Journalism by the People, for the People*. Sebastopol, CA: O'Reilly Media.

Ging, D. and O'Higgins Norman, J., 2016, Cyberbullying, conflict management or just messing? Teenage girls' understandings and experiences of gender, friendship, and conflict on Facebook in an Irish second-level school. *Feminist Media Studies*, 16(5), 805–821.

Giroux, H.A., 2015, Selfie culture in the age of corporate and state surveillance. *Third Text*, 29(3),155–164.

Gitlin, T., 2009 (May 19), Journalism in Crisis. Keynote presentation at the Journalism in Crisis Conference, University of Westminster, London. Available at: www.westminsternewsonline.com/wordpress/?p=1951

Gittell, R. and Vidal, A., 1998, *Community Organizing: Building Social Capital as a Development Strategy*. Thousand Oaks, CA: Sage.

Gladden, R.M., Vivolo-Kantor, A.M., Hamburger, M.E. and Lumpkin, C.D., 2014, *Bullying Surveillance among Youths: Uniform Definitions for Public Health and Recommended Data Elements, Version 1.0*. Washington, DC: National Center for Injury Prevention and Control, Centers for Disease Control and Prevention, and US Department of Education.

Goggin, G., 2008, The models and politics of mobile media. *Fibreculture*, 12, n.p.

Golding, P. and Murdock, G., 1979, Ideology and the mass media: the question of determination, in M. Barrett, P. Corrigan, A. Kuhn and J. Wolff (eds), *Ideology and Cultural Production* (pp. 198–224). London: Croom Helm.

Googin, D., 2009 (January 28), DDoS attack boots Kyrgyzstan from net. *The Register*. Available at: www.theregister.co.uk/2009/01/28/kyrgyzstan_knocked_offline/

Gordon, E. and de Souza e Silva, A., 2011, *Net Locality: Why Location Matters in a Networked World*. Chichester: John Wiley & Sons.

Gordon-Messer, D., Bauermeister, J.A., Grodzinski, A. and Zimmerman, M., 2013, Sexting among young adults. *Journal of Adolescent Health*, 52(3), 301–306.

Gore, A., 1994 (January 11), Speech to Academy of Television Arts & Sciences, UCLA. Available at: www.ibiblio.org/icky/speech2.html

Granovetter, M., 1973, The strength of weak ties. *American Journal of Sociology*, 78, 1360–1380.

Granovetter, M., 1983, The strength of weak ties: a network theory revisited. *Sociological Theory*, 1, 201–233.

Greenblatt, A., 2012 (April 19), The Social Media Shuffle: from Kony to spooning. *National Public Radio*. Available at: www.npr.org/2012/04/19/150964208/young-people-turn-from-kony-to-spooning-record

Greenwald, G., 2013 (June 6), NSA Prism Program taps in to user data of Apple, Google and others. *The Guardian*. Available at: www.theguardian.com/world/2013/jun/06/us-tech-giants-nsa-data

Griffin, J., 2015 (June 12), Network disruption. *Medium*. Available at: https://medium.com/snappea-design/network-disruption-e2f9264eb960#.dudfbgqbg

Grohol, J., 1999, *Internet Addiction Guide*. Available at: http://psychcentral.com/netaddiction

Grossman, L., 2009 (June 17), Iran protests: Twitter, the medium of the movement. *Time magazine*. Available at: www.time.com/time/world/article/0,8599,1905125,00.html

Grossman, L.K., 1995, *The Electronic Republic: Reshaping Democracy in the Information Age*. New York: Penguin.

GSMA Intelligence, 2015, *The Mobile Economy in Sub-Saharan Africa*. Research Report to the GSM Association. Available at: www.gsmaintelligence.com/research/?file=721eb3d4b80a36451202d0473b3c4a63&download

Guardian, 2010 (March 26), Ian Tomlinson family waits for answers one year on from G20 protests. *The Guardian*. Available at: www.guardian.co.uk/uk/2010/mar/26/ian-tomlinson-g20-protests-anniversary

Gumbrecht, J., 2016 (April 26), Boot camp for the internet-addicted. *CNN*. Available at: http://edition.cnn.com/2016/04/26/health/cnnphotos-internet-addiction-china-boot-camp/

Gunning, T., 1986, The cinema of attractions: early film, its spectator and the avant-garde. *Wide Angle*, 8(3/4), Fall.

Guo, J., 2015 (October 22), What people don't get about Black Twitter. *The Washington Post*. Available at: www.washingtonpost.com/news/wonk/wp/2015/10/22/why-it-can-be-offensive-to-use-the-term-black-twitter/

Ha, A., 2015 (April 28), Falling TWTR temporarily halted after results published early – on Twitter. *TechCrunch*. Available at: http://techcrunch.com/2015/04/28/oops/#.lqdt8l:6dle

Habermas, J., 1989 [1962], *The Structural Transformation of the Public Sphere*. Cambridge, UK: Polity Press.

Habermas, 1996, *Between Facts and Norms*. Cambridge, UK: Polity Press.

Hahn, R.W. and Wallsten, S., 2006, *The Economics of Net Neutrality*. Vancouver, Canada: AEI-Brookings Joint Center for Regulatory Studies.

Hall, J., 2001, *Online Journalism: A Critical Primer*. London: Pluto Press.

Hands, J., 2011 (January 25), Twitter revolution? *Pluto Press Blog*. Avalaible at: http://plutopress.wordpress.com/2011/01/25/twitter-revolution/

Hands, J., 2014, General intellect or collective idiocy? Digital mobs and social media mobilization. *Popular Communication*, 12(4), 237–250.

Harari, Y.N., 2016, *Homo Deus: A Brief History of Tomorrow*. London: Random House.

Haraway, D., 1991, A cyborg manifesto: science, technology, and socialist-feminism in the late twentieth century, in D. Haraway, *Simians, Cyborgs and Women: The Reinvention of Nature* (pp. 149–181). New York: Routledge. Available at: www.stanford.edu/dept/HPS/Haraway/CyborgManifesto.html

Hardaker, C., 2010, Trolling in asynchronous computer-mediated communication: from user discussions to academic definitions. *Journal of Politeness Research*, 6(2010), 215–242.

Hardt, M. and Negri, A., 2000, *Empire*. Cambridge, MA: Harvard University Press.

Hargittai, E., 2002, Second-level digital divide: differences in people's online skills. *First Monday*, 7(4), n.p. Available at: www.firstmonday.org/ojs/index.php/fm/article/view/942

Hargittai, E., 2010, Digital na(t)ives variation in internet skills and uses among members of the 'Net Generation'. *Sociological Inquiry*, 80(1), 92–113.

Hargittai, E. and Shafer, S., 2006, Differences in actual and perceived online skills: the role of gender. *Social Science Quarterly*, 87(2), 432–448.

Haridakis, P. and Hansen, G., 2009, Social interaction and co-viewing with YouTube: blending mass communication reception and social connection. *Journal of Broadcasting & Electronic Media*, 53, 317–335.

Harris, J.L. and Taylor, P., 2005, Friedrich Kittler – Network 2000?, in J.L. Harris and P. Taylor, *Digital Matters: Theory and Culture of the Matrix* (pp. 66–86). Abingdon, UK, and New York: Routledge.

Harsin, J., 2013, WTF was Kony 2012? Considerations for communication and critical/cultural studies (CCCS). *Communication and Critical/Cultural Studies*, 10(2–3), 265–272.

Hasinoff, A.A., 2012, Sexting as media production: rethinking social media and sexuality. *New Media & Society*, p.1461444812459171.

Heidegger, M., 1977, *The Question Concerning Technology and Other Essays*, trans. William Lovitt. New York: Harper & Row.

Helsper, E., 2010, Gendered internet use across generations and life stages. *Communication Research*, 37(3), 352–374.

Herald Sun, 2010 (March 15), Pornography fiends in sights. *Herald Sun*. Available at: www.heraldsun.com.au/news/pornography-fiends-in-sights/story-e6frf7jo-1225840641430

Herman, E. and Chomsky, N., 1989, *Manufacturing Consent*. New York: Pantheon Books.

Hermida, A., 2014, *Tell Everyone: Why We Share and Why It Matters*. Toronto: Doubleday Canada.

Hermida, A., Lewis, S.C. and Zamith, R., 2014, Sourcing the Arab Spring: a case study of Andy Carvin's sources on Twitter during the Tunisian and Egyptian revolutions. *Journal of Computer-Mediated Communication*, 19, 479–499.

Hermida, A. and Thurman, N., 2008, A clash of cultures: the integration of user-generated content within professional journalistic frameworks at British newspaper websites. *Journalism Practice*, 2(3), 343–356.

Hertz, G. and Parikka, J., 2012, Zombie media: circuit bending media archaeology into an art method. *Leonardo*, 45(5), 424–430.

Hinduja, S. and Patchin, J.W., 2012, Cyberbullying: neither an epidemic nor a rarity. *European Journal of Developmental Psychology*, 9(5), 539–543.

Hinduja, S. and Patchin, J.W., 2015, *Bullying beyond the Schoolyard: Preventing and Responding to Cyberbullying*. London: Sage.

Hinton, S. and Hjorth, L., 2013, *Understanding Social Media*. London: Sage.

Hirschkind, C., 2010, New media and political dissent in Egypt. *Revista de Dialectologia y Tradiciones Populares*, 65(1), 137–153.

Ho, R.C., Zhang, M.W., Tsang, T.Y., Toh, A.H., Pan, F., Lu, Y., Cheng, C., Yip, P.S., Lam, L.T., Lai, C.M. and Watanabe, H., 2014, The association between internet addiction and psychiatric co-morbidity: a meta-analysis. *BMC Psychiatry*, 14(1), 1.

Hobsbawm, E. and Ranger, T. (eds), 1983, *The Invention of Tradition*. Cambridge, UK: Cambridge University Press.

Hof, R., 2007, The end of work as you know it. *Business Week*. August 20, available at: www.businessweek.com/magazine/content/07_34/b4047426.htm

Hofmann, J., Katzenbach, C. and Gollatz, K., 2016, Between coordination and regulation: finding the governance in Internet governance. *New Media & Society*, online first, 1–18.

Homeland Security Newswire, 2010a (January 20), What the Chinese attacks on Google mean for enterprise security. *Homeland Security Newswire*. Available at: http://homelandsecuritynewswire.com/what-chinese-attacks-google-mean-enterprise-security

Homeland Security Newswire, 2010b (February 5), Google turns to NSA for assistance in thwarting Chinese cyberattacks. *Homeland Security Newswire*. Available at: http://homelandsecuritynewswire.com/google-turns-nsa-assistance-thwarting-chinese-cyberattacks

Hoskins, A., Awan, A. and O'Loughlin, B., 2011, *Radicalisation and Media: Connectivity and Terrorism in the New Media Ecology*. London and New York: Routledge.

Howe, J., 2006 (June 14), The rise of crowdsourcing. *Wired*. Available at: www.wired.com/wired/archive/14.06/crowds.html

Howe, J., undated, *Crowdsourcing: A Definition*. Available at: http://crowdsourcing.typepad.com/

Hughes, D., 2002, The use of new communications and information technologies for sexual exploitation of women and children. *Hastings Women Law Journal*, 13(1), 129–148. Available at: www.genderit.org/upload/ad6d215b74e2a8613f0cf5416c9f3865/Donna_Hughes NewTech.pdf

Huizinga, J., 2003 [1938], *Homo Ludens: A Study of the Play-Element in Culture*. London and New York: Routledge.

Humphreys, S., 2009, Norrath: new forms, old institutions. *Game Studies*, 9(1), n.p. Available at: http://gamestudies.org/0901/articles/humphreys

IGDA (International Game Developers Association), 2004, *Quality of Life in the Game Industry: Challenges and Best Practices*. Available at: www.igda.org

Innis, H., 1950, *Empire and Communications*. Oxford: Clarendon Press.

Innis, H., 1951, *The Bias of Communication*. Toronto: University of Toronto Press.

International Consortium of Investigative Journalists, 2012, Five things you need to know about coltan. *International Consortium of Investigative Journalists*. Available at: www.icij.org/projects/coltan/five-things-you-need-know-about-coltan

ITU, 2015, Action plan to close the digital gender gap. Available at: www.itu.int/en/action/gender-equality/Documents/ActionPlan.pdf

ITU, 2016, Key facts and figures. Available at: www.itu.int/en/ITU-D/Statistics/Documents/facts/ICTFactsFigures2016.pdf

Jackson, L.A., Zhao, Y., Kolenic A., III, Fitzgerald, H.E., Harold, R. and von Eye, A., 2008, Race, gender and information technology (IT) use: the new digital divide. *Cyberpsychology and Behavior*, 11(4), 437–442.

Jacobs, K., Janssen, M. and Pasquinelli, M. (eds), 2007, *C'Lick Me: A Netporn Studies Reader*. Amsterdam: Institute of Network Cultures. Available at: www.networkcultures.org/_uploads/24.pdf

Janack, J., 2006, Mediated citizenship and digital discipline: a rhetoric of control in a campaign. *Social Semiotics*, 16(2), 283–301.

Jane, E.A., 2014a, 'Your a ugly, whorish, slut': understanding e-bile. *Feminist Media Studies*, 14(4), 531–546.

Jane, E.A., 2014b, 'Back to the kitchen, cunt': speaking the unspeakable about online misogyny. *Continuum*, 28(4), 558–570.

Janis, I.L., 1971, Groupthink. *Psychology Today*, 5(6), 43–46.

Jenkins, H., 1992, *Textual Poachers: Television Fans and Participatory Culture*. New York: Routledge.

Jenkins, H., 2001, Convergence? I diverge. *Technology Review* (p. 93). Cambridge, MA: MIT Press. Available at: http://web.mit.edu/cms/People/henry3/converge.pdf

Jenkins, H., 2002, Interactive audiences? The 'collective intelligence' of media fans, in D. Harries (ed.), *The New Media Book*. London: British Film Institute. Available at: http://web.mit.edu/cms/People/henry3/collective%20intelligence.html

Jenkins, H., 2006a, *Fans, Bloggers and Gamers: Explorations in Participatory Culture*. New York: New York University Press.

Jenkins, H., 2006b, *Convergence Culture: Where Old and New Media Collide*. New York: New York University Press.

Jenkins, H., 2007, Reality bytes: eight myths about video games debunked. *PBS: The Video Game Revolution*. Available at: www.pbs.org/kcts/videogamerevolution/impact/myths.html

Jenkins, H., Purushotma, R., Weigel, M., Clinton, K. and Robison, A., 2009, *Confronting the Challenges of Participatory Culture: Media Education for the 21st Century*. Cambridge, MA: MIT Press.

Jepperson, R.L., 1991, Institutions, institutional effects, and institutionalism, in W.W. Powell and P. DiMaggio (eds), *The New Institutionalism in Organizational Analysis* (pp. 143–163). Chicago, IL: University of Chicago Press.

Johne, M., 2006 (April 26), Prize for playing the game: a career. *The Globe and Mail*.

Johnson, B., 2010 (March 23), Google China: hacking bid that quickly grew into a clash of titans. *The Guardian*. Available at: www.guardian.co.uk/technology/2010/mar/23/google-china-hacking-bid-clash

Jones, S. and Fox, S., 2009, *Generations Online 2009*. Pew Internet and American Life Project. Available at: www.pewinternet.org/Reports/2009/Generations-Online-in-2009/Generational-Differences-in-Online-Activities/Generations-Explained.aspx?r=1

Jordan, T., 2007, Online direct action: hacktivism and radical democracy, in L. Dahlberg and E. Siapera (eds), *Radical Democracy and the Internet: Interrogating Theory and Practice* (pp. 73–88). Basingstoke: Macmillan Palgrave.

Juniper Research, 2015 (May 12), Cybercrime will cost businesses over $2 trillion by 2019. Press release. Available at: www.juniperresearch.com/press/press-releases/cybercrime-cost-businesses-over-2trillion

Kahn, R. and Kellner, D., 2004, New media and internet activism: from the 'Battle of Seattle' to blogging. *New Media & Society*, 6(1), 87–95.

Karatzogianni, A., 2004, The politics of cyberconflict. *Journal of Politics*, 24(1), 46–55.

Karatzogianni, A., 2006, *The Politics of Cyberconflict*. London and New York: Routledge.

Karatzogianni, A. (ed.), 2009, *Cyber Conflict and Global Politics*. London and New York: Routledge.

Karlsson, M., 2011, The immediacy of online news, the visibility of journalistic processes and a restructuring of journalistic authority. *Journalism*, 12(3), 279–295.

Katz, E., 1959, Mass communications research and the study of popular culture: an editorial note on a possible future for this journal. *Studies in Public Communication*, 2, 1–6.

Katz, E., Blumler, J.G. and Gurevitch, M., 1973, Uses and gratifications research. *The Public Opinion Quarterly*, 37(4), 509–523.

Katz, E., Haas, H. and Gurevitch, M., 1973, On the use of the mass media for important things. *American Sociological Review*, 38(2), 164–181.

Katz, E. and Lazarsfeld, P., 1955, *Personal Influence*, Glencoe, IL: Free Press.

Katz, E., Levin, M.L. and Hamilton, H., 1963, Traditions of research on the diffusion of innovation. *American Sociological Review*, 28(2), 237–252.

Katz, J. and Aakhus, M. (eds), 2002, *Perpetual Contact: Mobile Communication, Private Talk, Public Performance*. Cambridge, UK: Cambridge University Press.

Katz, J.E. and Rice, R.E., 2002, *Social Consequences of Internet Use: Access, Involvement and Expression*. Cambridge, MA: MIT Press.

Katz, J.E., Rice, R.E., Acord, S., Dasgupta, K. and David, K., 2004, Personal mediated communication and the concept of community in theory and practice, in P. Kalbfleisch (ed.), *Communication and Community, Communication Yearbook 28* (pp. 315–371). Mahwah, NJ: Erlbaum.

Katz, J. and Sugiyama, S., 2005, Mobile phone as fashion statements: the co-creation of mobile communication's public meaning, in R. Ling and P. Pedersen (eds), *Mobile Communications: Re-negotiation of the Social Sphere* (pp. 63–81). London: Springer.

Keegan, V., 2000 (April 13), Dial-a-fortune: Gordon Brown is making piles of cash. *The Guardian*. Available at: www.guardian.co.uk/technology/2000/apr/13/mobilephones.victorkeegan

Keen, A., 2007, *The Cult of the Amateur: How Today's Internet is Killing our Culture*. London: Crown.

Kendall, L., 1996, MUDder? I hardly know HER!: adventures of a feminist MUDder, in L. Cherny and E. Reba Weise (eds), *Wired Women: Gender and New Realities in Cyberspace* (pp. 216–217). Seattle, WA: Seal Press.

Kerbel, K. and Bloom, J., 2005, Blog for America and civic involvement. *Harvard International Journal of Press/Politics*, 10(4), 3–27.

Kerr, A., 2006, *The Business and Culture of Digital Games: Gamework/Gameplay*. London: Sage.

Kerr, A., 2016, *Global Games: Production, Circulation and Policy in the Networked Era*. London: Routledge.

Keynes, J.M., 2010 [1930], Economic possibilities for our grandchildren. In *Essays in Persuasion* (pp. 321–332). Basingstoke: Palgrave Macmillan.

Kharpal, A., 2015 (April 2), Why Google and China are in a war over the internet in CNBC. Available at: www.cnbc.com/2015/04/02/why-google-and-china-are-in-a-war-over-the-internet.html

King, D., 1997, *The Commissar Vanishes: The Falsification of Photographs and Art in Stalin's Russia*. New York: Metropolitan Books.

King, R. and Seward, Z., 2013 (October 3), Twitter didn't disclose its average revenue per user, but we've calculated it for you, anyway. *Quartz*. Available at: http://qz.com/131932/twitter-average-revenue-per-user/

Kittler, F., 1992, *Discourse Networks 1800/1900*. Stanford, CA: Stanford University.

Kittler, F., 1997a, Protected mode, in F. Kittler and J. Johnston, *Literature, Media, Information Systems: Essays* (pp. 156–168). Amsterdam, the Netherlands: OPA.

Kittler, F., 1997b, There is no software, in F. Kittler and J. Johnston, *Literature, Media, Information Systems: Essays* (pp. 147–155). Amsterdam, the Netherlands: OPA.

Kittler, F., 1999, *Gramophone, Film, Typewriter*. Stanford, CA: Stanford University Press.

Kittler, F. and Johnston, J., 1997, *Literature, Media, Information Systems: Essays*. Amsterdam, the Netherlands: OPA.

Kline, S., Dyer-Witheford, N. and De Peuter, G., 2003, *Digital Play: The Interaction of Technology, Culture, and Marketing*. Montreal: McGill-Queen's University Press.

Ko, C.H., Yen, J.Y., Liu, S.C., Huang, C.F. and Yen, C.F., 2009, The associations between aggressive behaviors and internet addiction and online activities in adolescents. *Journal of Adolescent Health*, 44(6), 598–605.

Koselleck, R., 1998, *Critique and Crisis: Enlightenment and the Pathogenesis of Modern Society*. Cambridge, MA: MIT Press.

Kroker, A. and Weinstein, M., 1994, *Data Trash: The Theory of the Virtual Class*. Montreal: New World Perspectives.

Kuipers, G., 2006, The social construction of digital danger: debating, defusing, and inflating the moral dangers of online humor and pornography in the Netherlands and the United States. *New Media & Society*, 8(3), 379–400.

Kwak, H., Lee, C., Park, H. and Moon, S., 2010 (April), What is Twitter, a social network or a news media? In *Proceedings of the 19th International Conference on World Wide Web* (pp. 591–600). New York: ACM Press.

Lacan, J., 1980 [1966], *Écrits: A Selection*, trans. Alan Sheridan. London: Tavistock Publications.

Lacohée, H., Wakeford, N. and Pearson, I., 2003, A social history of the mobile telephone with a view of its future, *BT Technology Journal*, 21(3), 203–211.

Lam, L.T., Peng, Z.W., Mai, J.C. and Jing, J., 2009, Factors associated with Internet addiction among adolescents. *CyberPsychology & Behavior*, 12(5), 551–555.

Lange, P.G., 2008, Publicly private and privately public: social networking on YouTube. *Journal of Computer-Mediated Communication*, 13, 361–380.

Lasica, J.D., 2008, *Civic Engagement on the Move: How Mobile Media can Serve the Public Good*. Washington, DC: The Aspen Institute. Available at: www.artesianmedia.com/seminar/reports/Civic-Engagement-Mobile-Media.pdf

Latour, B., 2005, *Reassembling the Social: An Introduction to Actor-Network Theory*. Oxford: Oxford University Press.

Latzer, M., 2009, ICT innovations: radical & disruptive? vague concepts – delicate choices – conflicting results. *New Media & Society*, 11(4), 599–619.

Laville, S., 2016 (May 8), Revenge porn sparks anger at police. *The Guardian*. Available at: www.theguardian.com/technology/2016/may/08/revenge-porn-decision-sparks-anger-at-police

Lazzarato, M., 1996, Immaterial labour, trans. Paul Colilli and Ed Emory, in P. Virno and M. Hardt (eds), *Radical Thought in Italy* (pp. 132–146). Minneapolis, MN: University of Minnesota Press. Available at: www.generation-online.org/c/fcimmateriallabour3.htm

Lazzarato, M., 2004, From capital-labour to capital-life. *Ephemera*, 4(3), 187–208.

Lee, Martin, 1993, *Consumer Culture Reborn: The Cultural Politics of Consumption*. London: Routledge.

Lee, Min, 2007 (September 23), China issues strict new rules for TV talent shows. *The China Post*. Available at: www.chinapost.com.tw/asia/2007/09/23/123693/China-issues.htm

Lemmens, J.S. and Hendriks, S.J.F., 2016, Addictive online games: examining the relationship between game genres and Internet Gaming Disorder. *Cyberpsychology, Behavior, and Social Networking*, 19(4), 270–276.

Leslie, J., 1993, Technology: MUDroom. *Atlantic Monthly*, 272, 28–34.

Lessig, L., 1999, *Code and Other Laws of Cyberspace*. New York: Basic Books.

Lessig, L., 2001, *The Future of Ideas: The Fate of the Commons in a Connected World*. New York: Random House.

Levinson, P., 1999, *Digital McLuhan: A Guide to the Information Millennium*. New York: Routledge.

Levitt, M., 2002, The political economy of Middle East terrorism. *Middle Eastern Review of International Affairs*, 6(4), n.p. Available at: http://meria.idc.ac.il/journal/2002/issue4/jv6n4a3.html

Lewis, S.C., 2012, The tension between professional control and open participation. *Information, Communication & Society*, 15(6), 836–866.

Lewis, S.C., Holton, A.E. and Coddington, M., 2014, Reciprocal journalism: a concept of mutual exchange between journalists and audiences. *Journalism Practice*, 8(2), 229–241.

Leyden, J., 2008 (August 14), Bear prints found on Georgian cyber-attacks. *The Register*. Available at: www.theregister.co.uk/2008/08/14/russia_georgia_cyberwar_latest/

Lind, J., 2005, Ubiquitous Convergence: Market Redefinitions Generated by Technological Change and the Industry Life Cycle. Paper presented at the DRUID Academy Winter 2005 Conference, 27–29 January.

Lister, M., Dovey, J., Giddings, S., Grant, I. and Kelly, K., 2009, *New Media: A Critical Introduction*. London and New York: Routledge.

Livingstone, S., 2009, On the mediation of everything. *Journal of Communication*, 59(1), 1–18.

Livingstone, S. and Helsper, E., 2007, Gradations in digital inclusion: children, young people and the digital divide. *New Media & Society*, 9(4), 671–696.

Long, N. and Moore, H., 2013, *Sociality: New Directions*. Oxford: Berghahn.

Longe, O., Ngwa, O., Wada, F. and Mbarika, V., 2009, Criminal uses of information and communication technologies in sub-Saharan Africa: trends, concerns and perspectives. *Journal of Information Technology Impact*, 9(3), 155–172.

Loomis, C. and McKinney, J., 2002, Introduction, in F. Tönnies, *Community and Society*. Cullompton, Devon: David and Charles.

LSE, Centre for Civil Society, 2004, What is Civil Society? Available at: www.lse.ac.uk/collections/CCS/what_is_civil_society.htm

Lukacs, G., 1974 [1914], *The Theory of the Novel*, trans. Anna Bostock. Boston, MA: MIT Press.

Lutz, M., 2009, *The Social Pulpit: Barack Obama's Social Media Toolkit*. New York: Edelman. Available at: http://tinyurl.com/6x5rbzy

Lyon, D., 2001, *Surveillance Society: Monitoring Everyday Life*. Buckingham: Open University Press.

Lyon, D., 2003, *Surveillance as Social Sorting: Privacy, Risk and Digital Discrimination*. London and New York: Routledge.

Mabillot, D., 2007, User generated content: Web 2.0: taking the video sector by storm. Munich Personal RePEc Archive. Available at: http://mpra.ub.uni-muenchen.de/4579/1/MPRA_paper_4579.pdf

Machin, D. and Suleiman, U., 2006, Arab and American computer war games: the influence of global technology on discourse. *Critical Discourse Studies*, 3(1), 1–22.

Machin, D. and van Leeuwen, T., 2005, Computer games as political discourse: the case of Black Hawk Down. *Journal of Language and Politics*, 4(1), 119–141.

Madianou, M., 2012, News as a looking glass: shame and the symbolic power of mediation. *International Journal of Cultural Studies*, 15(1), 3–16.

Madianou, M., 2013, Humanitarian campaigns in social media: network architectures and polymedia events. *Journalism Studies*, 14(2), 249–266.

Madianou, M. and Miller, D., 2013a, *Migration and New Media: Transnational Families and Polymedia*. London: Routledge.

Madianou, M. and Miller, D., 2013b, Polymedia: towards a new theory of digital media in interpersonal communication. *International Journal of Cultural Studies*, 16(2), 169–187.

Malaby, T., 2006, Parlaying value: forms of capital in and beyond virtual worlds. *Games & Culture*, 1(2), 141–162.

Manovich, L., 2001, *The Language of New Media*. Cambridge, MA: MIT Press.

Mansell, R., 2004, Political economy, power and new media. *New Media, Culture and Society*, 6(1), 74–83.

Margolis, M. and Resnick, D., 2000, *Politics as Usual: The 'Cyberspace Revolution'*. Thousand Oaks, CA: Sage.

Market Share, 2016 (November), Mobile/tablet operating system market share. *Market Share*. Available at: http://marketshare.hitslink.com/

Markoff, J., 2008 (August 12), Before the gunfire, cyberattacks. *The New York Times*. Available at: www.nytimes.com/2008/08/13/technology/13cyber.html?_r=1&em

Martín Fernández, J. and Martínez Cantos, J.L., 2012, The digital divide from a gender perspective in Europe: measuring with composite indicators. *International Journal of Society Systems Science*, 4(2), 107–128.

Marwick, A.E., 2015, Instafame: luxury selfies in the attention economy. *Public Culture*, 27(175), 137–160.

Marwick, A.E. and boyd, d., 2011, I tweet honestly, I tweet passionately: Twitter users, context collapse, and the imagined audience. *New Media & Society*, 13(1), 114–133.

Marx, K., 1852, *The 18th Brumaire of Napoleon Bonaparte*. Available at: www.marxists.org/archive/marx/works/1852/18th-brumaire/

Mashable, 2008 (February 22), Cult of the Dead Cow releases exploit search engine Goolag. *Mashable*. Available at: http://mashable.com/2008/02/22/goolag/

Mason, P., 2016, *Postcapitalism: A Guide to Our Future*. Basingstoke: Macmillan.

Massey, N., 2016 (November 29), Sextortion: rise in blackmail-related suicides over sexual images shared online. *The Independent*. Available at: www.independent.co.uk/news/uk/home-news/sextortion-rise-suicides-blackmailing-sexual-images-sharing-social-media-a7446776.html

Mathiesen, T., 1997, The Viewer Society: Michel Foucault's Panopticon revisited. *Theoretical Criminology*, 1(2), 215–334.

Matza, D., 1964, *Delinquency and Drift*. New York, NY: John Wiley.

Mayfield, A., 2007, *What is Social Media?* iCrossing Online Resource. Available at: www.icrossing.co.uk/fileadmin/uploads/eBooks/What_is_Social_Media_iCrossing_ebook.pdf

McClintock, L., 2015, Serious games & GamerGate: the myth of an online egalitarian utopia. In *Refereed Proceedings of TASA 2015 Conference* (p. 43). Cairns, Queensland: Australian Sociological Association. Available at: https://tasa.org.au/wp-content/uploads/2015/05/TASA 2015_Conference-proceedings-final-with-AS-correction.pdf

McCosker, A., 2014, Trolling as provocation: YouTube's agonistic publics. *Convergence*, 20(2), 201–217.

McCurry, J., 2016 (October 27), The inventor of emoji on his famous creations – and his all-time favorite. *The Guardian*. Available at: www.theguardian.com/technology/2016/oct/27/emoji-inventor-shigetaka-kurita-moma-new-york-text

McGuckin, C., Perren, S., Corcoran, L., Cowie, H., Dehue, F., Ševčíková, A., Tsatsou, P. and Völlink, T., 2013, Coping with cyberbullying: how can we prevent cyberbullying and how victims can cope with it. In Smith, P.K. and Steffgen, G. (eds), *Cyberbullying Through the New Media: Findings from an International Network* (pp. 120–135). London: Psychology Press.

McLuhan, M., 2001 [1969], The Playboy interview: Marshall McLuhan. *Playboy Magazine*, March, pp. 53–74. Available at: www.digitallantern.net/mcluhan/mcluhanplayboy.htm

McLuhan, M., 2001 [1964], *Understanding Media: The Extensions of Man*. London and New York: Routledge.

McLuhan, M., 2002 [1962], *The Guttenberg Galaxy*. Toronto: University of Toronto Press.

McMillan, R., 2010 (January 20), Security researcher IDs China link in Google hack. *CSO Security and Risk*. Available at: www.csoonline.com/article/519013/Security_Researcher_IDs_China_Link_in_Google_Hack

McNish, J. and Silcoff, S., 2016, *Losing the Signal: The Untold Story behind the Extraordinary Rise and Spectacular Fall of BlackBerry*. New York: Flatiron Books.

McPherson, M., Smith-Lovin, L. and Cook, J., 2001, Birds of a feather: homophily in social networks. *Annual Review of Sociology*, 27, 415–444.

Mejias, U., 2011, The Twitter revolution must die, in Ulises Mejias' Blog. Available at: http://blog.ulisesmejias.com/2011/01/30/the-twitter-revolution-must-die/

Mendelson, A. and Papacharissi, Z., 2011, Look at us: collective narcissism in college students' Facebook photo galleries, in Z. Papacharissi (ed.), *A Networked Self* (pp. 251–273). New York and London: Routledge.

Mengestu, D. 2012 (March 12), Not a click away: Joseph Kony in the real world. *Warscapes Blog*. Available at: www.warscapes.com/reportage/not-click-away-joseph-kony-realworld

Milani, L., Osualdella, D. and Di Blasio, P., 2009, Quality of interpersonal relationships and problematic internet use in adolescence. *CyberPsychology & Behavior*, 12(6), 681–684.

Miller, D., 1988, Appropriating the state on the council estate. *Man*, pp. 353–372.

Miller, D., Costa, E., Haynes, N., McDonald, T., Nicolescu, R., Sinanan, J., Spyer, J., Venkatraman, S. and Wang, X., 2016, *How the World Changed Social Media*. London: UCL Press.

Moran, M., 2013 (May 17), Section III of New Manual looks to future. *Psychiatric News*. Available at: http://psychnews.psychiatryonline.org/doi/10.1176/appi.pn.2013.5b8

Morgan, S., 2016 (January 17), Cyber crime costs projected to reach $2 trillion by 2019. *Forbes* magazine, Available at: www.forbes.com/sites/stevemorgan/2016/01/17/cyber-crime-costs-projected-to-reach-2-trillion-by-2019/#19e156273bb0

Morozov, E., 2013, *To Save Everything, Click Here: Technology, Solutionism, and the Urge to Fix Problems that Don't Exist*. London: Penguin.

Mosco, V., 1996, *The Political Economy of Communication: Rethinking and Renewal*. London and Thousand Oaks, CA: Sage.

Mossberger, K., Tolbert, C.J. and Hamilton, A., 2012, Measuring digital citizenship: mobile access and broadband. *International Journal of Communication*, 6, 2492–528.

Murdock, G. and Golding, P., 2001, Digital possibilities and market realities: contradictions of communications convergence, in L. Panitch and C. Leys (eds), *A World of Contradictions* (pp. 111–129). London: The Merlin Press.

Murray, A., 2009, The reclassification of extreme pornographic images, *Modern Law Review*, 72(1), 73–90. Available at: http://works.bepress.com/cgi/viewcontent.cgi?article=1004&context=andrew_murray

Nacos, B.L., 2015, Young Western women, fandom, and ISIS. *E-International Relations*, 5(5). Available at: www.e-ir.info/2015/05/05/young-western-women-fandom-and-isis/

Nakamura, L., 2002, *Cybertypes: Race, Ethnicity, and Identity on the Internet*. London and New York: Routledge.

Nakamura, L. and Chow-White, P. (eds), 2013, *Race after the Internet*. London: Routledge.

Nakashima, E., 2012 (May 29), Iran acknowledges that Flame virus has infected computers nationwide. *The Washington Post*. Available at: www.washingtonpost.com/world/national-security/iran-acknowledges-that-flame-virus-has-infected-computers-nationwide/2012/05/29/gJQAzlEF0U_story.html

Nakashima, E., Miller G. and Tate, J., 2012 (June 19), US, Israel developed Flame computer virus to slow Iranian nuclear efforts, officials say. *The Washington Post*. Available at: www.washingtonpost.com/world/national-security/us-israel-developed-computer-virus-to-slow-iranian-nuclear-efforts-officials-say/2012/06/19/gJQA6xBPoV_story.html

Nao's Blog, 2014, The poetry and brief life of a Foxconn worker: Xu Lizhi (1990–2014). Libcom. Available at: https://libcom.org/blog/xulizhi-foxconn-suicide-poetry

NCWIT, 2016, *By the Numbers*. National Center for Women and Information Technology information sheet. Available at: www.ncwit.org/bythenumbers

Negroponte, N., 1995, *Being Digital*. New York: Alfred A. Knopf.

Newzoo, 2016, The global games market report 2016. *Newzoo*. Available at: https://newzoo.com/wp-content/uploads/2016/01/Newzoo_2016_Global_Games_Market_Report_Dummy.pdf

Ni, X., Yan, H., Chen, S. and Liu, Z., 2009, Factors influencing internet addiction in a sample of freshmen university students in China. *Cyberpsychology & Behavior*, 12(3), 327–330.

Nie, H.A., 2013, Gaming, nationalism, and ideological work in contemporary China: online games based on the War of Resistance against Japan. *Journal of Contemporary China*, 22(81), 499–517.

Norris, P., 2003, Preaching to the converted? Pluralism, participation and party websites. *Party Politics*, 9(1), 21–45.

Novet, J., 2015 (April 22), Why Facebook's R&D spend is huge right now. *VentureBeat*. Available at: http://venturebeat.com/2015/04/22/why-facebooks-rd-spend-is-huge-right-now/

O'Brien, J., 1999, Writing in the body: gender (re)production in online interaction, in M. Smith and P. Kollock (eds), *Communities in Cyberspace*. London: Routledge.

O'Reilly, T., 2005, What is Web 2.0? Available at: http://oreilly.com/web2/archive/what-is-web-20.html

O'Reilly, T. and Wales, J., 2007, Draft blogger's code of conduct. *O'Reilly Radar*. Available at: http://radar.oreilly.com/archives/2007/04/draft_bloggers_1.html

Ofcom, 2016, *Internet Use and Attitudes Metrics Bulletin*. London: Ofcom. Available at: http://stakeholders.ofcom.org.uk/binaries/research/cmr/cmr16/Internet_use_and_attitudes_bulletin_2016.pdf

Open Handset Alliance, 2007, *Industry Leaders Announce Open Platform for Mobile Devices*. Available at: www.openhandsetalliance.com/press_110507.html

Paasonen, S., 2010, Online pornography: ubiquitous and effaced, in M. Consalvo, R. Burnett and C. Hess (eds), *The Handbook of Internet Studies* (pp. 424–440). Malden, MA, and Oxford: Wiley-Blackwell.

Papacharissi, Z., 2002, The virtual sphere: the internet as a public sphere. *New Media & Society*, 4(1), 9–27.

Papacharissi, Z., 2010, *A Private Sphere: Democracy in a Digital Age*. Cambridge, UK: Polity Press.

Papacharissi Z., 2014 (April 28), A networked selfie: storytelling of the self in the age of digital reproduction. *Culture Digitally*. Available at: http://culturedigitally.org/2014/04/a-networked-selfie-storytelling-of-the-self-in-the-age-of-digital-reproduction/

Papacharissi, Z., 2015, *Affective Publics: Sentiment, Technology, and Politics*. Oxford: Oxford University Press.

Papacharissi, Z. and Rubin, A. 2000, Predictors of internet use. *Journal of Broadcasting & Electronic Media*, 44, 175–196.

Parikka, J., 2013, *What is Media Archaeology?* New York: John Wiley & Sons.

Parikka, J., 2014, *The Anthrobscene*. Minneapolis, MN: University of Minnesota Press.

Parker, D. and Song, M., 2007, Inclusion, participation and the emergence of British Chinese websites. *Journal of Ethnic and Migration Studies*, 33(7), 1043–1061.

Patelis, K., 2000, The political economy of the internet, in James Curran (ed.), *Media Organizations and Society* (pp. 84–106). London: Arnold.

Pavlik, J.V., 2001, *Journalism and New Media*. New York: Columbia University Press.

Perez, S., 2014 (January 10), Target's data breach gets worse: 70 million customers had info stolen, including names, emails and phones. *Tech Crunch*. Available at: http://techcrunch.com/2014/01/10/targets-data-breach-gets-worse-70-million-customers-had-info-stolen-including-names-emails-and-phones/?utm_source=feedburner&utm_medium=feed&utm_campaign=Feed%3A+Techcrunch+%28TechCrunch%29&utm_content=Netvibes

Pérez Latorre, Ó., 2015, The social discourse of video games analysis model and case study: GTA IV. *Games and Culture*, 10(5), 415–437.

Pew Project for Excellence in Journalism, 2015, *The State of the News Media*. Available at: www.pewresearch.org/topics/state-of-the-news-media/2015/

Pew Research Center, 2013, *Social Networking Fact Sheet*. Available at: www.pewinternet.org/fact-sheets/social-networking-fact-sheet/

Pew Research Center (Global Attitudes and Trends), 2015 (April 15), *Cell Phones in Africa: Communication Lifeline*. Available at: www.pewglobal.org/2015/04/15/cell-phones-in-africa-communication-lifeline/

Phillips, W., 2015, *This is Why We Can't Have Nice Things: Mapping the Relationship between Online Trolling and Mainstream Culture*. Cambridge, MA: MIT Press.

Plant, S., 1998, *Zeros and Ones: Digital Women and the New Technoculture*. London: Fourth Estate.

Poitras, L. and Greenwald, G., 2013 (June 9), NSA whistleblower Edward Snowden: 'I don't want to live in a society that does these sort of things'. [video] *The Guardian*. Available at: www.guardian.co.uk/world/2013/jun/09/edward-snowden-nsa-whistleblower-surveillance

Poole, S., 2000, *Trigger Happy: The Inner Life of Videogames*. London: Fourth Estate.

Poole, S., 2008, *Working for the Man: Against the Employment Paradigm in Videogames*. Available at: http://stevenpoole.net/trigger-happy/working-for-the-man/

Poster, M., 1995, *The Second Media Age*. Cambridge, UK: Polity Press.

Poster, M., 2007, Internet piracy as radical democracy? in L. Dalhberg and E. Siapera (eds), *Radical Democracy and the Internet* (pp. 207–225). Basingstoke: Palgrave Macmillan.

Proske, M., Winzer, J., Marwede, M., Nissen, N.F. and Lang, K.D., 2016, Obsolescence of electronics: the example of smartphones, in *Proceedings of Electronics Goes Green*, Berlin, 7–9 September. Available at: www.researchgate.net/profile/Marina_Proske/publication/307995919_Obsolescence_of_Electronics_-_the_Example_of_Smartphones/links/57e5145b08aed68d52f2ab4b.pdf

Putnam, R., 1995, Bowling alone: America's declining social capital. *Journal of Democracy*, 6, 65–78.

Putnam, R., 2000, *Bowling Alone: The Collapse and Revival of American Community*. New York: Simon & Schuster.

Raessens, J., 2006, Playful identities, or the ludification of culture, *Games and Culture*, 1, 52.

Rainie, L., 2016, Digital Divides 2016. Keynote speech delivered at the Internet Governance Forum. Available at: www.pewinternet.org/2016/07/14/digital-divides-2016/

Rainie, L. and Wellman, B., 2012, *Networked: The New Social Operating System*. Cambridge, MA: MIT Press.

Rash, W., 1997, *Politics on the Net: Wiring the Political Process*. New York: W.H. Freeman and Co.

Ray, B., Wilcox, R. and Voskoglou, C., 2015, *State of the Developer Nation Q3 2015*. Report for VisionMobile/Developer Economics. Available at: www.developereconomics.com/reports/developer-economics-state-of-the-developer-nation-q3-2015/

Raynes-Goldie, K., 2010, Aliases, creeping, and wall cleaning: understanding privacy in the age of Facebook, *First Monday*, 15(1).

Repnikova, M., and Libert, T., 2015 (September 21), Google is returning to China? It never really left. *The Guardian*. Available at: www.theguardian.com/technology/2015/sep/21/google-is-returning-to-china-it-never-really-left

Resnick, D., 1998, Politics on the internet: normalization and the public sphere, in C. Toulse and W.T. Luke (eds), *The Politics of Cyber-space* (pp. 48–68). London: Routledge.

Rheingold, H., 1993, *The Virtual Community: Homesteading on the Electronic Frontier*. Reading, MA: Addison-Wesley. The 1998 edition available at: www.rheingold.com/vc/book/

Rheingold, H., 2002, *Smart Mobs: The Next Social Revolution*. Cambridge, MA: Perseus.

Rifkin, J., 1995, *The End of Work: The Decline of the Global Labor Force and the Dawn of the Post-market Era*. New York: Putnam.

Ringrose, J., Harvey, L., Gill, R. and Livingstone, S., 2013, Teen girls, sexual double standards and 'sexting': gendered value in digital image exchange. *Feminist Theory*, 14(3), 305–323.

Rodino, M., 1997, Breaking out of binaries: reconceptualizing gender and its relationship to language in computer-mediated communication, *Journal of Computer-Mediated Communication*, 3(3), n.p. Available at: www.ascusc.org/jcmc/vol3/issue3/rodino.html

Rogers, E.M., 2003, *Diffusion of Innovations* (fifth edition). New York: Free Press.

Rogers, E.M., 2010, *Diffusion of Innovations*. New York: Simon & Schuster.

Rogers, S., 2013, *Facts are Sacred: The Power of Data*. London and New York: Faber & Faber.

Rosen, J., 2006 (June 27), The people formerly known as the audience. *PressThink*. Available at: http://journalism.nyu.edu/pubzone/weblogs/pressthink/2006/06/27/ppl_frmr.html

Ruffin, O., 2009 (July 14), More from Oxblood Ruffin. *Tech Radar*. Available at: www.techradar.com/news/world-of-tech/more-from-oxblood-ruffin-615932

Ryan, R.M. and Deci, E.L., 2000, Intrinsic and extrinsic motivations: classic definitions and new directions. *Contemporary Educational Psychology*, 25(1), 54–67.

Sabella, R.A., Patchin, J.W. and Hinduja, S., 2013, Cyberbullying myths and realities. *Computers in Human Behavior*, 29(6), 2703–2711.

Sage, L., 2015, Anxiety in the British media portrayals of schoolgirls heading for Syria. *E-International Relations*, 6(3). Available at: www.e-ir.info/2015/06/03/anxiety-in-the-british-medias-portrayals-of-schoolgirls-heading-for-syria/

Saltzis, K. and Dickinson, R., 2008, Inside the changing newsroom: journalists' responses to media convergence. *Aslib Proceedings*, 60(3), 216–228.

Schiller, D., 2007, *How to Think about Information*. Urbana and Chicago, IL: University of Illinois Press.

Schneider, S.K., O'Donnell, L., Stueve, A. and Coulter, R.W., 2012, Cyberbullying, school bullying, and psychological distress: a regional census of high school students. *American Journal of Public Health*, 102(1), 171–177.

Schumpeter, J., 1991, *The Economics and Sociology of Capitalism*, ed. Richard Swedber. Princeton, NJ: Princeton University Press.

Seay, L., 2012, *What's Wrong with Dodd-Frank 1502? Conflict Minerals, Civilian Livelihoods, and the Unintended Consequences of Western Advocacy*. Center for Global Development Working Paper No. 284. Available at SSRN: https://ssrn.com/abstract=2009350

Senft, T., 2013, Microcelebrity and the branded self, in J. Hartley, J. Burgess and A. Bruns (eds), *A Companion to New Media Dynamics* (pp. 346–354). Malden, MA: Wiley.

Senft, T.M. and Noble, S.U., 2013, Race and social media, in J. Hunsinger and T. Senft (eds), *The Routledge Handbook of Social Media* (pp. 107–125). London: Routledge.

Sharma, S., 2013, Black Twitter? Racial hashtags, networks and contagion. *New Formations: A Journal of Culture/Theory/Politics*, 78(1), 46–64.

Shaul, B., 2015 (September 30), Report: 92% of online consumers use emoji. *Social Times*. Available at: www.adweek.com/socialtimes/report-92-of-online-consumers-use-emoji-infographic/627521

Shek, D.T., Sun, R.C. and Yu, L., 2013, Internet addiction, in D.W. Pfaff (ed.), *Neuroscience in the 21st Century: From Basic to Clinical* (pp. 2775–2811). New York: Springer.

Shek, D.T., Tang, V.M. and Lo, C.Y., 2008, Internet addiction in Chinese adolescents in Hong Kong: assessment, profiles, and psychosocial correlates. *Scientific World Journal*, 8, 776–787.

Siapera, E., 2004, Asylum politics, the internet and the public sphere. *Javnost/The Public*, 11(1), 79–100.

Siapera, E., 2005, Minority activism on the web: between deliberation and multiculturalism. *Journal of Ethnic and Migration Studies*, 31(3), 499–519.

Siapera, E., 2007a, Transnational Islam and the internet, in M. Georgiou, O. Guedes-Bailey and R. Harindranath (eds), *Reimagining Diasporas: Transnational Lives and the Media*. Basingstoke: Palgrave Macmillan.

Siapera, E., 2007b, Multicultural radical democracy and online Islam, in L. Dahlberg and E. Siapera (eds), *Radical Democracy and the Internet* (pp. 148–167). Basingstoke: Palgrave Macmillan.

Siapera, E., 2008, The subject of political blogs, special issue on blogs, governance and democracy. *Information Polity*, 13(1–2), 97–110.

Siapera, E., 2010, *Cultural Diversity and Global Media: The Mediation of Difference*. Oxford: Wiley-Blackwell.

Siapera, E., 2013, Platform infomediation and journalism. *Culture Machine*, 13, 1–29.

Siapera, E. and Iliadi, I., 2015, Twitter, journalism and affective labour. *Sur le journalisme/About Journalism/Sobre Jornalismo*, 4(1), 76–89.

Sihvonen, T., 2009, Players Unleashed! Modding The Sims and the Culture of Gaming. Doctoral dissertation, University of Turku, Finland.

Silverman, C. and Alexander, L., 2016 (November 3), How teens in the Balkans are duping Trump supporters with fake news. *BuzzFeed*. Available at: www.buzzfeed.com/craigsilverman/how-macedonia-became-a-global-hub-for-pro-trump-misinfo?utm_term=.jg3WljK8O#.hdLwyLR1x

Silverman, R., 2013 (July 2), Sainsbury's apologises for worker who refused to serve customer on mobile phone. *The Telegraph*. Available at: www.telegraph.co.uk/finance/newsbysector/retailandconsumer/10156070/Sainsburys-apologises-for-worker-who-refused-to-serve-customer-on-mobile-phone.html

Silverstone, R., 2006, *Media and Morality*. Cambridge, UK: Polity Press.

Silverstone, R. and Hirsch, E. (eds), 2003, *Consuming Technologies: Media and Information in Domestic Spaces*. London: Routledge.

Silverstone, R., Hirsch, E. and Morley, D., 2003, Information and communication technologies and the moral economy of the household, in R. Silverstone and E. Hirsch (eds), *Consuming Technologies: Media and Information in Domestic Spaces* (pp. 9–17). London: Routledge.

Sink, J., 2014 (October 23), ISIS rakes in donations on Twitter. *The Hill*. Available at: http://thehill.com/policy/defense/221666-isis-rakes-in-donations-on-twitter

Slonje, R., Smith, P.K. and Frisé, N.A., 2013, The nature of cyberbullying, and strategies for prevention. *Computers in Human Behavior*, 29(1), 26–32.

Smith, A., 2014 (February 3), *Six New Facts about Facebook*. Washington, DC: Pew Research Center. Available at: www.pewresearch.org/fact-tank/2014/02/03/6-new-facts-about-facebook/

Smith, M., Borash, V., Getoor, L. and Lauw, H., 2008, Leveraging social context for searching social media. *Proceedings of the 2008 ACM Workshop on Search in Social Media*. New York: ACM Press.

Smith, P., 2014 (October 6), Read the deleted tweets Brenda Leyland sent about the McCanns before she died. *BuzzFeed*. Available at: www.buzzfeed.com/patricksmith/read-the-deleted-tweets-brenda-leyland-sent-the-mccanns?utm_term=.qk7KgvxwQ#.uygOAopXk

Smith, P.K., 2012, Cyberbullying and cyber aggression, in S.R. Jimerson, A.B. Nickerson, M.J. Mayer and M.J. Furlong (eds), *Handbook of School Violence and School Safety: International Research and Practice* (pp. 93–103). London: Routledge.

Smythe, D.W., 1981, *Dependency Road: Communications, Capitalism, Consciousness and Canada*. Norwood, NJ: Ablex.

Sneed, A., 2015 (November 17), Weakening encrypted communications would do little to stop terrorist attacks, experts say. *Scientific American*. Available at: www.scientificamerican.com/article/weakening-encrypted-communications-would-do-little-to-stop-terrorist-attacks-experts-say/

Snowden, E., 2015 (May 21), Ask me anything. *Reddit*. Available at: www.reddit.com/r/quotes/comments/36sjh7/arguing_that_you_dont_care_about_the_right_to/

Solum, L., 2008, Models of internet governance. *Illinois Public Law Research Paper No. 07–25*. Available at: http://papers.ssrn.com/sol3/papers.cfm?abstract_id=1136825

Srnicek, N. and Williams, A., 2015, *Inventing the Future: Postcapitalism and a World without Work*. London: Verso Books.

Statista, 2015, Number of apps available in leading app stores as of July 2015. *Statista*. Available at: www.statista.com/statistics/276623/number-of-apps-available-in-leading-app-stores/

Statista, 2016a, Mobile broadband subscriptions since 2007. *Statista*. Available at: www.statista.com/statistics/273016/number-of-mobile-broadband-subscriptions-worldwide-since-2007/

Statista, 2016b, Global PC penetration per capita from 2000 to 2015 (in percent). *Statista*. Available at: www.statista.com/statistics/203677/global-pc-penetration-per-capita-since-2000/

Steers, M.-L.N., Wickham, R.E. and Acitelli, L.K., 2014, Seeing everyone else's highlight reels: how Facebook usage is linked to depressive symptoms. *Journal of Social and Clinical Psychology*, 33(8), 701–731.

Sticca, F. and Perren, S., 2013, Is cyberbullying worse than traditional bullying? Examining the differential roles of medium, publicity, and anonymity for the perceived severity of bullying. *Journal of Youth and Adolescence*, 42(5), 739–750.

Stiegler, B., 1998, *Technics and Time, 1: The Fault of Epimetheus*. Stanford, CA: Stanford University Press.

Stiegler, B., 2006, Anamnesis and hypomnesis: the memories of desire, in L. Armand and A. Bradley (eds), *Technicity* (pp. 15–41). Prague: Litteraria Pragensia.

Sundar, S.S., 2008, The MAIN model: a heuristic approach to understanding technology effects on credibility, in M.J. Metzger and A.J. Flanagin (eds), *Digital Media, Youth, and Credibility* (pp. 72–100). Cambridge, MA: MIT Press.

Sundar, S.S. and Limperos, A.M., 2013, Uses and grats 2.0: new gratifications for new media. *Journal of Broadcasting & Electronic Media*, 57(4), 504–525.

Sunstein, C., 2001, *Republic.com*. Princeton, NJ: Princeton University Press.

Sunstein, C., 2007, *Republic.com 2.0*. Princeton, NJ: Princeton University Press.

Sutcliffe, C., 2015 (November 9), UK newspaper circulation declines demonstrate publishers' continuing struggle. *The Media Briefing*. Available at: www.themediabriefing.com/article/uk-newspaper-circulation-declines-demonstrate-publishers-continuing-struggle

Sutcliffe, C., 2016 (May 27), DMGT's print advertising squall and the ad market 'perfect storm'. *The Media Briefing*. Available at: www.themediabriefing.com/article/dmgt-s-print-advertising-squall-and-the-ad-market-perfect-storm

Symes, J., 2011 (February 22), The Guardian Newsblog and the death of journalism. *The Louse and the Flea*. Available at: https://louseandflea.wordpress.com/2011/02/22/the-guardian-newsblog-and-the-death-of-journalism/

Szendro Bok, M., 2009, The mega-merger of Comcast and NBC: a lethal marriage. *New Media Rights*. Available at: www.newmediarights.org/nmr/mega_merger_comcast_and_nbc_lethal_marriage

Tajfel, H., 1981, *Human Groups and Social Categories: Studies in Social Psychology*. Cambridge, UK: Cambridge University Press.

Tarì, M. and Vanni, I., 2005, On the life and deeds of San Precario, patron saint of precarious workers and lives. *Fibreculture*, 5. Available at: http://five.fibreculture journal.org/fcj-023-on-the-life-and-deeds-of-san-precario-patron-saint-of-precarious-workers-and-lives/

Taylor, F., 1911, *Principles of Scientific Management*. New York and London: Harper.

Taylor, T.L., 2006a, *Play between Words: Exploring Online Game Culture*. Cambridge, MA: MIT Press.

Taylor, T.L., 2006b, Does WoW change everything? How a PvP server, multinational player base, and surveillance mod scene caused me pause. *Games and Culture*, 1(4), 318–337.

Thomas, N.J. and Martin, F.H., 2010, Video-arcade game, computer game and Internet activities of Australian students: participation habits and prevalence of addiction. *Australian Journal of Psychology*, 62(2), 59–66.

Thompson, J.B., 2005, The new visibility. *Theory, Culture & Society*, 22(6), 31–51.

Thurman, N., 2013, *How Live Blogs are Reconfiguring Breaking News*. Reuters Institute for the Study of Journalism Digital News Report. Available at: www.digitalnewsreport.org/essays/2013/how-live-blogs-are-reconfiguring-breaking-news/

Thurman, N. and Walters, A., 2013, Live blogging – digital journalism's pivotal platform? A case study of the production, consumption, and form of live blogs at Guardian.co.uk. *Digital Journalism*, 1(1), 82–101.

Tichenor, P.J., Donohue, G.A. and Olien, C.N., 1970, Mass media flow and differential growth in knowledge. *Public Opinion Quarterly*, 34(2), 159–170.

Tilly, C., 2004, *Social Movements, 1768–2004*. Boulder, CO: Paradigm.

Time Magazine, 2014 (December 1), Meet the robots shipping your Amazon orders. *Time magazine*. Available at: www.time.com/3605924/amazon-robots/

Tönnies, F., 2001 [1887], *Community and Civil Society*, trans. J. Harris and M. Hollis. Cambridge, UK: Cambridge University Press.

Touraine, A., 1971, *The Post-Industrial Society: Tomorrow's Social History: Classes, Conflicts and Culture in the Programmed Society*. New York: Random House.

Tsagarousianou, R., Tambini, D. and Bryan, C. (eds), 1998, *Cyberdemocracy: Technology, Cities and Civic Networks*. London: Routledge.

Tufekci, Z., 2016, As the pirates become CEOs: the closing of the Open Internet. *Daedalus*, 145(1), 65–78.

Turkle, S., 1995, *Life on the Screen*. Cambridge, MA: MIT Press.

van Deursen, A.J.A.M. and van Dijk, J.A.G.M., 2009, Using the internet: skill-related problems in users' online behavior. *Interacting with Computers*, 21, 393–402.

van Dijk, J.A., 2005, *The Deepening Divide: Inequality in the Information Society*. London: Sage.

van Doorn, N., van Zoonen, L. and Wyatt, S., 2007, Writing from experience: presentation of gender identity on weblogs. *European Journal of Women's Studies*, 14(2), 143–159.

Vinton, K., 2015, Syrian Electronic Army claims responsibility for hacking US Army website. *Forbes*. Available at: www.forbes.com/sites/katevinton/2015/06/08/syrian-electronic-army-claims-responsibility-for-hacking-army-website/

Vis, F., 2013, Twitter as a reporting tool for breaking news: journalists tweeting the 2011 UK riots. *Digital Journalism*, 1(1), 27–47.

Vu, H.T., 2013, The online audience as gatekeeper: the influence of reader metrics on news editorial selection. *Journalism*, 15(8), 1094–1110.

Wajcman, J., 2010, Feminist theories of technology. *Cambridge Journal of Economics*, 34(1), 143–152.

Wallerstein, I., 2005 [1974], *The Modern World-System, Vol. I: Capitalist Agriculture and the Origins of the European World-Economy in the Sixteenth Century*. New York and London: Academic Press.

Wang, C.W., Chan, C.L., Mak, K.K., Ho, S.Y., Wong, P.W. and Ho, R.T., 2014, Prevalence and correlates of video and internet gaming addiction among Hong Kong adolescents: a pilot study. *Scientific World Journal*, June: 1–9. Available at: https://www.hindawi.com/journals/tswj/2014/874648/abs/

Wark, M., 2006, *Gamer Theory*. Cambridge, MA: Harvard University Press.

Warnick, B., 2002, *Critical Literacy in a Digital Era: Technology, Rhetoric, and the Public Interest*. Mahwah, NJ: Lawrence Erlbaum.

Warren, T., 2015 (June 11), Oculus Rift will ship with an Xbox One controller thanks to Microsoft partnership. *The Verge*. Available at: www.theverge.com/2015/6/11/8766917/oculus-rift-xbox-one-controller

Washington Post, 1999 (April 22), Shooter pair mixed fantasy and reality. *The Washington Post*. Available at: www.washingtonpost.com/wp-srv/national/daily/april99/suspects042299.htm

Weber, M., 1947 [1924], *The Theory of Social and Economic Organization*, ed. A.H. Henderson and T. Parsons. Glencoe, IL: Free Press.

Weber, M., 1958, *The Protestant Ethic and the Spirit of Capitalism*, trans. Talcott Parsons. New York: Scribners.

Weintraub, J. and Kumar, K. (eds), 1997, *Public and Private in Thought and Practice*. Chicago, IL: Chicago University Press.

Wellman, B., 1988, Structural analysis: from method and metaphor to theory and substance, in B. Wellman and S.D. Berkowitz (eds), *Social Structures: A Network Approach* (pp. 19–61). Cambridge, UK: Cambridge University Press.

Wellman, B., 1999, The network community: an introduction, in B. Wellman (ed.), *Networks in the Global Village*. Boulder, CO: Westview Press. Available at: http://homes.chass.utoronto.ca/~wellman/publications/globalvillage/in.htm

Wellman, B., 2001a, Computer networks as social networks. *Science*, 293(5537), 2031–2034.

Wellman, B., 2001b, Physical place and cyberplace: the rise of personalized networking. *International Journal of Urban and Regional Research*, 25, 227–252.

Wellman, B., 2002, Little boxes, glocalization, and networked individualism, in M. Tanabe, P. van den Besselaar and T. Ishida (eds), *Digital Cities II: Computational and Sociological Approaches* (pp. 10–25). Berlin: Springer-Verlag.

Wellman, B. and Gulia, M., 1999, Net-surfers don't ride alone: virtual communities as communities, in B. Wellman (ed.), *Networks in the Global Village: Life in Contemporary Communities* (pp. 72–86). Boulder, CO: Westview Press.

Wellman, B., Quan-Haase, A., Boase, J., Chen, W., Hampton, K., de Diaz, I.I., et al., 2003, The social affordances of the internet for networked individualism. *Journal of Computer-Mediated Communication*, 8(3).

Wellman, B., Quan-Haase, A., Witte, J. and Hampton, K., 2001, Does the internet increase, decrease, or supplement social capital? Social networks, participation, and community commitment. *American Behavioral Scientist*, 45(3), 437–456.

Wilcox, M. and Voskoglou, C., 2015, *European App Economy 2015*. Report prepared for VisionMobile. Available at: www.visionmobile.com/product/european-app-economy-2015/

Williams, D., Martins, N., Consalvo, M. and Ivory, J.D., 2009, The virtual census: representations of gender, race and age in video games. *New Media & Society*, 11(5), 815–834.

Willson, M., 2010, The possibilities of network sociality, in J. Hunsinger, L. Klastrap and M. Allen (eds), *International Handbook of Internet Research* (pp. 493–506). Dordrecht: Springer.

Winkler, R., 2015 (February 25), YouTube: 1 billion viewers, no profit. *Wall Street Journal*. Available at: www.wsj.com/articles/viewers-dont-add-up-to-profit-for-youtube-1424897967

Winthrop-Young, G., 2006, Implosion and intoxication: Kittler, a German classic, and Pink Floyd. *Theory, Culture & Society*, 23(7–8), 75–91.

Wolf, M., 2001, Genre and the video game, in M. Wolf (ed.), *The Medium of the Video Game* (pp. 113–134). Austin, TX: University of Texas Press.

World Internet Project, 2010, *World Internet Project Report Finds Large Percentages of Non-Users, and Significant Gender Disparities in Going Online*. Press release. Available at: http://www.digitalcenter.org/WIP2010/wip2010_long_press_release_v2.pdf

Wu, T., Dyson, E., Froomkin, A.M. and Gross, D.A., 2007, On the future of internet governance. *American Society of International Law, Proceedings of the Annual Meeting*, 101. Available at SSRN: http://ssrn.com/abstract=992805

Wu, X.S., Zhang, Z.H., Zhao, F., Wang, W.J., Li, Y.F., Bi, L., Qian, Z.Z., Lu, S.S., Feng, F., Hu, C.Y. and Gong, F.F., 2016, Prevalence of addiction and its association with social support and other related factors among adolescents in China. *Journal of Adolescence*, 52, 103–111.

Wynn, E. and Katz, J.E., 1998, Hyperbole over cyberspace: self-presentation and social boundaries in Internet home pages and discourse. *The Information Society*, 13(4), 297–328.

Yachot, N., 2016 (February 25), 7 reasons a government backdoor to the iPhone would be catastrophic. *ACLU*. Available at: www.aclu.org/blog/speak-freely/7-reasons-government-backdoor-iphone-would-be-catastrophic

Ybarra, M.L., Espelage, D.L. and Mitchell, K.J., 2014, Differentiating youth who are bullied from other victims of peer-aggression: the importance of differential power and repetition. *Journal of Adolescent Health*, 55(2), 293–300.

Young, K.S., 1998, Internet addiction: the emergence of a new clinical disorder. *CyberPsychology & Behavior*, 1(3), 237–244.

Ziegler, C., 2009 (December 28), Ten years of BlackBerry. *EndGadget*. Available at: www.engadget.com/2009/12/28/ten-years-of-blackberry/

索 引

（注：所列页码为原书页码，即本书边码）

/b/ forum (4chan)，/b/论坛 53-54，110，198

1G mobile technology，1G 移动技术 163

2G mobile technology，2G 移动技术 163-164，165，166，167fig

3G mobile technology，3G 移动技术 164，165，166，167fig

4chan，外国综合型讨论区 53-54，110，198

4G mobile technology，4G 移动技术 164-165

419 scam，419 诈骗 127

A

Aakhus, M.，M. 奥克许斯 171，175，177

Aarseth, Espen，埃斯彭·奥塞特（游戏研究学者）237-238，241，248

absent presence，不在场 177

abuses，滥用 100，258

    see also addiction；cyberbullying；trolling 另见：网瘾；网络霸凌；网络喷子

access，接近性 37，39，46，67，72，80

    see also digital divides 另见：数字鸿沟

accidents，偶然事件 176

active users，主动性用户 92

Actor Network Theory (ANT)，行动者网络理论 10，14，255，272

addiction，网瘾 92，100-102，110，247-249，258，265

adoption，选择 91，92-95，96，99，100，108

Adorno, Theodore，西奥多·阿多诺 180，232，242

advertising，广告 27，31-32，33，37，40，41，44，60，138，139，140，141，224，256

affective labour，情感劳工 245-246，248

affective publics，情感公众（情绪化公众）62，265

affordances，情境支持（环境赋予）97-98，113，171，176，192，259，265，266

Afghan War Diary，《阿富汗战争日记》158

Africa，非洲 2，68-69，167

African Americans，非洲裔美国人 83-84

Agar, J.，J. 阿加 172-173

age，年龄 76-80，88，152，222-223，258

agency (affordance)，代理（情境支持）97

Aidid, Mohammed Farah，穆罕默德·法拉赫·艾迪德 240

Alexa.com，专门发布网络排名的网站 37，38tab

algorithms，算法 前言 x，9，10，11，33，37，58，135，201-202，223-226，246，261，262，265，266，267，271

aliases，别名（网络用语）219，220，221

Allen, Angela，安杰拉·艾伦 130

Al-Rawi, A. K.，A. K. 拉维 121

alternative facts，另类事实（网络用语，由特朗普的秘书创造）155

Amazon，亚马逊 24，29

American Civil Liberties Union (ACLU)，美国公民自由联盟 174

Amnesty International，国际特赦组织 169

analogue media，模拟媒介 前言 ix

analytics，分析法 32，117，128，152，154，158，259

Andén-Papadopoulos, Kari，卡里·安登-帕帕佐普洛斯 174

Anderson, C. W.，C. W. 安德森 147，154-155

Anderson, P.，P. 安德森 263

Andrejevic, Mark，马克·安德烈耶维奇 114，116，117，119，259

Android Developers Kit (SDK)，安卓系统开发者工具包（SDK）166

Android operating system，安卓操作

系统 41，42，165，166

Anonymous，匿名 53-54，198

Antikythera Mechanism，安提基特拉机器 253

anti-piracy legislation，反盗版立法 34，35

AOL，美国在线 28，37

App Store，苹果应用程序商店 41，42，166

apparatgeist，机器精神（德语意义）171

Apperley，T. H.，T. H. 阿珀利 238

Apple，苹果公司 29，30tab，41，42，118，165，166，169，174，260

appropriation，拨款 98，99，100

Apps，应用程序 41-42，99-100，105，150，152，165，166，175，236，259

Arab Spring，阿拉伯之春 前言 vii

Arabic，阿拉伯语 69-70

Archetti，C.，C. 阿尔凯蒂 125

Arendt，Hannah，汉娜·阿伦特 271

Aristotle，亚里士多德 208

artificial intelligence（AI），人工智能 270

Asia，亚洲 68-69，100

Assad，Bashir，巴沙尔·阿萨德 121

Aswad，Du'a Khalil，朵阿·哈利勒·阿斯瓦德 122-123

AT&T，美国电话电报公司 163

Atkinson，R.，R. 阿特金森 132

attention，注意力 37

attitudes，看法 71，72

audience 受众

audience analytics，受众分析 152，154-155

audience metrics，受众指标 158

audience-oriented subjectivity，受众导向主体性 191

general，一般性 31-32，33，36，95，96

authenticity，本真性 193

authorial subjectivity，作者主体性 62，191

automation see robotics 自动化 参见：机器人

autonomy，自主性 191-192，256，274

avatars，形象化符号（替身）189，197，219

Azure Internet of Things，微软云物联网 29

B

backdoor access，秘密准入（系统进入/木马病毒）174，272

Bardoel，Jo，乔·巴尔德尔 143

Barney，Darin，达林·巴尼 2，22

Bartlett, J., J. 巴特利特 125

Bashika, 巴斯卡 123

Bauman, Zigmunt, 齐格蒙特·鲍曼 115–116

BBC, 英国广播公司 145–146

Beck, Ulrich, 乌尔里希·贝克 127, 266

Bell, D., D. 贝尔 22

Benjamin, Walter, 瓦尔特·本雅明 242

Benkler, Yochai, 尤沙伊·本科勒 171, 260

Bennett, W. Lance, W. 兰斯·班尼特 55, 56, 64, 68–71, 257, 265

Bentham, Jeremy, 杰里米·边沁 115

Benzell, S. G., S. G. 本泽尔 24

Berners-Lee, Tim, 蒂姆·伯纳斯-李 前言 viii

Big Brother, "老大哥" 116

Bijker, Wieber, 维贝·比克 3, 253–254

Bin Laden, Osama, 乌萨马·本·拉登 123

Birt, John, 约翰·伯特 145

Bishop, J., J. 毕晓普 106

BitTorrent, 比特流下载软件 33

black and minority ethnic, 黑人和少数族裔 37, 83–84

Black Twitter, 黑人推特 201–202

BlackBerry, 黑莓 165, 260

Blanchard, Colin, 科林·布兰查德 130

Blank, G., G. 布兰克 75

Blog for America, 关于美国的博客 58

blogs, 博客 33, 56, 57, 58, 60, 61, 62, 185, 195–196, 212, 259, 260

see also live blogging 另见：直播博客

Bloom, J., J. 布鲁姆 58

Bolaño, C. R., C. R. 博拉尼奥 44

Bollaert, Kevin, 凯文·博拉尔 131

bonding social capital, 紧密型社会资本 219–220, 227

Bourdieu, Pierre, 皮埃尔·布尔迪厄 73, 141–142, 211, 245

Boyd, D., D. 博伊德 192, 218, 219, 220

Brabham, D., D. 布拉哈姆 35

branching literacy, 归类素养 85

bridging social capital, 桥接型社会资本 219–220

Brin, Sergei, 谢尔盖·布林 264

broadband, 宽带 74fig, 75, 83, 167, 168fig, 172, 258

Brock, A., A. 布罗克 239

Bruns, Axel, 阿克塞尔·布伦斯 244, 256

Brynjolfson, E., E. 布林约尔松 23, 24

Bucher, Tania, 塔伊纳·布赫 224, 225

Buckels, E. E., E. E. 巴克尔斯 106

Bull, Michael, 迈克尔·布尔 177
bullying, 霸凌 102 - 105
Burns, A., A. 伯恩斯 194
Butler, Judith, 朱迪思·巴特勒 196 - 197, 199, 203
BuzzFeed, BuzzFeed 新闻网站 150

C

cable news, 有线新闻 140 - 141
Calhoun, C., C. 卡尔霍恩 212
Callon, M., M. 卡隆 10
cameras, digital, 数码相机 170, 173 - 174
CameraShy, 监控镜头羞愧软件 52
Campbell, S. W., S. W. 坎贝尔 177
Canada, 加拿大 133
capitalism, 资本主义 19, 20 - 27, 39, 40, 263, 271
Carpentier, Nico, 尼科·卡彭铁尔 72, 76, 258
Castells, Manuel, 曼纽尔·卡斯特 5, 12 - 14, 15, 16 - 17, 19, 20, 21 - 22, 39, 45, 139, 169, 171, 175, 177, 187, 188, 189, 198, 200 - 201, 204 - 205, 216, 217, 222, 254, 255, 261, 264
Castronova, E., E. 卡斯特罗诺瓦 245
cellular networks, 蜂窝式网络 163
censorship, 审查制度 52 - 53
CETS (Child Exploitation Tracking Software), 儿童剥削追踪软件 133
Chadwick, A., A. 查德威克 49, 51, 57
Chapman, Peter, 彼得·查普曼 131
children, 儿童 83 - 84, 130 - 132, 133, 169, 222
Choi, J. H., J. H. 崔 219
Chomsky, N., N. 乔姆斯基 27 - 28
Christensen, Clayton, 克莱顿·克里斯坦森 263
cinema, 影院 6, 11
Cisco, 美国思科公司 21, 40, 52, 242
citizen journalism, 公民新闻 58, 147
citizen participation, 公民参与 49
citizen-witnesses, 公民目击 173 - 174
civic engagement, 公民参与 50
Civilization,《文明》（游戏）244
class, 阶级 221, 228, 258, 261
clicktivism, 网络点击行动主义 60 - 61
Clinton, Hilary, 希拉里·克林顿 128, 158
clouds, 云端 29, 269, 270
cobalt, 钴元素 169
Coddington, M., M. 科丁顿 148
Cole, Jeffrey, 杰弗里·科尔 80
Coleman, Gabriella, 加布里埃拉·科尔曼 53, 54, 245, 246 - 247, 262
Coleman, Stephen, 斯特芬·科尔

曼 49

Coles, B. A., B. A. 科尔斯 106, 110

Collateral Murder video, 谋杀无辜视频（伊拉克）34

collective intelligence, 集体智慧 38, 41

coltan, 铌钽铁矿 12, 169

Columbine High School massacre, 美国科伦拜高中枪击惨案 243, 248

Comcast, 康卡斯特（美国最大的有线电视公司）28-29

The Comment is Free, 自由评论版块 57

communication, 传播 26-27

community, 社区 154, 158, 208-214, 226

computer mediated communication (CMC), 计算机媒介传播 47

confessionals, 忏悔室 186, 190, 191, 192, 195, 261

conflict, 冲突 120-123, 169, 240, 259

see also war 另见：战争

conflict minerals, 冲突矿物（刚果）169

Congo, Democratic Republic of, 刚果民主共和国 169

connective action, 关联行动 60, 64, 265, 266

connectivity, 连通 前言 x, 前言 xi, 146, 149, 164-165, 177, 215, 219, 224, 261, 265, 269

consumer research, 消费者研究 27

consumption, 消费 22, 26-27, 35, 36-37, 39, 40, 99, 158

content, 内容 32-35, 75, 76

context collapse, 语境崩溃 192, 206, 220, 221, 225

context collision, 语境冲突 220

convergence, 聚合 前言 ix, 前言 xi, 28, 36, 144-145, 158, 163, 169-170, 259

conversion, 转换 99

Conway, Kellyanne, 凯莉安妮·康韦（特朗普的顾问）157

Cooper, Martin, 马丁·库珀 161, 162fig

copyright, 版权 33, 34, 39

corporations, 公司 27-32

Costolo, Dick, 迪克·科斯托洛 31

Couldry, Nick, 尼克·库尔德里 192

Coutts, Graham, 格雷厄姆·库茨 130

crash reports, 崩溃报告（计算机崩溃）99

creativity, 创造力 26, 175, 179-180, 234, 235, 236, 245, 256, 271

credit cards, 信用卡 127, 133

crowdsourcing, 众包 35, 142, 155-156, 259

Cult of the Dead Cow (cDc), 死牛崇

拜（黑客组织） 52

cultural capital，文化资本 73，79，245

cultural industry，文化工业 232-233

culture，文化 174-178，231，232

Current TV，美国潮流电视台 36

cyber-activism，网络激进主义 120

cyber-balkanization，网络巴尔干化 47，212

cyberbullying，网络霸凌 92，100，102-105，109，110，258

cyber-conflict，网络冲突 119-120，122，123，129，134

cyber-enabled/dependent crime，使用网络犯罪/依赖网络犯罪 126-127，134

cyber-feminism，网络女权主义 197，203

cyber-fragmentation，网络分化 201，203

cyber-fraud see fraud 网络诈骗 参见：诈骗

cyber-precariat，网络劳工 242

cyber-terrorism，网络恐怖主义 120，122，123

cyber-warfare，网络战争 120-122

cyborgs，电子人 188，198，201，204

D

Dahlberg, Lincoln，林肯·达尔伯格 37-38，201

Daily Mail group，每日邮报集团 138

Danet, B.，B. 达内 195

dark tetrad personality traits，网络喷子的四种人格特征 106

data 数据

data analytics see analytics 数据分析 参见：分析

data journalism，数据新闻 146，147-149，158，259

data storage，数据存储 前言 ix

Data Protection Act，《英国数据保护法案》133

dataism，数据主义 205

de la Pena, Nonny，诺尼·德拉佩纳 150

De Peuter, G.，G. 德佩乌特 233，235-236，241-242，247

de Sola Pool, Ithiel，伊锡尔·德索拉·普尔 144

de Souza e Silva, Adriana，阿德里安娜·德苏萨·埃·席尔瓦，176

Dean, Howard，霍华德·迪安 58

Dean, Jodi，约迪·迪安 257

Debord, Guy，居伊·德博尔 61，191

de-industrialization，反工业化 24-25

Delta Force: *Black Hawk Down*，《三角洲特种部队：黑鹰坠落》（游戏）239-240

democratization，民主化 35，36-37，45，56-57，119-120，171，174，257，258，260

Dencik, L., L. 登奇克 267

depression, 沮丧（不景气）193

deregulation, 放宽管制 22, 119

Derrida, J., J. 德里达 4

Detroit, 底特律 24-25

Deuze, M., M. 多伊泽 149, 151, 235

developed countries, 发达国家 80-81, 87, 166, 167, 168fig, 258, 268

developing countries, 发展中国家 80-81, 87, 166, 167, 168fig, 258, 264, 268, 274

Diagnostic and Statistical Manual (DSM),《精神障碍诊断与统计手册》101-102, 248, 250

diasporas, 流散 217

Dibbell, J., J. 迪贝尔 247, 248

Dick, Philip K., 菲利普·K. 迪克 267

Dickinson, R., R. 迪金森 145

diffusion, 扩散理论 78-79, 92-94, 95, 99, 108

diffusion of innovation model, 创新扩散理论模式 71

digital authors, 数字作者 61-62, 191

digital commons, 数字公民 246, 262, 273

digital competencies, 数字能力 86

digital correctness, 数字纠错 52

digital divides 数字鸿沟

 age and generation, 年龄与代际 76-80, 88

 digital literacy, 数字素养 85-87, 91, 105

 ethnicity/race, 族群/种族 82-84, 88

 gender, 性别 80-82, 88

 overview, 概述 37, 46, 67, 258

 primary and secondary, 主要和次要 88

 second-order, 二级数字鸿沟 70, 71

 social class, 社会阶层 73-76, 88

 see also inequalities 另见 数字不平等性

Digital Economy Act,《数字经济法案》34

digital inequality, 数字不平等性 72, 80

 see also digital divides 另见：数字鸿沟

digital literacy, 数字素养 85-87, 91, 105

digital rights management, 数字版权管理 33, 41

digitalization, 数字化 28, 144

DiMaggio, P., P. 迪马乔 70

Dines, G., G. 丹斯 132

discourse networks, 话语网络 8, 16

disembedding mechanism, 非嵌入机制 70

disintermediation, 非中介化 50, 143, 173, 257, 260, 274

Distributed Denials of Service (DDos),

分布式拒绝服务 53，54，120，121，122，123，126－127，134

Dodd-Frank Wall Street Reform and Consumer Protection Act，《多德-弗兰克华尔街改革和消费者保护法案》169

Domain Name Service (DNS)，域名服务 120，121，123，134

domain names，域名 268

domestication，驯化 91，92，96，98－100，108－109

Donath, J.，J. 多纳特 220

Doom，判决 243

Dorsey, Jack，杰克·多尔西 31

Douglas, Mary，玛丽·道格拉斯 107

drift，漂移 132

driver-less cars，无人驾驶汽车 24

drones，无人机 24

DSM (Diagnostic and Statistical Manual)，《精神障碍诊断与统计手册》101－102，248，250

Dyer-Witheford, N.，N. 戴尔-维兹福德 233，234－237，241－242，245，246－247，248，262

E

e-sport，电子竞技 247，248

early adopters，早期使用者 94－95

e-commerce，电子商务 42

economic capital，经济资本 245

economic convergence，经济趋同 28，30

EdgeRank，边际排名 225

education，教育 73，75，76

e-government，电子政务 49

Egypt，埃及 59，60

Electronic Arts，电子艺术 235，236

Ellison, N.B.，N.B. 埃利森 218，219－220

eMarketer，电子营销 167

embodied spaces，实体空间 176

Emoji Dick，"白鲸"（表情符号）180

emojis，表情符号（日本）180

employment，就业 22－25，169－170，256，270－271

　　see also unemployment 另见：失业

encryption，数据加密 33，118－119，163

engineered sociality，机器化社会 224－225

Entertainment Software Rating Board (ESRB)，美国娱乐软件分级委员会 244

entrepreneuralism，创业精神 264

environment，环境 168

environmental activism，环保运动 56

e-parliaments，电子议会 49

e-parties，电子政党 49

ergodicity，遍历性（算法）238，248

Eshet-Alkalai, Y.，Y. 埃希特·阿尔

卡莱 85-86
ethnicity, 族群 37, 76, 82-84, 88, 200-203, 239, 261
European Commission, 欧盟委员会 273
Everquest,《无尽的任务》(游戏) 245
expenses scandal (MPs), 英国议员费用丑闻 148

F

Facebook 脸书
  advertising, 广告 37
  algorithms, 算法 225
  analytics, 分析法 117, 154
  Ashleigh Hall case, 阿什莉·霍尔案 131
  buys WhatsApp and Instagram, Facebook 收购 WhatsApp 和 Instagram 29
  'friends', 好友 207, 217, 218
  impact, 冲击 218
  internet governance, 网络治理 272
  mental wellbeing, 心理健康 193
  news, 新闻 153
  research and development, 研究和开发 29
  revenue and profit, 30tab, 收入和利润 31
  schoolchildren, 学龄儿童 222
  social capital, 社会资本 220
  state surveillance, 国家监控 118

user-generated content, 用户原创内容 32
users, 用户 219
uses and gratifications, 使用与满足理论 97
'your memories' function, "你的记忆"功能 192
fake news, 假新闻 155-157
fake visuals, 虚假图像 174
fakery, 伪造 193
families, 家族 216
fappening, 艳照 178
Farman, J., J. 法尔曼 176
Farwell, J. P., J. P. 法维尔 122
fashion, 时尚 180
Federal Communications Commission, 美国联邦通信委员会 75
feminist perspectives, 女性主义视角 80, 81, 129, 179, 194, 198, 199, 202
fence off, 阻隔（计算机）224
filesharing, 文件共享 32-33, 34
Filipovic, J., J. 菲利波维奇 131
filtering software, 过滤软件 129, 133
First Draft News, 目击者网站（美国）157
Flame, 光辉 122
flexibilization, of labour, 弹性工作制 23, 24, 256

索 引 | 349

Flickr，网络相册 218
flows，现金流 214
FOMO (fear of missing out)，害怕错过 224
Fortunati, L.，L. 福尔图纳蒂 180
Fortune，《财富》30tab
Foucault, M.，M. 福柯 7，8，9，11，115，186 - 187，190 - 191，194，195，204，205，225，255，260
Fox, S.，S. 福克斯 50
Franklin, M. I.，M. I. 富兰克林 200
fraud，诈骗 125 - 129，259
freedom of speech，言论自由 34，129，138，273
freelance working，自由撰稿工作 23，256
Freeth, T.，T. 弗里思 253
Frey, C. B.，C. B. 弗雷 271
'friends' (Facebook)，Facebook 中的好友 207，217，218
Fuchs, Christian，克里斯蒂安·富克斯 44，63
Fuller, Matthew，马修·富勒 5，9 - 10

G

Games 游戏
　addiction，网瘾 102，247 - 249
　architecture and structure，建筑和结构 241 - 242
　China，中国 233

　Delta Force：Black Hawk Down，《三角洲特种部队：黑鹰坠落》239 - 240
　development, production and informationalized labour，开发、生产和信息化劳工 234 - 237，262
　genres，游戏流派 238 - 239，248
　industry，游戏产业 232 - 234，248
　ludology versus narratology，游戏学与叙事学 237 - 238
　Microsoft，微软 233，236
　military-entertainment industrial complex，军事娱乐产业 237，239 - 241，246，262
　misogyny，厌女症 82
　narratives，叙事 239 - 241
　overview，概述 262
　participatory culture，参与式文化 244 - 247
　platforms，游戏平台 236
　and play，游戏与娱乐 231 - 232，262
　and violence，游戏与暴力 243 - 244，248，262
gamified journalism，游戏新闻学 146，149 - 150，158，259
Gans, H.，H. 甘斯 154
Gareis, K.，K. 加雷 23
Gates, Bill，比尔·盖茨 271
Geertz, Clifford，克利福德·格尔

茨 200

Gellner, Ernest, 欧内斯特·格尔纳 200, 201

Gemeinschaft (community), 社区 209

gender, 性别 76, 80-82, 88, 194-198, 222-223, 239, 261

generation, 代际 76-80, 88, 152

George, Vanessa, 瓦妮莎·乔治 130

Georgia, 佐治亚州 121

geo-tagging, 地理标记 176

Gergen, K., K. 格根 177

Gesellschaft (society), 社会 114, 209

Gibson, J.J., J.J. 吉布森 97

Gibson, R.K., R.K. 吉布森 48

Giddens, Anthony, 安东尼·吉登斯 70, 187, 188, 200, 201, 204

gig economy, 零工经济 256

Gill, P., P. 吉尔 124-125

Gill, Rosalind, 罗莎琳德·吉尔 44, 199

Gillan, K., K. 吉兰 56

Gilmour, Dan, 丹·吉尔摩 151

Giroux, H.A., H.A. 吉鲁 195

Gitlin, Todd, 托德·吉特林 138-139

Global Gender Gap index, 全球性别差异指数 81

globalization, 全球化 前言 x, 21, 22, 53, 70, 116, 175, 201

glocal networks, 本土化网络 215

Goggin, G., G. 戈津 172

Google 美国谷歌公司
　acquisition of YouTube, YouTube 收购谷歌 29
　Android operating system, 安卓操作系统 41, 42, 165, 166
　China, 中国 128-129
　cloud, 云 29
　crash reports, 崩溃报告 99
　driver-less cars, 无人驾驶汽车 24
　Google Analytics, 谷歌分析 128, 154
　Google Earth, 谷歌地球软件 117
　Google Play, 谷歌在线应用程序商店 41, 42, 166
　Google X Lab, 谷歌 X 实验室 29
　revenue and profit, 收入和利润 30tab
　search optimization, 搜索引擎优化 37
　state surveillance, 国家监控 118

Gordon, E., E. 戈登 176

Gordon-Messer, D., D. 戈登-梅塞尔 178

Gore, Al, 艾伯特·戈尔 36, 47

governance, 治理 267-269, 271-273, 274

GPS, 全球卫星定位系统 174, 176

Gramophone, Film, Typewriter,《留声机 电影 打字机》7, 9

Granovetter, Mark，马克·格兰诺维特 214
Grohol, J.，J. 格罗霍尔 250
Gross, David，大卫·格罗斯 268
groupthink，趋同思维 106
GTA IV，《侠盗猎车手4》241
The Guardian，《卫报》57, 146, 148
guilds，行会 245, 246-247, 248
Gunning, Tom，汤姆·甘宁 11
Gurevitch, M.，M. 古雷维奇 96
Gutenberg Galaxy，谷登堡星系 6, 7

H

Habermas, J.，J. 哈贝马斯 61, 137-138, 191, 261
hacking，黑客入侵 118, 119, 120-122, 126, 134, 178, 246, 265, 269
hacktivism，黑客行动 51-54, 120
Hadopi (High Authority on Diffusion of Works of Arts and the Protection of the Rights on the Internet)，艺术作品网络传播及权利保护高级公署 34
Hall, Ashleigh，阿什莉·霍尔 131
Hall, John，约翰·霍尔 143
Hamilton, H.，H. 汉密尔顿 92-94
harassment，骚扰 199
Haraway, Donna，唐娜·哈拉维 188-189, 196, 203
Hardaker, C.，C. 哈达克 105-106

hardware，计算机硬件 9, 16
Hargittai, E.，E. 豪尔吉陶伊 70, 71, 83
Harris, Eric，埃里克·哈里斯 243
Harry Potter，《哈利·波特》32, 36
Hasinoff, A. A.，A. A. 哈希诺夫 178, 179
Hass, H.，H. 哈斯 96
hate speech，仇恨言论 100, 125, 199, 273
Heidegger, Martin，马丁·海德格尔 3, 113, 270
Helsper, E.，E. 黑尔斯佩尔 78, 79-80
Herman, E.，E. 赫尔曼 27-28
Hermida, A.，A. 埃米达 153
Hertz, G.，G. 赫兹 12
Hezbollah，黎巴嫩真主党 240-241
Hinduja, S.，S. 辛杜贾 103-104, 110
Hinton, S.，S. 希顿 176
Hirschkind, Charles，查尔斯·希尔施金德 60
Hispanic Americans，西班牙裔美国人 83, 84, 88
Hjorth, L.，L. 约尔特 176
Hofmann, J.，J. 霍夫曼 272
homophily，同质性 214, 227
horizontal concentration，水平整合 028
horizontal social networks，横向社交网络 172, 173, 181

Horkheimer, M., M.霍克海默尔 232, 242

Hot Ghetto Mess,《热火贫民窟》(美剧) 201

Howe, Jeff, 杰夫·豪 35

The Huffington Post,《赫芬顿邮报》57

Hughes, Donna, 唐娜·休斯 131-132

Huizinga, Johan, 约翰·赫伊津哈 231-232, 247

Humphreys, S., S.汉弗莱斯 245-246, 248

hybrid media system, 混合媒介系统 51

hybrid spaces, 混合空间 176

I

ICANN (Internet Corporation for Assigned Names and Numbers), 网络域名与数字地址分配机构 268-269, 274

ideal-typical commodity, 理想的典型商品 234, 237, 242-243, 247, 248, 262

identity 身份认同

 conceptualizing identity, 概念化身份认同 187-190

 ethnic and religious identities, 族群和宗教认同 200-204, 261

 gender identities, 性别认同 194-200, 261

 gendered technologies, 性别化技术 198-200

 identity politics, 认同政治 187

 identity tourism, 身份旅游 200

 mobile phones, 移动电话 180

 nature of, 自然的 185-186

 race/ethnicity online, 种族/族群在线 201-204

 the self and new media, 自我与新媒介 186-194

 social media and identity construction, 社交媒介与身份认同构建 190-194, 219, 261

 sociality, 社交性 260-261

 theories of gender and technology, 性别与技术理论 194-196

idiocy, 白痴行为 173

iFixit, 美国 iFixit 网站 42

Iliadi, I., I.伊利亚迪 154

immaterial labour, 非物质劳工 25-27, 39, 40, 119, 216, 235, 245, 248, 257, 261, 263, 265

immediacy, 即时性 140

income, 收益 73-75, 76

incorporation, 合并 98, 99

index of gender e-quality, 性别平等指数 81

India, 印度 222-223

individualism, 个人主义 119, 173, 175, 180, 207, 222-223, 263, 265

individuation, 个性化 前言 x, 60, 63, 216-217, 222, 256, 257, 259, 260, 261, 262, 265-266, 274

industrial capitalism, 工业资本主义 21, 22, 24-25, 26, 27, 39, 40, 200, 209, 234, 263

industrial espionage, 工业间谍 129

industrialization, 工业化 69

inequalities, 不平等性 20, 37, 39, 257, 258, 267, 270, 271

 see also digital divides, 另见：数字鸿沟

information, 信息 117

The Information Age: Economy, Society and Culture,《信息时代三部曲：经济、社会与文化》12

information literacy, 信息素养 86

information materialism, 信息唯物主义 9

information society, 信息社会 268

informational capitalism, 信息资本主义 20-27, 28, 39, 40, 42, 87, 170, 201, 202, 216, 217, 234, 237, 246, 247, 255, 256, 261, 262, 263, 264-265

informational networks, 信息化网络 21

informational politics, 信息政治 45-46

informational production, 信息生产 21-22, 26-27

informationalization, 信息化 21, 22, 25

Innis, Harold, 哈罗德·英尼斯 6

innovation, 创新 93-95, 263-265

innovation diffusion model, 创新扩散模型 98

innovators, 创新者 94-95

Instagram, 美国图片社交网站 29, 32, 193, 194, 219, 222

Instant Articles, 美国 Facebook 网站的新内容平台 153

instrumentalism, 工具论 2-3, 4, 15

interaction, 互动 72

interactivity, 交互性 97

International Telecommunications Union (ITU), 国际电信联盟 80, 82, 164-165, 166-167, 268

Internet 网络

 addiction *see* addiction 网瘾 参见：网瘾

 age and generation, 年龄和代际 76-80, 88

 China, 中国 69-70

 and community, 网络与社区 212

 ethnicity/race, 族群/种族 76, 82-84, 88

 future dilemmas, 未来的困境 263

 gender 性别 76, 80-82, 88

 global take-up, 全球应用 68-71,

87，166－167，258

governance，网络治理 267－269，271－273，274

history of，网络的历史 前言 viii，前言 xi

journalism，新闻业 132

life-stages，生命阶段 78－79

Muslims，穆斯林 200

networked individualism，网络化个人主义 214，215

neutrality，中立性 272

and politics，网络与政治 46，47－51

social capital，社会资本 220

social class，社会阶层 73－76，79－80，88

social movements，社会运动 54－56

United Kingdom，英国 76，77fig，79

uses and gratifications，使用与满足 97

websites，网站 37－38

internet gaming disorder，网络游戏障碍（游戏成瘾）102，109

Internet Governance Forum (IGF)，联合国互联网治理论坛 268，269，274

internet native activism，网络原生激进主义 51－54

Internet of Things (IoT)，物联网 29，269－271

Internet Society，网络社会 269

iOS，苹果手机操作系统 42，166，174

iPhone，苹果手机 41，42，165，166，169，260

Iran，伊朗 52，58－59，122

Israel，以色列 122

J

Jackson, L. A.，L. A. 杰克逊 83－84

Janack, J.，J. 亚纳克 58

Janis, I. L.，I. L. 亚尼斯 106

jenkem，一种吸入剂和致幻剂 107－108

Jenkins, Henry，亨利·詹金斯 36－37，38，144，242，244，245，262

Jobs, Steve，史蒂夫·乔布斯 165，263

Jones, S.，S. 琼斯 50

Jordan, Tim，蒂姆·约尔丹 52

Journalism 新闻业

audience analytics，受众分析 154－155

autonomy and professionalism，独立性和专业主义 141－142

changes in，变动 143－155

consumption of online news，网络新闻消费 152－155

convergence，融合 144－145

crisis of，新闻业的危机 137－142，274

cultural shifts，文化转变 142

data journalism, 数据新闻 146, 147-149, 259

gamified journalism, 游戏新闻学 146, 149-150, 259

history of, 新闻业的历史 137-138

and the internet, 新闻业与互联网 132

live blogging, 直播博客 146-147, 259

and the market, 新闻与市场 140-141

media organisations, 媒介组织 143, 144-146

multiskilling, 多技能 145-146

overview, 概述 259-260

political functions, 政治功能 56-57

readers and journalists, 读者与记者 153-154

time and, 时间与新闻 139-140, 259

journals, 期刊 137

K

Karatzogianni, A., A. 卡拉特佐詹尼 120

Karlsson, M., M. 卡尔松 140

Katz, E., E. 卡茨 92-94, 96, 171, 175, 177, 180, 210

Katz, J.E., J.E. 卡茨 189

Keen, Andrew, 安德鲁·基恩 260

Kendall, Lori, 洛里·肯德尔 195

Kerbel, K., K. 科贝尔 58

Kerr, Aphra, 阿芙拉·克尔 232-233, 235, 236

Keynes, John Maynard, 约翰·梅纳德·凯恩斯 270

King, R., R. 金 31

Kittler, Friedrich, 弗里德里希·基特勒 1, 5, 7-9, 11, 15, 16, 255, 273

Klebold, Dylan, 迪伦·克莱博尔德 243

Kline, S., S. 克兰 233, 234

knowledge gap, 知识鸿沟 72

Kony 2012 campaign, "科尼2012"网络运动 60-61

KPBS, 传输速率 150

Krasodomski-Jones, A., A. 克拉索多姆斯基-琼斯 125

Kroker, Arthur, 亚瑟·克罗克尔 25

Kurita, Shigetaka, 栗田重昂 180

Kyrgyzstan, 吉尔吉斯斯坦 121

L

Lacan, J., J. 拉康 7

Lacohée, H., H. 拉科埃 163

laggards, 技术落伍者 94-95

Lange, P.G., P.G. 兰格 221

lateral surveillance, 全方位监控 114, 116, 117, 134, 266

Latorre, Perez, 佩雷斯·拉托雷 241

Latour, Bruno, 布鲁诺·拉图尔 10，272

Lazarsfeld, P., P. 拉扎斯菲尔德 93

Lazzarato, Maurizio, 毛里齐奥·拉扎拉托 25-26，39，69，235，256

leisure, 休闲 177，217，221，247，261，262

Levin, M. L., M. L. 莱文 92-94

Levitt, M., M. 莱维特 123

Lewis, S. C., S. C. 刘易斯 153-154

liberty, 自由 266-267，274

licenses, 许可证 29

life-stages, 生命阶段 76，78-79

Limperos, A. M., A. M. 雷姆佩洛斯 97-98，108

Lind, Jonas, 乔纳斯·林德 28

Lister, M., M. 李斯特 前言 ix，146

literacy, 素养 80

literary journalism, 新闻素养 137

live blogging, 直播博客 146-147，158，259

live tweeting, 直播微博 147

Livingstone, S., S. 利文斯通 79-80

locality, 位置 175-176

lock in, 锁定 224

Long, N., N. 朗 208

Longhurst, Jane, 简·朗赫斯特 130

L'Oréal, 欧莱雅 241-242

LTE technologies, LTE 技术 166，167fig

ludocapitalism, 游戏资本主义 247，248，262

ludology, 游戏学 237-238

Lukacs, Georg, 乔治·卢卡奇 61，191

Lutz, M., M. 卢茨 50

Lyon, David, 大卫·莱昂 114，116，117，259

M

Mabillot, D., D. 马比洛特 34

Machin, David, 大卫·梅钦 239-240

machinima, 游戏引擎电影 246，262

Madianou, M., M. 马蒂阿诺 216，222

MAIN model, 主模型 97

maintained social capital, 维持性社会资本 220

Malaby, T., T. 马拉比 245

malware, 恶意软件 126-127

Manovich, Lev, 列夫·马诺维奇 前言 xi

Mansell, Robin, 罗宾·曼塞尔 19-20，28，44

Manufacturing Consent,《制造共识》27-28

maps, 地图 176

marketing, 市场营销 168

Markoff, J., J. 马尔科夫 121

Martín Fernández, 马丁·费尔南德

斯 81

Martínez Cantos, J. L., J. L. 马丁内斯·坎托斯 81

Marwick, A. E., A. E.马威克 193, 220

Marxist perspectives, 马克思主义观点 7, 19, 20, 24, 27, 73, 187, 209, 270

Mason, Paul, 保罗·马松 271

mass action hacktivism, 大规模黑客行动 53

Massive Multiplayer Online Games (MMOG), 大型多人在线游戏 242, 245, 246, 247, 262

material access, 物质保障 71, 88

Mathiesen, Thomas, 托马斯·马蒂森 116

May, C., C. 梅 49

McAffee, A., A. 麦卡菲 23, 24

McCosker, Anthony, 安东尼·麦科斯克 106-107

McGuckin, C., C. 麦古金 104

McLuhan, Marshall, 马歇尔·麦克卢汉 1, 2, 5-7, 8, 11, 13, 15-16, 185, 255, 273

Media 媒介

  archaeology, 媒介考古学 9-10, 11-12

  organizations, 媒介组织 28-32, 143, 144-146

  participation 媒介参与

    see participation 参见：参与

Media Ecologies, 媒介生态学 10

mediation, 仲裁（介入，媒介介入，媒介化）15, 98, 99

memory, 记忆 4, 6

mergers, 兼并 28-29

Mertes, Cara, 卡拉·默特斯 36

metadata, 元数据 118, 174

Microsoft, 美国微软公司 29, 30tab, 52, 133, 233, 236

migrants, 移民 216

military-entertainment industrial complex, 军事娱乐产业 237, 239-241, 246, 262

Miller, D., D. 米勒 98, 216, 222-223, 226

Minecraft,《我的世界》（手机游戏）29, 238, 244

minerals, 矿石 169

The Minority Report,《少数派报告》267

misogyny, 厌女症 80, 82, 131, 179, 199, 205, 261

MMOGs *see* Massive Multiplayer Online Games (MMOG) 大型多人在线游戏

mnemonic devices, 辅助记忆设备 4

mobile devices, 移动设备 152, 258

mobile gaming, 手机游戏 233, 236

mobile grids，移动网格 172
mobile media，移动媒介
  accidents，偶然事件 176
  apps，应用程序 166
  global diffusion，全球扩散 161，166-170，181
  history of，移动媒介的历史 162-165
  impact on politics，政治冲击 171-174
  impact on society and culture，社会和文化冲击 174-178
  locality and presence，位置与当下 175-176
  mobile devices，移动设备 152，258
  mobiles, creativity and identity，手机、创意与身份认同 179-180
  networked individualism，网络化个人主义 215
  overview，概述 260
  personal communication society，人际沟通社区 177-178
  sexting，色情短信 178-179
mobile phones，移动电话 2，4，161，162fig，167，171-172，180，181，214，260
mobil(e)zation，手机化 173
modality，情态性 97
modding，修改 244-245，246，247，248，262
modernity，现代性 前言 x，7，14，61，70，73，113，114，116，187，189，201，210，220，266
monads，单子 256
monetization，货币化 32-33，34，35，39，256
monopolies，垄断 9，32，33，47，174，236，257，270
Moore, H.，H. 摩尔 208
moral panics，道德恐慌 124，130，178，179，193，216，258，265
Morozov, Evgeny，叶夫根尼·莫罗佐夫 263，264
Mosco, Vincent，文森特·莫斯可 20，28
motivation，动机 70-71，76，88
MUDs (Multi-User Domains)，多用户域 189，195
multiculturalism，多元文化论 200，201
multiskilling，多元技能 145-146
Murdoch, Rupert，鲁珀特·默多克 138
music，音乐 33
Musk, Elon，埃隆·马斯克 271
Muslims，穆斯林 200
MySpace，美国社交网站 28，30-31，218

N

Nacos, B. L.，B. L. 纳科斯 124
Nagle, Angela，安格拉·内格尔 199

Nakamura, Lisa, 中村丽莎 200, 203
narcissism, 自恋情结 106, 193, 194, 265
narratology, 叙事学 237-238
Natanz nuclear facility, 伊朗纳坦兹核设施 122
National Center for Women and Information Technology (NCWIT), 美国国家妇女与信息技术中心 82
National Security Agency (NSA), 美国国家安全局 118, 129, 266
native advertising, 原生广告 150
natural will, 自然意志 208-209
navigability, 页面导航 97
NBC, 美国全国广播公司 28-29
necrophilia, 恋尸癖 130
neoliberalism, 新自由主义 25, 53, 56, 116, 119, 205, 225, 268
Netflix, 美国奈飞公司 34
network capital, 网络资本 219
network enterprise, 网络企业 21, 169
The Network Society, 《网络社会的崛起》13
network society, 网络社会 70, 73, 139, 163, 175, 177, 180, 187, 188, 200, 227, 254, 261
network theories, 网络理论 5, 10, 12-15, 16-17, 19
networked individualism, 网络化个人主义 214-218, 221, 222, 223, 227, 261
networks, 网络 213-218
neutrality, 中立 272
new institutionalism, 新制度主义 50
new materialism, 新唯物主义 5, 7-9, 10-11, 14, 15, 16
New York Herald, 《纽约先驱报》157
The New York Times, 《纽约时报》 57, 158
News 新闻
  apps, 新闻应用程序 152
  cycles, 新闻周期 139-140
  grazers, 新闻速食者 152
  online, 网络新闻 139-141, 142, 144-145, 151-155
News Corporation, 新闻集团 28, 30
News International, 新闻国际公司 28, 138
newsfeed algorithm, 新算法 225
newspapers, 报纸 28, 137-138, 139, 140-141, 144, 145
next generation users, 新一代用户 76
Nietzsche, Friedrich, 弗里德里希·尼采 8
Nintendo, 任天堂 233, 236
Noble, S.U., S.U. 诺布尔 202
nodes, 节点 214, 215
Nokia, 诺基亚 29

Nordic Mobile Telephone Group (NMT)，北欧移动电话集团 163

normalization thesis，规范化主题 48-51

Norris, Pippa，皮帕·诺里斯 48, 50

North America，北美洲 68-69

Novalogic，美国软件出版和开发商 239

novels，小说 191, 192

O

Obama, Barak，贝拉克·奥巴马 50-51, 121, 122

objectification，对象化 98-99

obsolescence，过时 168

occupation，占有 75, 78

Oculus，美国虚拟现实头戴设备制造商 29, 233-234

Ofcom，英国通信管理局 83

older people，老年人 80

O'Neil, Essena，埃瑟娜·奥尼尔 193

online forums，线上论坛 200-201

online journalism，网络新闻业 143

online news，网络新闻 139-141, 142, 144-145, 151-155

online pornography *see* pornography 网络色情，参见：色情

online radicalization，网络激进化 124-125

online social movements，网络社会运动 54-56

Open Handset Alliance，开放手机联盟 165-166

open source，开放资源 35, 52, 165, 244

opt out，选择性退出 224

optimization, social media，优化，社交媒介 265

O'Reilly, Tim，蒂姆·奥赖利 56, 58

Osborne, M. A.，M. A. 奥斯本 271

Oxford Internet Institute，牛津大学网络研究所 72, 73, 75, 76, 77fig, 78, 82

P

Paasonen, S.，S. 帕索宁 129

paedophilia，恋童癖 130-132

Page, Larry，拉里·佩奇 264

Panopticon，全景敞视监狱 115-116, 117, 134, 225

Papacharissi, Zizi，齐齐·帕帕查理斯 62-63, 76, 97, 108, 257, 265

parental monitoring，父母监测 179

Parikka, Jussi，尤西·帕里卡 5, 9-10, 11, 12, 168

Park, W. J.，W. J. 帕克 177

Parker, D.，D. 帕克 201

participation，参与 72, 76, 88, 144, 153-154, 258

　　see also user-generated content 另见：用户原创内容

participatory capital，参与性资本 219

participatory culture，参与式文化 242-243，244

Partido X，X 党 49

Patchin，J. W.，J. W. 帕钦 103-104，110

patents，专利权 29，172

Pavlik，J. V.，J. V. 帕夫利克 143

pay walls，付费墙 33-34

Penny，Laurie，劳里·彭妮 199

performativity，表演性 194-195，199，203

permanence，耐久性 192

perpetual contact，永恒关系 175，177

Perren，S.，S. 佩伦 104，110

personal communication society，人际沟通社区 175，177-178

personal computers，个人计算机 167

personalization，个性化 161-162

Pew Internet and American Life Project，皮尤网络和美国生活研究项目 50，73-74

Pew Project for Excellence in Journalism，皮尤卓越新闻项目 140-141，152

Pew Research Center，皮尤研究中心 74fig，75，76，77fig，82，83，138，152，153，199，207

Philippines，菲律宾 172

Phillips，Whitney，惠特尼·菲利普斯 107，109-110，265

photo-visual literacy，图片视觉素养 85

Pickerill，J.，J. 佩克里尔 56

piracy，盗版 246，262

Pirate Party，海盗党 34

pirate radio，地下电台 10

Plant，Sadie，萨迪·普兰特 198，203

play，播放 231-232，262

pluralistic civic forum，多元公民论坛 48

Pokémon Go，《精灵宝可梦 Go》（任天堂游戏）176，250-251

Politics 政治

    identity politics，认同政治 187

    impact of mobile media，移动媒介冲击 171-174

    internet，互联网 46，47-51

    journalism，新闻 56-57

    political activism，政治激进主义 51-56，58-59，64，172，200-201，257，265

    political parties，政党 48-49，257

    politicians，政客 50-51，58，257

    social media，社交媒介 50-51，56-63，64，257

    surveillance，监测 47

polymedia，聚合媒介 222

pornography，色情描写 129-133，

134-135, 259

portability, 便携性 161-162

Poster, Mark, 马克·波斯特 61, 191

power, 权力 103-104, 114-115, 116, 151, 172, 186-187, 188, 190, 194, 199, 217, 261, 272

Pratt, Andy, 安迪·普拉特 44

precariat, 无产阶级 44, 256, 257, 265

predatory capitalism, 掠夺性资本主义 25

presencing, 自然呈现 176, 192, 193

press barons, 媒介大亨 138

PRISM programmes, 棱镜计划 118

privacy, 隐私权 52, 111, 117, 119, 133, 192, 205, 219, 220-222, 227, 270

privately public networks, 私人公共网络 221

productivity, 生产力 24

produsage, 产用一体 92, 244, 256

profit, 利润 30tab, 31, 224, 225, 226, 232, 233, 261, 262, 263, 264, 265, 266, 274

Project Chanology, "匿名者"组织对于"山达基"教会的攻击计划(2008) 53-54

project identities, 身份认同计划 187

Proske, M., M. 普罗斯克 168

protected mode, software, 保护模式，软件 9

protest movements, 抗议运动 54-56

public sphere, 公共领域 35, 36, 45, 46, 47, 57, 58, 61, 137, 138, 210, 220, 259, 260

publicly private networks, 公共私人网络 221

Putnam, Robert, 罗伯特·帕特南 211, 213, 219, 226

Q

Quake, 《雷神之锤》（游戏）243, 244

quantified self, 自我量化 194-195

Quirk, Kermitt, 克米特·奎克 245

R

race, 种族 76, 82-84, 88, 200-203, 204, 221

racism, 种族主义 111, 202, 203, 206, 246, 261

radical innovations, 突破式创新 263-264

radicalization, 激进化 120, 123, 124-125

radio, 广播 2, 10, 144, 145, 146, 163, 172

Raessens, J., J. 拉森斯 237

Rainie, L., L 雷尼 214-215, 216-217

rational will, 理性意志 208-209

Ray, B., B. 雷 41, 42

Raynes-Goldie, K., K. 雷恩斯-戈尔

迪 220

readers，读者 153-154

real-time thinking，实时数据处理 86，87

recentralization, of information，信息的再中心化 117

reciprocal journalism，互惠新闻 154

religion，宗教 84，120-121，190，199-203，204，261

remediation，修复 62，151

reproduction literacy，再生产能力素养 85

Republic.com，共和网 211

repurposing，再利用 151

resistance identities，身份认同困境 187

Resnick, David，大卫·雷斯尼克 48

retirement，退休 78-79

Rettberg, Jill Walker，吉尔·沃克·雷特贝格 194

Reuters Digital News Report，路透社数字新闻报道 153

Reuters Institute，牛津大学路透新闻学研究所 152

revenge porn，报复性色情 131，134，178，199

Rheingold, Howard，霍华德·莱因戈尔德 47，173，209-210，212，226

Rifkin, Jeremy，杰里米·里夫金 23-24

Ringrose, J.，J. 林格罗塞 179

risk，风险 71，72，116，118，126，127，133，134，178-179，199，201，233，247，259，262

Robinson, Sue，休·罗宾森 149

robotics，机器人 23-24，269-271

Rodgers, T.，T. 罗杰斯 132

Rogers, E. M.，E. M. 罗杰斯 70，71，93-95

Rohozinski, R.，R. 罗霍津斯基 122

Ronson, Jon，乔恩·龙森 221

Rubin, A.，A. 鲁宾 76，97，108

rural populations，农村人口 166

Russia，俄罗斯 121，122

S

Saakashvili, Mikhail，米哈伊尔·萨卡什维利 121

Sacco, Justin，贾斯廷·萨科 221

sadism，施虐狂 106，111

safety，安全 263，266，274

Sage, L.，L. 塞奇 124

Saltzis, K.，K. 索尔齐斯 145

Samsung Electronics，三星电子 30tab，169，233，260

scalable sociality，可调控社交 222-223，226，228

scams，诈骗 127

Schumpeter, Joseph，约瑟夫·熊彼特 263

Scientology，科学学 53-54

search optimization，搜索引擎优化 37

Second Life，《第二人生》189-190，191，195，200，245，246

securitization，证券化 266，274

Segerberg, Alexandra，亚历山德拉·塞格贝里 60，257，265

self，自我 186-194

selfies，自拍照 193，194，195，265

Senft, T. M.，T. M. 森夫特 202

sequels，续集 32

Seward, Z.，Z. 苏厄德 31

sexting，色情短信 178-179

sexual abuse，性虐待 130-131

sexual agression，性侵犯 131-133

sexual behaviour，性行为 178-179

shaming, public，羞耻，公众 221

Sharma, S.，S. 夏尔马 201-202

Sharman, Z.，Z. 沙曼 235，236

Shek, D. T.，D. T. 舍克 101

Siapera, E.，E. 希尔佩拉 154，200

Silverstone, Roger，罗格·西尔弗斯通 91，98-99

Six/Four，6/4 软件 52

skills，技巧 71，85，88

Sky News，天空新闻台 110

Skype，Skype 网络通信软件 4，29，216

smart mobs，聪明的暴民 173

smartphones，智能手机 161，163，164-166，167-171，173，181，260

Smith, P. K.，P. K. 史密斯 104

SMS text messaging，SMS 短信 164，172

Smythe, Dallas，达拉斯·斯迈思 31

Snapchat，阅后即焚网站 219，222

Snowden, Edward，爱德华·斯诺登 118，119，266

sociability，社交性 222

social capital，社会资本 47，73，79，210-211，214，216，219-220，221，226，227，245，261

social class，社会阶层 73-76，79-80，88，221，228，258，261

social constructivism，社会建构论 2，3，4，5，15，113，199，253-254

social media 社交媒介
    advertising，广告 141
    children，儿童 222
    content，内容 33
    definitions and characteristics，概念和特征 218-219
    democratization of politics，政治民主化 56-57
    developing countries，发展中国家 264
    fake news，假新闻 157，158
    identity construction，身份认同构建 190-194，219，261

individualism or scalable sociality, 个人主义或可调控社交 222-223
news, 新闻 153, 158
optimization, 优化 265
and politics, 社交媒介与政治 50-51, 56-63, 64, 257
profitability, 盈利能力 30-31
public and private sociability, 公共与私人社交能力 222
radicalization, 激进化 124, 125
research in, 社交媒介研究 219-222
sociality and, 社交性与社交媒介 218-226
user data, 用户数据 256-257
social movements, 社会运动 54-56
social networking sites, 社交网站 32, 38, 58, 59, 132, 133, 196, 217, 218, 219, 220
social networks, 社交网络 213-215, 219
sociality 社交
algorithms and, 算法与社会交往 223-226
definition, 定义 208, 214
identity, 认同 260-261
networked individualism, 网络化个人主义 214-218
new media, 新闻媒介 260, 261
social media and, 社交媒介与社会交往 218-226
society and community, 社会与社区 208-213
society, 社会 2-5, 15, 16-17, 114, 174-178, 208-213, 226
socio-emotional literacy, 社交情感素养 86
soft determinism, 温和决定论 13
software, 软件 9, 30tab
Solum, L., L.索勒姆 267-268
Sony, 日本索尼公司 236
soul training, 灵魂训练 117
South Ossetia, 南奥塞梯 121
space, 空间 175-176, 177
space of flows, 流动空间 13-14, 70, 177, 200, 232
Special Forces, 《特种部队》（阿拉伯语游戏）241
Srnicek, N., N.斯尔尼塞克 271
Stanford University, 斯坦福大学 242
Star Wars Galaxies, 《星球大战：星系》（游戏）242
State of the News Media, 《新闻媒介现状》140-141, 152, 153
Steers, M. L. N., M. L. N.斯蒂尔斯 193-194
Sticca, F., F.斯蒂卡 104, 110
Stiegler, Baernhard, 贝尔纳·斯蒂格勒 3-4, 253, 254, 255, 270, 273

storytelling，讲故事 60，62，146，147，148，194

Stuxnet，震网（病毒）121，122，269

subjectivities，主体性 25，26，40，186，191，242

sub-Saharan Africa，撒哈拉沙漠以南非洲 167

substantivism，实质论 2，3，4，5，15

Sugiyama, S.，S. 杉山 180

suicides，自杀 169-170

Suleiman, U.，U. 苏莱曼 240

Sun, R.C.，R.C. 孙 101

Sundar, S.S.，S.S. 孙达尔 97-98，108

Sunstein, Cass，凯斯·桑斯坦 46，47，201，211-212，213，219，227

supplier chains，供应链 169

surveillance 监测

    commercial exploitation of information，信息的商业开发 117

    Cult of the Dead Cow（cDc），死牛崇拜 52

    fake visuals，虚假图像 174

    Internet of Things，物联网 270

    overview，概述 114-115，134，259

    Panopticon，全景敞视监狱 115-116，117

    politics，政治 47

    state surveillance，国家监控 117-118，266-267

surveillance society，监督社会 114

Synopticon，监控 116，117

sustaining innovations，持续性创新 263

Swift（Start Developing iOS Apps），一种支持多编程范式和编译式的开源编程语言（用于苹果 iOS 应用程序开发）166

Symes, J.，J. 赛姆斯 147

Synopticon，监控 116，117，134

synthetic worlds，虚拟世界 245

Syrian Electronic Army（SEA），叙利亚电子军团 121-122

T

Tajfel, H.，H. 泰弗尔 185

Talk-Talk，英国电信公司 126

Target，目标 126

Taylor, T.L.，T.L. 泰勒 245

technics，技术 3-4

technological convergence，技术融合 28，30

technological determinism，技术决定论 6，12，13，98

technological solutionism，技术解决方案主义 263

technological unemployment，技术性失业 270

technologies of the self，自身的技术 186，190，191，202，205，260-261

technology, 技术 2-5, 15, 16-17, 28-32, 194-200, 253-254, 263, 270

techno-optimism, 技术乐观主义 113

techno-orientalism, 技术东方主义 200, 203, 261

television, 电视 2, 48, 96, 124, 139, 141, 144, 145, 152, 211

tele-working, 电子化办公 23, 256

terrorism, 恐怖主义 118, 119, 120, 123, 124-125, 134

text voting, 短信投票 172

texting, 发短信 179-180, 259

The Theory of the Novel,《小说理论》191

Thurman, N., N. 瑟曼 146, 153

ties, 联结 214, 219, 220, 227

Timberlake, Justin, 贾斯廷·廷伯莱克 31

time, 时间 139-140, 175-176, 177, 259

Time Warner, 时代华纳 28, 29, 32

timeless time, 永恒时间 13, 14, 70, 139-140, 177, 232

tin, 罐头 169

TinEye, 反向图片搜索引擎 174

Tomlinson, Ian, 伊恩·汤姆林森 173

Tönnies, Ferdinand., 费迪南德·滕尼斯 114, 208-209, 213

TOR (The Onion Router),"洋葱路由器" 52

Touraine, Alain, 阿兰·图雷纳 22

transgressive countercultural antifeminism, 反世俗反主流文化反女权主义 200

Tringo, 益智拼图游戏 245

triple revolution, 三重革命 214

Trojans, 木马程序 127, 128, 134

trolling, 网络钓鱼诈骗 92, 100, 105-107, 107-108, 199, 265

Trump, Donald, 唐纳德·特朗普 155-157, 158

trust, 信托 127, 158

Tufekci, Z., Z. 图费克奇 265

Turkle, Sherry, 谢里·特克 188, 189, 191, 200, 203, 219

Tushman, M. L., M. L. 图什曼 263

Typewriters, 打字机 8

U

Uka, Arid, 阿里德·乌卡 124

unauthorized intrusions, 未授权访问 120-121, 134

unemployment, 失业 24-25, 164, 169, 270-271

see also employment 另见：就业

United Kingdom, 英国 72, 73, 75, 76, 77fig, 78, 79, 82, 201

United Nations, 联合国 268, 274

United States，美国 73-75，76-77，83，158，268
urbanization，城镇化 208，216
usage，用法 71-72，88
user data，用户数据 256-257
user-generated content，用户原创内容 前言 x，28，32，33，35，39，41，50，153-154，218，256

see also participation 另见：参与
users，用户 91-92，152，219，255

V

van Deursen, A. J.，A. J. 范德乌森 71，72
van Dijck, Jose，乔斯·范迪克 224，225，261，265
van Dijk, K. A.，K. A. 范戴克 70-71，72
van Doorn, N.，N. 范多恩 198
van Leeuwen, Theo，特奥·范莱文 239-240
Vatican，梵蒂冈 172-173
vertical concentration，垂直整合 28-29
video games，视频游戏 11，83
video news，视频新闻 152-153，259
Vieira, E. S.，E. S. 维埃拉 44
violence，暴力 243-244，248，262
virtual class，虚拟课堂 25
virtual communities，虚拟社区 209-210，212-213，226

virtual reality，虚拟现实 233-234
viruses，病毒 126，127，269-270
visibility, social media，可视化，社交媒介 193，225
Vision Mobile，英国创新经济市场研究公司 41
Voskoglou, C.，C. 沃斯克格鲁 41，42
Vu, H. Tien，H. 婷·乌 155

W

Wacquant, L.，L. 华康德 211
Wajcman, J.，J. 瓦克曼 196，199
Wales, James，詹姆斯·威尔士 58
Walters, A.，A. 沃尔特斯 146
Wang, C. W.，C. W. 王 250
war，战争 56，120-123，148，169，259

see also conflict 另见：冲突
Ward, S.，S. 沃德 48
Wardle, Claire，克莱尔·沃德尔 157
warez，盗版软件 246
Wark, McKenzie，麦肯齐·沃克 246，247，248，262
The Washington Post，《华盛顿邮报》83，110，169，243
Waxman, Henry，亨利·韦克斯曼 28-29
weak ties，弱联系 55，214，219，220，227
wearable devices，可穿戴设备 195，269

Web 2.0，第二代互联网 38，56，117，212
Weber，Max，马克斯·韦伯 3，73
WELL（Whole Earth 'Lectronic Link），全球电子链接网 209
well-being，幸福 193，203
Wellman，Barry，巴里·威尔曼 213-215，216-217，219，227，261
West，M.，M. 韦斯特 106，110
WhatsApp，智能手机应用程序 29，222，272
whistleblowing，揭秘 148，155
White，Micah，迈卡·怀特 60
Wii，任天堂推出的一款电视游戏（2006）233，238
wiki-fication，维基化 142
Wikileaks，维基解密 34，57，148，155-156
Wikipedia，维基百科 38，258
Wilcox，R.，R. 威尔科克斯 41，42
Williams，A.，A. 威廉斯 271
Williams，D.，D. 威廉斯 239
Winthrop-Young，Geoffrey，杰弗里·温思罗普·扬 9
Wired Magazine，《连线》杂志 35
wireless networks，无线网络 171-172
witnessing，目击 173-174
women，女性 22，23，37，80-82
　see also gender 另见：性别

World Economic Forum，世界经济论坛 81
World of Warcraft，《魔兽世界》（游戏）237，245，247
World Wide Web，万维网 前言 viii，33，46
worms，蠕虫病毒 120，126-127，134
Wutz，Michael，迈克尔·武茨 9
Wynn，E.，E. 温 189
Wyoming Toolkit，怀俄明工具包 133

X

Xbox，微软 Xbox 游戏机 233

Y

Yahoo！美国雅虎公司 29，37，52
Yazidis，雅兹迪教派 122-123
Young，Kimberley，金伯利·杨 101
young people，年轻人 80，101，152，189，199，219，220
'your memories' function (Facebook)，"你的记忆"功能（Facebook）192
YouTube，美国 YouTube 公司 29，31，32，97，218，219，221
Yu，L.，L. 余 101

Z

zombies，僵尸 120，122，127
Zuckerberg，Mark，马克·扎克伯格 218，225，263
Zynga，Zynga 游戏公司 236

译 后 记

在向编辑提交全书译稿之后,我试图从自反性观念中重新判定自己在知识生产中的行动选择——在一个始终充满矛盾张力的世界之中,我们所从事的学术翻译工作到底意义何在?

作为人文社会科学领域的一个观察者,面对当今知识生产行为在"在地化"和"全球化"之间不断受到挤压和重塑的现实,这种愈发纷繁复杂的"知识景观"不断迫使自己追问学术翻译的行动意义与价值判断。思考良久,我觉得能够明晰的只有一点,那就是学术翻译能够为明确"什么样的知识在不同历史时刻是有价值的"这一话题讨论不断提供智识维度的支持,或者可以这样说,"学术翻译"的行动实践塑造了具体知识在特定历史时刻的表达、传播和价值方式的范式,因此必须承认翻译实践是有价值属性的,它能够帮助我们更好地理解知识在特定历史时刻是如何被解释、传播和表征的,而这些与国际和地缘的权力关系、知识流通空间、社会制度和政治模式的影响有关。

在"全球—地缘化"不断形变的结构语境中,我们必须认识到现有知识的多样性,同时需要更为深入地理解知识生产过程中的潜在权力不对称性,而学术翻译能够通过明确全球动态如何与社区生产或流行知识相互作用,从而洞悉其中的权力博弈机制。这就是说,只有当知识生产和流通中的不平等权力关系受到挑战,以及支配不同类型知识生产的关系受到质疑和审查时,社会主体的行动空间才有机会被拓展。因此对于知识的研究者和管理者来说,学术翻译对于利用那些原本不可见或不被重视的知识具有重要意义。

我自己始终将学术翻译看作是对知识价值属性认知不断深化的过程:一是译者自身可以借助原著作者视角深化对于影响知识生产的议程、政策和行动因由的差异性理解;二是可以更加清楚地认识到,正是基于那些处在全球化进程"边缘"的社区行动者的知识生产行动，我们才能更好地质疑知识共同生产和流通的跨空间政治属性，以及它们背后的权力动态。而随着这本书的完稿，我更加确信了这种认知，尤金妮娜·希尔佩拉在这本书中坚定地表明——必须严肃面对知识随着时间推移而受到重视和转化的方式，这意味着我们必须始终承认知识的价值立场论预设。

再次感谢中国人民大学出版社翟江虹、周莹、徐德霞、焦娇等编辑朋友精湛的专业支持和无私的热忱帮助，我们多次的翻译合作都是建立在彼此坦诚信任基础之上的。作为一种可贵的情感品质，"真诚"的嵌入使得学术翻译这项专业工作变得生动起来，从而为每位参与者赋予了一种充实而稳定的生活价值体验。

李 鹏
2024 年春于西安

Understanding New Media by Eugenia Siapera

English language edition published by SAGE Publications of London, Thousand Oaks, New Delhi, Singapore, © Eugenia Siapera, 2018

Simplified Chinese edition © 2024 by China Renmin University Press

All Rights Reserved. No part of this book may be reproduced or utilized in any form or by any means, electronic or mechanical, including photocopying, recording, or by any information storage and retrieval system, without permission in writing from the publisher.

图书在版编目（CIP）数据

理解新媒介：变化与挑战：第 2 版 /（爱尔兰）尤金妮娅·希尔佩拉著；李鹏译. -- 北京：中国人民大学出版社，2024.8
（新闻与传播学译丛）
ISBN 978-7-300-32887-4

Ⅰ.①理… Ⅱ.①尤… ②李… Ⅲ.①传媒媒介-研究 Ⅳ.①G206.2

中国国家版本馆 CIP 数据核字（2024）第 108169 号

新闻与传播学译丛
理解新媒介：变化与挑战（第 2 版）
[爱尔兰] 尤金妮娅·希尔佩拉（Eugenia Siapera） 著
李 鹏 译
Lijie Xinmeijie：Bianhua yu Tiaozhan

出版发行	中国人民大学出版社	
社　　址	北京中关村大街 31 号	邮政编码　100080
电　　话	010 - 62511242（总编室）	010 - 62511770（质管部）
	010 - 82501766（邮购部）	010 - 62514148（门市部）
	010 - 62515195（发行公司）	010 - 62515275（盗版举报）
网　　址	http://www.crup.com.cn	
经　　销	新华书店	
印　　刷	北京七色印务有限公司	
开　　本	787 mm×1092 mm　1/16	版　次　2024 年 8 月第 1 版
印　　张	24.75 插页 2	印　次　2024 年 8 月第 1 次印刷
字　　数	393 000	定　价　99.80 元

版权所有　侵权必究　印装差错　负责调换